Geografia da TERRA SANTA E DAS TERRAS BÍBLICAS

Enéas Tognini

© 2009, por Enéas Tognini

Edição de texto
Aldo Menezes

Revisão
Andrea Filatro

Capa
Souto Crescimento de Marca

Diagramação
Aldo Menezes

1ª edição - fevereiro de 2009
Reimpressão - julho de 2010
Reimpressão - abril de 2013
Reimpressão - maio de 2015
Reimpressão - setembro de 2017
Reimpressão - agosto de 2020

Editora
Marilene Terrengui

Coordenação de produção
Mauro W. Terrengui

Impressão e acabamento
Imprensa da Fé

Todos os direitos desta edição reservados para:

Editora Hagnos

Av. Jacinto Júlio, 27

04815-160 - São Paulo - SP - Tel (11) 5668-5668

hagnos@hagnos.com.br - www.hagnos.com.br

Dados Internacionais de Catalogação na Publicação (CIP)
(Câmara Brasileira do Livro, SP, Brasil)

Tognini, Enéas
Geografia da Terra Santa e das terras bíblicas / Enéas Tognini — São Paulo: Hagnos, 2009.

Bibliografia
ISBN 978-85-7742-048-3

1. Bíblia - Antiguidades 2. Bíblia - Geografia 3. Bíblia - História
4. Histórias bíblicas I. Título. Índices para catálogo sistemático:

08-12125   CDC-220.9

Índices para catálogo sistemático:
1. Bíblia: Geografia e História   220.9
2. Bíblia: História e Geografia   220.9

Editora associada à:

Conteúdo

Agradecimentos	5
Introdução	7

Parte 1: Geografia da Terra Santa

1. O mundo bíblico	13
2. As nações cananeias	23
3. Povos vizinhos de Israel	31
4. As doze tribos de Israel	55
5. Geografia física da Palestina	77
6. Hidrografia da Palestina	83
7. Orografia de Israel	117
8. Planícies de Israel	155
9. Desertos de Israel	167
10. Vales de Israel	175
11. Estradas e caminhos da Palestina	185
12. Climas da Palestina	191
13. Geografia econômica de Israel	199
14. Usos e costumes de Israel	217
15. Cidades de Israel	233

Parte 2: Geografia das terras bíblicas

16. Mesopotâmia	289
17. Outras regiões próximas da Mesopotâmia	333
18. Egito	369
19. O cristianismo no Ocidente	419

Apêndice 1: O dilúvio e a arca de Noé à luz da Bíblia, da geologia e da arqueologia	485
Apêndice 2: As viagens de Paulo	521
Apêndice 3: Regiões e lugares no mundo bíblico	529
Bibliografia	535

Agradecimentos

Devo aqui uma palavra de gratidão...

Ao meu amado Deus pelas oportunidades que me proporcionou.

À minha querida esposa Nadir, que me cercou com carinho nas horas longas das penosas investigações.

A Silvano e Tânia Guimarães, que abriram oportunidade para eu acompanhar grupos evangélicos à Terra Santa.

Ao pastor Onésimo Batista da Luz, que datilografou o primeiro manuscrito deste livro numa época em que não havia computadores; esse foi um trabalho árduo, e seu esforço nunca será esquecido.

Ao irmão Israel de Andrade Miranda e esposa; pacientemente, eles confeccionaram a primeira montagem deste texto para a gráfica; tempos depois, seu árduo e importante trabalho seria digitalizado pela Hagnos.

À minha filha Dinéa, que me acompanhou duas vezes à Terra Santa e que conhece, com rara autoridade, a geografia bíblica.

A uma plêiade de pastores e obreiros que me incentivou na feitura desta despretensiosa obra.

Ao meu velho e saudoso amigo e professor emérito dr. Antonio Neves de Mesquita, a cujos pés me sentei na cadeira de Geografia da Terra Santa, no Seminário Teológico Batista do Sul do Brasil, nos idos anos de 1938 e 1939. Esse professor me encorajou muito a prosseguir nos estudos dessa importante disciplina. Também devo uma palavra de amor e saudade a Epaminondas Silveira Lima e a Ebenezer Gomes Cavalcanti.

Aos irmãos amados que nos acompanharam a Israel, ao Egito e à Turquia e a diversos países da Europa, como meu velho amigo Isaac Bomfim, José Carlos Oliveira, dr. Josué Lira e esposa, Eliaquim Diniz, Osvaldo Mônaco e esposa, Miguel Pimentel e esposa, Benedito Vilela e esposa, e os pastores Glycon Terra Pinto e esposa, Oswaldo Santos,

Márcio Valadão, Benjamim Maia, Estevão Christmann, Antonio Carlos (Ticarlos), José Ramos Santos, Jair Pereira Pinto, Antonio Barbosa Lima e esposa, e Carlos Alberto Bezerra.

Grato ao dr. Antonio Barbosa Lima, que nos cedeu diversas fotografias do Iraque, antigas terras da Mesopotâmia.

Agradeço a todos aqueles que oraram em nosso favor e pelo ministério deste livro, dedicado a todos os estudiosos da Palavra de Deus, principalmente pastores, seminaristas e obreiros do Senhor.

Introdução

Era um desejo antigo meu reunir num só volume *Geografia da Terra Santa*, lançado em 1978, e *Geografia das terras bíblicas*, de 1980. Depois de tanto tempo, finalmente o sonho se tornou realidade graças ao empenho e ao profissionalismo da Editora Hagnos.

Muita coisa mudou desde 1978. Assim, esta nova edição reflete essas mudanças no cenário mundial. Não se trata apenas da junção de dois livros. O conteúdo foi totalmente revisado e atualizado em muitos aspectos, sobretudo os dados estatísticos e informativos. Há também muitas fotografias e ilustrações novas que serão de auxílio ao estudante das Escrituras. A bibliografia também foi ampliada com novas obras sobre o assunto, incluindo *sites* da Internet. Durante vinte anos ou mais, lecionei Geografia e Arqueologia Bíblica em seminários. Possuo uma vasta bibliografia dessas especialidades. Em nossa última viagem ao Oriente Médio, compramos mais de vinte volumes das mais variadas obras sobre Israel e outros países da Bíblia. Confesso que não me foi possível usar todo o material de que disponho na feitura deste trabalho. Assim, incentivo o leitor a consultar a bibliografia a fim de ampliar seus conhecimentos.

Na primeira parte, "Geografia da Terra Santa", faremos um passeio pelo mundo bíblico, conheceremos as nações cananeias, os povos vizinhos de Israel, e saberemos um pouco mais sobre as doze tribos israelitas. Vamos também nos familiarizar com a geografia física, a hidrografia, as estradas e os caminhos e o clima da Palestina. Tomaremos conhecimento da orografia de Israel, além de suas planícies, seus desertos e vales. Igualmente enriquecedor será nos ocupar do estudo da geografia econômica de Israel, de seus usos e costumes e de suas cidades, sobretudo a celebrada e amada Jerusalém, a cidade para a qual a atenção do mundo inteiro se voltou "na plenitude dos tempos" (Gl 4.4) com o advento do Filho de Deus.

Na segunda parte, "Geografia das terras bíblicas", conheceremos a Mesopotâmia e outras regiões circunvizinhas. Além da geografia, estudaremos também a história, os costumes e a religião dos povos mesopotâmicos. Examinaremos com especial atenção o berço natal de Abraão, e veremos que o grande patriarca não era um beduíno, um nômade qualquer, mas filho da mais avançada civilização da época. Deus o chamou para nele começar um povo, uma nação, uma lei, uma revelação e também a igreja, por meio de Jesus, nosso Senhor.

Também examinaremos os grandes impérios do passado que estiverem envolvidos diretamente com a história do povo de Deus: Egito, Assíria, Babilônia, Média, Pérsia, Grécia e Roma. Será um mergulho fascinante no mundo bíblico. Não menos importante será o capítulo "O cristianismo no Ocidente", no qual refletiremos sobre a importância do desenvolvimento geográfico de diversas regiões dominadas pelo Império Romano para a expansão da fé cristã. Visitaremos cidades importantes mencionadas na Bíblia, como Damasco, Tarso, Alexandria, Antioquia da Síria, Corinto, além das sete cidades das igrejas às quais o Apocalipse de João foi inicialmente remetido: Éfeso, Esmirna, Pérgamo, Tiatira, Sardes, Filadélfia e Laodiceia.

Além de tanta informação relevante, o leitor também encontrará três apêndices igualmente valiosos: "O dilúvio e a arca de Noé à luz da Bíblia, da geologia e da arqueologia", "As viagens de Paulo" e "Regiões de lugares no mundo bíblico".

Em *Israel em abril*, Érico Veríssimo queixou-se da grafia de nomes próprios dados a pessoas e lugares em Israel. Não tive tal preocupação. Procurei conservar, à medida do possível, a nomenclatura da *Almeida Revista e Atualizada* da Sociedade Bíblica do Brasil.

Em suma, veremos uma série de coisas que nos ajudarão em nossa leitura e em nosso estudo das Escrituras Sagradas.

O fato de eu ter visitado três vezes a Terra Santa torna este livro muito especial. Sempre agradeço ao Senhor todo-poderoso por essa graça a mim concedida. Permita-me relatar um pouco essa viagem entusiasmante. A primeira peregrinação durou sete dias; as duas últimas, dez dias cada uma. Foi uma jornada empolgante.

Fomos do vale de Hula ao Golã, até o monte Hermom, à Baixa e à Alta Galileia. Cruzamos o mar da Galileia muitas vezes; na última, fomos batidos por furiosa tempestade. Visitamos as ruínas de Cafarnaum, subimos o Monte das Bem-aventuranças, escalamos o Tabor, andamos pelo Esdrelom, subimos o Carmelo, visitamos Acre, Haifa e fomos a Rosh Hanikra, na fronteira com o Líbano. Visitamos Naim, Nazaré, Naharia e Safede na Alta Galileia. Descemos o Sarom, paramos em Cesareia e fomos até Lode, Tel-Aviv, Jafa, Gaza, Ascalom e Asdode.

Percorremos Jerusalém a pé muitas vezes, cantos e recantos. Fomos a En-Karen, a terra natal de João Batista, nas montanhas da Judeia. Chegamos a Belém, a Efrata, onde está o Sepulcro de Raquel. Passamos pelas Piscinas de Salomão, Tecoa, a terra de Amós; visitamos Manre, onde esteve o famoso carvalho de Abraão e seu querido poço. Bebemos água da Fonte de Filipe (lugar do batismo do eunuco) e chegamos a Hebrom, à Cova de Macpela, onde estão sepultados Sara e Abraão, Isaque e Rebeca, Jacó e Lia. Alcançamos o Neguebe, onde está localizada a famosa cidade de Berseba (Beersheva), na qual se encontra o multimilenar Poço de Abraão.

Pelo centro, visitamos Nobe (1Sm 21.1), Gabaom, lugar da sepultura de Samuel, Ramá (1Sm 7.17), Emaús (Lc 24.13), Mispa (1Sm 7.16), Beerote, de cuja fonte bebemos (Js 9.17), Betel (Gn 28), Siló (1Sm 1.3), Gosna, e chegamos a Lebona (Jz 21.19), onde dançarinas foram raptadas e dadas aos homens remanescentes de Benjamim. Passamos por Queriote, a terra natal de Judas. Chegamos a Sicar, até o Poço de Jacó, onde bebemos água abundantemente. Fomos a Nablus e vimos os quinhentos e poucos remanescentes samaritanos, com seu pequeno templo e seu famoso Pentateuco. Passamos por Engenim, onde o Senhor Jesus curou os dez leprosos. Estivemos no sopé do Gerisim e do Ebal. Aproximamo-nos do Gilboa. Batizamos no Jordão e percorremos o seu vale de norte a sul.

Saímos de Jerusalém e fomos a Betânia e Betfagé. Vimos a casa de Marta e Maria e o sepulcro de Lázaro. Descemos a Jericó. Vimos a Árvore de Zaqueu, o monte da Tentação, as ruínas das duas Jericós: a cananeia e a bíblica. Bebemos água da Fonte de Eliseu e visitamos o famoso Palácio de Hishan. Dirigimo-nos ao mar Morto, passando pela "Cidade dos Essênios", o Oásis de Engedi, banhamo-nos no mar Morto e escalamos, pelo teleférico, a Fortaleza Herodiana de Massada. Descemos e fomos até o Sinai, no golfo de Ácaba, permanecendo em Eilate, grande e movimentada cidade levantada por Israel em pleno deserto.

Visitamos o parque animal de Ai-Bhar. Navegamos no barco de fundo de vidro no golfo de Eilate, vendo o límpido fundo do mar com suas famosas formações de corais e seus cardumes de coloridos peixes; descemos ao aquário e, afinal, entramos no deserto na direção sul até Efijorde, por onde Moisés passou conduzindo Israel para Canaã. Não houve canto nem recanto em Israel aonde não tivéssemos chegado.

Deus nos concedeu a graça de ir também ao Egito, tendo a oportunidade de visitar as partes principais desse velho e tradicional país. Visitamos também a Turquia, além de percorrer a Itália de sul a norte e uma grande parte da Grécia. Novas pesquisas e novas observações foram feitas. Tivemos o ensejo de fotografar os lugares históricos e adquirir material de extrema importância para esta pesquisa. Nosso objetivo principal foi sempre o de enriquecer este trabalho.

É verdade que o que apresentamos aqui é fruto de muita pesquisa em livros, mas, em grande parte, pela graça de Deus, foram lugares pisados por meus pés.

Este livro, eu sei, não é perfeito. Muitos senões serão encontrados. Peço aos leitores que os relevem. Aceito correções e sugestões. Fizemos o melhor dentro da nossa limitada capacidade. Entregamos o nosso pouco nas mãos daquele que pode multiplicar tudo como fez com os pães e peixes. Receba este livro como minha modesta contribuição aos meus amados colegas de ministério, aos seminaristas, aos obreiros e aos cristãos em geral.

Espero que esta obra seja um incentivo ao surgimento de escritores mais preparados do que eu para escrever trabalhos mais especializados, profundos e completos. Em contrapartida, meus irmãos em Cristo, ajudem-me a interpretar com mais exatidão a Palavra de Deus.

Deus seja louvado em tudo! Este é o brado do meu coração ao entregar este modesto trabalho corrigido e atualizado aos evangélicos do Brasil e, quem sabe, de outros países lusófonos.

Enéas Tognini
São Paulo, janeiro de 2009

Parte 1

Geografia da Terra Santa

1
O mundo bíblico

"Coroa de todas as terras." Foi com essa expressão que Deus se referiu duas vezes à terra de Israel em Ezequiel 20.6,15:

> Naquele dia, levantei-lhe a mão e jurei tirá-los da terra do Egito para uma terra que lhes tinha previsto, a qual mana leite e mel, *coroa de todas as terras*. [...] Demais, levantei-lhes no deserto a mão e jurei não deixá-los entrar na terra que lhes tinha dado, a qual mana leite e mel, *coroa de todas as terras*.

Ao lançar mão dessa rica expressão, Deus indicou dessa maneira a centralidade, a posição geográfica e a magnífica importância de Israel entre as nações.

O escritor Werner Keller descreve o mundo bíblico de então e destaca a Palestina como um centro de luz para a humanidade, como se estivesse confirmando a expressão bíblica "coroa de todas as terras":

> Se traçarmos uma linha curva a partir do Egito, passando pela Palestina e a Síria mediterrâneas, seguindo depois até o Tigre e o Eufrates, através da Mesopotâmia, e descendo até o Golfo Pérsico, teremos uma meia-lua razoavelmente perfeita.
>
> Há quatro mil anos, esse poderoso semicírculo ao redor do deserto da Arábia — denominado Crescente Fértil — abrigava grande número de culturas e civilizações, ligadas umas às outras como pérola de rutilante colar. Dela irradiou luz clara para toda a humanidade. Ali foi o centro da civilização desde a idade da pedra até a idade do ouro da cultura greco-romana.[1]

---

[1] KELLER, Werner. *E a Bíblia tinha razão*. 20.ª São Paulo: Melhoramentos, 1992, p. 23.

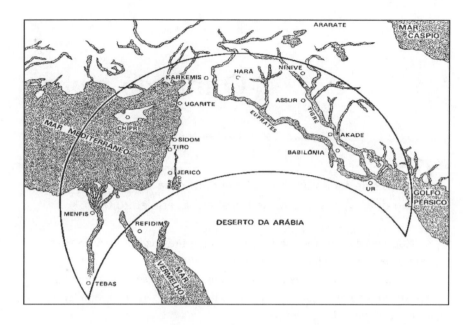

Os cartógrafos medievais representavam o mundo por um círculo, com Jerusalém no centro. Veja:

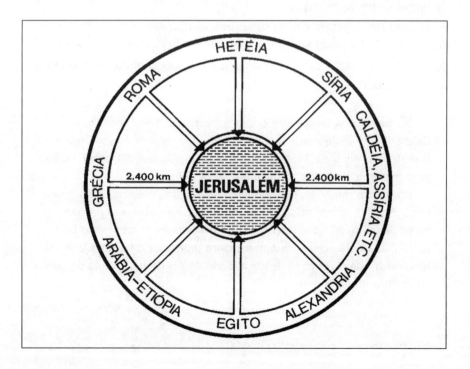

A distância máxima para os países da periferia é de 2.400 km (alguns estão mais próximos). À primeira vista, a ideia parece-nos infantil, pois quando examinamos geograficamente a terra de Canaã, ela não é nem pode ser o centro do mundo. Contudo, quando o exame se faz pelo curso dos acontecimentos, essa conclusão é inevitável. Além disso, se um cartógrafo moderno limitasse o mundo ao Fértil Crescente, veria Canaã como o *centro do mundo*. Veja o que diz sobre isso o dr. James McKee Adams, ex-professor de Arqueologia Bíblica do Southern Baptist Theological Seminary, de Louisville, Kentucky:

> Um círculo que tivesse um raio de 1.500 milhas e cujo centro fosse Jerusalém não incluiria todos os países principais mencionados no Antigo e Novo Testamentos, mas, também, o território duma vasta extensão nunca relacionado com o povo de Israel. A parte ocidental desse círculo incluiria Roma, a capital dos Césares; a parte oriental circundaria Caldeia, a Pérsia, a Média e a Cítia; na parte meridional cairiam toda a Península da Arábia e as regiões inexploradas da Etiópia. Uma linha similar no norte abrangeria terra de que nada se sabia, mesmo até à Monarquia Hebraica, porque o horizonte do mundo Hebraico apenas atingia as praias do Ponto Euxino e as alusivas terras dos heteus na Ásia Menor. Num círculo restrito, outras importantes relações apareceriam. Atenas, por exemplo, não distava de Jerusalém, mais do que Ur dos Caldeus; Tebas e Babilônia ficavam a igual distância de Jerusalém; Mênfis, sobre o Nilo, e Hamate, sobre o Orontes, eram localizadas somente a 300 milhas da Cidade de Davi, enquanto quase em direção a oeste, praticamente à mesma distância ficava Alexandria, fundada pelo grande Macedônio, que nela vira a possibilidade dum império para três continentes. Damasco, a maravilhosa cidade dos oásis, a dádiva do monte Hermom, o deserto da Síria, achava-se situada a 160 milhas a nordeste de Jerusalém e era, ao mesmo tempo, ponto de partida e final de toda via oriental. Finalmente, dentro do percurso dum circuito semelhante ficavam as fronteiras da Terra de Gósen, no Egito, o deserto de Parã, na península de Sinai e Selá (Rocha), fortaleza dos filhos de Esaú, no monte Seir. Entretanto, em todas essas relações geográficas, a coisa mais importante não é a questão de Roma estar longe ou Damasco perto, mas o fato de que em todo esse território havia um elo unificador: as extremidades da terra convergiam, apesar de seus contrastes culturais, para Jerusalém, a glória de Canaã. Por conseguinte, não era gabolice

da parte do Salmista conceber Jerusalém como "a alegria de toda a terra". Os profetas que descreviam em termos brilhantes a procissão de reis e nações subindo ao Monte Sião, a fim de participarem da sua luz e lei, *prefiguravam* a centralidade desse lugar cuja influência decididamente tem impressionado o mundo.[2]

Assim, conclui-se que Jerusalém não era o centro geográfico do mundo, mas a cidade-estratégia e estrategicamente posta por Deus para onde a atenção do mundo inteiro se voltaria "na plenitude dos tempos" (Gl 4.4) com o advento de Jesus Cristo, o Filho de Deus. Canaã era uma meta a ser alcançada. Temos, então, a razão de Deus fazer convergir o curso da história do mundo antigo para esse pedaço de terra disputado pelas potências do passado próximo e remoto e ainda na atualidade. A importância não está tanto na posição geográfica de Canaã, como no que nela se desenrolou, principalmente no que tange ao Messias, o Filho de Deus. Tendo em vista esse grandioso fato, Deus preparou Canaã, chamou Abraão à Terra da Promessa, "a Terra Gloriosa", deu-lhe bens, extensivos a seus descendentes.

Tomando-se um ponto bem elevado em Ur dos Caldeus, com os olhos de nosso telescópio, varreremos os espaços e depararemos a leste — depois das férteis terras do Vale entre o Tigre e o Eufrates — com as planícies áridas na região persa, até os montes Zagros; a sudeste, encontraremos o golfo Pérsico, com seus encantos naturais e fabulosas riquezas; a sudoeste ficam as terras da Península Arábica, importantes por terem sido o berço de quase todos os povos de origem semita; a ocidente, desde Ur, avistaremos o gigantesco deserto da Arábia, perigoso por suas dunas e pelos nômades que se deslocam com frequência por toda a região. Na ponta extrema ocidental do deserto encontraremos a verde e exuberante vegetação das terras de Gileade. Prosseguindo, chegaremos às montanhas da Judeia e, por fim, ao Mediterrâneo. Ao norte de Ur, temos o vale da Mesopotâmia, mais fértil e mais extenso do que a terra do Egito, e encantador como Canaã.

---

[2] ADAMS, James McKee. *A Bíblia e as civilizações antigas*. Rio de Janeiro: Dois Irmãos, 1962, p. 23-24.

A estreita faixa de terra que vai de Ur, no sul da Caldeia, até as proximidades do Nilo, foi denominada sugestivamente de *Fértil Crescente.* Em algum ponto desse imenso Jardim do Senhor, a humanidade teve seu berço, antes e depois do dilúvio. Civilizações importantes, como a suméria, a acádia e a aramita, aí nasceram e daí saíram levando progresso para outras partes da terra. Tigre-Eufrates, no Oriente, e Nilo, no Ocidente, ligavam-se por estradas reais, que saíam de Ur, passavam por Harã, Alepo, Damasco, Jerusalém e alcançavam o Egito. Na sua longa peregrinação, o patriarca Abraão cobriu esse trajeto e chegou ao Nilo.

Caldeia e Assíria se tornariam potências mundiais, bem como o Egito. Muitas vezes, essas nações pelejaram pelo domínio universal. Canaã estava no centro entre Mesopotâmia e Nilo. Passagem compulsória tanto para assírios e caldeus quanto para egípcios, Canaã se tornou o centro do Fértil Crescente, terra disputada pelas potências do mundo antigo. Por isso, o Antigo Testamento registra muitas vezes Israel ameaçado pelos assírios e caldeus, recorrendo ao poderio militar do Egito e vice-versa. Quando Nabopalassar, auxiliado por Ciaxiares, rei dos persas, destruiu Nínive e sepultou o grande Império Assírio, lançou as bases do Império Caldeu, com capital em Babilônia. Todas essas potências perseguiram Israel e atacaram o Egito, que revidou.

Judá tentou, mas não se livrou do poder dos gregos. Os romanos subjugaram Israel e destruíram Jerusalém em 70 d.C. O Estado judaico só foi restaurado em 1948.

Desde que o judeu se implantou na Palestina, nos meados do século XX, o mundo todo passou a se interessar pelo Oriente Médio. Até os árabes, esquecidos por séculos, passaram a ocupar lugar proeminente entre as nações. Os árabes se impõem pelo petrodólar; os judeus, pelo valor espiritual.

Israel retornou à terra que Deus deu a Abraão e à sua descendência em possessão perpétua, conduzido pelo braço do Senhor, porque lhe está reservado, por profecias, papel importante nos acontecimentos que precederão o arrebatamento da igreja, a grande tribulação, a volta de Jesus e o milênio. Israel, mais uma vez, ocupando o centro das atenções da terra e de Jerusalém, é a "coroa de todas as terras".

Outra vez citamos James Adams:

> Em termos longitudinais, os países principais do mundo bíblico ficaram bem dentro dos arcos que representam 55° leste e 5° a Oeste, um território que se estende do Planalto Pérsico ao Estreito de Gibraltar. Correspondentemente, essa área geográfica caía dentro da Latitude Norte entre 20° e 45°. Em termos continentais, os pontos distantes do painel bíblico são limitados pelo Norte da África, Ásia Ocidental e Europa Meridional. O horizonte do mundo Antigo Testamentário está marcado pelo Ponto Euxino, mar Cáspio, golfo Pérsico e mar Vermelho, tendo como coração do Território, o Litoral do Mediterrâneo.[3]

O mundo do Novo Testamento inclui as regiões do Oriente Médio, mais Macedônia, Grécia, Itália, Egito, Ásia Proconsular, Palestina e Síria. Sete rios marcaram o curso de acontecimentos no Antigo Testamento: Nilo, Jordão, Leontes, Orontes, Abana, Tigre e Eufrates; enquanto no Novo Testamento apenas três: Jordão, Orontes e Tigre.

De toda essa vastidão geográfica, os grandes movimentos marcaram o curso da história. As caravanas de mercadores que passavam para trocar produtos animais ou agrícolas, e não raro humanos, inevitavelmente tocavam em Canaã. Os exércitos ferozes com bandeiras a tremular alcançavam Canaã quando iam e quando voltavam. Viajantes de todas as direções da terra demandavam Jerusalém suspirada. Tribos nômades se movimentavam no Fértil Crescente e tocavam Canaã. Invasores, de perto e de longe, muitas vezes se apoderaram da terra "onde dá leite e mel". O solo de Canaã muitas vezes foi umedecido com o sangue dos que tombaram no campo de batalha. A terra abençoada de Israel, com frequência, foi assolada por seca e outras vezes por chuvas torrenciais. O sol doirou as paisagens de Israel dando encanto e vida aos montes e aos vales, e até mesmo aos desertos. O céu azul ou nublado, nuvens de frio ou de chuvas passaram sobre os céus de Israel. Os ventos nortes e frios, e os do Sul e quentes, a agressividade abrasadora do clima, as colheitas abundantes ou minguadas e todo um complexo de bênçãos do

---

[3] ADAMS, J. McKee. *A Bíblia e as civilizações antigas*, p. 29.

Altíssimo deram à Canaã um encanto, uma importância e um relevo especial.

Deus escolheu uma nação tão pequena e desprezível para ser o palco dos acontecimentos mais assinalados da história. Na pequenina terra de Israel, o Todo-poderoso escolheu Belém da Judeia, a minúscula cidade, a mais apagada, para acender nela, com o nascimento de Jesus, uma *luz* para brilhar e atirar seus reios em todas as direções da Terra.

Estudar a geografia da Bíblia significa...

- Viver as páginas já vivas do Livro Santo.
- Entrar em comunhão com o Éden de Deus, com seus rios Tigre e Eufrates, Giom e Pisom.
- Acompanhar o desenrolar do dilúvio, quando Deus derramou juízo do céu sobre uma humanidade rebelde e desobediente.
- Imitar Sem, Cam e Jafé no repovoamento da Terra.
- Acompanhar de perto a linha semítica de Terá, Abraão e toda a família do primeiro filho de Noé.
- Estar com as sete nações cananeias.
- Assistir ao surto de progresso que viveu o Egito.
- Sofrer com os descendentes de Jacó na terra de Cam.
- Levantar-se com Moisés, retirando Israel do cativeiro egípcio e acompanhá-lo na milagrosa passagem do mar Vermelho, depois da peregrinação do penoso deserto, na entrada e posse de Canaã.
- Lutar ao lado dos juízes, mensageiros de Deus.
- Estar com Saul e com Davi, com Salomão e Roboão e todos os reis de Judá e de Israel.
- Arrastar-se com o povo de Deus caminhando para o cativeiro na Assíria e na Babilônia.
- Voltar com Esdras, Neemias e Zorobabel para a reconstrução de Jerusalém.
- Viver com João Batista no deserto e com o Senhor Jesus nas poentas estradas da Palestina, ao longo das praias do mar de Galileia, nos desertos e nos montes, no Getsêmani e no Calvário, no sepulcro de Arimateia, na ascensão do Olival.
- Participar do poderoso Pentecostes.

GEOGRAFIA DA TERRA SANTA E DAS TERRAS BÍBLICAS

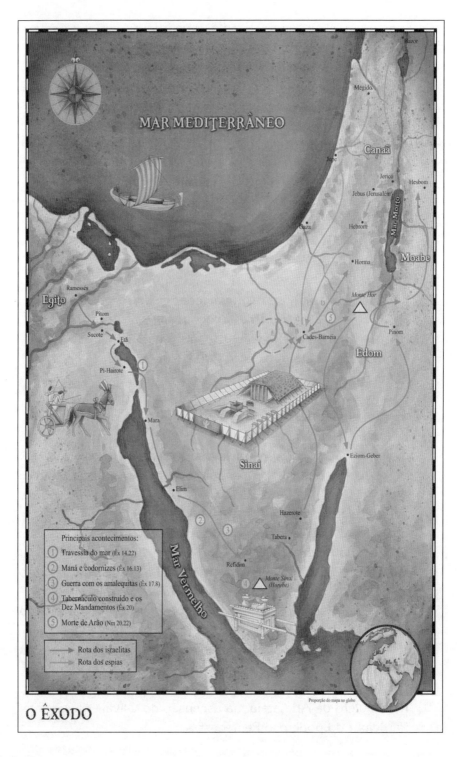

O MUNDO BÍBLICO

- Sofrer com os apóstolos que deram testemunho da ressurreição do Senhor, nas prisões, nos açoites, no martírio.
- Assistir à dispersão dos servos de Jesus, que começou com a perseguição de Paulo.
- Ver surgir a poderosa igreja de Antioquia da Síria.
- Entrar na companhia de Paulo para desfraldar o glorioso pavilhão de Cristo em dois continentes e depois permanecer com ele dois anos no cárcere em Cesareia, acompanhá-lo até Roma e depois assistir ao seu martírio e ao de centenas de outros soldados da cruz.
- Por último, assistir ao crepúsculo de tudo com João em Patmos, aguardando o raiar glorioso do dia em que Jesus será chamado Rei dos reis e Senhor dos senhores.

Com olhar voltado para essa linha de gloriosas realidades, levantemos os olhos e, por instantes, contemplemos a Mesopotâmia com seu Tigre e Eufrates, a Síria, a Fenícia, o Egito, o famoso Império Heteu e toda uma vasta gama de civilizações gloriosas, que dormem hoje em alguns escombros de escavações arqueológicas, ou nos museus escuros e frios.

2
As nações cananeias

James Adams[1] aceita que a posição central de Canaã e a fertilidade do seu solo atraíram grande número de povos que se radicou nas montanhas e nos vales de Canaã. A Bíblia, entretanto, traça a genealogia dos camitas partindo de Canaã (Gn 10.10-14), um dos filhos de Cam (Gn 10.6). Canaã gerou Sidom, seu primogênito, e Hete, e os jebuseus, amorreus e girgaseus, aos heveus, arqueus, sineus, arvadeus, zamareus e hamateus. A Bíblia localiza esses povos, incluindo os filisteus e os caftorins (Gn 10.14), na terra de Canaã, e, com muita autoridade, afirma: "E o limite dos cananeus foi desde Sidom, indo para Gerar, até Gaza, indo para Sodoma, Gomorra, Admá e Zeboim, até Lasa" (Gn 10.19). Nas escavações que realizou em Gezer, o arqueólogo Robert Alexander Stewart Macalister[2] encontrou traços de uma civilização troglodita que remonta a mais ou menos 3000 a.C. A Bíblia, entretanto, em Gênesis 10, diz que os povos mais primitivos de Canaã foram os descendentes do próprio Canaã, neto de Noé.

Quando Abraão chegou a Canaã, era mais um semita que vinha engrossar a caudal camita dessa terra. Acreditamos mesmo que ao tempo de Abraão os primitivos habitantes de Canaã já estivessem caldeando com grupos semitas procedentes do vale da Mesopotâmia e outras regiões. James Adams[3] conclui: "Uma das grandes conquistas, da moderna investigação, consiste em provar que os dialetos dos hebreus e o das nações cananeias se derivam do mesmo tronco". Quando Abraão chegou a Canaã, foi muito bem recebido por seus moradores. Pôde deslocar-se livremente pelos amplos territórios;

---

[1] ADAMS, James McKee. *A Bíblia e as civilizações antigas*, p. 80.
[2] Citado por ADAMS, James McKee. *A Bíblia e as civilizações antigas*, p. 80.
[3] ADAMS, James McKee. *A Bíblia e as civilizações antigas*, p. 80.

GEOGRAFIA DA TERRA SANTA E DAS TERRAS BÍBLICAS

As nações cananeias

manteve negociações com eles, combateram juntos e viveram mais ou menos em comum, exceto na religião. Não encontramos Abraão praticando os cultos dos cananeus nem estes o culto de Abraão.

Gênesis 10.15 alinha nove nações em Canaã, mais os filisteus e caftorins, todas debaixo do título geral: *habitantes de Canaã*. Quando Deus falou a Moisés na sarça ardente, mencionou: cananeu, heteu, amorreu, perizeu, heveu e jebuseu (Êx 3.8). Faltou girgaseu, que é lembrado em Gênesis 15.21. Tanto em Gênesis 10 como em Gênesis 15 são mencionados outros povos e nações. No tempo da *conquista*, entretanto, apenas sete nações são mencionadas em Canaã (Js 3.10). Os filisteus não são contados com as sete nações. Formavam um poderoso império, absorveram os pequenos povos. Por exemplo, os caftorins, mencionados com os filisteus em Gênesis 10.14, "destruíram os *aveus*, que habitavam em vilas até Gaze, e habitaram no lugar deles" (Dt 2.23). Os *refains* (ou "refaítas") foram destruídos pelos amonitas (Dt 2.20,21). Os *emins* (ou "emitas") foram desapossados por Moabe (Dt 2.10,11). Os *horeus* foram expulsos de seus territórios por Edom (Dt 2.12).

Apresentaremos, a seguir, breves informações sobre as sete nações cananeias que constituíam, com os filisteus, um vasto império, uma espécie de superpotência, na terra que Deus prometeu a Abraão e seus descendentes.

Amorreus

O nome *amorreu* é usado no Antigo Testamento para designar:

1. Os habitantes da Palestina em geral.
2. Os povos dos montes que se opõem aos das planícies.
3. Um povo específico, ocupando uma cidade ou uma região maior, com seu rei.

Eles eram encontrados no lado ocidental do mar Morto (Gn 14.7), em Hebrom (Gn 14.13), em Siquém (Gn 48.22), em Gileade e Basã (Dt 3.8-10) e nas imediações do monte Hermom (Dt 3.8). Deus ordenou a Israel que destruísse os amorreus (Gn 3.7; Dt 2.1). Aparecem com cinco reis para enfrentar Josué (Js 10.5). Ezequiel refere-se a Jerusalém como um país amorreu (Ez 16.3), e os gibeonitas descendem dos amorreus também (2Sm 21.2). Números 13.29 declara: "Os amalequitas habitam na terra do Neguebe; os heteus, os jebuseus e os amorreus habitam na montanha; os cananeus habitam ao pé do mar e pela ribeira do Jordão" (Nm 13.29). Siom (ou "Seom"), rei dos amorreus, conquistou a parte de Moabe (Nm 21.21-31; Dt 2.26-35).

Importantes descobertas vieram trazer luz sobre a forma e o significado da palavra *amorreu*. A forma hebraica é a uma transliteração do babilônico *amarru* (singular e plural). Mas nos dias de Abraão, os *amarru* dominavam a Ásia ocidental, razão por que Síria e Palestina são chamadas de *Bab*, isto é, a terra dos amorreus. No apogeu assírio, o nome foi mudado para *Terra dos heteus*. Ao tempo de Moisés, dominavam Síria e Canaã. O nome *amorreu*, portanto, é de origem caldaica. Os amorreus surgiram cerca de 2500 a.C. dominando Mesopotâmia e Síria com capital em Harrã. Pouco depois, o norte da Caldeia era ocupado por dinastia amorita, cujos reis descendiam de Sumo (o Sem da Bíblia). *Hamurabi*, o Anrafel de Gênesis 14.1, pertence a essa dinastia. Nos documentos históricos da época de Hamurabi muitas referências são feitas ao rei dos amorreus. Quando, porém, Ur sobressaiu-se na Caldeia e no mundo, os reis dos amorreus foram subjugados. Abraão viveu em Ur quando os amorreus já estavam enfraquecidos.

Heteus

Gênesis 10.15 alinha Hete como o segundo filho de Canaã. De Hete vem *heteus* (na literatura secular, principalmente em obras de arqueologia, usa-se *hiteus* e *hititas*; a *Nova Versão Internacional* usa "hititas" em Gn 15.20). Alguns críticos ousam afirmar que os heteus não passavam de um povo sem importância e inexpressivo, como que pretendendo negar o valor histórico de 2Reis 7.6. Contudo, nessa passagem bíblica, os *heteus* aparecem em pé de igualdade com os egípcios; afirma-se ainda a pluralidade de reis, isto é, uma confederação, um império; ainda mais: era um povo forte e guerreiro, com carros, cavalos e cavaleiros. Hoje, entretanto, pelas grandiosas descobertas arqueológicas, principalmente as levadas a cabo em Bogaskoy, na Anatólia, sabemos que os *heteus* formavam poderoso império e eram senhores de vasta cultura e apuradíssima civilização.

Pouco antes do profeta Eliseu, os heteus disputaram com os egípcios o domínio da Ásia ocidental. Ao tempo do rei Jorão, de Israel, o poderio bélico dos heteus já declinara muito; mesmo assim, representavam uma ameaça para Israel e Judá.

Nos livros históricos do Antigo Testamento os heteus aparecem com alguma frequência e estabelecidos no norte de Israel, com cidades principais em Hamate e Cades nas margens do rio Orontes, alongando-se na direção meridional. Mas Gênesis menciona outros "heteus", isto é, os filhos de Hete (Gn 15.20). Abraão comprou dos filhos de Hete a cova de Macpela, em Hebrom (Gn 23.10); as duas esposas de Esaú eram heteias (Gn 26.34). Provavelmente, Gênesis 10.15 refere-se aos heteus do Sul, e só à luz dessa concepção podemos entender Ezequiel afirmando sobre Jerusalém: "... teu pai era amorreu, e tua mãe, heteia" (Ez 16.3).

Os heteus eram fisicamente feios, de pele amarelada, com fisionomia pronunciadamente mongólica, fielmente reproduzidos nos seus próprios monumentos e nos do Egito. Seus olhos eram escuros e negros, seus cabelos, lisos e duros. Eram de baixa estatura e fortes; o contrário dos amorreus, que eram altos e bem formados, de boa aparência, olhos azuis e cabelos louros. No século XII a.C. os heteus eram fortes e aguerridos, e puderam conter o avanço assírio na Ásia Meridional. Aos poucos, porém, foram se enfraquecendo, e os assírios os venceram. Concentraram-se em Carquemis até 712 a.C., no ano em que Sargão da Assíria derrubou o último e o mais forte baluarte dos heteus.

Cananeus

O nome cananeu vem de Canaã, filho de Cam, filho de Noé (Gn 10.6). Os irmãos de Canaã foram Cuxe, Mizraim e Pute. Ocuparam uma grande faixa de terra no vale do Jordão e se estenderam pela orla do Mediterrâneo (Nm 13.29; 14.25). Apesar de procederem do mesmo tronco racial e de trazerem o mesmo nome, o grupo do Jordão era independente do grupo Mediterrâneo e vice-versa. O faraó Merneptá transformou os cananeus numa colônia egípcia. Quando Israel conquistou Canaã, o Egito perdeu sua colônia e seus aliados. O Egito reforçou sua posição na orla marítima ocupando grande parte do território filisteu. Sofonias 2.5 chama a terra dos filisteus de Canaã.

Nos dias de Josué, os cananeus eram um povo forte, belicoso, possuindo carros de ferro e fortes cavalos. Tinham cidades fortificadas, tais como Bete-Seâ, Megido, Sidom, Acor, Hebrom, Dor etc. Josué não conseguiu desapossar totalmente os cananeus (Jz 1.27-33). Débora infringiu-lhes violenta e desastrosa derrota, e Sísera pereceu (Jz 4). Escavações arqueológicas revelaram muitos mistérios que escondiam a história do poderoso povo cananeu, principalmente no período anterior à ocupação israelita.

Perizeus (ou ferezeus)

Descendentes de Canaã (Gn 15.20), os perizeus eram um povo pequeno, comparado com as outras seis nações cananeias. Perizeu significa *camponês* ou *aldeão*. O nome parece indicar a "posição social inferior" que ocupavam na terra. Na Bíblia, eles aparecem sempre ligados aos cananeus; daí muitos acreditarem tratar-se de um mesmo povo, diferindo apenas nas condições sociais: os cananeus habitavam as cidades e, por isso, constituíam a classe mais alta, enquanto os perizeus habitavam os campos e dedicavam-se à agricultura, razão por que eram mais rudes e constituíam um grupo inferior. Note-se que isso é hipótese; representa apenas o ponto de vista de alguns estudiosos.

Pelas numerosas referências bíblicas, os perizeus se espalharam por toda a terra de Canaã. Quando houve contendas entre os pastores do gado de Abraão e Ló, os perizeus estiveram presentes em parceria com os cananeus (Gn 13.7). Jacó teve pavor deles quando em Siquém. Levi e Simeão passaram ao fio da espada os siquemitas (Gn 34). Nos dias da conquista de Canaã, Josué defrontou-se aos perizeus nas faldas do monte Carmelo (Js 17.15) e também nos territórios ocupados por Judá (Jz 1.4,5). Israel desapossou os perizeus e foram quase totalmente exterminados. Todavia, alguns permaneceram até os dias de Salomão (1Rs 9.20).

Heveus

Um dos povos descendentes de Canaã (Gn 10.17; 2Cr 1.15). Povo antigo da Síria e da Palestina, distinto do cananeu, do jebuseu, do perizeu, do girgaseu e do amorreu (Êx 3.8; Nm 13.29; Dt 7.1), e às vezes associado aos arqueus, habitantes do Líbano (Jz 3.3) e da serra do Hermom (Js 11.3). O rei Davi os encontrou no vale que leva a Hamate e os alistou com Tiro e Sidom (2Sm 24.7). Foram conscritos por Israel como trabalhadores nos projetos de edificação do templo de Salomão (1Rs 9.20; 2Cr 8.7).

Sem dúvida alguma, outro grupo heveu se localizou em Siquém, nas proximidades do monte de Samaria. Foi nessa região que houve o incidente de Hamor, o heveu, com Diná, filha de Jacó, que resultou na morte de uma grande parte desse povo (Gn 34). No tempo da conquista, os heveus iludiram Josué e os príncipes da congregação israelita, e Josué os reduziu a rachadores de lenha e tiradores de água para o povo de Deus (Js 9).

Girgaseus

Esse povo também procedeu de Canaã (Gn 10.16; 2Cr 1.14). Quando Abraão chegou a Canaã, os girgaseus já estavam na terra e fazem parte da lista de povos que Deus deu a Abraão (Gn 15.21; Ne 9.8). Pouco se sabe das atividades desse povo. Eles ofereceram resistência a Josué na conquista de Canaã, mas foram vencidos pelos exércitos do Deus vivo (Dt 7.1; Js 3.10). Alguns procuram descobrir identificação entre girgaseus e gergesenos (ou "gadarenos") de Mateus 8.28, localidade da banda oriental do mar da Galileia. Isso, entretanto, é apenas provável.

Nos anais arqueológicos aparece outro povo com o mesmo nome de girgaseus, que provavelmente nada tem com os de Canaã. Eis o que afirma Kenneth Anderson Kitchen, preletor de egípcio e cóptico da Universidade de Liverpool:

> Em Ugarite, do norte de Canaã (sécs. XIV/ XIII a.C.), os girgaseus são indiretamente comprovados por dois substantivos pessoais: *grgs* e *bn-grgs*, isto é, Girgas e Ben-Girgas (referências na obra de Gordon, *Ugaritic Manual*, 1955, III, pág. 252, n.º 439). Os girgaseus bíblicos e os girgas de ugarite são provavelmente diferentes de um povo da Ásia Menor chamados karkisa nos relatos hititas, e *krksh* nos registros egípcios correspondentes.[4]

---

[4] KITCHEN, Kenneth Anderson. "Girgaseus". Em: DOUGLAS, J. D. (Ed.). *O novo dicionário da Bíblia*. 3.ª ed. rev. São Paulo: Vida Nova, 2006, p. 552.

Jebuseus

Esse povo também descende de Canaã (Gn 10.16; 15.21). Colonizaram o distrito em redor de Jerusalém, que primitivamente se chamava *Jebus*, e seus habitantes, *jebuseus* (Jz 19.10,11; 2Cr 11.4,5; Js 15.28). Habitaram as colinas talvez não em Jerusalém, mas nos arredores (Nm 13.29; Js 11.13; 15.8,16). A primeira referência aos jebuseus é feita pelos doze espias (Nm 13.29), a não ser que Melquisedeque (Gn 14.18-20), rei de Salém, tenha sido rei jebuseu, e disso absolutamente nada se sabe.

Quando Josué tomou Jericó e em seguida Ai, os gibeonitas fizeram paz com Israel. Devido a esse acordo de paz, Adoni-Zedeque, rei de Jerusalém, convocou os reis de Hebrom, de Jarmute, de Laquis e de Eglom para formarem uma confederação a fim de atacar Gibeão. Mas Josué socorreu seus aliados e a confederação dos cinco reis foi derrotada diante do Senhor (Js 10.1-11).

Os gibeonitas entram em cena novamente nos dias de Davi. Eles construíram no monte Ofel, ao sul do monte Moriá, uma fortaleza quase inexpugnável. Ninguém conseguia penetrá-la. Joabe, sobrinho de Davi, descobriu o canal que abastecia de água a cidade, entrou e tomou a fortaleza (2Sm 5.6-10), a mesma que Josué não conseguira dominar (Js 15.63). Davi fortificou ainda mais a fortaleza dos jebuseus, habitou nela e chamou-lhe *Cidade de Davi*. Mas tudo indica que houve paz entre Davi e os jebuseus. Passaram a habitar a colina onde mais tarde Salomão edificaria o templo. Araúna, o jebuseu, vendeu essa colina ao rei Davi (2Sm 24.18-25), que edificou nela um altar e ofereceu sacrifícios ao Senhor, para que cessasse a praga que devastava Jerusalém.

3
Povos vizinhos de Israel

Além das sete nações que habitavam a terra de Canaã, ao tempo da conquista por Josué (veja o capítulo 2), Israel estava cercado por grande número de nações e multidão de povos. Algumas dessas nações eram ricas e poderosas, aguerridas e fortes; outras, menores e mais fracas; todas, porém, todas eram perigosas e constituíram uma ameaça constante a Israel. Ainda hoje, alguns desses povos são um tormento para Israel restaurado em 1948.

Nos tempos bíblicos, oito nações principais limitavam com o povo de Deus: Filístia, Fenícia, Amaleque, Moabe, Amom, Edom, Midiã e Síria. Essas não eram as únicas nações que cercavam o povo de Israel, mas eram as mais importantes. A mistura de povos árabes que periodicamente invadia os termos de Israel era grande, como podemos constatar pela Palavra de Deus (veja 1Rs 10.15; 2Cr 9.14; Is 21.13; Jr 25.24, concernente à Arábia, e 2Cr 17.11; 21.16; 26.7, com respeito aos árabes).

Essas nações e esses povos que rodeavam Israel serviam de termômetro para regular a temperatura espiritual dos filhos de Jacó: quanto mais perto de Deus andavam, mais poder tinham e seus territórios eram dilatados, como nos dias de Davi e Salomão. Contudo, quando se afastavam do seu Senhor, Deus os abandonava, ficavam sem proteção, chegavam os inimigos e subjugavam o povo e, consequentemente, se apossavam de seus territórios, como aconteceu no tempo dos juízes.

Essas oito nações do passado desapareceram. Os povos, entretanto, não. Sobrevivem na amálgama de árabes que habitam terras de todos os tipos: de férteis a desertos, desde a Mesopotâmia, aos montes Líbanos e Antilíbanos, do deserto da Arábia ao Sinai e mar Vermelho, do vale do Jordão à orla do Mediterrâneo, entrando para a África. Mesmo com reinos diferentes, costumes diversos e política distinta, são sempre árabes, descendentes de Abraão e Agar através de Ismael (veja Gn 16.1-16, principalmente o v. 12). Eles são unidos, porém, pela religião, pela língua e pelo ódio que devotam ao povo hebreu[1] (compare com Gênesis 16.4).

Eis rápidas informações sobre algumas dessas nações que limitavam com Israel, principalmente nos dias do Antigo Testamento.

Filisteus

Em 1964, a Comissão Arqueológica da Universidade de Roma descobriu *Ebla*, capital de um famoso império que se estabeleceu do golfo Pérsico ao Mediterrâneo, entre 2500 e 1500 a.C. Esse império aparece nos registros ugaríticos de Ras-Shamra descobertos em 1934 por Scheffer e W. F. Albright. Ras-Shamra já era habitada quando povos vindos das ilhas gregas invadiram Canaã e se radicaram ao sul da região: eram os *filisteus*.[2]

O nome

A palavra "filisteu" aparece primeiramente em Gênesis 10.14. Terence Mitchell, do Departamento de Antiguidades do Museu Britânico, declarou: "No Antigo Testamento, o nome filisteu é escrito como *pᵉlishti*, usualmente com o artigo, e mais comumente ainda em sua forma plural, *pᵉlishtim*".[3] O território ocupado pelos filisteus denomina-se "Filístia" (*Pᵉlesheth*), de onde deriva o nome Palestina à época dos romanos. "Filisteus" significa "errantes", "estrangeiros".[4]

Origem

Apesar dos enormes esforços da arqueologia, a origem dos filisteus ainda é um mistério. James Adams afirma: "Ainda que os filisteus

---

[1] DELOACH, Charles. *Sementes de conflito*. Miami, Florida: Vida, 1975, cap. 8. Com base no salmo 83, o autor descreve os povos árabes antigos e os correspondentes modernos. Unidos no passado e unidos na Guerra dos Seis Dias de 1967. Os mesmos árabes, com os mesmos objetivos, com a mesma indisposição contra Israel.

[2] Veja CHARBEL, Antonio. "Suplemento cultural". *O Estado de S. Paulo*, 17 de abril de 1977, p. 15.

[3] MITCHELL, T. C. "Filisteus". Em: DOUGLAS, J. D. (Ed.). *O novo dicionário da Bíblia*, p. 516.

[4] PISTONESI, José A. *Geografía bíblica de Palestina*. Buenos Aires: Junta de Publicaciones de La Convención Bautista, 1947, p. 192.

sejam mencionados no Antigo Testamento 286 vezes, continuam praticamente desconhecidos...".[5] A Bíblia, porém, traça a origem imediata dos filisteus. Aonde foram depois, não sabemos. Ela afirma que procedem de Casluim, do filho de Mizraim (Egito). Mas como Gênesis 10.14 e 1Crônicas 1.12 fazem referência a "Caftorim" (de Caftor), os especialistas, especialmente até as primeiras décadas do século XIX, estabeleciam seu berço em Creta. Todavia, "as últimas descobertas arqueológicas indicam a ilha de Chipre".[6]

Pelo modo como a Bíblia os chama "incircuncisos" (Jz 14.3; 1Sm 14.6), sabemos que não eram semitas (veja também Am 9.7 e Jr 47.4.). A tendência atual é reconhecer os filisteus como os *peleset*, que, junto com os *teker* e os *zakar*, formavam a coligação conhecida como "Povos do Mar", que invadiram o Egito, mas foram rechaçados por Ramsés III, cujas vitórias foram gravadas nos baixos-relevos em Medinet-Habu (Tebas). Os hieróglifos egípcios confirmam essa verdade.[7] Desbaratada a coligação europeia pelos egípcios, os filisteus se esconderam no sudoeste de Canaã.

Localização

O território ocupado pelos filisteus em Canaã ia do sul do monte Carmelo até o sul da Palestina, na direção do Egito. Incluía toda a orla marítima, a região conhecida como Sefelá ou vale de Sarom. Quando Israel conquistou Canaã, os filisteus fizeram fronteiras com Jope, Siquém, Jerusalém e Laquis. Nessa ocasião, suas fronteiras ao norte não chegavam ao Carmelo (Js 13.17).

Na Bíblia

A primeira referência aparece em Gênesis 10.14, antes do estabelecimento na terra de Canaã. Uma vez em Canaã, já aparecem relacionados com o povo de Abraão em diversas etapas de sua história:

1. *Patriarcas.* Isaque foi peregrinar em Gerar, governada pelo rei Abimeleque, que tinha Ficol como chefe do seu exército (Gn 20; 21; 26).

---

[5] ADAMS, James McKee. *A Bíblia e as civilizações antigas*, p. 199.
[6] *Enciclopedia de la Biblia*. Barcelona: Garriga, vol. 3, p. 557.
[7] *Enciclopedia de la Biblia*, vol. 3, p. 558.

2. *Êxodo e Juízes.* Israel deixou o Egito, peregrinou no deserto e, por último, foi plantado por Deus em Canaã. O livro de Êxodo relata que o Senhor Deus ordenou a Israel que evitasse o caminho da terra dos filisteus, mesmo que fosse mais curto, para que o povo não visse o clima de guerra e, em decorrência, se arrependesse e retornasse ao Egito. Os filisteus eram belicosos acima de tudo. Quando Josué tomou a terra de Canaã guerreou com muitos povos, exceto Fenícia, Entrada de Hamate e os filisteus.[8] Estes eram guerreiros valentes e perigosos. Três províncias dos filisteus davam para o Mediterrâneo (Asdode, Ascalom e Gaza), e essa parte era chamada "mar dos filisteus" (Êx 23.31). Muitos pensam que os filisteus dessa área eram conhecidos como caftoritas (Dt 2.23). Sansão lutou contra eles; antes de Sansão, Sangar (Jz 3.31).

3. *Saul e Davi.* No apagar das luzes do longo e tenebroso período dos juízes, os filisteus venceram os israelitas, matando Hofni e Fineias e causando a morte de Eli (1Sm 4). Jônatas, filho de Saul, venceu uma guarnição filisteia entre Micmás e Geba (1Sm 14). Davi matou o gigante Golias no lugar conhecido como vale dos terebintos (1Sm 17). Os filisteus derrotam Israel no monte Gilboa e mataram Saul e seus filhos (1Sm 31). Quando Davi foi proclamado rei sobre todo o Israel, desfechou pesado golpe nos filisteus, expulsando-os da região "montanhosa" e pondo fim ao seu domínio sobre Israel (2Sm 5).

4. *Reino dividido.* Depois da morte de Davi e Salomão, parece que os filisteus se dividiram, e Gate aparece como uma fortaleza de Judá (2Cr 11.8). Houve dificuldades e conflitos na fronteira de Israel com os filisteus (1Rs 15.27; 16.15). Josafá recebeu tributos dos filisteus (2Cr 17.11) e Israel perdeu Libna, que passou ao domínio filisteu (2Rs 8.22). No reinado de Acaz, eles ainda eram agressivos (Is 9.8-12). A última referência bíblica aos filisteus está em Zacarias 9.6, após o retorno de Judá do cativeiro babilônico. Depois disso, desapareceram para sempre, de modo tão misterioso quanto apareceram.

---

[8] ADAMS, James McKee. *A Bíblia e as civilizações antigas*, p. 199-205.

Divisões políticas

O povo filisteu se dividia em cinco territórios: três marítimos (Gaza, Ascalom e Asdode) e dois interiores (Gate, na Sefelá, e Ecrom, que confinava com Jerusalém [1Sm 6.17]). Tinham também tutela sobre algumas cidades, como Moresete-Gate, Ziclague e Gibetom (Mq 1.14; 1Sm 27.6; 1Rs 15.27; 16.15). Os cinco estados formavam a invencível confederação ou pentápole filisteia.

Religião

Eram idólatras como todos os povos da terra. De seu berço natal — Creta ou Chipre — trouxeram seus deuses gregos. Mesclaram com os egípcios e, por fim, casaram-se com os de Canaã. Dentre as dezenas de deuses, estes três eram os principais: Dagom, Astarote e Baal-Zebube. Dagom era o deus nacional, o mais importante; tinha corpo de peixe e cabeça de homem; importantes templos foram-lhe dedicados nas mais importantes cidades da Filístia; o de Gaza foi destruído por Sansão (Jz 16.21-30). O ídolo de Asdode caiu milagrosamente diante da Arca do Senhor (1Sm 5.1-9). Baal-Zebube, que significa *Senhor das moscas*, era "protetor" contra as moscas que infestavam aquela região (2Rs 1.2,3,16). Costumavam levar seus ídolos à guerra, a quem atribuíam suas vitórias (1Sm 5.1,2; 31.9).

Registros

Até hoje, apesar dos ingentes esforços da ciência, nada se tem encontrado a respeito da origem dos filisteus, a não ser na Bíblia e nas inscrições egípcias, aquelas que antes citamos de Ramsés III, na sua sepultura de Medinet-Habu. Também foram citados nas inscrições de Merneptá, Ramsés II e nas cartas de Tell el-Amarna (século XIV a.C.). Aparecem ainda em documentos assírios, de Tiglatepileser III e, por último, nos da Babilônia, recebendo rações do governo.

Cultura

A cultura desse povo assemelha-se em tudo à dos demais cananeus. Até agora não foi encontrado nenhum documento que viesse comprovar atividades literárias desse povo. Estavam dentro dos limites do triângulo de onde procederam: Grécia, Egito e Canaã. Radicaram-se na região entre semitas; seus usos e costumes, bem como o que fizeram e escreveram, eram nitidamente semitas. Com algumas variações, a língua que falavam em nada diferia da dos cananeus. Davi falava com eles e eles com Davi, sem dificuldade.

Os arqueólogos Arne Furumark, Claude-Frédéric-Armand Schaeffer e Porphyrios Dikaios descobriram em Sina e Enkomi (parte oriental de Chipre) uma civilização que data entre 1225 e 1175 a.C.; desenterraram uma cerâmica feita na região, do tipo micena, com pequenas diferenças no formato e na decoração, mas na técnica é idêntica à encontrada na Filístia palestiniana. Esses vasos se parecem muito com os peloponesianos; chega-se assim à conclusão de que os gregos os introduziram quase ao mesmo tempo em Chipre e Filístia. Eles usavam também ataúdes, com máscaras mortuárias semelhantes às dos egípcios. Foram descobertos esses invólucros sepulcrais em Bete-Seã, Tel-el-Forá e Laquis. Usavam carros de guerra, armas feitas de ferro e roupas adequadas para as batalhas. Respeitavam a organização familiar, embora o homem pudesse desposar mais de uma mulher.

Observação importante

Um sexto grupo de filisteus aparece com o nome de "queretitas" (ou "quereteus"). Várias passagens na Bíblia se referem a esse grupo, quase sempre os associando aos filisteus (veja, por exemplo, 1Sm 30.14; Ez 25.16; Sf 2.5). A não ser a Palavra de Deus, nenhuma outra fonte corrobora essa informação.

A tribo de Dã recebeu sua parte na distribuição das terras cananeias, fronteiriças aos filisteus (Js 19.40-48). Até "Ecrom" lhe coube por sorte. Dã, porém, não conseguiu desalojar os aguerridos filisteus. Foi combatida por eles, perseguida e precisou encostar-se na porção de Judá. Sua porção ficou pequena demais e, por isso, foi para as proximidades do Hermom, tomou Laís e nela habitou (Jz 18).

Amalequitas

A Bíblia alinha três "amaleques" distintos:

1. Gênesis 14.7 refere-se à destruição dos *amalequitas* por Quedorlaomer e seus companheiros. Isso quer dizer que já existiam no tempo de Abraão.

2. Gênesis 36.12-16 menciona Amaleque, filho de Elifaz com sua concubina Timna. Elifaz era filho de Esaú; portanto, esse Ameleque era neto de Esaú, bisneto de Isaque, ou seja, um descendente de Abraão.
3. O povo a quem Israel encontrou no deserto do Sinai e com quem travou sucessivas batalhas (Êx 17.8-15; Nm 13.29). Balaão proclamou a antiguidade dos amalequitas (Nm 24.30).

Consoante à origem dos amalequitas, os estudiosos se dividem em dois grupos: um pensa e aceita que os amalequitas que atacaram Israel no deserto descendiam de Esaú.[9] Outros, também abalizados estudantes da Bíblia, acham que os amalequitas do Sinai e do Neguebe não tinham nenhum parentesco com Esaú.[10] A primeira escola carece de fundamento bíblico, pois Gênesis 14.7 se refere a um período muito anterior, isto é, 430 anos antes (Gl 3.17), e também pela diferença de tratamento que Moisés dispensou aos amalequitas e aos descendentes de Abraão: a Amom e Moabe, filhos de Ló, sobrinho de Abraão, o Senhor não permitiu que Israel tocasse em coisa alguma (Dt 2.9-19); a mesma coisa com Esaú, neto de Abraão (Dt 2.4-8). Com Amaleque, o tratamento foi outro. Deus disse a Moisés: "... apagarei totalmente a lembrança de Amaleque de debaixo do céu" (Êx 17.14).

Há também os que aceitam dois grupos distintos de amalequitas: os *nômades*, que viviam no deserto do Sinai, e os descendentes de Esaú; mas todos amalequitas. A verdade, porém, é que até hoje quase nada sabemos da origem desse grupo. O que se sabe é que habitavam a parte setentrional da península do Sinai, designada como Neguebe, e se estendiam até o deserto de Et-Thit, Sur e Sin, e vagavam desde o mar Morto até o mar Vermelho (1Sm 15.7). Povo inculto, atrasado, com costumes rudimentares. Nômades, viviam em tendas. Dedicavam-se mais às atividades pastoris que às agrícolas (1Sm 15.9). Dedicavam-se à pilhagem, ao saque, ao furto.

---

[9] Perfilham essa escola *O novo dicionário da Bíblia* e *Enciclopedia de la Biblia*.
[10] Entre outras estão PISTONESI, José A. *Geografía bíblica de Palestina*, e BUYERS, Paul Eugene. *Geografia histórica da Palestina*. São Paulo: Imprensa Metodista, 1951.

Os amalequitas se confrontaram com Israel diversas vezes através de séculos:

1. Logo que Israel passou o mar Vermelho, Amaleque atacou os cansados peregrinos do Senhor em Refidim (Êx 17.8-13; Dt 25.17,18).
2. O segundo foi em Cades-Barneia; após o retorno dos doze espias e o seu relatório, Amaleque feriu milhares do povo do Senhor e os perseguiu até Hormá (Nm 14.43-45).
3. Aliaram-se a Eglom, rei de Moabe, e perturbaram Israel (Jz 3.13).
4. Com os midianitas, por muito tempo, devastaram as searas dos filhos de Jacó (Jz 6.3-5,33), até que Gideão os derrotou.
5. Conquistaram a região montanhosa de Efraim, no tempo de Abdom, um dos juízes do povo de Israel (Jz 12.15).
6. Por ordem de Samuel, Saul os destruiu (1Sm 15).
7. Atacaram Ziclague, cidade que Aquis, dos filisteus, deu a Davi, mas Davi voltou inesperadamente e os derrotou (1Sm 27.6).
8. Os filhos de Simeão invadem os territórios amalequitas, destroem tudo e passam a morar em suas cidades e aldeias (1Cr 4.39-43).

Nada sabemos da religião dos amalequitas. Provavelmente eram idólatras como os demais povos da região. Não deixaram nenhum vestígio de escrita, nem de artes ou de algum traço que viesse comprovar o seu grau de civilização.

Midianitas

Após a morte de Sara, Abraão desposou uma mulher chamada Quetura (Gn 25.1). Dessa união, nasceram seis filhos (Gn 25.2). Abraão, antes de morrer, deu seus bens a Isaque, o filho da promessa (Gn 25.5); aos filhos de Quetura deu dádivas, e os enviou ao oriente (Gn 25.6). Um dos seis filhos de Quetura chamava-se Midiã, que, por sua vez, gerou cinco filhos: Efá, Efer, Enoque, Abidá e Eldá (Gn 25.4). Dessas famílias saíram os midianitas.

Habitaram o deserto da Arábia, nas proximidades do golfo de Elã. Uma boa parte deles era nômade, isto é, mudavam de um lugar para outro. Em razão disso, vamos encontrar midianitas nas fronteiras com Moabe. Ptolomeu menciona duas cidades chamadas Modiana e Madiana. Jerônimo e Eusébio situam Midiã na Arábia. Flávio Josefo alude à terra de Midiã. Os geógrafos árabes conhecem desde o século XIV uma cidade chamada Midiã, que deveria se situar entre El-Hawra, próximo do oásis de El-Bed, a leste do golfo de Ácaba, ou mais propriamente Mogair Suayb, onde existem sepulturas talhadas na rocha, assim como uma gruta, que se supõe de Jetro, em Suayb. Nessa região existe uma fonte que, segundo a tradição, Moisés dava de beber aos rebanhos de Jetro, meditava, orava e escrevia.[11]

O Horebe de Êxodo 3, pensam alguns autores, não é o tradicional monte Sinai. Todavia, pode ser, pois Moisés, ao conduzir seus rebanhos, dirigiu-se para o ocidente e chegou ao monte de Deus. Outros pensam que esse Horebe se refira a um monte próximo de onde Moisés residia. Midiã, em 1Reis 11.18, é mostrada como ponto intermediário entre Israel e Egito.

Jetro era midianita (Gn 36.35). Moisés morou quarenta anos na terra de Midiã. Hobate, filho de Jetro, era midianita. A esposa e os dois filhos de Moisés eram midianitas. Nessa terra, Moisés teve as mais profundas e gloriosas experiências com Deus. O povo de Israel em sua formação tem uma boa dose de herança midianita.

Ismaelitas e midianitas se confundem em alguns textos da Bíblia. Em Gênesis 37.25, referindo-se aos homens que compraram José, a Bíblia diz "ismaelitas"; em 37.28,36 eles são chamados de "midianitas". São irmãos na realidade por parte de pai: Ismael procedente de Agar; Midiã, de Quetura.

A atividade dos midianitas relacionada com a compra de José e, consequentemente, a venda no Egito, provou que eram comerciantes peritos, grandes caravaneiros e homens de estrada. Circulavam da Síria ao Egito no labor constante de comprar e vender, passando por Palestina e Gileade. Entretanto, a ocupação fundamental deles era a pecuária. Daí Hobabe ser convidado por Moisés para guiar Israel através do deserto (Nm 10.29-33). Eles conheciam com precisão todas as rotas do antigo Oriente.

---

[11] Para mais detalhes, consulte a *Enciclopedia de la Biblia*.

1. Numa batalha, cujos pormenores não conhecemos, foram derrotados por Edom nos campos de Moabe.
2. Gradativamente se uniram aos moabitas (Nm 22.4-7). Midianitas e moabitas combinaram convidar Balaão para amaldiçoar Israel. Nessa época, os dois povos, influenciados pelo culto sedutor de Canaã, que permitia a mais degradante imoralidade nas práticas religiosas, tentaram arrasar Israel com essas licenciosidades, levando as mais lindas mulheres midianitas aos homens israelitas. Por meio do sexo, eles iam aos deuses, e destes, à infidelidade ao Senhor dos senhores (Nm 25). Todo o esforço divino para tirar Israel do Egito e levá-lo à Canaã estaria perdido. Então, Deus ordenou que Israel afligisse os midianitas (Nm 25.7), o que levou Israel a enfrentá-los nos campos de batalha, derrotando-os (Nm 31.1-12). Nessa ocasião, os meninos foram mortos, bem como as mulheres que se deitaram com algum homem (Nm 31.13-24).
3. No período dos juízes, os midianitas, em grande número, atacaram e invadiram os territórios de Israel. Gideão os venceu, perseguindo-os até além dos vaus do Jordão (Jz 6—8). Esses feitos gloriosos do povo de Deus foram proclamados através das gerações (Sl 83.10-12; Is 9.4; 10.26; 66.60; Hc 3.7). Esse povo valente, operoso e com um ótimo começo desapareceu do cenário bíblico e está sepultado no esquecimento.

Muitas tribos midianitas fixaram-se na terra. Começaram a explorar o cobre, abundante na península do Sinai e do Edom. Extraíam o metal e o vendiam no Egito e em Canaã. Entre esses estão os queneus, talvez assim chamados por causa de sua ocupação (a palavra significa "artesãos de cobre", ou, no aramaico, "forjados"). Saul, antes de destruir Amaleque, tirou todos os queneus para que não fossem destruídos (1Sm 15.6). Era a bênção do Deus de Israel que lhes vinha de Hobabe, o queneu (Jz 1.16).

Moabitas

Os moabitas procedem do incesto de Ló com sua filha mais velha (Gn 19.37). Praticamente Moabe começou em Zoar (Gn 19.20-22), onde Ló e suas filhas, por permissão de Deus, se refugiaram

Moabe

após a destruição de Sodoma. Segundo a versão grega *Septuaginta* (ou LXX), Moabe significa: "É de meu pai". O estudioso francês Édouard Paul Dhorme acha que significa: "água de meu pai" ou "semente do pai".

Moabe se limitava a leste com o deserto siro-arábico, região conhecida como "deserto de Moabe"; ao sul com o ribeiro Zerede, hoje chamado uádi[12] el-Hesa; ao ocidente com o mar Morto e o curso inferior do Jordão, e ao norte com os filhos de Amom.

No seu maior esplendor, Moabe contou com um grande território de 96,5 km de comprimento (norte-sul) por 57 km de largura (leste-oeste). O território dividia-se em três partes:

---

[12] Termo árabe empregado grandemente na Palestina para designar um grande vale e mais comumente o leito de um riacho ou de uma torrente. Apesar de popular, essa palavra hoje é usada na linguagem clássica da Síria e da Palestina. Plural: *widyan*. O dicionarista Antonio Houaiss define "uádi": "nas regiões desérticas do Norte da África e da Ásia, leito de rio, barranco de paredes abruptas ou vale pelo qual as águas só correm na estação das chuvas" (HOUAISS, Antonio. *Dicionário eletrônico da língua portuguesa*. Versão 1.0. Rio de Janeiro: Objetiva, 2001).

1. Terra de Moabe — entre o Arno e Jaboque (Dt 1.5).
2. Campos de Moabe — ao sul do Arno (Rt 1.2).
3. Planície de Moabe — região do Jordão inferior, defronte a Jericó (Nm 22.1).

Suas terras são férteis, bem irrigadas e de grande produção, como declara o livro de Rute.

Quando Ló chegou a estas paragens para habitar, encontrou um povo de gigantes chamados *emins*, conhecidos também como *refains* ou *enaquins* (Dt 2.10,11).

Escavações arqueológicas nas terras de Moabe e Amom revelaram a presença de um grande povo nessa região, civilização que floresceu do século XXIII ao XX, sendo interrompida por alguns séculos, voltando depois ao progresso.

Os moabitas construíram grandes cidades. As principais foram: Mispa de Moabe (1Sm 22.3), Kir Moabe, Dibom (que se tornou célebre pela famosa Pedra Moabita ou Estela de Mesa, encontrada em seu território)[13] Bete-Peor (Dt 34.6), em cujas proximidades Moisés foi sepultado. E outras como Hesbom, Medeba, Quiriataim, Aroer, Jazer, Ramote-Baal.

O idioma era bem parecido com o falado pelos filhos de Israel.[14]

A religião era de grosseira idolatria. Camos era o deus principal. Seu nome aparece na estela de Balvan, de parceria com Astarote. Praticavam a prostituição sagrada. Junto ao monte Nebo foram encontradas imagens dos deuses da fertilidade e outros objetos de culto. Nos montes Abarim existiu um templo dedicado a Baal-Peor. A Estela de Mesa é um canto a esse deus. O rei de Moabe havia sido derrotado por Israel; por isso, ele ofereceu seu filho primogênito sobre os muros em holocausto ao deus Camos (2Rs 3.26,27). Em inscrições cuneiformes do segundo milênio aparece a palavra Camos como nome de *Nergal*, o senhor do mundo subterrâneo. Camos, portanto, pertence aos arquivos gerais semitas.

[13] Hoje se acha no Museu do Louvre, em Paris.
[14] Pela Estela de Mesa, rei de Moabe, sabemos que era semelhante ao hebraico, com semelhanças ao fenício.

Moabe está muito relacionada com a Bíblia. Além de Gênesis, que narra sua origem, aparece em outros livros da Palavra de Deus, como podemos comprovar:

1. Num cântico de Moisés, junto com Seom, rei de Hesbom, condenada pelo Senhor Deus (Nm 21.21-30).
2. Nas célebres predições de Balaão (Nm 22, 23 e 24). Estando Israel em Sitim, as filhas das moabitas convidaram os filhos de Jacó para seus deuses; portanto, para a prostituição (Nm 25). Por causa da infidelidade ao Senhor, 24 mil israelitas morreram (Nm 25.8).
3. Eglom, rei de Moabe feriu Israel (Jz 3.12-31).
4. Rute era moabita e casou-se com Malom (1.4), filho de Noemi, e depois com Boaz, de cujo matrimônio veio Obede, que gerou a Jessé, que gerou a Davi, de onde veio o Senhor Jesus, quanto à carne (Rm 1.3).
5. Saul derrotou os moabitas (1Sm 14.47).
6. Davi também os feriu (2Sm 8.2).
7. Isaías e Sofonias cantam as ruínas de Moabe, pelo mal que causou a Israel (Is 25.10-12; Sf 2.8-11).
8. Por fim, o profeta Jeremias vaticina terror e destruição para Moabe (Jr 48).

Amonitas

Descendem de Amom, filho também incestuoso de Ló com sua filha mais nova. Nasceu na caverna de Zoar, após a destruição de Sodoma. Segundo Gênesis 19.38, o nome Amom vem de "Ben-Ami".

Os amonitas ocuparam o território que pertenceu aos zanzumins, povo grande e numeroso como os enaquins. Essas terras pertenciam aos refains (Dt 2.20,21) e situavam-se entre o Arno e o Jaboque. Eram férteis e produtivas. Os amorreus, entretanto, os desapossaram e os empurraram para o leste do Jaboque, confinando-os ao deserto da Arábia. Moisés desapossou os amorreus, mas deu essa região a Rúben e Gade, que passaram a ter fronteiras com Amom (Dt 3.16).

O contrário de seus irmãos moabitas — que eram calmos, lavradores e pastores de ovelhas —, os amonitas eram turbulentos, belicosos, nômades, povo cruel, dado ao saque e vingativo. Viviam do que roubavam de seus vizinhos. Suas cidades eram poucas. O livro de Juízes (11.13) menciona vinte cidades amonitas. Sua capital era Rabat-Amim; hoje, Amã, capital da Jordânia.

Sua religião tinha como centro o deus Moloque, estátua de bronze oca por dentro. As vítimas humanas, principalmente crianças, eram lançadas em seus braços estendidos e incandescentes. Para sufocar os gritos lancinantes dos sacrificados, fanfarras de tambores rufavam estridentemente.

A Bíblia registra muitos episódios em que o povo de Deus esteve envolvido com os amonitas:

1. Tomaram parte com Moabe para contratar Balaão com o propósito de amaldiçoar Israel. Tomando como base Números 22.5, a *Enciclopedia de la Biblia*[15] localiza Amom como o berço natal de Balaão.
2. Foram proibidos de entrar na assembleia do Senhor, Deus de Israel, assim como os moabitas (Dt 23.3).
3. Insurgiram-se contra Israel nos dias de Jefté (Jz 11).
4. Tomaram Jabes Gileade e pretendiam cegar os filhos de Israel que habitavam nessa região. Saul (1Sm 11.11) os livrou.
5. Hanum, rei de Amom, afrontou os mensageiros de Davi, pelo que Davi os atacou em sucessivas batalhas e os derrotou (2Sm 10; 12).
6. Josafá também os derrotou (2Cr 20). Em suas profecias, Jeremias e Ezequiel trouxeram terríveis juízos sobre Amom (Jr 49.1-5; Ez 25.7,10).

A influência idolátrica de Amom sobre Israel foi de consequências funestas. A Lei do Senhor repudiava expressamente sacrifícios humanos (Lv 18.21). Apesar disso, encontramos reis de Israel e de Judá cometendo tais atrocidades, e até Salomão construiu altares a Moloque em Jerusalém (2Rs 17.17; 23.10; 16.6; 21.6; 1Rs 11.1-8).

Os amonitas foram vassalos do rei da Assíria, a quem pagavam tributo. Salmanasar III venceu o rei amonita Basa na batalha de Carcar

---

[15] *Enciclopedia de la Biblia*, vol. 1, p. 415.

(854 a.C.). Tiglatepileser III recebeu tributo de Sanipu. Senaqueribe e Assaradom receberam de Pudu-ilu e Assurbanipal de Ami-Nadbi. Tais registros foram conservados em selos assírios.

As escavações arqueológicas revelaram que a vida sedentária em Amom cessou ali pelo século VIII a.C., ressurgindo no século III a.C. Os "bene quedem", hordas beduínas selvagens, penetraram e se apossaram do território amonita. Entre os séculos IV e II a.C. a dinastia dos Tobias (da época de Neemias) governaram Amom. No tempo dos macabeus reinou Zenom Catilas, na cidade de Filadélfia (antiga Rabá). Tomou o nome de Filadélfia em honra a Ptolomeu II, o Filadelfo, que a restaurou.

No século I a.C. o território amonita passou às mãos dos nabateus; em 64 a.C., foi para as mãos dos romanos, cujo domínio se estendeu até o século III d.C. Foi aos poucos sendo absorvido pelos árabes; hoje, são árabes completamente.

A *Enciclopedia de la Biblia* lembra a semelhança da língua amonita com a hebreia. Por exemplo, a palavra *nahás* quer dizer "serpente"; *hanum*, "piedoso"; *naanah*, "graciosa"; *amom*, "tio paterno". São palavras amonitas com correspondentes hebraicos.

Edomitas

Os edomitas vêm de Esaú, irmão gêmeo de Jacó. Ambos são filhos de Isaque e Rebeca; portanto, netos de Abraão e Sara.

O nome Edom ("vermelho") foi-lhe dado não por causa de sua tez e de seus cabelos, mas por causa do cozinhado vermelho que Jacó preparava. Esaú vendeu o seu direito de primogenitura por um prato desse (Gn 25.30).

Aos 40 anos casou-se com duas moças heteias (Gn 26.34): Judite e Basemate. Quando perdeu a bênção de seu pai Isaque, separou-se da casa e passou a morar ao sul de onde morava e foi chegando até o monte Seir, onde permaneceu. Tomou Maalate, descendente de Ismael como esposa, para ferir principalmente o coração de sua mãe (Gn 28.9). Seir era um monte alto e grande, uma pequena serra. Muitas cidades estavam plantadas no seu dorso. Além de Seir, Edom contava com um vasto território que se limitava ao oriente com o grande deserto da Arábia; ao norte com Moabe e o mar Morto; ao sul com o golfo de Ácaba, pertencendo-lhe Eziom-Geber; e ao ocidente

45

com o deserto de Sin, em cujas cercanias ficava Cades Barneia, o grande oásis. Segundo os peritos, Edom deveria ter pouco mais de 100 km norte-sul, por 48 ou 50 km leste-oeste.

Quando Jacó retornou de Harã, Esaú já habitava em Seir (Gn 32.3; 33.14; 36.8). Essa terra fora dada a Edom por Deus (Dt 2.5).

As cidades principais de Edom foram: Elate, Bosra, Eziom-Geber, Sela e Petra (1Rs 9.26; Gn 36.33; Dt 2.9; 2Rs 14.17). Petra, cidade cavada na rocha, ainda hoje demonstra o seu esplendor e sua grandeza. É o paraíso dos arqueólogos. (Veja a foto da página ao lado).

Como Israel e Esaú eram irmãos gêmeos, os dois povos viveram dias de união e de paz, e também de aberta hostilidade e sangue em campos de batalha:

1. Edom negou passagem a Israel para Canaã; depois deixou passar por grande soma de dinheiro (Nm 20.14-21; Dt 2.28,29; Am 1.11).
2. Saul combateu os edomitas (1Sm 14.47).
3. Davi os venceu no vale de Sal (2Sm 8.13).
4. Salomão manteve domínios sobre Edom e usou os portos de Elate e Eziom-Geber (1Rs 9.26; 11.1), e tomou várias edomitas.
5. Aliou-se com Israel e Judá contra Moabe (2Rs 4).
6. Amazias venceu os edomitas e tomou Sela, a capital, trocando-lhe o nome por *Jocteel* (subjugado por Deus) (2Rs 14.7-10; 2Cr 25.11,12).
7. Aliaram-se a Nabucodonosor para destruir Jerusalém.
8. Os nabateus ocuparam as cidades edomitas. Edom se aliou com Alexandre, o Grande, e depois aos romanos, para expulsar os nabateus dos seus territórios. João Hircano (macabeu) obrigou os edomitas a se tornarem judeus. Antípater, o Idumeu, deu grande apoio aos romanos no combate aos nabateus, que acabou sendo nomeado procurador geral da Judeia. Seu filho, Herodes, o Grande, meio-judeu (por parte de mãe) e meio-idumeu (por parte do pai), causou preocupações e aborrecimentos aos judeus no seu longo e terrível governo.[16]

---

[16] Veja TOGNINI, Enéas. *O período interbíblico*. São Paulo: Hagnos, 2009.

Petra, a cidade cavada na rocha

Isaque disse que Esaú viveria de sua espada e serviria a seu irmão (Gn 27.40). Essa profecia se cumpriu, pois Edom foi um povo belicoso e irrequieto. Josefo chama os edomitas de "turbulentos e indisciplinados".

As Escrituras Sagradas dedicam pouco espaço aos deuses edomitas, mas afirmam o suficiente para mostrar que eram idólatras. Amazias, rei de Judá, combateu os edomitas e infringiu-lhes decisiva derrota. Mas trouxe a Jerusalém os ídolos do povo que venceu (2Cr 25.14-20).

As escavações arqueológicas, realizadas em grande parte por Nelson Glueck, não descobriram nenhum documento literário dos edomitas. Tinham, entretanto, fama de sábios (Jr 49.7), mas a única base que temos para comprovar essa fama é o livro de Jó, que tem como cenário o país de Edom.

Fenícios

Nome

Fenícia, segundo John D. Davis, significa "terra das tamareiras" ou "da púrpura", ou "da gente de pele escura".[17]

Localização

Plantada na orla do Mediterrâneo que ia do rio Litani, no sul, ao Arvade, no norte, numa extensão de mais ou menos 240 km, numa profundidade de 50 km (leste-oeste). Terra muito acidentada, sáfara e grandemente pedregosa. Isso obrigou os fenícios a construírem suas maiores cidades em ilhas próximas da costa. Ao sul limitava com Palestina; ao norte, com o rio Arvade; a oeste, com o Mediterrâneo; e a leste, com os montes Líbanos.

Origem

Por mais esforços que tenham sido empreendidos, não se chegou à origem dos fenícios. Eles são antiquíssimos, de eras remotas. Eram camitas. Isaías chamou os fenícios de cananeus (Is 23.1-12). Se-

---

[17] DAVIS, John D. *Novo dicionário da Bíblia.* Ed. ampl. e atual. São Paulo: Hagnos, 2005, p. 476. Verbete "Fenícia".

gundo bons autores, cananeu significa "comerciante", o que os fenícios eram acima de tudo. Eram, portanto, descendentes de Cam, através de Canaã (Gn 10.15-19).

Uma horda semita, procedente do golfo Pérsico, dominou a Fenícia completamente. Até então, a Fenícia estava debaixo do jugo egípcio, durante as dinastias 18 e 19. Tutmés III reivindicou a posse de Arvade. Heródoto diz que os fenícios vieram por terra do golfo Pérsico, através do mar Vermelho.

O Antigo Testamento não menciona uma vez sequer o nome Fenícia.[18] Já no Novo Testamento, o termo aparece três vezes (veja At 11.19; 15.3; 21.2; outra alusão é feita em Marcos 7.26 na designação "siro-fenícia").

Expansão

Como eram comerciantes por excelência, tornaram-se navegadores, e dos maiores da antiguidade. Fundaram grandes colônias ao longo de seu ciclo de navegação. Primeiro Chipre, depois Cilícia, então Rodes, Sicília, Malta, Gozo, Pautelaria, Sardenha, Cádis (Espanha), Úrica e Cartago.

No norte da África, pela hegemonia do Mediterrâneo, venceram os etruscos e se tornaram os senhores do mar. Tinham linhas de navegação com o Egito, cujo comércio de madeira era dos mais poderosos. Fundaram também colônias em Jope, Dor, Acre, Ugarite e Ras-Shamra.

Comércio

Os fenícios sempre se dedicaram, em grande escala, ao comércio. Leia o relato de Ezequiel 27, que descreve com requintes de detalhes os gêneros que eles negociavam com as maiores nações da terra e revela a capacidade desse povo na arte do negócio. Seus colossais estoques eram armazenados nas colônias, o que tornavam essas cidades riquíssimas e poderosas. Nas palavras de Isaías, a Fenícia a "feira das nações" (Is 23.3).

---

[18] A *Nova Versão Internacional* traz "Fenícia" em Isaías 23.11, mas indica em nota: "Hebraico: *de Canaã*".

Cidades

Duas grandes cidades, dentre outras, tornaram a Fenícia conhecida no mundo, rica e famosa: Sidom e Tiro. Sidom floresceu primeiro, mas entre os séculos XIII e XII a.C. os heteus invadiram o norte da Fenícia e arruinaram Sidom. Com sua decadência, veio a ascensão de Tiro (cerca de 1200 a.C.) e os heteus foram expulsos pelos *povos do mar*.

A descrição que a Bíblia faz de Tiro empolga qualquer um. Tudo nela brilhava, porque era revestida de ouro e pedras preciosas. Era uma fortaleza no meio dos mares. Suas avenidas eram largas e bonitas, bem arborizadas; seus edifícios eram suntuosos e nobres. Tudo nela denotava as fabulosas riquezas em seus cofres ou nos depósitos de mercadoria.

Características

Os fenícios eram sábios. Ezequiel 28 diz que o príncipe de Tiro era mais sábio que Daniel, não havia segredo para ele e pela sua sabedoria ajuntou ouro e prata e, com esses tesouros, se tornou o mais poderoso da terra. A referida Escritura o compara ao "querubim da glória", isto é, Lúcifer, antes de se tornar Satanás.

Ninguém na antiguidade os ultrapassou em artes náuticas. Conheciam os mares e seus segredos. Creio que vieram muitas vezes à América. Hirão, rei de Tiro, juntou suas forças às de Salomão e foram a Társis, e depois Ofir, de onde levaram, em sucessivas viagens, toneladas de ouro (1Rs 9.26-28; 10.22).

Eram diplomatas. Sabiam negociar com os poderosos das nações, não só com mercadorias, mas na área política.

Tiro era uma fortaleza quase inexpugnável. Não temiam ataques inimigos. Não precisavam guerrear. Sabiam, entretanto, a arte da guerra e a empregaram muitas vezes contra os etruscos e os romanos, principalmente contra os cipiões.

Hirão, poderoso rei de Tiro, foi grande amigo de Davi (1Rs 5.2). Forneceu madeira para Davi construir em Jerusalém a casa real e depois para Salomão erigir o Templo. Sabiam cortar madeira no Líbano com mestria.

Detiveram, por muito tempo, o segredo da fabricação do vidro. Fabricavam púrpura, perfumes e lindas cerâmicas.

Fenícios

Eram grandes artistas, pois puderam emprestar Hirão a Salomão para a construção do templo do Senhor em Jerusalém.

Religião

A atividade religiosa dos fenícios convergia para duas divindades principais: Baal e Astarote. O primeiro era mais importante, cuja imagem era monstruosa; grosseira até. Forte deus, cruel vingativo, cuja ira só era aplacada com sacrifícios de vidas humanas: homens e mulheres, rapazes e donzelas, crianças. Israel importou muitas vezes esse culto pernicioso (Jz 6.25; 1Sm 7.3) e abominável. Acabe se casou com a princesa Jezabel, filha de Etbaal, um sumo sacerdote de Baal, que se tornou rei dos fenícios, por coincidência; sucessor de

Hirão. Baal entrou em Israel pela porta da realeza. O prejuízo que isso causou tanto ao Reino do Norte como ao do Sul foi incalculável.

Relação com o povo de Deus

As relações entre fenícios e hebreus foram sempre boas e amistosas. Quando Josué guerreou os reis do norte, não lutou com os fenícios. A parte que coube à tribo de Aser deveria limitar-se com Tiro e Sidom, mas parou em Tiro. Com exceção do período Acabe-Jezabel, em que Baal foi introduzido à força em Israel, as relações entre ambos foram sempre de cooperação e entendimento.

Elias passou mais de três anos em Sarepta de Sidom (1Rs 17.9; Lc 4.26). Jesus esteve em Tiro e Sidom (Mc 7.24-30), onde libertou uma menina do poder do demônio. Muitas pessoas dos grandes auditórios de Jesus eram fenícias (Lc 6.17). Cristãos perseguidos pelos judeus em Jerusalém foram pregar na Fenícia (At 11.19). Paulo visitou a Fenícia diversas vezes (At 21.2,3,7; 27.3). Uma vez Tiro e Sidom aparecem em litígio com Israel (At 12.20-25). Logo, porém, se reconciliaram com Herodes. Nesse quadro, Tiro e Sidom têm escassez de alimentos e, por isso, vieram pedir suprimentos a Herodes.

De mão em mão

Os assírios, na época, senhores do mundo, tentaram abrir através da Fenícia uma passagem pelo mar. Tiglatepileser I (1100 a.C.) não conseguiu seu plano total. Assurbanipal (876 a.C.) se apoderou de Tiro e de Sidom. Os persas mantiveram a Fenícia subjugada. Em 520 a.C., quando Tiro começou a decair, Cartago autonomiza-se da pátria mãe. Em 333 a.C. Alexandre Magno conquista e destrói a cidade de Tiro. Tigranes, o armênio (83-69 a.C.), governa a Fenícia por um breve período. Logo os romanos se apoderam de tudo. Hoje, uma parte das terras da Fenícia está com os libaneses; outra, em ruínas, é um sítio arqueológico; e outra é "enxugadouro de redes" dos pescadores (Ez 26.5-14).

Siros (ou sírios)

A Síria já foi confundida com Arã, erro que já foi corrigido.

A Bíblia reserva um lugar humilde para a Síria. As razões possíveis talvez sejam por sua posição geográfica, entre poderosas nações cananeias, os heteus e os assírios que impediram sempre o seu progresso.

Plantada no antigo planalto de Anatólia, limita-se ao norte com a Ásia Menor, ao ocidente com o Mediterrâneo, a sudeste com a Galileia e a sudoeste com o deserto Siro-Arábico.

Seus rios principais são Eufrates, Orontes, Farfar e Albana. Suas principais cidades são Damasco, Homs, Hamate, Alepo e Antioquia.

No terceiro milênio antes de Cristo, um grupo semítico de amorreus saiu da península do Sinai e foi habitar na Síria. No segundo milênio, um respeitável grupo de arameus chegou também à Síria. A influência desses também foi no mundo todo. Pela sua cultura, impôs sua língua. Por mais de 1.500 anos foi a língua comercial e internacional dos povos civilizados. No quinto ano de Ramsés II, nas margens do Orontes, travou-se a batalha entre egípcios e heteus. Os egípcios se retiraram. No fim do segundo milênio, os hurritas (não semitas), que vieram da Armênia, tomaram a Síria, mas foram logo enxotados pelos heteus. Essa parte da história Síria está intimamente relacionada com a história dos hebreus. As descobertas do francês André Parrot, em Mari, cidade que floresceu às margens do Eufrates, nos ajudam a entender a história dos siros e hebreus, principalmente do período patriarcal.

Os assírios subjugaram a Síria, bem como os caldeus. Alexandre Magno e os romanos dominaram a Síria. Da amálgama das culturas grega e assíria nasceu o helenismo.

Os siros de Damasco foram ao auxílio de Hadadezer, a pedido de Hanum, rei de Amom, e pereceram (2Sm 8.5). Síria se tornou uma ameaça constante para Israel (1Rs 15.9). A estela de Zaquir, encontrada perto da cidade de Alepo, relata a influência de Ben-Hadade em toda Síria. Acabe o derrotou (1Rs 20.20-30). Foi nessa ocasião que Ben-Hadade autorizou os judeus a abrirem bazares em Damasco (1Rs 20.34). Os siros venceram Salmanasar III da Assíria, nas margens do Orontes em 953 a.C. Síria mantinha intenso comércio com Tiro (Ez 27.6). Em nova batalha, de Ramote Gileade, os tiros, por ordem expressa de Ben-Hadade, mataram Acabe, rei de Israel (1Rs 22.1-38). Jeroboão II, rei de Israel, tomou Damasco (2Rs 14.28). Rezem e Peca se aliaram e desafiaram Jotão, rei de Judá. Jotão resistiu. Pouco depois morreu, e seu filho, Acaz, pediu o auxílio de

Tiglatepileser III (2Rs 15.37; 16.5; Is 7.6-8). Tiglatepileser III invadiu Damasco e levou os siros em cativeiro (2Rs 18.7-9). Naamã, o general siro, foi curado de sua lepra por Eliseu (2Rs 5.1-14). E Paulo se converteu em Damasco, onde foi também batizado por Ananias, na rua chamada Direita (At 9.18).

4

As doze tribos de Israel

Abraão, conduzido pelo Senhor Deus, deixou Ur dos caldeus (Gn 11.31) e parou em Harã. De Harã, passou pela Síria, provavelmente por Damasco, de onde trouxe talvez seu fiel servo Eliezer (Gn 15.2). Abraão entrou em Canaã pelo norte, percorreu a terra toda, até Siquém e o carvalho de Moré, onde Deus lhe disse: "Darei à tua descendência esta terra. Ali edificou Abraão um altar ao SENHOR, que lhe aparecera" (Gn 12.7).

Mais de vinte anos se passaram e Abraão não tinha herdeiro. O patriarca oferece um sacrifício ao Senhor, e este lhe diz que sua descendência peregrinaria e seria escravizada por 400 anos (Gn 15.12). A nação tirana, porém, seria julgada pelo Senhor. Logo a seguir, Deus reitera-lhe a promessa da terra de Canaã e estabelece os limites da terra (Gn 15.16-21). No devido tempo, Deus cumpriu sua palavra a Abraão, e depois a reitera a Isaque e a Jacó. No consumar dos tempos, o povo pisa a terra de Canaã com a bandeira da vitória a tremular aos ventos da graça do Senhor (Js 23.14; 24.1-3).

A terra de Canaã foi dividida em duas partes: oriental (Transjordânia) e ocidental (Canaã).

Transjordânia

Duas tribos de Israel ficaram além Jordão: Gade e Rúben, e mais a meia tribo de Manassés (Dt 3.13-16). Essas tribos ocuparam na Transjordânia, desde o vale do ribeiro de Arnom até o sopé do monte Hermom (Dt 3.12-22), terras tomadas a Ogue, rei de Basã e a Seom, rei de Hesbom (Dt 2.26-37 e 3.1-11).

Canaã

Em Canaã ficaram nove tribos: Aser, Naftali, Zebulom, Issacar, Efraim, Dã, Benjamim, Judá e Simeão, e a meia tribo de Manassés.

Quanto ao número de tribos, estas seriam na realidade catorze. Aos doze filhos de Jacó acrescentaram-se os dois filhos de José: Efraim e Manassés. Acontece, porém, que José, pela bênção de seu pai, teve duas partes, e sua herança lhe veio através de seus dois filhos (Gn 48.11-22; Js 14.4). Levi, sendo a tribo sacerdotal, não recebeu herança, senão cidades na porção de cada um de seus irmãos (Js 14.1; 21). Assim, geograficamente, temos doze tribos ocupando treze porções, porque Manassés se dividiu — uma parte na Transjordânia e outra em Canaã.[1] Posteriormente, a tribo de Dã alarga seu território, ocupando uma região chamada Laís, encravada na parte sul do monte Hermom (Jz 18).

Resta-nos agora um esclarecimento sobre o desaparecimento da tribo de Simeão. Essa tribo recebeu sua parte ao sul de Judá; ao sul limitou-se com os terríveis amalequitas, ao oriente com Edom e o mar Morto, e ao ocidente com os filisteus. Estava muito mal localizada e exposta sempre ao perigoso inimigo. Pouca água. Muita areia. Terra sáfara. Hordas de nômades amalequitas invadiam suas terras com frequência, roubavam-lhe o gado e destruíam-lhe a já empobrecida produção agrícola (Jz 6 e 7).

James Adams descreve adequadamente as condições ambientais de Simeão e sua retirada para outras paragens.[2] Entretanto, há uma passagem bíblica decisiva sobre o destino de Simeão. Informa-se que Simeão recebeu Berseba (1Cr 4.24-43); avançando ao sul, chega-se a Ziclague, e ainda mais ao sul, à fronteira com os amalequitas. Ora, Ziclague veio a pertencer a Aquis, um dos príncipes dos filisteus, que deu a Davi essa cidade, que, por sua vez, foi incorporada aos domínios de Judá (2Sm 27.6). Isso prova que os filisteus já tinham tomado essa cidade aos filhos de Simeão; e também que os simeonitas já tinham se retirado daí. A Bíblia também faz referência às frequentes invasões dos amalequitas nessas regiões (2Sm 30.1).

Parece-nos que até o reinado de Davi, os simeonitas ainda se encontravam ao sul de Judá (1Cr 4.31). Os simeonitas e seu gado se multiplicaram. Os amalequitas os apertavam ao sul; o mar Morto

---

[1] Para informações mais detalhadas sobre a divisão da terra de Canaã, consulte ADAMS, James McKee. *A Bíblia e as civilizações antigas*, p. 205, 215.

[2] ADAMS, James McKee. *A Bíblia e as civilizações antigas*, p. 174, 210.

AS DOZE TRIBOS DE ISRAEL

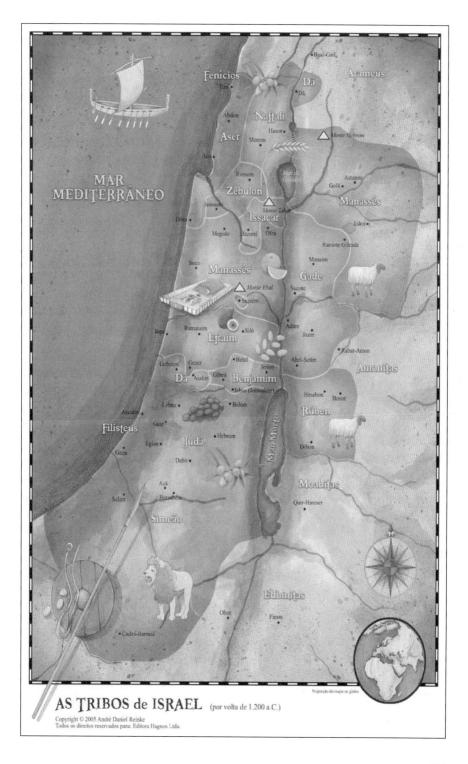

AS TRIBOS de ISRAEL (por volta de 1.200 a.C.)

Copyright © 2005 André Daniel Reinke
Todos os direitos reservados para: Editora Hagnos Ltda.

e Edom os impediam ao oriente, e os filisteus ao ocidente. Foram obrigados a sair, à procura de espaço. Chegaram até Gedor (1Cr 4.39), ao oriente do vale. Essa Gedor tanto pode ser em Judá (1Cr 4.4), como entre os amalequitas,[3] como ainda ao sul de Hebrom (1Cr 4.18). A Bíblia afirma que acharam lugar espaçoso e tranquilo, e aí passaram a habitar. Ela também afirma que esse lugar pertenceu aos descendentes de Cam (1Cr 4.40), provavelmente algumas cidades dos amorreus ou dos heteus.

Nos dias de Ezequias, rei de Judá, Simeão ainda lutava contra a falta de espaço e estava com Judá (o Reino do Sul), e não com Israel (o Reino do Norte). Os simeonitas tomaram duas direções:

1. A maior parte se alojou em Maom e matou os maonitas.
2. Quinhentos de seus homens valentes foram ao monte Seir, tomaram cidades, feriram o restante dos amalequitas e permaneceram na terra (1Cr 4.41-43).

Conclusão: os simeonitas se espalharam por diversos lugares de Israel e avançaram também por terras estrangeiras.

As Escrituras informam que os rubenitas foram dilatando seus territórios até o rio Eufrates (1Cr 5.9). Também certificam que as três tribos da Transjordânia, enquanto buscaram ao Todo-poderoso de coração, foram abençoadas e vitoriosas; porém, quando o abandonaram, receberam castigos e perderam tudo. As tribos do Além-Jordão foram para o cativeiro assírio antes das demais do reino de Israel (1Cr 5.18-26; Am 1.13).

Reino Unido

Da conquista da terra, sob Josué, até o alvorecer do período dos Juízes, Israel foi alargando seus territórios, derrotando este e vencendo aquele. No apogeu da judicatura, porém, Israel perdeu consideráveis áreas de suas terras; e continuou perdendo na última parte do reinado de Saul. Davi conquistou, pelas armas, tudo o que Israel

---

[3] Veja LILLEY, J. P. U. "Gedor". Em: DOUGLAS, J. D. (Ed.). *O novo dicionário da Bíblia*, p. 539.

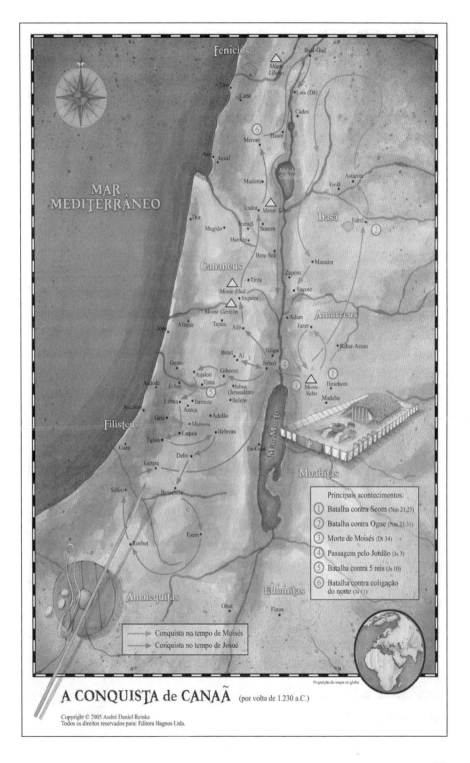

Geografia da Terra Santa e das terras bíblicas

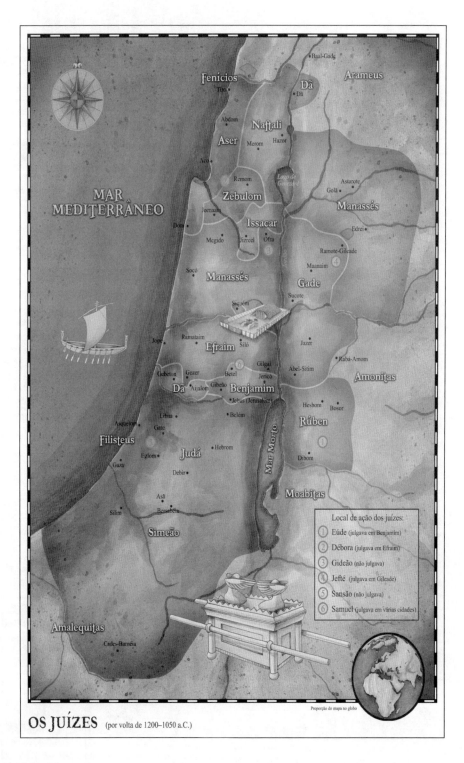

OS JUÍZES (por volta de 1200–1050 a.C.)

perdera sob os juízes e sob Saul, e acrescentou novas terras. Davi derrotou os filisteus, os moabitas, Hadadezer, os siros de Damasco, os edomitas (1Cr 18.1-13), os amonitas (1Cr 19 e 20) e conquistou Sião, em Jerusalém (1Cr 11.4-9).

Salomão conservou e consolidou as conquistas de seu pai Davi e, mediante alianças, estendeu seus domínios até "além do rio" (Ed 4.20), ou seja, o Eufrates. Salomão dominou tudo e sobre tudo.

Reino dividido

O triste episódio da divisão do reino de Israel está narrado na Bíblia (1Rs 12; 2Cr 10). No princípio, os limites de Israel dos tempos do Reino Unido não sofreram alteração. O reino foi dividido em duas partes: Norte (ou Israel), com capital em Siquém e Penuel (1Rs 12.25), e depois Samaria (1Rs 16.24), com dez tribos e mais a meia tribo de Benjamim; e Sul (ou Judá), com capital em Jerusalém, com Judá e a outra meia tribo de Benjamim (1Rs 12.20-21; 2Cr 11.2).

Agora, surge uma pergunta: Como a tribo de Simeão pôde fazer parte do Reino do Norte, que estava plantado ao sul de Judá, confinando com o deserto? Como já tivemos oportunidade de discutir no tópico anterior, a parte de Simeão que estava no norte ficou com Israel, e a outra parte do Sul ficou com Judá, ainda que a Bíblia nada nos adiante a respeito. É sabido, entretanto, que muitos dos habitantes das tribos do Norte residiam em Judá e seus arredores (2Cr 12.27) e continuaram onde estavam sob a liderança de Roboão e seus sucessores. Levitas e sacerdotes vieram a Roboão em Jerusalém vindos de todos os territórios de Israel. Abandonaram suas cidades, propriedades e seus bens, mas não ao Senhor (2Cr 11.2).

Palestina do Novo Testamento

Geograficamente, a Palestina era um lugar estratégico. Os romanos aproveitaram dessa e de outras vantagens muito mais do que egípcios, assírios, caldeus, medo-persas e gregos havia aproveitado no passado. "Por seus territórios passavam as grandes estradas, que levavam a todas as partes do mundo; e, possuindo os romanos a Palestina, tinham na mão a chave do Oriente Médio".[4]

---

[4] ADAMS, James McKee. *A Bíblia e as civilizações antigas*, p. 293.

Geografia da Terra Santa e das terras bíblicas

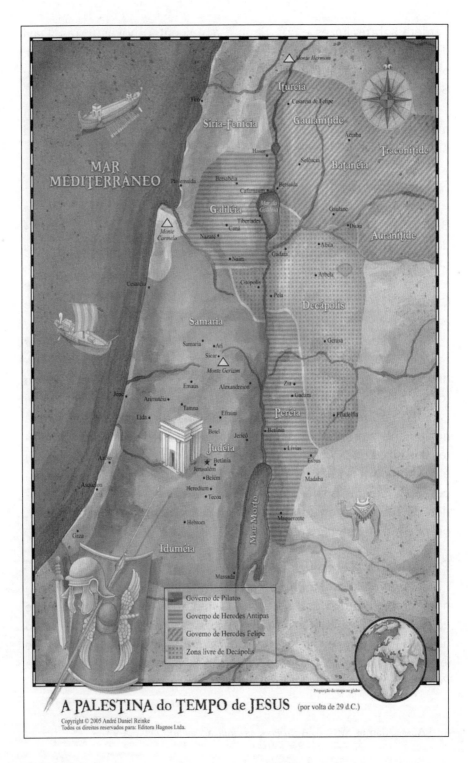

Quando Alexandre, o Grande, conquistou e helenizou o mundo, a Palestina sofreu a influência desse poder. A luta dos irmãos Macabeus foi mais contra a cultura grega do que com o cruel Antíoco Epífanes. Roma acabou dominando o Oriente Médio, e a Palestina foi entregue ao poder dos romanos em 63 a.C. De Pompeu a Herodes, o Grande, a Palestina foi governada pelo procônsul romano, que residia na Síria. Seus limites abrangiam: Idumeia, Samaria, Galileia, Decápolis; algumas cidades desfrutavam de certa liberdade, que lhes fora outorgada ainda pelos gregos. Em cada uma dessas quatro regiões mencionadas havia um governador indicado pelos romanos. Não havia coesão na pátria dos judeus. Cada uma das regiões agia independentemente da outra; e isso em prejuízo para todas.

Quando Herodes, o Grande, foi indicado pelo imperador Augusto, rei da Palestina, procurou imediatamente unir o país. Conseguiu. A Palestina, que não passava de um aglomerado de cidades, tornou-se uma confederação consistente. Sob Herodes, o Grande, seus limites iam de Dã, ao norte, até o rio do Egito, ao sul; a leste, toda a Transjordânia, incluindo Pereia, Itureia, Traconites, Auranites e Betânia; e a oeste, o mar Mediterrâneo. As pequenas e as grandes cidades da Palestina estavam debaixo da mão forte e eficiente do grande Herodes. Ele estabeleceu centros fortificados em cidades como Hebrom, Eleuterópolis, Herodium, Massada, Jerusalém, Gezer, Gofna, Siquém, Samaria, Megido, Giscala, Jericó, Fasaelis, Alexandrium, Arquelais, Citópolis, Tiberíades, Cafarnaum, Corazim, Maquerus. Quase todos esses lugares eram fortificados com muros ou com contingentes militares. Herodes, o Grande, foi reconhecido como um dos maiores administradores de Israel desde os tempos de Salomão.[5] Levou suas reformas administrativas e seus empreendimentos por todo Israel, agradando os judeus e causando surpresa aos romanos.

A morte de Herodes, o Grande, desencadeou uma série de transtornos que conduziram a nação de Israel a um semicaos. Herodes morreu quando Jesus deveria ter de 3 para 4 anos. Os romanos

---

[5] Herodes excedeu Salomão não em sabedoria, mas em administração. A prova está no que fez em Massada, a insuperável fortaleza do mar Morto, a construção de Sebastia, antiga Samaria e o inigualável templo de Jerusalém; e um sem-número de realizações grandes em toda a Palestina. Veja TOGNINI, Enéas. *O período interbíblico*, p. 131-133.

dominavam a Palestina desde 63 a.C. Os dominadores de Israel resolveram retalhar a terra dos judeus. E o fizeram do seguinte modo:

Herodes Arquelau

A esse filho de Herodes, o Grande (Mt 2.22), coube a parte mais significativa da Palestina: Judeia, Samaria e Idumeia. Governou apenas seis anos, sendo depois exilado pelos romanos. O governo dessas regiões, incluindo a Síria, passou às mãos de *procuradores*, nomeados diretamente pelo imperador. Mais tarde, os romanos entregam a Herodes Agripa I o que pertenceu a Arquelau.

Herodes Antipas

Reinou em Galileia e Pereia. Sua capital foi Tiberíades. No Além-Jordão seus domínios foram do Iarmuque ao extremo sul, incluindo Maquerus.

Herodes Filipe

Coube-lhe Basã, com os cinco distritos: Gaulanita, Betânia, Auranitas, Itureia e Traconites.

Herodes Agripa I

Os romanos deram-lhe modestas partes nos Líbanos e Antilíbanos. Após a morte de Herodes Antipas, tomou conta de Galileia e Pereia, mais a Judeia. Construiu o "terceiro muro" de Jerusalém, descoberto pelos arqueólogos no século passado. É o Herodes que mandou matar Tiago (At 12.1-4) e prendeu Pedro; é o mesmo que morreu esmagado pelo juízo de Deus, pelo orgulho que lhe enchia o coração e pela vaidade que o dominou.

Herodes Agripa II

Com apenas 17 anos, ao morrer seu pai, Herodes Agripa II pretendeu herdar o reino, grande, forte e rico. Os romanos, porém, fecharam-lhe a porta. Deram-lhe depois a Tetrarquia de Herodes Filipe e Lisânias. É o Herodes que interrogou Paulo no julgamento perante Festo (At 26.1-32).

A imensa série de mudanças e transformações começou com a divisão do Reino de Israel, na época do reinado de Roboão e Jeroboão.

Acentuaram-se com o apogeu assírio, que por fim acabou levando o Reino do Norte em cativeiro; recrudesceram com Judá na Babilônia por espaço de setenta anos; depois desse cativeiro, foram libertos na dominação medo-persa e, por fim, caíram em poder dos macedônios, o que provocou as mais sérias reações em todo o Israel. Com a cultura grega, implantou-se também a religião, contra a qual os judeus se opuseram até mesmo com o risco de perder a própria vida. Por causa disso, irrompeu a guerra dos Macabeus.[6] O poder romano foi mais na direção política do que espiritual. De certo modo, aceitaram e incentivaram a cultura grega em todos os seus aspectos, até mesmo no que tangia aos deuses.

Jesus nasceu no apogeu do reinado de César Augusto (Lc 2.1). Seu ministério público começou na segunda década do governo de Tibério César (Lc 3.1). Ele nasceu no ocaso do grande reinado de Herodes, cujo domínio através de seus descendentes se estendeu até a destruição de Jerusalém pelos romanos no ano 70 d.C.

O mundo palestino em que Jesus viveu era diferente daquele de Davi e Salomão, e mesmo de Zedequias, o último rei de Judá, antes do cativeiro babilônico (2Cr 36.10-23). Tudo havia mudado. No aspecto geográfico, as fronteiras não eram mais as mesmas; as transformações também se deram no campo político, econômico e até mesmo espiritual. Harvey Eugene Dana declarou a esse respeito:

> O mundo greco-oriental, criado por Alexandre, fora conquistado e reorganizado por Roma. Roma, porém, mudara-lhe apenas a feição externa. Se alguma contribuição houve para o conteúdo essencial do seu pensamento e vida, tal foi indireta. No âmago, o pensamento e a vida do mundo oriental permaneceram greco-orientais... Ao marchar com suas legiões rumo ao leste, Pompeu não destruiu os revoltados da conquista de Alexandre; apenas foi vitorioso em sua tentativa de estabelecer a paz e a reorganização dos domínios caóticos de Alexandre para que o vasto programa de helenização deste pudesse ser levado adiante com a mesma eficiência. O helenismo volveu-se para Roma com sua cultura e fez do Império Romano um mundo greco-romano.[7]

[6] Veja TOGNINI, Enéas. *O período interbíblico*, capítulo 5.
[7] DANA, H. E. *O mundo do Novo Testamento*. Rio de Janeiro: Casa Publicadora Batista, 1955.

Para entendermos o mundo em que o Senhor Jesus viveu, remetemos o leitor para o livro *O período interbíblico*.[8]

Delinearemos, em rápidas pinceladas, o contorno geográfico da Palestina na época do Novo Testamento, com algumas informações de sua história. Os limites dessa Palestina, no geral, eram pouco menores do que a de Davi e Salomão.[9] As fronteiras flutuavam ao sabor da política e dos políticos. Uma coisa, entretanto, era certa: havia liberdade religiosa. Os romanos eram implacáveis nos assuntos administrativos; nos espirituais, entretanto, eram bastante tolerantes.

A Palestina dos dias de Jesus compreendia cinco regiões ou distritos principais. Descreveremos, resumidamente, cada um desses territórios. Primeiro, as três regiões do oeste do Jordão:

Galileia

Nome

O nome "Galileia" vem do hebraico *galil*, que significa "anel", "círculo", "região".[10]

Na Bíblia

Há mais de sessenta vezes ocorrências à Galileia, sendo a maioria no Novo Testamento. Além daquelas que se referem ao Senhor Jesus, as muito significativas do Antigo Testamento são: Josué 20.7; 21.32; 1Reis 9.11; 2Reis 15.29; 1Crônicas 6.76; Isaías 9.1.

Localização

Está situada na região montanhosa e mais setentrional da Palestina; estende-se dos Líbanos e corre para o sul, ocupando o lindo altiplano do Esdraelom.

---

[8] TOGNINI, Enéas. *O período interbíblico*, sobretudo os capítulos 7 a 10.

[9] Para uma comparação, há muitos mapas, até mesmo em diversas Bíblias, que mostram a Palestina antiga e a Palestina no tempo de Jesus. Para os que tiverem acesso, veja o mapa no vol. 4, p. 456, da *Enciclopedia de la Biblia*. Barcelona: Garriga, 1963.

[10] Veja PATTERSON, J. H. "Galileia". Em: DOUGLAS, J. D. (Ed.). *O novo dicionário da Bíblia*, p. 534.

Limites

Ao norte com o rio El-Litani; a leste, com o Alto Jordão e os ribeiros ocidentais do lago Merom e Galileia; ao sul, com a cadeia montanhosa do Carmelo; e a oeste, com o Mediterrâneo.

Divisão

Simplesmente em duas partes: Alta Galileia e Baixa Galileia, separadas por uma linha imaginária, que, partindo de Safede, chega até Akkó.

Extensão

Mede mais ou menos 50 km de largura, por 100 km de comprimento. Total: 5.000 km².

Geologia

Suas terras são em grande parte de aluvião predominando no planalto de Esdraelom, indo até as costas marítimas. São de formações eocenas ao norte de Esdraelom, e cretáceas no resto.

História

A formação geológica da região determinou grande número de cavernas, principalmente nos montes. Isso facilitou que a Galileia fosse habitada desde os tempos pré-históricos. As recentes escavações arqueológicas da região demonstraram o fato.

Quando Josué entrou em Canaã, os habitantes da Galileia eram heveus, cananeus e perizeus. Uma parte desses povos morava nas montanhas (Js 11.3). Eram em número pequeno, porém, muito fortificados. A maior parte ocupava o altiplano de Esdraelom (Js 11.2). Josué venceu a confederação desses reis, tomando-lhes as cidades (Js 11). As tribos de Aser, Naftali, Zebulom e Issacar possuíram a Galileia (Js 19.10-39). Os cananeus continuaram na terra ocupada pelos filhos de Jacó. Somente no reinado de Davi e Salomão foram completamente subjugados.

No tempo do profeta Isaías, a Galileia já era uma região cortada por grande e movimentada estrada que, partindo do Extremo Oriente, terminava no mar. A circulação de povos que vinham do Oriente ou do Ocidente era enorme. Por essa razão, as cidades da Galileia eram cosmopolitas. A influência grega era acentuada, mas a judaica prevalecia.

Era uma região aberta ao Senhor Jesus. O Pai quis que seu Filho Unigênito passasse a infância e a juventude em Nazaré, que está na região. Até os 30 anos, Jesus morou na Galileia (Lc 3.23). Deixando Nazaré, foi para Cafarnaum, onde estabeleceu o quartel-general de suas atividades messiânicas (Mt 4.12,13). Dos 36 meses do seu ministério terreno, pelo menos 18 Jesus passou na Galileia.

Pelo grande número de estrangeiros que havia na região, o profeta Isaías chama-lhe "Galileia dos gentios" (Is 9.1,2). Desde o ano 47 até 4 a.C., a Galileia foi governada por Herodes, o Grande. Com a morte do filho de Antípater, o tetrarca Herodes Antipas reinou na Galileia, estendendo seu domínio até a Pereia. Ele reinou de 4 a.C. até 40 d.C. Foi substituído por Herodes Agripa I, que permaneceu no poder apenas três ou quatro anos (41-44 d.C.). De 44-53 d.C., três procuradores dirigiram a Galileia, sendo nomeado cada um diretamente pelo imperador romano. São eles: Cúspio Fado (44-46 d.C.), Tibério Alexandre (46-48 d.C.) e Ventídio Cumano (48-53 d.C.). Depois do ano 53 até a queda de Jerusalém, Herodes Agripa II governou-a.

Em toda a Galileia, no tempo de Jesus, havia nada menos que 240 cidades. Todas elas populosas e boas. A menos populosa contava com cerca de 15 mil habitantes. A maior e mais importante era Séfaris.[11] Nas montanhas, nos vales e ao longo das praias do lago de Genesaré, o Senhor Jesus realizou maravilhosas obras de seu ministério. Todos esses lugares foram testemunhas de tudo o que Jesus fez e ensinou.

Samaria

Nome

Onri, pai de Acabe, reinou seis anos em Tirza (1Rs 16.23). Comprou de um cidadão chamado Semer um monte onde construiu uma linda cidade. Em honra ao antigo proprietário, Onri deu-lhe o nome de Samaria (1Rs 16.24), que significa "torre de vigia".

---

[11] JOSEFO, Flávio. *Guerras*, 2.20-6; 3.3-2.

Samaria

Na Bíblia

No Antigo Testamento é citada mais de 100 vezes; no Novo Testamento, 10 (3 nos Evangelhos e 7 em Atos dos Apóstolos).

Localização

Situa-se na região montanhosa ao centro de Israel, numa colina com pouco mais de 100 m sobre o Mediterrâneo. Está a 60 km ao norte de Jerusalém e a 30 km do Mediterrâneo. A vista que se tem do monte de Samaria é deslumbrante. Por todos os lados se percebem montes, vales, desertos, cidades e o próprio mar.

Histórico

Ao tempo de Josué, essa região era habitada por perizeus e cananeus. Coube em herança às tribos de Efraim, Issacar e Benjamim. Os montes de Ebal e Gerizim erguem-se no território de Samaria. As bênçãos e as maldições foram proclamadas desses montes (Dt 27.11-26; 28.1-14). Nas proximidades do monte Gerizim estava Sicar (Jo 4.5), em cujas terras ficava e ainda fica o Poço de Jacó.

Onri começou a edificar a cidade, mas morreu antes de concluir a obra. Ele reinou apenas seis anos em Samaria. Acabe, seu filho, terminou de edificá-la. Cercou a cidade com grossas muralhas. Fortificou-a ao máximo, tornando-a quase inexpugnável. Era impossível alguém tomar Samaria. Por isso, os siros fizeram que se rendesse pela fome (2Rs 6.24-30). Acabe construiu uma rica mansão e a revestiu de marfim (1Rs 22.39). Pressionado por sua esposa Jezabel, construiu ainda um monumental templo dedicado a Baal (Melcorte). Acabe foi um grande administrador. Não teve, entretanto, firmeza para evitar que o culto a Baal tomasse o lugar de Jeová em Israel. Essa idolatria foi a causa de sua ruína.

Essa Samaria, feita por Onri, capital do Reino do Norte, teve uma sucessão de grandes reis. Por causa de seus aviltantes pecados, foi assediada por Salmanasar, rei da Assíria. Durante o cerco, Salmanasar morreu; seu filho, Sargão, tomou Samaria (2Rs 17.3-6). A causa da queda de Samaria foram seus abomináveis pecados apontados na Palavra de Deus, mas principalmente o da idolatria, que começou com os bezerros feitos por Jeroboão, filho de Nebate, e culminou com Oseias, último rei de Israel (2Rs 17.7-23).

A Samaria do Novo Testamento é hostil aos judeus (Jo 4.9), tem um território independente e também um culto estranho ao povo de Israel. Como Samaria,[12] um estado nitidamente israelita, chegou a ser um país estrangeiro? Quando Sargão levou as dez tribos para o cativeiro, deixou em Samaria um povo estrangeiro. Os novos habitantes de Samaria eram constituídos de uma mistura de gentes orientais (2Rs 17.24). Não temiam ao Deus vivo e poderoso. Leões apareceram e devoraram alguns do povo. Estes, apavorados, pediram providências ao rei da Assíria, que lhes enviou sacerdotes do Deus Altíssimo, os quais ensinaram o povo como adorar a Jeová. Aprenderam a temer a Deus, mas cada nação continuou fabricando seus deuses e adorando-os. A conclusão da Bíblia é a que se segue:

> De maneira que temiam o SENHOR e, ao mesmo tempo, serviam aos seus próprios deuses, segundo o costume das nações dentre as quais tinham sido transportados. Até ao dia de hoje fazem segundo os antigos costumes; não temem o SENHOR, não fazem segundo os

---

[12] Não se trata apenas aqui do monte Semer, mas do território ocupado outrora pelas tribos de Efraim, Issacar e Benjamim, cuja capital era a cidade de Onri e Acabe.

seus estatutos e juízos, nem segundo a lei e o mandamento que o SENHOR prescreveu aos filhos de Jacó, a quem deu o nome de Israel (2Rs 17.33,34).

Essa mistura de gente esteve por espaço de um século no território de Israel, enquanto Judá continuava livre no sul. Judá foi para Babilônia. Os samaritanos, durante os 70 anos de ausência do Reino do Sul, penetraram em Judá e ocuparam as cidades. Ao voltar da Babilônia, Judá encontrou estrangeiros em seus territórios. Os chefes desses estrangeiros se opuseram aos judeus, que reconstruíam Jerusalém e seus arredores (Ne 2.19). Alguns judeus sacerdotes e levitas se aparentaram com os samaritanos. Um deles, genro de Sambalá, não quis repudiar sua mulher e se aliou ao sogro, que lhe construiu um templo em Samaria e o sagrou sumo sacerdote (Ed 9; 10).

Entre 332 e 331, Alexandre, o Grande, tomou Samaria. Fortificou-a ainda mais e construiu um majestoso templo, arquitetonicamente grego. Esse templo foi destruído por João Hircano, um dos macabeus, em 109 a.C.[13] Herodes, o Grande, reconstruiu Samaria, dilatou seu tamanho, cercou-a com grossas muralhas, construiu um grande templo e grandes edifícios, e tornou-a mais linda que Jerusalém. Seu intento, parece, seria torná-la capital do seu reino, contando com o apoio dos romanos. Não conseguiu suplantar Jerusalém. Herodes chamou-a pelo nome grego *Sebaste* ou *Sebastia*, que corresponde ao latim *Augustum*. O professor D. J. Wiseman afirma:

> A cidade romana de Herodes é notável pelo grande templo dedicado a Augusto, edificada sobre os palácios israelitas. Outros remanescentes incluem o muro que cercava a cidade, e a Porta Ocidental, com três torres arredondadas, uma rua com uma longa colunata de quase 900 m, ladeada por pórticos e lojas, o templo de Ísis, rededicado a Coré, uma basílica (quase 74x35 m), dividida em três naves por meio de colunas coríntias, o fórum, o estádio e um aqueduto.[14]

---

[13] JOSEFO, Flávio . *Antiguidades*, 13.10, 2.3; *Guerras*, 1.2.7.8.
[14] WISEMAN, D. J. "Samaria". Em: DOUGLAS, J. D. (Ed.). *O novo dicionário da Bíblia*, p. 1.222.

Em 66 d.C., Samaria se insurgiu poderosamente contra Roma. Os romanos a incendiaram, arrasando-a até os alicerces. Um grupo se refugiou no monte Gerizim. Cereális, comandante romano, matou-os sem piedade. Mas ainda existe um remanescente samaritano, um grupo reduzido no povoado de Nablus (Antiga Siquém).

Judeia

Nome

Segundo a *Enciclopedia de la Biblia*[15], a palavra "Judeia" vem do aramaico. A partir de 1Samuel 23.3, a versão Septuaginta emprega "Judeia" em lugar de "Judá", ou "terra dos judeus".

Na Bíblia

No Antigo Testamento não aparece nenhuma vez; no Novo Testamento, há 48 referências distribuídas deste modo: 31 nos Evangelhos, 13 em Atos e 4 nas cartas de Paulo.

Localização

Ocupava o lugar que durante o Reino Unido pertencia à Judá, uma parte de Benjamim e Simeão. A região ao norte é toda montanhosa, cujos picos mais altos estão em Jerusalém. Essas montanhas correm para o sul, passando por Belém, alcançando Hebrom e formando depois as famosas cadeias das montanhas da Judeia. Com a divisão do Reino, ficou com os seguintes limites: ao norte, Samaria; ao leste, Jordão e mar Morto; ao oeste: Mediterrâneo; ao sul, deserto da Judeia.

Histórico

Território, na época patriarcal, ocupado por heteus, amorreus e jebuseus. Na divisão de Canaã entre as tribos de Israel, a maior parte coube a Judá e a Simeão. Quando o Reino de Israel se dividiu, Judá geograficamente não sofreu alteração, nem mesmo em sua capital que continuou em Jerusalém. Enquanto Judá esteve no exílio babilônico, a Judeia ficou com poucos habitantes, quase deserta. Voltando de Babilônia, Neemias reconstruiu os muros de Jerusalém (Ne 3),

---

[15] *Enciclopedia de la Biblia*. Barcelona: Garriga, 1963.

Zorobabel, o Templo (Ed 3 e 6), e Esdras ensina a Lei ao povo (Ne 8). Dario I criou a Província da Judeia, com plenos poderes, separada da Samaria e regida por um governador (Pehah), dependente da Quinta Satrapia, chamada Abar-Harara.[16]

Os territórios da Judeia ora alcançam proporções nacionais, como nos dias da monarquia Israelita, ora apenas se referem a uma região. Nos dias de Herodes, o Grande (37 a 4 a.C.), a Judeia ia da Idumeia à Galileia. Ao tempo do ministério terreno do Senhor Jesus, a Judeia era das cinco partes em que Palestina estava dividida. Para os judeus, essa era a parte mais importante de sua terra. Nela estava a multimilenar Jerusalém, com o templo e toda uma contínua esteira de gloriosas tradições; em Jerusalém estava o Sinédrio, as fontes de águas, os montes elevados, os vales sombrios e brilhava em cada canto da cidade a glória do Deus de Abraão, Isaque e Jacó.

Consideraremos, a seguir, as duas regiões da Palestina ao tempo de Jesus, a leste do Jordão, a saber: Decápolis e Pereia.

Decápolis

Nome
Etimologicamente, "Decápolis" vem de duas palavras gregas: *deca* ("dez") e *polis* ("cidades"), ou, então, "região das dez cidades".

Na Bíblia
Aparece apenas no Novo Testamento, e só três vezes, sempre ligado ao ministério terreno de Jesus (veja Mt 4.25; Mc 5.20; 7.31).

Localização
Distrito que começava na planície de Esdraelom e se abria avançando para o vale do Jordão e ocupando o leste desse rio. Eis a lista das dez cidades que formavam a Confederação do Leste: Damasco, Canata, Citópolis, Hipos, Rafana, Gadara, Pela, Diu, Filadélfia e Gerasa. Ptolomeu acrescentou oito aldeias ao Sul de Damasco, elevando-se a dezoito o número de cidades.[17]

---

[16] HERÓDOTO, 3, 91.
[17] DAVIS, John D. *Novo dicionário da Bíblia*, p. 322. Verbete: "Decápolis".

Histórico

James Adams aponta a origem de Decápolis:

Historicamente, o Decápolis é um produto dos contatos de Alexandre, o Grande, com a Palestina e o Oriente. Mesmo que muitas cidades existissem antes da conquista macedônica, podemos crer que elas receberam o seu emolduramento grego durante o domínio grego e romano.[18]

Alexandre costumava presentear seus soldados com cidades. É possível que tenha dado a alguns de seus homens cidades em Decápolis, que com o correr dos tempos se tornaram centros de influência grega. Pelo menos uma dessas cidades — Citópolis — ficava no oeste do Jordão e era controlada pelos judeus. Essas cidades eram populosas, tanto que em Mateus 4.25 diz que grandes multidões de Decápolis seguiam Jesus.

Apresentamos a seguir, resumidamente, sete características da região de Decápolis alistadas por James Adams:[19]

1. A obra de Decápolis só foi consumada após a morte de Herodes, o Grande. Nos dias de Jesus já era uma liga antissemita destinada a manter a autoridade da civilização grego-romana e suas instituições em território estrangeiro.
2. Politicamente essas cidades eram livres, independentes; cada uma tinha governo e constituição próprios. Entretanto, formavam uma confederação destinada a manter a integridade das instituições gregas.
3. A liga caracterizava-se por interesses econômicos recíprocos no comércio, nas tarifas alfandegárias, de modo a garantir a todos o bem-estar nas coisas indispensáveis da vida.
4. Cada cidade mantinha grandes contingentes militares. Uma defendia a outra e todas estavam subjugadas a Roma.
5. Religiosamente havia impressionante uniformidade entre elas. Deuses gregos e romanos se multiplicavam nos templos, nas

[18] ADAMS, James McKee. *A Bíblia e as civilizações antigas*, p. 303.
[19] ADAMS, James McKee. *A Bíblia e as civilizações antigas*, p. 309-311.

ruas e nas casas. Respeitavam, entretanto, a religião alheia. Jesus desempenhou seu ministério nessa região com bastante liberdade.

6. O sistema de estradas de rodagem, construídas pelos romanos, punha em comunicação essas cidades entre si e essas com o restante do Oriente e a própria Roma.
7. Outro traço de união entre essas cidades era a língua grega, comum a todas.

O novo dicionário da Bíblia lembra que "a igreja judaica retirou-se para Pela, antes da guerra do ano 70 d.C.".[20] A estrada chamada do *Leste*, que ia de Jerusalém a Damasco, passava por essa região. Era o caminho que o judeu do norte de Israel fazia ao demandar Jerusalém. Jesus passou muitas vezes por esse caminho. Esteve também em algumas dessas cidades, com certeza em Gadara, onde libertou o endemoninhado (Mc 5.1-20) e permitiu na morte dos porcos, por cujo motivo foi expulso do lugar. As duas multiplicações de pães foram em Decápolis (Mc 6.30-34; 8.1-10) e, por último, Jesus curou um surdo-gago nessa região (Mc 7.31-37).

Pereia

Nome
Vem do grego e significa "terra do Além-Jordão".

Na Bíblia
Diretamente, não aparece nem uma vez sequer, mas algumas passagens bíblicas parecem se referir à região (veja Mt 4.15-25; 19.1; Mc 3.7,8; 10.1; Jo 1.28; 3.26; 10.40).

Localização
A oeste limitava com o Jordão e uma porção nordeste do mar Morto; ao sul, com a Fortaleza de Maquerus; a leste, com os distritos de Hesbom, Filadélfia e Gerasa; e ao norte com Pela. Sua capital era

---

[20] Tongue, D. H. "Decápolis". Em: Douglas, J. D. (Ed.). *O novo dicionário da Bíblia*, p. 324.

Gadara (não confundir com a cidade homônima da região de Decápolis). Compreendia uma área de mais ou menos 16 km, que ia do Jaboque ao norte até o Arnom ao sul. Estava situada na parte escarpada defronte ao Jordão. Suas vilas e cidades estavam há cerca de 1.000 m acima do nível do Jordão. Suas terras eram excelentes para figos, azeitonas e uvas. Provavelmente ocupou o território de Basã do Antigo Testamento.

Histórico

Nos tempos primitivos, parece-nos que essa parte era habitada por amorreus (Nm 21.21-30). Moisés deu essa porção de terra, acrescentada de Basã, aos filhos de Rúben, Gade e Manassés (Nm 32). Antes da era macabeia essa região foi ocupada por galaaditas, amonitas e moabitas. Alexandre Janeu tomou-a e passou às mãos dos judeus, com influência mosaica. Os romanos não importunaram a Pereia. Em 44 d.C. guerrearam os nabateus. No ano 70 d.C. foram fiéis a seus irmãos do Ocidente contra os romanos. Nero deu Pereia a Agripa II, que a governou até sua morte em 100 d.C. Nessa região, Jesus realizou boa parte do seu ministério terreno. João Batista batizou os judeus. Os peregrinos do norte que iam a Jerusalém participar das grandes festas inevitavelmente passaram por Pereia, cruzando o Jordão (Jo 1.28). Hoje, essa região de terra está anexada à Jordânia.

Delongamo-nos um pouco mais nas considerações sobre a Palestina do tempo de Jesus por ser o assunto mais atual e mais necessário para uma compreensão melhor do Novo Testamento.

5
Geografia física da Palestina

Certo dia, o Senhor Deus deu a seguinte ordem a Abraão: "Levanta-te, percorre essa terra no seu comprimento e na sua largura; porque eu ta darei" (Gn 13.17). Tempos depois, ele disse o mesmo a Moisés: "Vede a terra, que tal é..." (Nm 13.18). Sob o comando de Josué, Deus afirmou que os filhos de Israel possuiriam a terra que Moisés apenas observou no cimo do Pisga (Dt 3.27-28).

Sobre essa terra, David Ben-Gurion (1886-1973), jornalista e primeiro chefe de governo do Estado de Israel, declarou:

> O antigo país formava uma estreita faixa que se distendia ao longo do Levante: a leste confrontava com a orla ocidental do grande deserto sírio-árabe; ao sul, separava-a do Egito a área inculta do Sinai; ao norte, o extremo do país era marcado pela cidade de Dã, junto à nascente principal do Jordão, próximo ao Monte Hermom.[1]

A distância total de Dã a Berseba,[2] nos dias do Antigo Testamento, era de 225 km, e do Mediterrâneo à entrada do deserto a leste, tinha mais ou menos 130 km. A área de Israel nos dias de Davi era de 29.250 km². A área do atual Israel é de 27.800 km².[3] Depois da Guerra dos Seis Dias (junho 1967), o território de Israel passou a ter 89.351 km², com a seguinte distribuição:

---

[1] Ben-Gurion, David. *Biblioteca de cultura judaica*. Rio de Janeiro: Tradição, 1976, vol. 9, p. 11.

[2] Expressão muito usada no AT como, por exemplo, 1Samuel 3.20, para designar de norte ao sul, ou de extremo a extremo.

[3] Esses dados podem ser acessados no *site* do Israel Ministry of Foreign Affairs. Disponível em http://www.mfa.gov.il/MFAPR/Facts%20About%20Israel/A%20TERRA%20E%20O%20POVO-%20Geografia%20e%20Clima. Acesso em: 10 de outubro de 2008.

A. Territórios administrados

Sinai	61.198 km²
Judeia e Samaria	5.878 km²
Golã	1.150 km²
Faixa de Gaza	363 km²

B. Território anterior

	20.762 km²
Total	89.351 km².[4]

Os geógrafos da Bíblia, atendo-se principalmente aos tempos bíblicos, dividem a Palestina em quatro bem acentuadas e distintas regiões:

1. Orla Mediterrânea (ou Marítima).
2. Planalto Central.
3. Vale do Jordão e mar Morto.
4. Transjordânia.[5]

Cada uma dessas quatro regiões, por sua vez, se divide em outras partes, como passamos a demonstrar:

Orla Mediterrânea

Nos dias bíblicos, Israel tinha 418 km de costa.[6] Suas possessões iam da tribo de Aser, que limitava ao norte com a Fenícia, e desciam ao Carmelo. Manassés ia do Carmelo até perto de Jope, onde começavam os limites de Efraim e uma pequena parte da tribo de Dã. Daí para o sul começavam os "impérios" dos filisteus. A Orla Mediterrânea conta com as seguintes divisões:

---

[4] Vilnay, Zev. *Guia de Israel*. Jerusalém: La Semana, 1977, p. 1-2.

[5] Mesquita, Antonio Neves de. *Panorama do mundo bíblico*. Rio de Janeiro, 1945. (Edição do autor). Esse excelente trabalho está baseado na famosa obra *Biblical Geography and History*, de C. F. Kent (New York: Charles Scribners Sons, 1911).

[6] A região marítima hoje abrange 273 km. Dados da Central Intelligence Agency (CIA) (https://www.cia.gov/library/publications/the-world-factbook/geos/is.html). Veja também o *site* da Israel Sterilization Association (http://www.wfhss.com/html/members/il_isa_en.htm).

1. *Do Líbano ao monte Carmelo.* Hoje o limite de fronteira se faz em Rosh Hanikrah, a famosa caverna cavada, nos milênios, pelas águas furiosas do Mediterrâneo na rocha virgem.
2. *Planície de Acre.* Abrange a parte ocidental de Esdraelom e Jezreel, correndo do sul da Baixa Galileia, tocando o norte de Samaria. Dirige-se depois para a costa, terminando no monte Carmelo, cuja altitude alcança 600 m sobre o mar.
3. *Planície de Sarom.* Começa no sul do Carmelo e vai até Jope, hoje o grande porto judeu de Jafa. No sentido norte-sul mede 80 km por 15 km leste-oeste.
4. *Planalto da Filístia.* É a continuação de Sarom; norte-sul mede 50 km por 25 km leste-oeste.
5. *Sefelá.* Literalmente quer dizer "terras baixas". É um altiplano rochoso que corre da costa, rumo sudeste, penetrando até a fronteira da tribo de Judá (Dt 1.7; Js 10.40; 12.8; 15.33; 1Cr 26.10; 28.18). Nos dias do Antigo Testamento, a Sefelá teve grande importância, tanto por sua posição geográfica quanto por sua produtividade agrícola.

Planalto Central

Corre de norte para sul, entre a faixa da Orla Mediterrânea e o vale do Jordão, e vai dos contrafortes da cadeia dos Líbanos, na Fenícia e se dirige para o extremo sul do Neguebe, em pleno deserto, passando naturalmente pelo mar Morto. As principais divisões do Planalto Central são:

1. *Alta Galileia.* A mesma região, separada por uma linha imaginária que, saindo da cidade de Safede, vai até Acre.[7] O território ocupado por toda a Galileia é de 50 km de largura por 100 km de comprimento. A Galileia limita ao norte com o rio Litani; ao sul com a cadeia do Carmelo; a leste com o Jordão, o vale de Hula e o mar da Galileia, e ao ocidente com o Mediterrâneo.
2. *Esdraelom.* Grande planície, com a forma de um triângulo, cuja base se inclina para o norte do Carmelo. A linha passa pelos

[7] Reconhecido assim nos apócrifos *Judite* 1.8 e *Tobias* 1.2; também reconhecido da mesma maneira por Flávio Josefo e pelo Talmude.

montes de Nazaré a mais ou menos 24 km do Tabor. A linha oriental corre para o monte Jenin, num percurso de 15 km do pequeno Hermom até o Gilboa, onde fecha o triângulo.

3. *Jezreel*. Ao planalto de Esdraelom, segue-se o de Jezreel. Fica entre o Pequeno Hermom e os montes da Baixa Galileia ao norte e o Gilboa ao sul.

4. *Samaria*. Pode ser considerada continuação do território da Galileia e Esdraelom. Planalto que está a mais de 100 m sobre o nível do mar. Limita ao norte com o mar da Galileia, ao ocidente com o Mediterrâneo, ao sul com as montanhas da Judeia e a leste com o Jordão. Dois montes principais se destacam na região: Ebal e Gerizim. Na depressão formada pelos dois famosos montes temos Nablus, antiga Siquém, em cujas proximidades está Sicar com o Poço de Jacó.

5. *Judeia*. Esse território começa em Betel e termina em Berseba, numa extensão norte-sul de 96 km. Ao norte limita com as montanhas da Samaria, ao sul com Berseba, a leste com o Jordão e a oeste com o Mediterrâneo.

6. *Neguebe*. O termo é usado no Antigo Testamento geralmente para designar o sul (Gn 13.1,3,14; 28.14; Nm 34.3). Ao norte limita com a parte meridional dos montes da Judeia; ao oeste com o Mediterrâneo; a leste com o deserto de Sin e a Arabá; e ao sul com Cades. A área do Neguebe é extensa e se divide em:

- Neguebe dos quereteus.
- Neguebe de Judá.
- Neguebe de Calebe.
- Neguebe dos queritas.
- Neguebe Yerahmeel, na direção de Cades.

Vale do Jordão e mar Morto

É o contraste geográfico mais chocante da terra. Essa região palestínica vai do Hermom, que se ergue soberbo a quase 3 mil m, e o vale do mar Morto, que está a 400 m abaixo do nível do mar. Acresce a isso que o leito do mar Morto está a 400 m de profundidade. As principais divisões desses vales são:

1. Do Hermom ao vale de Hula.
2. Do vale de Hula ao mar da Galileia.
3. Do mar da Galileia ao mar Morto.
4. O vale do mar Morto.

Transjordânia

Refere-se à porção de terra que fica além do Jordão, isto é, a leste desse rio. Limita ao norte com Damasco e Hermom; a oeste com o Jordão; a leste com o Deserto siro-arábico; e ao sul com o uádi el-Hesa, que é o bíblico Zerede (Dt 2.13). Suas principais divisões são:

1. *Terra de Golã ou Basã*. Vai do monte Hermom ao rio Iarmuque e do vale do Jordão ao mar da Galileia.
2. *O Hauram*. Que começa em El-Lojá e prossegue até confinar com a faixa do deserto.
3. *Gileade*. Além do Iarmuque e vai até o uádi Hesbã, ao norte e do mar Morto ao Jordão até o deserto, entrando em Amã.
4. *O Altiplano de Moabe*. Começa no uádi Hesbã e continua até o uádi el-Hesã, a sudoeste do mar Morto.

Essas são as principais regiões da Palestina de outrora. Naturalmente o Israel de hoje tem uma configuração diferente e não inclui a Transjordânia, com exceção da parte norte. Devemos gravar bem essas partes. Dentro delas, colocaremos em capítulos independentes os acidentes geográficos, como a hidrografia, a orografia, as planícies, os vales, os desertos, os caminhos, entre outros.

6
Hidrografia da Palestina

O sistema hidrográfico de Israel é dos mais pobres do mundo. Desde os tempos patriarcais, a terra luta com escassez de chuvas (Gn 12.10; 41.54-57; Rt 1.1; 2Sm 21.1; At 11.28). Pode haver anos sem chuva. Ainda hoje água é o problema da região. Isso, naturalmente, com exceção da orla marítima, onde chove com mais frequência. Além do rio principal de Israel, o Jordão, conta com lagos e alguns riachos, a maior parte deles intermitentes. O mar da Galileia está na parte norte, cujas águas são excelentes e garantem uma irrigação perfeita na região por meio de canais, chegando até o Neguebe. Também a leste do Jordão, com exceção do sul, que é deserto, o problema de água não existe. Apesar dessa deficiência, Israel foi conhecido como a "terra que mana leite e mel" (Êx 33.3), o jardim regado (Gn 13.10; Is 58.11), a terra das chuvas (Dt 11.11) e da abundância (Dt 28.11).

Vale a pena conhecer algo da hidrografia da Palestina.

Mar Mediterrâneo

Na Bíblia, mar é a imensidão de água, a reunião de todas as águas, o "grande abismo" (Gn 7.11; 8.2, neste caso, os oceanos). O salmo 107 é um hino ao Senhor Deus que criou o mar. Salmos 24.2 declara que Deus é o dono dos mares. Em Jó 38.8-11 afirma-se que Deus é o Senhor dos mares.

O vocábulo "Mediterrâneo" não aparece na Bíblia nem uma só vez. Para os gregos, era "o grande mar"; para os romanos, o *internum mare*. A Bíblia o chama de: "mar Grande" (Js 1.4), "mar ocidental" (Dt 11.24), "mar dos filisteus" (Êx 23.31) e "mar de Jope" (Ed 3.7; ou "Jafa", de acordo com a *Bíblia de Jerusalém*). O termo mais empregado na Bíblia para designar o Mediterrâneo é simplesmente "mar" (Nm 13.29; Js 16.8; 1Rs 5.9; At 17.14).

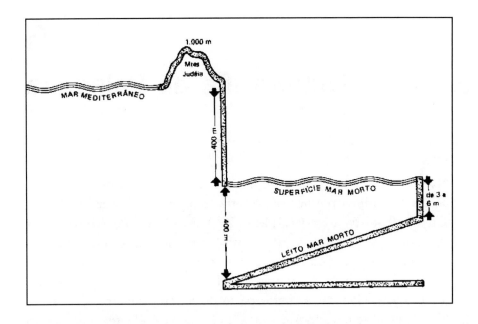

O Mediterrâneo banha a Europa meridional, a Ásia ocidental e a África setentrional. É o maior dos mares internos, com uma extensão de 4.500 km e uma superfície de 3.000.000 km². Rios famosos de três continentes despejam nele suas águas abundantes. As mais remotas civilizações do Oriente Médio e da Europa conheceram o Mediterrâneo, entre elas, fenícios, miceneus, gregos e romanos, turcos, franceses e italianos. Ainda hoje as rotas do Mediterrâneo dão em portos famosos como Barcelona, Marselha, Gênova, Nápoles, Trieste, Salônica, Esmirna, Beirute, Porto Saíde, Alexandria, Constantinopla, Jafa, Haifa e uma infinidade de outras cidades.[1]

A ocorrência de o Israel do passado não se dedicar à navegação — ainda que Salomão o tentasse (1Rs 9.26) e também Josafá (2Cr 20.36), mas por Eziom-Geber, no golfo de Acaba — prende-se ao fato de o Mediterrâneo ter pouquíssima profundidade em suas costas.[2] Ninguém podia se aproximar de Israel por mar. Herodes, o

---

[1] Em alguns desses lugares, o Mediterrâneo recebe outros nomes, mas é sempre o mesmo mar.

[2] O atual Israel tem três portos importantes: Eilate (em Acaba), Jafa e Haifa (no Mediterrâneo).

84

Grande, construiu Cesareia e preparou o porto. Com poucos anos, porém, não permitia aproximação de navios. O embarque e desembarque tinham de ser feitos por botes pequenos. Alexandre e Pompeu, a Primeira Cruzada e o próprio Napoleão, para invadir a Palestina, o fizeram por terra, através do Egito. Isto permitia a Israel um isolamento que garantia proteção. Convergiam suas atividades na agricultura, ramo em que se tornaram famosos (1Rs 5.11; At 12.20).

O Mediterrâneo guarda muitas histórias:

1. Hirão, rei dos fenícios, enviou madeira em jangadas por esse mar até Jope para Salomão construir o templo de Jerusalém (1Rs 5.8-10).
2. Jonas desceu até Jope e tomou navio para Társis (Jn 1.3).
3. Elias mandou seu ajudante vigiar do cume do Carmelo o aparecimento da nuvem no Mediterrâneo que traria chuvas às ressequidas terras de Israel ao tempo de Acabe (1Rs 18.41-46).
4. Pedro estava em Jope, na casa de Simão curtidor, próxima ao mar, e foi avistar-se com Cornélio em Cesareia (At 10.1-8).
5. Paulo e Barnabé tomaram navio no porto de Selêucia e navegaram muito tempo pelo Mediterrâneo (At 13.4-6). Diversas vezes o grande apóstolo navegou as águas do Mediterrâneo, demandando terras, para anunciar a graça de Deus em Jesus Cristo. Uma, entretanto, se tornou famosa: foi a sua viagem a Roma como prisioneiro de César (At 27).
6. O general Tito levou para Roma milhares de cativos judeus que foram usados na construção do Coliseu.[3]

Além disso, através dos séculos, as águas desse mar foram palco de sangrentas batalhas, riquíssimo comércio e viagens de famosos homens das nações. Tanto Marco Polo como Cristóvão Colombo lutaram com essas águas revoltas e bravias, que guardam no seu seio mistérios que só a eternidade pode revelar.

---

[3] Cerca de 80 mil judeus trabalharam na edificação do Coliseu.

Rio Jordão

Etimologia

Alguns autores, aceitando a etimologia hebraica do verbo *yarad* (descer), dizem que Jordão significa "o que desce", talvez baseado no vertiginoso curso que o rio descreve, dos cimos do Hermom ao ponto geográfico mais baixo da terra, que é o vale do mar Morto. Outros, porém, como Jerônimo, o tradutor da *Vulgata*, afirmam que vem da combinação de duas palavras hebraicas: *ye-or* (rio) + Dã, que significa "Rio de Dã", talvez por causa do *Nahr Ledã*, que nasce em Tel-el-Cadi, antiga Dã da Bíblia. Outros ainda, como L. Kohler, afirmam que deriva da palavra iraniana *yar-danus*, que significa *rio anual,* ou rio que corre o ano todo. A Bíblia hebraica grafa *Ha-Yarden*; a Septuaginta, *Iordanes*; e a Vulgata, *Iordanis*.

O rio

É um rio pequeno, isto é, de curto percurso. Desde a cabeceira, nas proximidades do monte Hermom, em linha reta, até o mar Morto, mede apenas 200 km. Forma o seu curso com as três nascentes que vêm dos resultados das geleiras constantes do Hermom, alimenta o desaparecido lago de Hula, o bíblico Merom, corre um pouco mais, entra no Galileia e, depois de 27 km dentro do lago, retoma o curso, serpenteia pelas profundezas de sua bacia e acaba desaparecendo no mar Morto.

Nascentes

O rio Jordão nasce nas faldas do monte Hermom, em cujos picos a neve predomina o ano inteiro. Quando a seca assola as outras regiões de Israel e os países vizinhos, no Hermom faz frio e a neve não cessa. O calor do dia derrete grande parte desse gelo, transformando-o em água líquida que escorre pelas superfícies ou pelas entranhas do famoso monte e vai formar as três nascentes do Jordão. Vamos conhecê-las agora.

1. A primeira delas, a mais oriental, é Nahr-Banias, que corre do Hermom, subterraneamente, e vai até um pequeno lago, chamado Berkretane, e novamente, pelas entranhas da terra,

Bânias, uma das nascentes do Jordão — Golã

vai a um lugarejo chamado Bânias.[4] Esse nome vem de Pã ou Pânias, o deus da fertilidade[5] (a região é fertilíssima!). Os árabes, durante os muitos séculos que dominaram o lugar, trocaram, como é seu costume, o "P" pelo "B", e ficou como designamos hoje.

Esse lugar, de beleza incomparável, encravado nas proximidades do Hermom, é a Cesareia de Filipe, descrita duas vezes nos Evangelhos (Mt 16.13; Mc 8.27). Fica a 329 m acima do Mediterrâneo. Situava-se outrora na região de Itureia. Nos dias de Jesus, a cultura helênica, com todas as suas implicações, predominava nessa área.[6] Na região existe uma gruta muito grande, de difícil acesso. Na gruta não se vê água, ouve-se apenas o barulho dela: é o Bânias, que vai repontar logo na

---

[4] Atualmente pertence a Israel como resultado da Guerra dos Seis Dias e da do Yom-Kipur. Antes era da Síria.

[5] Veja Houston, J. M. "Jordão". Em: Douglas, J. D. (Ed.). *O novo dicionário da Bíblia*, p. 714s.

[6] Adams, James McKee. *A Bíblia e as civilizações antigas*, p. 293ss.

frente, a poucos metros.[7] Na época do Antigo Testamento, pertencia ao reino de Basã, e depois a meia tribo de Manassés plantou suas fronteiras ali, avançando nesse reino. Foi um grande centro de idolatria. Os filhos de Israel, mais tarde, aderiram a esses "deuses estranhos". Ainda hoje, no exterior da gruta, cavados na rocha, estão os nichos que outrora guardaram os ídolos grosseiros dos cananeus e depois dos gregos. As águas que brotam da nascente correm para um grande canal e continuam seu curso, na direção das outras nascentes.

2. A segunda nascente do Jordão é Nahr-Ledã, a fonte central. Está a 157 m acima do nível do mar. Nasce perto de Tel-el-Cadi, a antiga Dã da Bíblia. Apesar da grande quantidade de água, não tem a beleza da primeira.

3. A terceira nascente, a ocidental, é Nahr-el-Hasbani, a mais alta. Fica a 563 m sobre o nível do mar. Essa nascente é menor ainda do que a Bânias. Desde que brota da terra, até a confluência com as demais, recebe um afluente, o Nahr-Bareigit.

Primeiro se encontram as vertentes Bânias e Ledã e um pouco mais ao sul elas se juntam à de Hasbani. Está então formado o Jordão.

O curso

Das entranhas do monte Hermom, saem as águas do Jordão, a pouco mais de 3.000 m de altitude. Quando as três vertentes se encontram, a 14 km ao norte do lago de Hula (Hulé) ou Merom, o Jordão está a mais ou menos a 150 m acima do nível do mar. O Merom está a 68 m. Este lago tinha mais ou menos 6.800 m de norte a sul, por 3.800 m leste-oeste. Saía o Jordão do sul do Merom, percorria 18 km num vale estreito e acidentado e muito perigoso, numa descida vertiginosa, entrando ruidosamente no mar da Galileia, a 212 m abaixo do nível do Mediterrâneo, formando um pequeno delta. O lago de Galileia tem, no sentido norte-sul, cerca de 27 km. O Jordão entra nele pelo norte e sai pelo sul.

[7] Veja HOUSTON, J. M. "Jordão". Em: DOUGLAS, J. D. (Ed.). *O novo dicionário da Bíblia*, p. 714.

Lago de Berkretane — Golã (próximo ao Hermom)

Em linha reta, do sul do Galileia ao norte do mar Morto, são aproximadamente 117 km, mas o Jordão descreve o seu curso acidentado e sinuoso em 351 km correndo sempre abaixo do nível do mar, terminando no mar Morto, a 400 m negativos.

1. *Corredeiras.* No seu percurso entre o Galileia e o Morto, o Jordão tem 27 corredeiras perigosas e grandes e 80 menores. Por essa razão, o Jordão não é como os demais rios que atraem o homem; pelo contrário, afasta-o por suas águas barrentas e suas margens perigosas.
2. *Largura.* A largura do Jordão varia entre 11 e 60 m. Sua profundidade vai de 1 a 5 m.
3. *O vale.* O vale do Jordão corre de norte a sul entre duas muralhas de montanhas: as cadeias dos Líbanos e Antilíbanos, que formam a leste os montes de Basã ou Gileade, que vão se encontrar com os de Moabe, e a oeste os de Naftali, de Efraim, da Judeia. O Jordão corre num vale profundo e quente. A pouca distância estão os montes. No inverno, a temperatura mínima varia entre 25° e 32°. No verão vai a mais de 40°. Subindo-se

a um dos montes, que não dista mais de um a 2 km, a temperatura baixa, no inverno, para 10° 12° ou 14°.[8]

4. *Passos*. Antes que houvesse pontes no Jordão, os peregrinos judeus que iam a Jerusalém, principalmente os de além-rio, cruzavam o Jordão por passagens naturais que se tornaram habituais para eles. Eram duas principais: ao norte, Sacute, defronte a Sucote, lugar onde Jacó deve ter atravessado o Jordão ao retornar de Padã-Harã (Gn 33.17,18); o do sul, que era Beisã, Betábara ou Betânia de Além-Jordão. Também conhecido como o dos Peregrinos. Ficava defronte a Jericó. Nos dias de Josué, o povo poderia ter passado esse vão com facilidade e Deus não teria tido necessidade de operar milagre como operou. Acontece que a passagem de Israel para a terra de Canaã foi em plena *ceifa*, quando o Jordão transbordava em ambas as ribanceiras (Js 3.15). Por esse passo Gideão convocou Israel para a luta (Jz 7.24) e Jefté matou os efraimitas (Jz 12.5,6). Davi atravessou o Jordão na ida e na volta quando fugia de Absalão (2Sm 19.17,18).[9] Os judeus, vindo do norte ou do leste, cruzavam esse passo em direção a Jerusalém por ocasião das grandes festas do templo (Jo 1.28). Os romanos construíram nos dias do Novo Testamento diversas pontes sobre o Jordão (ainda existem algumas ruínas dessas construções). Quatro pontes, diz José Pistonesi,[10] existiram ou existem sobre o Jordão:

a) A ponte das filhas de Jacó, do século XV, nas proximidades do Hula, com vão de 30 m.

b) Outra ao sul do mar da Galileia, perto da via férrea que ia de Damasco a Samak.

c) Nos tempos modernos foi construída outra, nas proximidades do mar Morto, de madeira e com pedágio.

---

[8] ADAMS, James McKee. *A Bíblia e as civilizações antigas*, p. 156.

[9] Por essa passagem bíblica, José Pistonesi vê Davi atravessando o Jordão por botes (*Geografia Bíblica de Palestina*, p. 60).

[10] PISTONESI, José A. *Geografia Bíblica de Palestina*, p. 58.

d) A de Allenby, em honra ao general inglês que ocupou a Palestina durante a Primeira Guerra Mundial. Ainda está em perfeito estado e serve de passagem entre Israel e Jordânia.

5. *Vegetação*. Nos dias bíblicos, havia um bosque no vale do Jordão, uma floresta imensa, que abrigava até leões (Jr 12.5; 49.19; 50.44). O jovem profeta foi com Eliseu cortar madeira para a construção de uma casa (2Rs 6.2). Hoje o vale do Jordão inferior, isto é, do lago da Galileia ao mar Morto, com exceção de alguns plantios de cereais, é morto e desnudo. Árido, com exceção do palma-cristi, algumas tamargueiras e poucas palmeiras, principalmente as tamareiras.[11]

6. *Na Bíblia*. A primeira vez que a Bíblia menciona o Jordão é quando Abraão, ao voltar do Egito, separa-se de seu sobrinho Ló (Gn 13.10,11). A vida dos patriarcas está envolvida com o Jordão, tanto a de Abraão, Isaque e Jacó, como a de Esaú, José e seus irmãos. Moisés, talvez, tenha até se banhado no Jordão, na margem oriental. Josué, com todos os filhos de Israel, o atravessou a pé enxuto, no grande milagre dos céus. Os juízes, assim como Saul, Davi e Salomão, tiveram experiências com o Jordão. Elias foi arrebatado aos céus quando acabou de cruzar o Jordão. Eliseu ordenou que Naamã, o famoso general sírio, mergulhasse sete vezes no Jordão para purificar-se da lepra. João Batista batizava na altura de Betânia de Além-Jordão, depois de Enom, perto de Salim, onde havia muitas águas. Jesus foi batizado no Jordão, onde o Pai lhe falou e o Espírito Santo veio sobre ele. Jesus foi tentado pelo Diabo nas proximidades do Jordão, defronte a Jericó.[12] Foi no Jordão, portanto, que o Filho de Deus iniciou seu ministério terreno.[13]

---

[11] Na atualidade, a parte do Jordão ao norte de Jericó até a altura do que foi Gade nas suas duas margens pertence à Jordânia e está dividida com Israel por uma cerca de arame farpado. Daí para cima até o Galileia, ambos os lados pertencem a Israel, cuja extensão vai até o Bânias.

[12] O monte da Quarentena ou da Tentação está defronte para Jericó e próximo ao Jordão.

[13] O Jordão é citado quase 170 vezes no Antigo Testamento e exatas 15 vezes no Novo Testamento.

7. *Volume d'água.* O Jordão lança no mar Morto 200 m³ de água por segundo; 12.000 m³ por minuto; 720.000 m³ por hora; 17.280.000 cada 24 horas. Isso, segundo cálculos de especialistas, representa a média das duas estações de Israel: inverno com chuva e verão com seca.

8. *O valor do Jordão.* Devido a sua sinuosidade, sua descida vertiginosa e suas águas barrentas e escuras, o Jordão não é um rio atraente. Pelas suas 107 corredeiras num trajeto de 117 km em linha reta, do sul do Galileia ao norte do mar Morto, o Jordão não é navegável. Serviu um bom tempo da história de proteção para o povo de Deus no levante. O clima quente e sufocante do vale do Jordão não atrai moradores. Os árabes o chamam de *El-Seri-Ah al-Kabirah*, que significa "o grande bebedouro", naturalmente para ovelhas.

A *Enciclopedia de la Biblia* declara:

A narrativa da passagem do Jordão no livro de Josué evoca a passagem do mar Vermelho com milagres e maravilhas. A atividade de João Batista e o começo da vida pública de Jesus, começando no Jordão, evoca, por sua vez, a entrada do povo escolhido na Terra da Promessa toda vez que a Terra Prometida sugere a ideia do Reino dos céus anunciado pelo Batista e proclamado por Jesus.[14]

Afluentes

Da banda oriental são dois apenas: o Iarmuque e o Jaboque. J. M. Houston, preletor em geografia pela Universidade de Oxford, afirma: "Entre o Yarmuk, ao norte, e o Jaboque, existem nove outras correntezas perenes que deságuam no Jordão pela margem esquerda, e esse abundante suprimento de água explica o motivo pelo qual todos os povos importantes ficavam ao lado leste do Ghor...".[15] E do lado ocidental, apenas o Querite,[16] onde Elias se escondeu de Acabe, até que o ribeiro secou (1Rs 17.5-7).

---

[14] *Enciclopedia de la Biblia*, vol. 4, p. 611.

[15] HOUSTON, J. M. "Jordão". Em: DOUGLAS, J. D. (Ed.). *O novo dicionário da Bíblia*, p. 714.

[16] Por ora, mencionamos apenas o nome dos afluentes em ambas as margens. Depois, quando tratarmos dos rios em geral de Israel, falaremos mais a respeito.

Batismo no rio Jordão

Lago Merom

Na Bíblia

Mencionado apenas em Josué 11.5,7. Em hebraico, *he-Merom*; grego, *tó udôr Maron*; Vulgata, *aquae Merom*. É o lugar onde Josué desbaratou a coligação cananeia, chefiada por Jabim, rei de Hazor.

Nome

O nome significa "superior", talvez pela sua posição geográfica.

Localização

Depois que os três mananciais se unem e formam o Jordão, este percorre 14 km e suas águas quase se perdem num pântano enorme que ocupa uma área de 28 km de norte a sul e 10 km de leste a oeste. Essa bacia na parte norte era inabitável e infestada de mosquitos transmissores da malária. Há séculos, nessa região pantanosa, vicejavam flores como os nenúfares branco e amarelo, pertencentes à família das *nymphaeceae*, e o papiro vermelho, semelhante ao do Nilo, animais selvagens e grande quantidade de pássaros.

O vale se tornou estação para os pássaros migratórios. Algumas dessas aves foram aprisionadas, e, pelos anéis que portavam nos pés, identificou-se como procedentes da Rússia e da Escandinávia.[17] A parte sul da bacia era mais saneada, e era exatamente aqui que ficava o Merom (ou: Hula). A oeste do chamado vale de Hula correm os montes de Naftali e a leste os do Jaulã. Do sul do Merom ao norte do Lago da Galileia há uma distância de 18 km. O Merom fica a 280 m acima do nível do mar Galileia.

O lago

Segundo John Davis, o lago mede 8 km de comprimento, por 6 km de largura. É a parte final da área alagadiça.[18] No degelo dos montes, suas águas subiam consideravelmente e, no verão, eram rasas. Suas águas eram doces e produziam muitos peixes.

O Merom hoje

Com o retorno de Israel a essa região, o percurso do Jordão superior, isto é, entre Merom e Galileia, foi retificado, alinhado e aprofundado em algumas partes; o lago de Merom ou Hula foi reduzido a uns pequenos açudes para criação de peixes. O saneamento da bacia do Hula foi terminado em 1957. As obras de saneamento do Hula duraram anos de penoso trabalho. Duas valas ou canais enormes foram abertos no sentido norte-sul. Através deles as águas escoaram e continuam escorrendo para o Jordão, cujo leito foi aprofundado e alinhado para facilitar o seu curso até o mar da Galileia. E nesse ponto começou a drenagem. As terras palúdicas se transformaram em searas imensas e pomares maravilhosos. Uma parte da remanescente água é usada para criação de peixes. Descobriu-se uma jazida de ricos fertilizantes durante os trabalhos de drenagem. A grande bacia pantanosa que media 28 km por 10 km hoje é o rico e fertilíssimo vale de Hula. Na parte norte encontram-se as montanhas de Golã, desde 1967 em poder de Israel. Pode-se afirmar que o Merom, o Hula dos árabes, não existe mais. A *Enciclopedia de*

---

[17] Israel mantém uma reserva dessa bacia para conservar plantas, animais e pássaros da região.

[18] John D. Davis. *Novo dicionário da Bíblia*, p. 809. Verbete: "Merom".

la Biblia afirma: "O lago de Hulé hoje foi saneado e preparado para o cultivo".[19]

Mar da Galileia

Observando o lago de um dos montes vizinhos, o dr. Sowell, muito impressionado, assim o descreve:

> Enquanto esperava, estava admirando de alma transbordante, o formoso e solene quadro do mar da Galileia. Naquele dia com nuvens e chuva, parecia mais lindo do que nunca. Vi o mar como policromia, dependendo da condição da água: turva ou cristalina; cores confundindo-se com os matizes escuros dos trigais que cobrem com sua sombra verde as bandas ocidental e norte, e a coloração avermelhada dos barrancos desnudos de leste onde os porcos morreram. Esse conjunto colocava sob nossos olhos uma cor única, aliás, adequada para o mar da Galileia — púrpura, por ser ele o rei da água, por causa daquele que ensinou em suas praias.[20]

Nomes

O Antigo e o Novo Testamentos têm nomes diferentes para designar esse mar:

1. *Quinerete* ou *Quinerote* (Nm 34.11; Dt 3.17; Js 11.2; 12.3; 13.27; 19.35; 1Rs 15.20). Essa palavra vem de *kinnor*, que significa "cítara", seja pela semelhança da forma do lago com o instrumento musical, seja pela suavidade de suas ondas que produzem música de harpa.
2. *Genesaré* (Lc 5.1; Mc 6.53). Essa nomenclatura foi dada ao lago por causa do nome dessa planície, localizada no ângulo noroeste do mar, cuja tradução é: *Jardim do Príncipe*.
3. *Tiberíades* (Jo 6.1).[21] Esse é o nome de uma cidade da margem ocidental do lago, construída por Herodes Antipas, em honra a Tibério César.

---

[19] *Enciclopedia de la Biblia*, v. 2, p. 611.

[20] Citado por Pistonesi, José A. *Geografía Biblica de Palestina*, p. 51.

[21] "Tiberíades" deriva das palavras hebraicas *tou* e *reiá*, isto é, "agradável aos olhos", pelo quadro empolgante que se contempla do lago ao redor, até o monte Hermom.

4. *Mar da Galileia* (Mt 4.18). Nome que lhe foi dado por estar na região da Galileia.

Localização

Depois que o Jordão deixa o Hula, desce precipitadamente por escarpas perigosas, num percurso de 18 km, e entra no Galileia. Aloja-se no leito de uma bacia profunda, que fica a mais ou menos 225 m abaixo do nível do Mediterrâneo. É cercada por montanhas que formam um círculo, interrompido apenas pela cidade de Tibérias, no planalto de Genesaré e na entrada e saída do Jordão. Os montes que contornam o lago sobem a 700 m e até mais sobre o nível do mar. Correm a leste os montes Haurã e chegam ao Hermom, cujo pico nevado reflete nas águas do Tiberíades. Ao ocidente, os montes de Naftali, perdem altura; forma-se então entre o lago e os montes, a planície de Genesaré. Nesses montes destacam-se os picos conhecidos como *Cornus de Hattim*, provável local onde o Senhor Jesus proferiu o sermão do Monte. Nessa bacia imensa está o mar da Galileia, com seu encanto, seu deslumbramento e suas águas azuis ou revoltas nas tempestades, irrigando as terras da região e atraindo pessoas às suas praias.

O lago

É chamado "mar" pela enorme extensão de água que ocupa uma área imensa.

1. *Forma*. O mar da Galileia tem a forma de uma pera com base para o norte, ou então o formato de uma cítara.
2. *Tamanho*. Há divergências sobre seu tamanho. José Pistonesi dá a seguinte medida: 26 km norte-sul e 10 km leste-oeste.[22] Antonio Mesquita: 24 km norte-sul e 12 km leste-oeste.[23] A *Enciclopedia de la Biblia*: 21 km norte-sul por 11 km leste-oeste.[24] John Davis: 23,61 km de comprimento e 13,89 km de largura.[25]

---

[22] PISTONESI, José A. *Geografia Biblica de Palestina*, p. 48.
[23] MESQUITA, A. N. *Panorama do mundo bíblico*, p. 82.
[24] *Enciclopedia de la Biblia*, vol. 3, p. 770.
[25] John D. DAVIS. *Novo dicionário da Bíblia*, p. 509. Verbete: "Galileia, mar da".

HIDROGRAFIA DA PALESTINA

O Jordão entrando no mar da Galileia

3. *Profundidade*. Em alguns lugares não vai além de 4 a 5 m; noutros, porém, atinge entre 45 e 50 m, que é o seu máximo.
4. *Natureza das águas*. Absolutamente potáveis, excelentes para beber e usadas hoje, bem como nos dias antigos, para irrigação das terras de lavoura.
5. *Peixes*. Considerado o lago mais piscoso do mundo. A grande quantidade de peixes atribui-se à vasta vegetação que cresce tanto nas margens como no fundo do lago e também à proliferação de certo molusco que facilita a multiplicação dos peixes. Mais de 22 espécies de peixes já foram classificadas nas águas do Galileia, sendo a mais famosa, a *Chromis simonis*, ou peixe-de-são-pedro. Nos dias do ministério terreno de Jesus, em Cafarnaum, bem como em outras cidades da margem do famoso lago, a pesca era a indústria mais rendosa.
6. *Natureza do solo*. Por onde corre o Jordão, bem como onde está o lago, notam-se sinais pronunciados da ação vulcânica; em muitos lugares a quantidade de pedra-pomes é grande. Alguns acham mesmo que o lago ocupa o vazio de um vulcão extinto. Os tremores de terra nas imediações do lago são

frequentes. Existem nas proximidades do Tiberíades fontes termais que correm para o lago.

7. *As tempestades.* Do norte sopram ventos frios que deslocam o ar quente do lago, provocando as inesperadas tempestades. Quando ocorrem as turbulências (Mc 4.35-41), as águas se agitam, o mar se enfurece e as ondas se tornam bravias. Nas borrascas, as ondas muitas vezes sobem a 4 e 5 m. Pela manhã e durante o dia, o mar é calmo; à tarde começa a soprar vento mais forte e as águas ficam onduladas, e à noite, quase sempre, o mar é bravio.

8. *As cidades do lago.* Ao redor do lago, principalmente a noroeste e nordeste, floresceram grandes cidades, das quais subsistem algumas. Na margem ocidental do Jordão e ao norte do lago fica Cafarnaum, que era a maior cidade dos dias de Jesus e onde ficou o seu quartel general das atividades messiânicas. Hoje, essa e outras cidades estão reduzidas a escombros.

A poucos quilômetros, ao norte, ficava Betsaida, cidade de Pedro e André. Pouco abaixo de Cafarnaum, também à beira-mar, estava Magdala, onde hoje floresce Medjel. Muito mais para o sul estava outra grande cidade, Tiberíades, construída por Herodes Antipas em honra ao imperador romano Tibério César. Ao norte, a pouco menos de 5 km, portanto fora da praia, ficava Corazim, hoje identificada com a moderna cidade de Corasé. Do outro lado do lago, bem defronte a Cafarnaum, estava Betsaida Júlias, em cujo território o Senhor multiplicou pães e peixes (Mt 14.13-21). Muitos quilômetros ao sul estava Gergesa ou, talvez, Gadra, e mais ao sul Hipos. Naturalmente outras cidades existiram ao longo das ensolaradas praias do famoso mar da Galileia. Além das cidades praianas, houve muitas que surgiram nas proximidades do lago. Flávio Josefo calculou em três milhões a população dessa região, tanto a oeste como a leste do lago.

9. *Relações com a Bíblia.* Comparando os evangelhos, vê-se que Jesus deve ter passado nada menos de 18 meses de seu ministério terreno em Cafarnaum e lugares adjacentes. Foi ao longo das praias do Genezaré, em Cafarnaum, que Jesus chamou os quatro pescadores: Pedro e André, Tiago e João (Mc 1.16-20);

Mar da Galileia

chamou também Levi, que mais tarde aparece com o nome de Mateus (Mt 9.9). Foi naquele alvorecer, depois de os discípulos de Jesus trabalharem a noite toda, sem nada conseguir, que o Mestre chegou e lhes disse: "Faze-te ao largo, e lançai as vossas redes para pescar" (Lc 5.1-11). E apanharam peixes para encher muitos barcos. Jesus acalmou nesse mar uma tempestade (Mt 8.23). Andou, de outra feita, por sobre as águas do Tiberíades (Mt 14.22-33). Nas proximidades do lago, duas vezes multiplicou pães e peixes para alimentar milhares (Mt 14.33; 15.32). Defronte ao lago, no Cornus de Hattim, Jesus proferiu o Sermão do Monte (Mt 5.7). De um barco atracado no mar, Jesus proferiu o primeiro grupo de suas parábolas (Mt 13). Foi na sinagoga em Cafarnaum, no dia seguinte à multiplicação dos pães e peixes (Jo 6.59), que Jesus proferiu o "duro" discurso contra os hipócritas fariseus, registrado em João 6. Nessa ocasião, o Mestre se declarou o *pão da vida*. Por fim, após sua ressurreição, o Senhor Jesus marcou um encontro com os apóstolos na Galileia (Mt 28.7) e com sete deles esteve na pesca maravilhosa (Jo 21.1,14), e ali o Senhor reabilitou a Pedro (Jo 21.15-23).

10. *O mar de hoje:* suas praias estão bastante abandonadas. Mato alto cresceu em seu derredor. Outras partes, entretanto, são bem cuidadas. Não longe de Tibérias, os israelenses construíram quase dentro d'água, um excelente restaurante que serve, entre outros pratos, o famoso peixe-de-são-pedro. Os jovens atletas de Israel, em competições desportivas famosas, cruzam a nado o lago da Galileia, entre Tibérias e Ein-Gev. Fazem isso desde 1943. Existe na cidade de Tibérias, que é a atual capital da Galileia, um museu de arqueologia: o Museu de São Pedro, dirigido por frades franciscanos. Os passeios de barco a motor são feitos saindo via de regra de Cafarnaum (ruínas) e indo a Tibérias, ou vice-versa.

Mar Morto

Nomes

A Bíblia apresenta alguns nomes distintos para o mar Morto: *Yam Há-Arabah* ("mar da Arabá"; Dt 3.17; Js 3.16), *Yam Há-Kadmôni* ("mar Oriental"; Dt 3.17), *Yam Há-Melah* ("mar Salgado"; Dt 3.17; Js 3.16) e "mar da Planície" (2Rs 14.25).

O nome "mar Morto". A *Enciclopedia de la Biblia*[26] diz que esse nome não aparece uma só vez na Bíblia. Entretanto, está em Ezequiel 47.8.[27] Fora da Bíblia, o mar Morto recebe várias designações. Josefo o chama de "lago do Asfalto". Os árabes medievais chamavam-no *El-Bahr Muntinah*, isto é, "mar Pestilento". Eis outros nomes dados pelos árabes: *bahr Sadum wa Ganur* (mar de Sodoma e Gomorra), *bahr Zugar* (mar de Segor), *bahr Lut* (mar de Ló). O Talmude o nomeia *Yamah Sel Sedom*, isto é, "mar de Sodoma".

Localização

O vale do Jordão, que começou no extremo sul do mar da Galileia já a 225 m abaixo do nível do Mediterrâneo, continuou sua trajetória

---

[26] *Enciclopedia de la Bíblia*, vol. 5, p. 341.

[27] Algumas traduções usam apenas a palavra "mar", sem lhe dar o nome. Ora, esse "mar" não pode ser outro senão o Morto, razão por que a *Almeida Revista e Atualizada* (Sociedade Bíblica do Brasil) e a *Almeida Século 21* (Vida Nova) traduzem, com muita lógica, por "mar Morto".

Mar Morto

descendente. Em linha reta, 117 km depois, chegou ao nível mais baixo, 400 m negativos. Os dois vales — do Jordão e do mar Morto — se encontraram, formando o ponto mais baixo da terra. A bacia do mar Morto, no lado leste, está protegida por uma parede de montanhas cuja altura oscila entre 700 m e 1.000 m sobre o Mediterrâneo e correm de norte para o sul: são os montes de Moabe que, ao norte, começam na altura de Jericó, e, ao sul, se perdem em Seir, monte de Edom. Na banda ocidental do Grande Lago há uma planície, que forma um corredor de quase 1 km, entre o mar e os montes do deserto da Judeia. A altura desses montes varia entre 600 e 1.000 m. Ao sul do mar Morto existe uma parte plana, que termina nas montanhas do deserto do Sinai.

Tamanho e formato

O mar Morto assemelha-se a um longo triângulo, com os ângulos agudos, interrompido por um promontório que se inclina para o sudoeste, formando uma península chamada El-Lisã, que quer dizer "língua". O mar Morto tem 78 km de comprimento por 18 km de largura, com uma área total de 1.020 km². A profundidade oscila entre 10 m e 401 m. O El-Lisã tem perto de 15 km de norte, para sul. No norte, onde entra o Jordão, o mar tem 401 m de profundidade. Ao norte do El-Lisã, 330 m, e ao sul desta península entre 11 e 10 m, terminando no sul a 5 ou 7 m num grande lamaçal.

Afluentes

Os principais afluentes são: pela banda oriental, o Jordão (o principal rio extremo setentrional), o uádi el-Adeimah, o uádi Zerka-Main (uádis são filetes d'água que correm somente quando chove nas montanhas.), o ribeiro de Arno, que possui os seguintes afluentes: Seil Heidan, Seil el Mogib, o uádi el-Hesã. No extremo sul, nas terras do Arabá, desemboca no mar Morto o uádi el-Tafilah. Na margem ocidental do lago, os seguintes afluentes levam água ao mar Morto: uádi Qumran, uádi el-Mar, uádi Hareitun, uádi el Hasasah, uádi el-Qeini e o uádi Muhuwwat.

Natureza das águas

As águas do mar Morto são grossas, isto é, densas e pesadas. As águas dos oceanos possuem 4% de sal, as do mar Morto, 26%. Além do cloreto de sódio, o grande lago conta com enormes quantidades de cloreto de magnésio, cálcio, potássio e brometo de magnésio. Existem também outros metais em quantidades menores, como ferro, nitrogênio, alumínio, manganês, amônio etc. As águas do mar Morto são tão densas que nenhuma pessoa afunda nelas. O cloreto de cálcio as torna suaves e escorregadias. Queimam as partes mais delicadas do corpo humano e, se houver feridas, a dor causada por essas águas é quase insuportável. Nenhuma espécie de vida foi até agora encontrada no mar Morto. Os peixes que porventura chegam até suas águas morrem em poucos minutos. Também não há vegetais em suas margens nem nas suas proximidades. Aves, entretanto, há em pequena quantidade e de raras espécies. Os minerais depositados nesse mar,[28] em estimativas aproximadas, calculam-se em:

---

[28] Estimativas feitas pelo Estado de Israel apresentadas em VILNAY, Zev. *Guia de Israel*. Jerusalém: La Semana, 1977, p. 307.

- 22 trilhões de toneladas de cloreto de magnésio.
- 11 trilhões de toneladas de cloreto de sódio.
- 7 trilhões de toneladas de cloreto de cálcio.
- 2 trilhões de toneladas de cloreto de potássio.
- 1 trilhão de toneladas de brometo de magnésio.

O mar Morto, por sua posição geográfica, não tem saída para suas águas. Elas se evaporam, e numa proporção gigantesca. Calcula-se entre 6 e 8 milhões de toneladas cada 24 horas. Daí sua densidade. Quando os ventos sopram furiosos sobre elas ou então desabam tempestades, o quebrar das ondas nas praias ou nas embarcações assemelha-se ao soar de metal contra metal. Israel, décadas atrás, construiu uma estação para bombear a água do mar Morto para grandes piscinas de onde extraem potássio. O sol se encarrega de evaporar as águas e o que resta, ou seja, uma crosta branca — é o potássio usado na composição de fertilizantes. Em 1930 foi montada a primeira fábrica no mar Morto e, mais tarde, outra em Sodoma.

Fortalezas

A leste do mar Morto, Alexandre Janeu, em 88 a.C., construiu a Fortaleza de Maquerus ou Maqueronte, a mais ou menos 8 km a leste do mar Morto. Em 56 a.C. foi arrasada pelos romanos e reedificada entre 25 e 13 a.C. por Herodes, o Grande, e foi o lugar de suplício de João Batista. Na margem ocidental do mar Morto, Herodes, o Grande, construiu Massada, último reduto dos judeus contra os romanos em 73 d.C. e de Bar-Khoba entre 132 e 135 d.C.[29] A rocha de Massada está em frente a Engedi, mais ou menos no centro do mar Morto. As ruínas da primitiva comunidade essênia estão bem ao norte do lago, numa região denominada Qumram (os judeus pronunciam "Cumerám"), em cujas cercanias foram achados os manuscritos de Isaías e posteriormente da Bíblia toda, com exceção do livro de Ester. Esses manuscritos foram datados do século II a.C. pela prova do carbono 14.

---

[29] A Fortaleza de Massada, uma atração turística hoje, foi inteiramente reconstruída por Yigael Yadin Filho.

Temperatura

Pela profundidade em que está colocada a bacia do mar Morto, a temperatura é bastante elevada. No inverno baixa para 25° e até 20° e no verão sobe até 45° e 50°. Essa temperatura elevada se deve a vários fatores, como a absoluta ausência de vegetação (não há sombra), a excessiva evaporação das águas do mar (aos raios do sol ardente, o mar Morto se transforma num caldeirão imenso em ebulição) e a profundidade do vale, que está a 400 m ou mais abaixo do Mediterrâneo.

Vida

Parece não existir vida no mar e também nas suas imediações, atingidas pelos efeitos da terrível evaporação do lago. Porções de terra fértil, semelhantes a um delta, formaram-se por onde entram as águas do Jordão. Na entrada dos outros tributários, do leste, verifica-se o mesmo fenômeno, isto é, a presença de várias espécies de árvores e outros vegetais. Os peixes que chegam ao mar Morto morrem em poucos minutos e flutuam na superfície. Corvos e cegonhas são atraídos por causa dos peixes mortos. Algumas perdizes e não poucos pardais habitam principalmente nos deltas dos rios que entram no Mar. Nesses mesmos sítios existem raposas, coelhos, porco-espinho e hienas. Talvez, hoje, pela caça dos homens, aves e animais tenham desaparecido.[30]

Asfalto

Com frequência, um observador pode ver enormes blocos de asfalto flutuar nas águas do mar Morto, principalmente após um tremor de terra. É possível que esse fenômeno tenha impressionado Flávio Josefo, que chamou o mar Morto de "Lago do Asfalto".

Sal

Pergunta-se repetidamente de onde vem o sal para as águas do mar Morto. Antonio Mesquita lembra que ao sul do vale do mar Morto

---

[30] No propósito de preservar espécies animais em desaparecimento, o Estado de Israel, pela iniciativa do General A. Yoffe, formou o Hai-Bar, uma espécie de safári, nas proximidades de Eilate.

existem grandes montanhas de sal.[31] José Pistonesi precisa a informação de Mesquita dizendo que a sudoeste do mar existe uma montanha de 11 km de comprimento com 200 m de altura, chamada Jebel Usdum, isto é, monte de Sodoma, de puro sal.[32]

James Adams diz:

> A excessiva quantidade de sal do mar Morto é devida a duas causas especialmente: A primeira, os rochedos salinos de Jebel Usdum que correm ao longo das praias ocidentais, e que constantemente adicionam ao Mar grande parte de sal fóssil; a segunda resulta dos rios tributários do Jordão que atravessam regiões impregnadas de sais, fontes sulfurosas, matéria betuminosa e depósitos petrolíferos. Tudo isto é trazido de arrastão por esses rios e depositado no mar Morto.[33]

Acrescente-se a isso a tremenda evaporação das águas e o resultado são resíduos que se acumulam através do tempo.

Constituição do terreno

As rochas que rodeiam o mar são, na maioria, de constituição calcária de origem vulcânica. O sal e o betume recobrem a superfície, dando um aspecto de morte e desolação. No El-Lisã, por exemplo, que se eleva 15 m sobre as águas do lago, além de mármore branco, há também gesso, cal, enxofre, nitrogênio e argila. Alguém opinou ter existido em épocas imemoriais no lugar do mar Morto um grande mar, mas nenhuma prova há.

Sodoma e Gomorra

A Bíblia se refere a essas duas cidades do tempo de Abraão (Gn 19.27-29). Onde Sodoma e Gomorra estariam situadas? Tendo por base Gênesis 14.3, sabemos que Quedorlaomer e seus três aliados da Mesopotâmia se ajuntaram num vale chamado Sidim (que é o mar Salgado) para lutar contra cinco reis, a saber: de Sodoma, de Gomorra, de Admá, de Zeboim e de Bela (esta é Zoar). No vale de

---

[31] MESQUITA, Antonio N. *Panorama do mundo bíblico*, p. 42.
[32] PISTONESI, José A. *Geografia Biblica de Palestina*, p. 42.
[33] ADAMS, James McKee. *A Bíblia e as civilizações antigas*, p. 161-162.

Sidim, portanto, no vale do mar Morto, havia poços de betume onde os cinco reis vieram a cair (Gn 14.10). Resta agora saber se Sodoma e Gomorra ficavam ao norte ou ao sul do mar Morto. Existem duas teorias sobre isto: uma sustenta ao norte; a outra, ao sul.

Teoria nortista

Advoga o norte parte de Gênesis 13.10, pois, quando Abraão se separou de Ló, eles estavam diante das verdejantes campinas do Jordão, e isso deveria ser no norte. Acontece, porém, que Ló não se fixou nesse lugar. Gênesis 13.12 diz que ele foi armando suas tendas até chegar a Sodoma (por que Sodoma não poderia ficar no sul?). Outro argumento dos nortistas é que Ló pediu ao anjo para ir para Zoar, que é a primitiva Bela de Gênesis 14.2. Ali habitou, gerou filhos e duas nações se instalaram nas imediações: Moabe e Amom, e esses países ficavam ao norte. Basta olhar para um mapa do Israel antigo para ver que Moabe ficava ao sul e Amom ao norte do mar Morto. O argumento perdeu a força.

Teoria sulista

Para a teoria do sul, trazemos aqui o depoimento do dr. Edward Robinson, uma das maiores autoridades no assunto do mar Morto: "O Vale fértil, pois, que Ló escolheu para si, e onde Sodoma estava situada, e que era bem regada, como a terra do Egito, alcançava o Sul do Lago".[34] A catástrofe que Deus enviou para destruir as quatro cidades da campina produziu transformações violentas na topografia. O que antes era "o jardim regado do Senhor" hoje é um vale de morte e desolação. O certo é que até hoje nenhum vestígio das cidades desaparecidas se achou, apesar dos esforços da arqueologia. A opinião mais coerente, sem paixões nem partidos, é que o mar Morto, antes do castigo do céu, deveria ser mais curto, e as cidades de Sodoma e Gomorra, principalmente, deveriam ocupar a parte entre o extremo sul do atual lago e o El-Lisã. Com a catástrofe, as barreiras ruíram, o mar cresceu, e Sodoma e Gomorra (as duas cidades maiores), bem como Admá e Zeboim (as duas menores), estão se-

---

[34] ROBINSON, Edward. *Biblical Researches*, p. 602. Citado por PISTONESI, José A. *Geografia Biblica de Palestina*, p. 45.

pultadas debaixo das pesadas águas do lago Salgado. Bela ou Zoar ficava noutra direção e só não foi destruída porque Ló foi habitar nela, por ordem do anjo (Gn 19.21,22).

Além do episódio do castigo divino sobre as quatro cidades corrompidas, a Bíblia se refere, como exemplo para Israel, a duas dessas cidades destruídas: Sodoma e Gomorra (veja Dt 29.22,23; Is 1.10; Jr 23.14; Ez 16.46,49,53,56; Am 4.11; Mt 11.23,24; Rm 9.29; 2Pe 2.6; Jd 7).

Exploração

Somente em 1835 o irlandês Christopher Costigán saiu de bote do mar da Galileia, desceu o Jordão e entrou no mar Morto. Tudo foi bem até que entrou no mar da morte. Respirou os gases da evaporação do grande lago e desmaiou. Levado para Jerusalém, morreu.

Em 1847, Thomas Howard Molyneux, um oficial da Marinha inglesa, fez o mesmo trajeto que Costigán e também morreu, mas em Beirute, naturalmente intoxicado.

Em 1848, o governo norte-americano solicitou ao tenente Lynch que explorasse o mar Morto. Ele explorou o mar, as entradas dos rios, observou os contornos, estudou a natureza das águas, mediu o lago de norte a sul, de leste a oeste, e também a profundidade. Lynch foi seguido pelos cientistas que continuaram os estudos do lago, como De Saulcy, Vignes, E. Robinson, G. A. Smith e M. Blackenhorn.

De 1956 para cá, o governo de Israel vem convergindo ingentes esforços para revelar os grandes segredos do mar Morto e aproveitar os seus quase infinitos recursos para transformá-los em fabulosas riquezas. É verdade que Israel tem posse apenas da metade do famoso lago. Os estudos israelenses do lago são muitos, e o aproveitamento começa a dar os primeiros frutos. Nas margens ocidentais do mar Morto, Israel tem *kibutz* de grande rentabilidade.

Outros rios da Palestina

Além dos lagos e do rio Jordão, há no território palestínico outros rios, grandes e pequenos. Eis uma palavrinha sobre cada um deles.

Afluentes do Jordão

Poucos são os afluentes do Jordão. No leste, que desembocam diretamente no Jordão, são dois:

1. *Iarmuque*. Também é chamado *Ieromax* pelos gregos. O nome moderno é Sheriat El-Manjur. É o maior afluente do Jordão. Serviu de limite entre a meia tribo de Manassés e Basã, e mais tarde foi incluído na tetrarquia de Filipe. Forma-se de três braços: um setentrional, que vem do Hermom, e dois orientais que procedem dos montes Haurã e se unem a mais ou menos 35 km de sua foz no Jordão. Então, já formado, o rio corre na sua plenitude pelas gargantas dos montes, cada vez mais profundas, até penetrar no Jordão a 6 km ao sul do mar da Galileia, 200 m abaixo do nível do Mediterrâneo. A Bíblia não o menciona.

2. *Jaboque*. O nome significa "o que derrama". Os árabes o chamam *Nahr ez-Zerka*, que traduzido é "rio azul". Nasce no altiplano dos montes da Galaade. Descreve na primeira parte do seu curso uma semielipse, através das montanhas e, num declive vertiginoso, entra no Jordão. Divide o altiplano da Galaade em duas partes iguais, entre o mar da Galileia e o mar Morto. Atravessa uma região alta e deserta, a mais ou menos 927 m, passa depois por Rabbat-Ammom, a seguir por Filadélfia. Um uádi procedente do sul, o Rás-Zerka, engrossa suas águas. Desse ponto, dirige-se para noroeste e irriga a região de Gada. Recebe outro pequeno afluente do Haurã. O percurso total do Jaboque é de 135 km. Corre num leito profundo e entre montanhas que variam entre 400 e 600 m. É perene.

   Outrora, o Jaboque separou as terras de Seom, rei dos amorreus, e as de Ogue, rei de Basã. Mais tarde serviu de linha limítrofe entre Gade e a tribo de Rúben. A profunda experiência que Jacó viveu ao retornar de Harã foi nos vaus deste rio (Gn 32 e 33). Lutou a noite toda com o anjo, e prevaleceu. Ao raiar do dia, Jacó manquejava de uma perna, mas era vitorioso. Ao lugar que lhe serviu de campo de batalha deu o nome de "Peniel", nome que lembrava a experiência gloriosa que vivera com Deus (Gn 32.33).[35] Prevaleceu com Deus; agora prevaleceria com os homens. Encontrou-se com seu irmão Esaú; em

---

[35] Apesar de o termo "Peniel" ser consagrado, a melhor grafia é "Penuel", que significa "Rosto de Deus".

lugar de contendas, reconciliação; em lugar de luta, abraços; em lugar de ferimentos, beijos; em lugar de morte, vida, amor e paz.

No oeste, há apenas o Querite (na realidade, o Jordão não conta com nenhum tributário na margem ocidental). Em primeiro lugar, trata-se de um filete d'água, sem muita importância; é intermitente. Na maior parte do ano não passa de um uádi, isto é, um vale seco. Até hoje não pôde ser identificado. Um grupo de autores o coloca na margem oriental do Jordão,[36] baseados em 1Reis 17.5, que diz: "torrente de Querite, fronteira ao Jordão". A maioria, entretanto, o situa na margem ocidental. Outro grupo o identifica com uma pequenina torrente, pouco ao norte de Jericó, e nesse grupo está o dr. Edward Robinson,[37] autoridade indiscutível no assunto. Nasce na região montanhosa de Efraim e desce para o Jordão. Elias esteve junto a esse ribeiro, onde corvos, que existem em boa quantidade ainda hoje, lhe traziam comida (1Rs 17.1-16).

Rios que correm para o mar Morto

Pelo leste, os mais importantes rios que chegam mesmo até o mar Morto são três ribeiros. De norte para sul são:

1. *Zerka-Main* ("águas azuladas"). O nome antigo era *Callirhoe*. A cabeceira fica nos altos de Moabe. Desemboca no mar Morto, defronte à foz do Cedrom, depois de descrever um curso de pouco mais de 30 km. Irriga as cidades moabitas de Eleale, Hesbom, Medeba e Baal-Meom. Corre, como o Jaboque, entre rochas escarpadas de boa altura. No seu curso recebe águas de não menos dez fontes térmicas e sulfurosas, cuja temperatura oscila entre 43° e 60°. Após a entrada das águas dessas fontes termais, o rio toma uma coloração leitosa. Circula uma história que Salomão costumava banhar-se nessas fontes. A grande fortaleza de Maquerus ficava próximo das termas, e foi onde morreu João Batista, o poderoso profeta do Senhor.

---

[36] DOUGLAS, J. D. "Querite". Em: DOUGLAS, J. D. *Novo dicionário da Bíblia*, p. 1.126.
[37] ROBINSON, Edward. *Biblical Researches*, p. 150.

2. *Arnom* ("rápido"; "tumultuoso"). Atualmente o chamam uádi el-Modjibe. Nasce nos montes de Moabe (Dt 2.24). Separava Moabe do Amorreu e depois Moabe da tribo de Rúben (Nm 21.13). Formado por dois braços, percorre mais ou menos 80 km. Nas épocas de chuva é volumoso. Da primavera em diante começa a diminuir e chega no rigor do verão, a secar. O leito do Arnom corre na garganta de montes que alcançam 1.000 m. Esses montes são formados por estratos rochosos de cor amarela, vermelha e esverdeada. O observador colocado num determinado ângulo da montanha contempla lá nas profundezas o Arnom a serpear; ergue seus olhos e vê o barranco do rio, verdadeira muralha de pedras multicolores, formando um quadro de rara beleza (Is 16.2). Ao longo de suas margens foram achadas ruínas de antigas fortalezas, edifícios e algumas pontes. Quando Israel chegou ao ribeiro de Arnom, alcançando os limites das terras de Seom, rei dos amorreus, Moisés lhe enviou uma mensagem (Nm 21.22) de paz, e Seom respondeu com espada. Travou-se a batalha e Seom foi derrotado (Nm 21.23-29).

As margens do Arnom foram palco do que está registrado em 2Reis 3. Mesa, rei de Moabe, sacudiu o jugo de Jorão, rei de Israel. Jorão se aliou a Josafá e ao rei de Arnom. Marcharam sete dias contra os moabitas pelo deserto do mar Morto, e lhes faltou água. Eliseu ordenou que abrissem covas e covas, porque assim diz o Senhor: "Não sentireis vento, nem vereis chuvas; todavia, este vale se encherá de tanta água, que bebereis vós, e o vosso gado e os vossos animais. Isto é ainda pouco aos olhos do Senhor; de maneira que também entregará Moabe nas vossas mãos" (2Rs 3.17-18). E assim aconteceu. Quando Mesa se viu derrotado e suas cidades destruídas, ofereceu em holocausto seu filho primogênito, e os reis de Israel e de Judá voltaram para sua terra. Em 1868, F. A. Klein achou as ruínas de Dibom, e nelas a Pedra Moabita,[38] hoje no Museu Britânico.

---

[38] Pistonesi, José A. *Geografia Bíblica de Palestina*, p. 68.

3. *Zerede* ("exuberante"). Hoje é chamado uádi Kerak. Era a linha divisória entre Moabe e Edom (Nm 21.12). Nasce nos montes de Moabe e vai terminar no ângulo sudoeste do mar Morto. Suas margens estão cobertas de exuberante vegetação. É provável que Isaías 15.7 se refira ao Zerede. Na sua aproximação para a conquista de Canaã, Israel cruzou esse ribeiro ao deixar Cades Barneia (Dt 2.13,14).

Pelo oeste, o mar Morto, na sua margem ocidental, conta com um tributário, que é o Cedrom. O nome lhe vem do vale do mesmo nome. É o que separa o monte das Oliveiras do Moriá. Chamam-no também de "Turvo" ou "Negro". Nasce a 2,5 km a noroeste de Jerusalém. Corre, depois derivando para sudoeste, acompanhando o vale de Josafá e marginando os muros de Jerusalém. Ao passar pelo vale de Josafá, arrastava os detritos da cidade (2Cr 29.16). O fogo nesse vale ardia constantemente. Talvez desse fogo advenha o nome de *turvo* ou *negro*. Depois de percorrer o vale ao redor de Jerusalém, vai se estreitando e, cada vez mais profundo e serpeando por montes e desertos, num percurso de 40 km chega ao mar Morto. Permanece seco a maior parte do ano. Só volta a existir quando as chuvas são abundantes.

Quando o Cedrom volta ao seu curso, duas pontes o atravessam em Jerusalém: em frente à Porta de Santo Estêvão e outra a uns 400 m ao sul. O trecho do Convento de São Sabá ao mar Morto é conhecido como Vale de Fogo. Asa queimou as abominações de sua mãe e as lançou depois no ribeiro de Cedrom (2Cr 15.16). Davi, fugindo de Absalão, seu filho, cruzou o Cedrom (2Sm 15.23-30). Atalia foi morta no vale de Cedrom (2Rs 11.16). O rei Josias tirou as abominações idolátricas de Jerusalém, esmigalhou tudo e lançou tudo no ribeiro de Cedrom (2Rs 23.12). O Senhor Jesus, após a oração sacerdotal (Jo 17), atravessou o ribeiro de Cedrom, demandando o monte das Oliveiras (Jo 18.1). O prof. Zev Vilnay menciona o ribeiro como existindo na atualidade, pelo menos o seu uádi, isto é, leito.[39]

[39] VILNAY, Zev. *Guia de Israel*, p. 150.

Rios que correm para o Mediterrâneo

Diversos ribeiros correm do Planalto Central de Israel e vão desaguar diretamente no Mediterrâneo. Há alguns tão pequeninos que são até insignificantes; dos maiores, os principais são, do norte para o sul:

1. *Belus.* Menciona-se em Josué 19.26 uma localidade, hoje não identificada, com o nome Sior-Libnate. Deveria estar ao sul da tribo de Aser. Por esse lugar corria um riacho que foi chamado de Belus. Plínio, historiador romano, conta que o Belus ao desembocar no mar espalhava suas águas pelas areias da praia. Os marujos fenícios, que transportavam um carregamento de potassa, naufragaram na praia onde o Belus entra no Mediterrâneo. Utilizaram as barras de potassa para tentar apagar o incêndio. Quando essas barras se misturaram com a areia quente se transformaram em vidro. O nome Belus foi dado pelos gregos. Os judeus e os árabes chamam-no hoje Namã, e está a mais ou menos 2 km de Acre. Nesse riacho existe hoje uma ponte que dá para uma estrada que se bifurca: para esquerda dirige-se para Acre Velha, e direita para Acre Nova.

2. *Quisiom.* Parece que seu nome significa "turvo" e "tortuoso". Os árabes o chamam de Nahr Makutts, mas os israelenses designam-no Quisom (Jz 4.7, 13; 5.21; 1Rs 18.40; Sl 83.9). Nasce nos altos de Esdraelom, formado de inúmeras vertentes da mesma planície. Recebe depois outros filetes d'água que vêm do Tabor e do Pequeno Hermom. Nessa altura, o ribeiro já é bem caudaloso. Segue seu curso a noroeste do Carmelo e vai direto ao Mediterrâneo, em cuja foz forma o conhecido golfo de Ptolemaida. No inverno é caudaloso, e com apoucadas águas no verão, todavia é perene. Sabemos disso pelo que ocorreu a Elias, nesse ribeiro, onde os profetas de Baal foram mortos, a água corria apesar dos três anos e meio de seca. Além do episódio da morte dos homens de Baal, Sísera, general de Jabim, rei de Canaã, foi derrotado por Débora e Baraque.

3. *Caná.* Citado somente no Antigo Testamento (Js 16.8; 17.9). Serviu de limite entre Efraim e a tribo ocidental de Manassés. Nasce em Samaria e desce para Sarom, cujas terras irriga,

terminando no Mediterrâneo. Seu nome se atribui ao fato de o ribeiro correr nas proximidades da cidade de Caná, mas Caná de Efraim, e não a do primeiro milagre de Jesus. No passado, ao longo de suas praias, proliferava uma espécie de cana ou junco.

4. *Gaás.* Presume-se que Gaás significa "terremoto". Das quatro escrituras bíblicas, duas se referem ao monte Gaás (Js 24.30; Jz 2.89) e duas ao ribeiro (2Sm 23.30; 1Cr 11.32). O ribeiro nasce na região montanhosa de Efraim. Suas águas banham a planície de Sarom e desembocam a 5 km ao norte de Jope (hoje Jafa). Os árabes chamam-no Hahr El-Audjeb. Serviu de limite entre Samaria e Judeia.

5. *Soreque.* O prof. Vilnay diz que Soreque significa "vinho excelente". O nome antigo era Hibet El-Sureik, e hoje uádi el-Sarar. Na Bíblia, é mencionado como vale (Jz 16.4) e uma vez somente para designar a casa da prostituta Dalila. Nesse vale, ou nas suas proximidades, residia a noiva de Sansão (Jz 14.1-5), que a Bíblia chama de Timna. Nas imediações fica também o vale de Sora (1Sm 1.19), cidade natal do profeta Samuel. Por esses vales, principalmente pelo de Soreque, corria o ribeiro do mesmo nome. O vale é de grande fertilidade. O ribeiro deságua no Mediterrâneo, entre Jope e Ascalom. Saindo hoje de Jerusalém para Tel-Aviv pela rua Jafa, caminho do mar, em direção a Motza, passa-se por Neftoa, antigo limite entre Benjamim e Judá, cruza-se o ribeiro de Soreque por uma ponte moderna. O arroio corre nas profundezas do vale. Dessa ponte, vê-se ao longe Nebi Samuel, isto é, a Sepultura de Samuel. Na Idade Média os judeus afluíam a esse lugar para suas grandes celebrações. Os cruzados chamaram-no "Monte do Regozijo", porque dele avistavam Jerusalém, distante apenas 7 km.

6. *Besor.* O nome significa "refrigério". Um ribeiro de boas proporções nas imediações de Ziclague, no sul de Judá (1Sm 30.9). Identificado hoje como uádi el-Seriah, ou então com o uádi el-Nar, pequeno afluente do uádi Gazzeh. Nasce nos montes da Judeia ao sul e passa por Aroer e Berseba, e deságua no mar a 8 km ao sul de Gaza. Nas margens desse ribeiro, Davi deixou 200 homens estafados, e com 400 perseguiu os amalequitas

(1Sm 30.7-20). Corre entre pedras, é bem largo e com bastante água. Está na parte norte do Neguebe.

Ribeiro do Egito

Várias passagens bíblicas registram o nome "ribeiro do Egito" (veja, por exemplo, Nm 34.5; Js 15.4; 2Rs 24.7; Is 27.12; Ez 47.19; 48.28 etc). Será o Nilo? Sim? Não?

No texto hebraico do Antigo Testamento há pelo menos quatro termos diferentes para "rio":

1. *Yeor Mizrayim* — rio do Egito é sempre o Nilo (Gn 41.1-3,17,18; Am 8.8 e Is 7.1).
2. *Nahar Mizrayim* — "rio transbordante"; aparece uma só vez na Bíblia (Gn 15.18).
3. *Naahar* — "rio perene" (veja Gn 2.10-14; Êx 7.19; Dt 1.7).
4. *Nahal* — rios intermitentes, que correm somente na estação chuvosa. Os árabes designam *nahal* por *wadi* (Lv 11.9; Dt 2.24,36,37; 10.7; Js 16.8; Jz 4.7,13). Algumas versões bíblicas vertem essas palavras por "ribeiro", no caso "ribeiro do Egito" (Nm 34.5; Js 15.4; 2Rs 24.7; Is 27.12; Ez 47.19; 48.28).

Alguns autores afirmam que "ribeiro do Egito" refere-se ao *yeor Mizraim*, de Josué 13.3 ("defronte ao Egito"). Davi convocou os habitantes de Sior para a entrada da Arca em Jerusalém (1Cr 13.5). Então essa Sior é a parte mais baixa do braço mais oriental do Nilo antigo — o Pelusíaco, que entra no Mediterrâneo, bem a leste da Pelusiu, a atual Tell Farameh. Sior em egípcio quer dizer "águas de Harus". Resta provar agora se Nahal Mizrayim (ribeiro do Egito) é o mesmo que Sior, o braço mais oriental do Nilo. O Nilo nunca é chamado de *nahal*. Então, chegamos à conclusão de que Yeor Mizrayim é uma coisa e Nahal Mizrayim é outra. O "ribeiro do Egito" de Ezequiel 47.19 não é o Nilo. Então, qual é? Os melhores autores o identificam hoje como o uádi el-Arish. Veja, por exemplo, James Adams.[40] O peso da erudição bíblica, entretanto, confirma o uádi el-Arish com o

---

[40] ADAMS, J. M. *A Bíblia e as civilizações antigas*, p. 436.

"ribeiro do Egito" de Ezequiel 48.28.[41] Esse "ribeiro do Egito" forma-se das chuvas invernais no Sinai e corre para o Mediterrâneo a 145 km a leste do Egito e a 80 km a oeste de Gaza, na Palestina.

Textos de Sargão II e Essaradão da Assíria atestam que os assírios estiveram em 716 a.C. no *nahal muçur*, onde abriram o porto fechado do Egito e nomearam governador para a cidade. Que cidade seria essa no texto assírio? Seria Pelusium? Então se refere ao Pelusíaco (braço oriental do Nilo; no caso o *nahal Mizrayim* do Nilo; é o próprio Nilo). No caso, porém, de ser a cidade de Arzani, o Nahal El-Mizrayim é o uádi el-Arish. O texto dos monarcas assírios não se refere a Pelusium, e sim, a Arzani; logo, o Nahal Mizrayim é o atual uádi el-Arish.[42]

---

[41] KITCHEN, K. A. "Egito, rio do". Em: DOUGLAS, J. D. *O novo dicionário da Bíblia*, p. 398-399. Veja também Davis, John D. *Novo dicionário da Bíblia*, p. 1059-1060.

[42] Veja KITCHEN, K. A. "Egito, rio do". Em: DOUGLAS, J. D. *O novo dicionário da Bíblia*, p. 398-399; RAHAD, W. W. *Diccionario de la Santa Biblia*. San Jose, Costa Rica: Carib, p. 556. Em *Guia de Israel*, o prof. Zev Vilnay afirma que o *wadi* El-Arish nunca foi o *nahal Mizrayin* de Ezequiel 47.19. Mas não diz qual é.

7
Orografia de Israel

A terra de Canaã é montanhosa por excelência. Daí a razão de a Bíblia chamá-la de "terra de montes e de vales" (Dt 11.11).

A *Eretz Israel*,[1] como Israel era denominado nos tempos bíblicos, e hodiernamente também, media 225 km de norte a sul e do Mediterrâneo até a entrada do deserto, 130 km. Nessa pequenina faixa existem os contrastes mais chocantes da terra, e por isso encantadores. Do monte Hermom, a quase 3.000 m acima do nível do Mediterrâneo, ao vale do mar Morto, a 400 m abaixo do nível do mar, com rios e vales, montes e desertos, lagos e pântanos, jardins floridos e aridez gritante, olivais imensos e areias quentes, frio e calor, a Eretz Israel forma o conjunto mais espetacular do globo. Do Hermom ou do Nebo podemos descortinar esse maravilhoso panorama da Terra Santa.

Israel passou 400 anos no Baixo Egito, cujas terras são planas, onde não chove e a terra confina com o medonho deserto do Saara. Passaria, sob o comando de Moisés, para Canaã, terra de montes e vales, e onde a chuva é abundante no inverno. Os montes exerceram poderosa influência no povo que cantou os cumes e as elevações na sua poesia ou prosa (Sl 36.6; 72.3; 121:1; Is 54.10; Ez 6.3).

A importância dos montes na Bíblia é muito grande. As tábuas da Lei foram dadas por Deus a Moisés num monte; Arão morreu num monte; também Moisés; a bênção e a maldição foram proclamadas em montes; João Batista nasceu nas montanhas; Jesus nasceu na região montanhosa da Judeia; sua grande batalha com o Diabo foi num monte; num monte proferiu o seu maior sermão; transfigurou-se no monte; agonizou num monte; foi crucificado num monte; foi

---

[1] WERBLOWSKY, R. J. Zwi. *Sionismo, Israel y los Palestinos*, p. 3.

sepultado e ressurreto num monte; ascendeu ao céu de um monte e voltará colocando seus pés no monte das Oliveiras.

Para entendermos claramente o sistema orográfico da Palestina, precisamos começar pelo norte, isto é, por Líbano e Síria; fora, portanto, dos territórios de Israel. Alguns montes servem de limite entre esses países e outras cordilheiras que entram por Israel e o reino da Jordânia.

Vamos começar por duas serras muito importantes: Líbanos e Antilíbanos, e o correspondente vale entre eles.

Montes Líbanos

Nome

Procede do hebraico *Ha-Lebanon*, que advém da raiz *lbn*, que significa "ser branco"; no árabe é *Gebel-El-Lignan*, que quer dizer "branco", por causa da neve que cobre seus picos o ano todo (Jr 18.14). Os assírios o chamavam *Labian* ou *Labnanu*; os heteus, *Niblani*; os egípcios *RBRN*, e os cananeus (conforme consta na relação de Ugarite), *LBNN*. A palavra consta dos registros antigos, desde o século VIII a.C.

O monte

Não se trata de um monte, mas de uma cordilheira, que corre de noroeste para nordeste, paralelamente ao Mediterrâneo, numa extensão de 170 km. Limita ao sul com o Nahr el Qasimyah ou El-Litani, que é o rio Leontes; ao norte com o Nahr El-Kebi, o antigo rio Eleutoros. Começa na altura de Beirute e vai até Trípoli.

Os árabes conferem aos Líbanos grande importância. Eles afirmam que "os Líbanos têm na cabeça o inverno, nos seus lombos a primavera, no seu seio o outono, e o verão repousa na orla do mar a seus pés". A altura média da cordilheira oscila entre 1.000 m e 3.000 m sobre o mar. Três picos principais destacam-se da lombada e cortam os espaços: *Gebel Makmal* (3.126 m), *Dahr El-Dubab* (3.066 m) e *Dahr El-Kutib* (3.063 m).

Os flancos ocidentais dos Líbanos chegam até o Mediterrâneo, formando estreita faixa costeira, planície onde os cananeus plantaram suas importantes cidades.

A Bíblia registra umas 70 vezes o nome Líbano, sendo que alguns desses textos se referem aos Antilíbanos. (As principais referências são: Dt 1.7; Os 14.6,8; 1Rs 5.6-10; 2Rs 19.23; Ed 3.7; Ct 4.8; Sl 29.5,6; 72.16; 80.11; 92.12; 104.16; Is 35.2; Jr 22.6; Ez 17.4; Jr 18.14; Js 13.1-6; 2Sm 5.11; 1Cr 22.4-10).

Na antiguidade, densas florestas de cedros e ciprestes cobriam as encostas da grande Serra do Líbano. As precipitações pluviais de novembro a março dão origem a numerosas fontes e não poucos riachos que se precipitam tanto para leste como para oeste, fertilizando grandemente as terras. A mão humana formou em muitas partes do Líbano jardins maravilhosos; no passado, não eram poucos os bosques existentes na região. Desses, existem ainda dois, dos quais o principal é o Bhsarreh, situado a sudeste de Trípoli.

As ricas terras do Líbano produzem, além de legumes e verduras, grande quantidade de amoras, figos, maçãs, damascos, nozes e trigo. A Bíblia usou o cedro do Líbano como símbolo: a) de majestade e força (Jz 9.15; Sl 92.12; Ct 5.15; Is 60.13); b) de orgulho terreno (Sl 29.5,6; Is 2.13).

A madeira do Líbano foi usada em grandes e suntuosas construções do passado no Oriente Médio, como por exemplo: Egito, Mesopotâmia, Síria e Palestina. A transação mais célebre foi feita entre Hirão, da Fenícia, e Salomão, de Israel, de madeira para a construção da Casa do Senhor em Jerusalém (2Rs 5.6-14). Os fenícios, entre as múltiplas mercadorias do seu fabuloso comércio, negociavam madeira do Líbano (Ez 27.5).

José A. Pistonesi diz que, de toda a vasta riqueza de cedros do Líbano, hoje existem algumas centenas de cedros centenários, dos quais doze são gigantescos e são chamados de "Os Doze Apóstolos de Jesus".[2] Os montanheses do Líbano contam que a origem desses doze cedros está tecida numa lenda: Jesus foi ao Líbano com os Doze Apóstolos. Cada um destes carregava um bordão. Enquanto descansavam, cravaram na terra o bordão. Quando quiseram desenterrá-lo, não conseguiram. Os bordões plantaram raízes e cresceram, e hoje são os colossais cedros.

---

[2] PISTONESI, José A. *Geografia Bíblica de Palestina*, p. 77.

Montes Antilíbanos

A palavra "Líbano" só aparece no Antigo Testamento; já "Antilíbano" nem no Antigo nem no Novo Testamento. A Bíblia reúne no nome Líbano as duas cordilheiras do leste e do ocidente.

O Antilíbano corre paralelo ao Líbano de nordeste para sudoeste: avança para o sul; pelo Hermom, separa-se dos montes de Israel. Ocupa uma extensão de mais ou menos 163 km. Mais estreita do que a sua companheira do ocidente; mais árida também sua terra. Nessa serra nascem os famosos rios Abana e Farfar (2Rs 5.12). É mais baixa que a serra do Líbano. Divide-se em duas porções, separadas pelo *platô* de onde desce o rio Barada, que corre para o ocidente e irriga o oásis de Damasco, tornando suas terras ricas e produtivas. O mais alto pico é o Hermom, que atinge 2.800 m sobre o mar e ocupa lugar destacado na parte sul da serra.

Apesar de suas terras não serem tão férteis como as do Líbano, na serra do Oriente são abundantes os olivais, as vinhas, as figueiras, as laranjeiras, os limoeiros, as macieiras e também a madeira.

A parte ocidental dos Líbanos pertence ao país chamado Líbano; as demais, à Síria. A parte sul dos Antilíbanos é ocupada por três povos distintos: drusos, maronitas e metuales.

Os *drusos* parecem descender do povo de Cuta (2Rs 17.24-30) e se fixaram nessa serra após a ocupação de Israel pelos assírios. Eram terrivelmente belicosos. Perseguiram os vizinhos e quase exterminaram os maronitas. Em 1860 d.C. as potências mundiais foram obrigadas a conter as investidas sanguinárias dos drusos. Voltaram a atacar seus vizinhos em 1910. Suas crenças religiosas são um complexo de cristianismo, judaísmo e islamismo. Vivem modestamente, não juram, não bebem nem fumam; mentem apenas aos estrangeiros.

Os *maronitas* são rivais irreconciliáveis dos drusos. Falam um dialeto árabe, mas são sírios. Também de modestos costumes e vida simples. Dedicam-se à agricultura, à criação de ovelhas e cultivam o bicho-da-seda. De onde eles vêm? Ninguém sabe. Pensa-se que dos monotelitas, seita que acredita numa só natureza do Senhor Jesus. Perseguidos no século VIII, refugiaram-se nos Líbanos. Em 1445 uniram-se à Igreja Romana. Conservam, todavia, alguns de seus princípios primitivos, tais como tomar a Ceia do Senhor com os dois elementos, celebrar suas liturgias na língua árabe e festejar seus santos peculiares. Seus sacerdotes podem se casar, porém, se a esposa morrer, nunca mais se casam.

Os *metuales* são os mais numerosos dos três: irrequietos e belicosos. Hostilizam de morte os cristãos. Pertencem a uma seita chamada *xiita*, isto é, *maometanos de Alá*. Não bebem em recipiente em que um cristão tenha bebido e não se sentam à mesa com cristãos.

Os três se unem para defender suas amadas montanhas. Para tanto, lutam com ferocidade até a morte.

Celesíria

Alguns autores dizem que Celesíria significa "Síria oca"; outros, "Síria escavada", e ainda outros, "Síria celeste". A Bíblia lhe chama "vale do Líbano" (Js 11.17) e os árabes a denominam Biq'ath. *Celesíria* é o nome clássico que lhe deram os romanos. É um grande vale limitado a oeste pelos montes Líbanos, a leste pelos Antilíbanos. Sua largura é imensa. Sua altitude máxima está nas proximidades de Baalbeque. Desse ponto começa a descer em direção ao rio Orontes, ao norte e ao sul, unindo-se com o vale do Litani e as cabeceiras do Jordão. O imenso vale é de uma beleza incalculável e de grande fertilidade. Abriga pequenos povoados que se dedicam à agricultura e à criação de ovelhas. Extremamente frio no inverno. Hoje pertence à Síria

Monte Hermom

O hebraico registra *Hermon*. Especialistas acreditam que vem da raiz *haran* (no grau verbal hifil), que significa "dedicar", "consagrar". Em Deuteronômio 4.48 é chamado "Siom". Em Deuteronômio 3.9 diz que os sidônios lhe chamavam *Siriom* e os amorreus, *Senir*. O texto de 1Crônicas 5.23 faz distinção entre Baal-Hermom e Senir.

É o pico mais elevado do Antilíbano. Maciço montanhoso situado a sudoeste dos Líbanos orientais. Separado deste por um vale profundo e grande, avança para o sul, onde começa a serra do Hermom. Sua forma é de um setor de círculo que se prolonga de nordeste para sudeste, numa extensão de 30 km aproximadamente. Siriom significa *couraça*, referindo-se, talvez, à sua forma. Hoje os árabes chamam-no Gebel El-Seih, literalmente, "monte do ancião", talvez pela neve que traz o ano todo em sua crista.

Três picos sobem do Hermom e rasgam o infinito: o mais alto está a 2.759 m sobre o Mediterrâneo. De qualquer deles pode descortinar-se desde Tiro até Carmelo, dos montes da Galileia à Samaria, do Tiberíades ao mar Morto. Serviu de limite para a tribo de Manassés e o território de Basã. Do Hermom nasce o rio Farfar, que corre para Damasco. Do sul saem filetes d'água que formam o Jordão. Em Salmos 89.12 canta-se: "... o Tabor e o Hermom exultam em teu nome". Em Salmos 133.3 canta-se o amor fraternal como "o orvalho do Hermom". Em Cantares 4.8 a beleza do Hermom associa-se à dos montes Amana e Senir.

Os cananeus, muito cedo, usaram o Hermom para festejar seus deuses. Designaram-lhe "Haran" que significa *consagrar* — e sobre todo o monte praticaram as mais grosseiras abominações. O deus principal do Hermom foi Baal, daí o nome de Baal-Hermom (Jz 3.3; 1Cr 5.23). Eles escavaram no monte uma cavidade, conhecida como *yarad*, ou seja, "o que desce" (referindo-se ao manancial), e ergueram um templo Qasr-Antar, cujas ruínas atestam o que foi essa casa idólatra do passado. Muitos outros templos foram erigidos no sopé do monte, em todos os seus flancos, como o Hibbariyat e restos de divindades espalharam-se pela montanha altamente sagrada.

O monte é de grande fertilidade. Oliveiras, maçãs, peras, uvas, trigo, além de verduras e legumes colhem-se com abundância nas lombadas mais baixas do Hermom. Há poucos quilômetros ao sul do Hermom, nos dias do ministério terreno de Jesus, florescia Cesareia de Filipe, incrustada num ponto estratégico ao sul do majestoso monte. Cesareia de Filipe ficava aproximadamente a 7 km da então cidade de Dã. O Senhor Jesus levou seus discípulos para um descanso. Deixaram Cafarnaum e rumaram para Cesareia de Filipe (Mt 16.13), onde interrogou os discípulos sobre o pensamento do povo a respeito de sua divina Pessoa. Depois quis saber o que os discípulos, particularmente os doze, pensavam sobre ele. Então subiu a um alto monte, onde se transfigurou diante de Pedro, Tiago e João. A tradição aponta o Tabor como o monte da Transfiguração. Helena, mãe de Constantino, mandou construir no Tabor, no século quarto, três templos: um para Jesus, outro para Moisés e outro para Elias. Daí para frente, a Igreja Romana finca pé no Tabor como o monte da Transfiguração, e com ela um bom número de exegetas protestantes.

Monte Hermom

O Tabor nunca poderia ter sido o lugar da transfiguração de Jesus. Mateus (17.1) e Marcos (9.2) dizem que Jesus subiu a um alto monte, e o Tabor só tem 320 m de altitude; seis dias antes da Transfiguração, Jesus se achava em Cesareia de Filipe e nas cidades circunvizinhas; depois da Transfiguração, Marcos 9.30 diz que Jesus atravessou a Galileia; prova que não estava na Galileia, e o Tabor está na Baixa Galileia. Nos dias do ministério terreno do Senhor Jesus, o Tabor estava ocupado com casas e um sem-número de habitantes, sendo impedimento para uma cena como a da Transfiguração. Por outro lado, o Hermom oferece um conjunto de circunstâncias que enquadram perfeitamente a gloriosa transfiguração do Senhor. Ainda mais, rodeado de alguns templos pagãos e ruínas de outros, em meio a grosseiros ídolos, o Mestre foi proclamado pelos céus Filho do Deus Bendito, no brilho da glória divina (Mt 17.5). Os bons e famosos exegetas do Novo Testamento concluem com razões convincentes que o Hermom foi o monte da Transfiguração do Senhor.[3]

---

[3] STEWART, Roberto Gualtiero. *Commentario Esegetico Pratico del Nuovo Testamento.* "Marcos". Torre Pelice: Libreria Editrice Claudiana Itália, 1928, p. 335. Muitos outros comentários, como LANGE, SCHAFF, ROBERTSON, *The Expositors Greek Testament* etc.

A cadeia dos Líbanos

"A parte norte do platô Ocidental forma a espinha dorsal da Galileia. Ficava cercada pelas regiões marítimas de Acre e Fenícia a oeste; ao norte pelo rio Leontes e o sistema dos Líbanos; a leste pelo lindo vale do Jordão, e ao sul pela ondulante planura de Esdraelom".[4]

A cadeia dos Líbanos, depois da Fenícia, desce para o sul, corre entre o Mediterrâneo a oeste e o vale do Jordão a leste. No território de Israel vai de "Dã a Berseba", já entrando no "deserto da Judeia". No norte de Israel, esses montes são chamados *montes de Naftali*, no centro *montes de Efraim* e ao sul *montes da Judeia*. Os montes de Israel a leste do Jordão pertencem à cadeia dos Antilíbanos.

Montes de Naftali

Na Bíblia essa cadeia de montes é chamada "região montanhosa de Naftali" (Js 20.7). Designa o aglomerado montanhoso ao norte de Israel, na região conhecida como Galileia. Erguem-se onde outrora estiveram as tribos de Aser, Zebulom, Naftali e Issacar. Abrangem tanto a Alta como a Baixa Galileia.[5] José Pistonesi diz: "É uma alta e abrupta meseta, continuação dos montes Líbanos, dos quais está separada pelo rio Leontes. Corre do norte para o sul até as proximidades do lago de Galileia, de onde toma direção sudoeste e se inclina lentamente para o Mediterrâneo".[6] Seu limite natural é o grande planalto de Esdraelom. Na Alta Galileia, os montes de Naftali alcançam até 1.200 m sobre o mar. Ao sul são mais baixos.

Misto de montes e vales, fendas profundas, barrancos e toda uma série de acidentes, foi sempre uma região marcada pela fertilidade e pela riqueza. Procurada, através dos séculos, por judeus e gentios. Daí o nome com que ficou conhecida: "Galileia dos gentios" (Is 9.1; Mt 4.15). O Senhor Deus, através de Moisés, deu a essa região gloriosas bênçãos (Dt 33.23,24). Jesus passou aproximadamente 18 meses do seu ministério terreno na Galileia. Nela habitou também dos 4 aos 30 anos de idade (Lc 3.23), quando se manifestou a Israel.

---

[4] ADAMS, James McKee. *A Bíblia e as civilizações antigas*, p. 146.

[5] Sobre Alta e Baixa Galileia, examinar ADAMS, James McKee. *A Bíblia e as civilizações antigas*, p. 146.

[6] PISTONESI, José A. *Geografia Biblica de Palestina*, p. 82.

Quatro elevações principais repontam nos montes de Naftali: o Cornus de Hattim, o Tabor, o Gilboa e o Carmelo.

Cornus de Hattim

Fica a noroeste do mar da Galileia, cuja bacia está a 205 m abaixo do Mediterrâneo. O monte deve estar a 180 m sobre o vale, defronte de Cafarnaum, entre esta cidade e o Tabor. Dista, talvez, 1 km de Cafarnaum. Nos seus flancos encontra-se o povoado de Hattim. O monte que descreve uma meia-lua em torno do mar da Galileia tem dois picos principais em forma de chifres, daí a razão do nome. Entre os dois cornos existe uma planura, extensa área que pode abrigar de 4 a 5 mil pessoas. Do cimo do monte avista-se o mar da Galileia, o Hermom, todo o Golã, o vale de Hula, até Safede, na Alta Galileia, e o Tabor, na Baixa. Jesus referiu-se a Safede e ao Tabor, quando disse: "Não se pode esconder uma cidade edificada sobre um monte" (Mt 5.14). Nos dias do Senhor Jesus, no dorso do Cornus de Hattim — hoje conhecido como monte das Beatitudes ou Bem-aventuranças —, abundavam os lírios vermelhos, usados como ilustrações no Sermão do Monte (Mt 6.28).

Os cruzados, no século XII d.C., apontaram esse monte como o lugar tradicional onde o Senhor Jesus pregou o Sermão conhecido como o "do Monte". Antes dos cruzados, ninguém se preocupou com o lugar do Sermão do Monte. Quem, entretanto, examina as imediações de Cafarnaum não encontrará outro monte que corresponda tão bem às circunstâncias em que Jesus esteve na ocasião quando proferiu o famoso Sermão.

Mateus 5.1 declara que o Senhor Jesus "*subiu* ao monte". Parece indicar que por ali só havia aquele monte e que este era familiar do Mestre. Lucas 6.17 afirma que Jesus *desceu* com eles e parou numa planura. Em Lucas 6.12 diz-se que Jesus "retirou-se para um monte". Naturalmente *subiu* num dos cornos do Hattim. Quando amanheceu, desceu à planura, onde se encontravam muitos discípulos (Lc 6.17). Mateus contemplou Jesus subindo o monte e Lucas descendo a planura.

Pensa-se que Jetro, sogro de Moisés, tenha sido sepultado nas proximidades desse monte. Nessa região, em 1187 d.C., Guido de Lusiman, último rei cristão de Jerusalém, foi derrotado pelo sultão Saladino.

Monte Tabor, na Baixa Galileia

Tabor

No território de Zebulom, fronteira com Issacar, nas proximidades do monte Tabor, houve uma cidade com o nome de Tabor (Js 19.22; Jz 8.18; 1Cr 6.77). O carvalho de Tabor deve ser outra localidade no território de Benjamim (1Sm 10.3).

No hebraico é Tabor mesmo, e significa "pedreira" ou simplesmente "montanha". No presente, os árabes chamam-no Gebel al-Tour, e os israelenses de Har-Tabor. É um monte isolado. Situado no ângulo nordeste da exuberante Esdraelom, distante 10 km de Nazaré e 16 km do mar da Galileia; sua forma assemelha-se a uma campânula, a um semicírculo, visto do sul e de noroeste. Eleva-se 320 m sobre o vale e 615 km sobre o mar. Seus flancos são rochosos. Com exceção da encosta meridional, que é calcária, as demais estão cobertas de verde vegetação irrigada pelo abundante orvalho que nele cai todas as noites. Diversos caminhos, em ziguezague, levam para o cimo do monte, onde há uma plataforma de 400 m por 200 km. Das alturas do Tabor avista-se a Alta Galileia, o lago de Genezaré, o Hermom, o monte das Beatitudes, o Gilboa. A obra *O novo dicionário da Bíblia* diz taxativamente: "Desde o século IV d.C., e talvez mais cedo ainda, a tradição tem sustentado que o monte Tabor foi a cena da transfiguração do Senhor Jesus. Isso não é muito provável, especialmente em vista do fato que nos dias do Novo Testamento havia uma aldeia em seu cume".[7] Hoje, existe uma grande igreja.

Em Salmos 89.12, o Tabor é comparado com Hermom; em Jeremias 46.18, com o Carmelo. Sua posição estratégica, na vasta planície de Esdraelom, dava-lhe importância para as guerras. Baraque organizou seu exército no Tabor e venceu Sísera (Jz 4); neste monte foram mortos os irmãos de Gideão (Jz 8); mais tarde, em Ofra, perto do Tabor, Abimeleque matou seus 70 irmãos, todos filhos de Gideão (Jz 9.5). Nos dias de Oseias (5.1), havia no Tabor um santuário idólatra. Uma cidade, plantada no seu cume, foi conquistada por Antíoco III, em 218 a.C. Em 53 a.C. travou-se sangrenta batalha entre romanos e Alexandre, filho de Aristóbulo. Em 66 d.C., Flávio Josefo construiu, para defendê-lo dos romanos, nas alturas do monte, muros cujas ruínas ainda hoje podem ser vistas. Em 1799 Napoleão derrotou os turcos no combate conhecido como "Batalha do Monte Tabor".[8]

Gilboa

Ergue-se em plena planície de Esdraelom. Em hebraico é *Gilboa*; na Septuaginta, *Gelboué*; na Vulgata, *Gelboe*. O significado da palavra é "fonte borbulhante". Sua forma dá ideia de enorme espiral, orientada de norte a sudeste. A parte mais larga olha para Beisã. Mede 13 km de comprimento por 9 km de largura. Seu ponto culminante fica em Seih Burqan, com 518 m sobre o vale. A norte, correndo para nordeste, limita com o rio Galude; a oeste pelo uádi Semmah e o el-Nusf, e o uádi Subas ao sul. Constituição rochosa, com boa camada de terra na superfície. É desnudo de vegetação, com aspecto triste e sombrio. Nele se cultivam oliveiras, figueiras e alguns cereais que não necessitam de muita umidade.

Mais do que um monte, parece tratar-se de uma pequena cordilheira. Davi chama-lhe "montes de Gilboa" (2Sm 1.21). Atualmente são

---

[7] Payne, D. F. "Tabor, monte". Em Douglas, J. D. (Ed.). *O novo dicionário da Bíblia*, p. 1558.

[8] Veja Petrozzi, M. T. *Mount Tabor and sourroundings*. Jerusalém: Franciscan Printing Press, 1976. Trata-se de uma obra completa sobre o Tabor e seus arredores.

denominados Colinas de Gebel Fakua. Nesse monte os filisteus derrotaram Israel. Ali também morreu Saul com seus filhos (1Sm 31). Por causa dessa triste hecatombe, Davi amaldiçoou os montes de Gilboa (2Sm 1.21).

Carmelo

O termo vem a ser "vinha", "jardim", "terra ajardinada e frutífera" ou simplesmente "terra fértil". Usado quase 30 vezes somente no Antigo Testamento. No hebraico é *Karmel*; no árabe, *Kurmul*. Sob o nome "Carmelo", designa-se:

1. Uma cidade situada a 15 km ao sul de Hebrom. Josué derrotou o seu rei e a incorporou à tribo de Judá (Js 12.22; 15.55). Reconstituída, hoje se chama Hibert Kermel.
2. Uma pequena montanha ao sul de Judá, onde Saul, depois de ferir amalequitas, ergueu o monumento em sua própria honra (1Sm 15.12). Nabal, o esposo de Abigail, possuía terras e rebanhos, e Davi, fugindo de Saul, escondeu-se nesse monte (1Sm 25.2-5,7,40). O rei Uzias teve também abundantes riquezas nesse monte (2Cr 26.10).
3. Um monte. Trata-se, na verdade, de uma cadeia de montanhas que corre de nordeste para sudeste. No seu lado ocidental dá para o Mediterrâneo. À medida que se dirige para o sul, vai se estreitando paulatinamente até terminar no promontório que cerca a baía de Acre. Separa-se do Planalto Central pelo uádi el-Milh. De norte para sul alcança cerca de 30 km por 5 e até 15 km de largura. Confina a leste com Esdraelom e ao sul com o Sarom. O Quisom corre a seus pés pelo sul. Na divisão das terras de Canaã por Josué, o Carmelo ficou com Aser. O ar no cume do Carmelo é puríssimo. Verduras, legumes, frutas variadas e flores sobejam em seus flancos. Grande número de cavernas naturais aparece no monte: algumas pequeninas, que explicam Amós 9.3, e outras grandes, como a chamada El-Kedar, aberta na rocha, medindo 14 m de comprimento por 8 m de largura e 6 m de altura.

Diz a tradição que nesta caverna Elias e Eliseu tinham a "Escola de Profetas". Eliseu se encontrou com a sunamita nes-

Monte Carmelo

se monte (2Rs 4.25). Na extremidade ocidental está o Gebel Mar-Elvas, onde Elias fez a prova de fogo com Baal (1Rs 18). Num recanto do monte, existe um lugar chamado El-Mahrakan, que significa "incêndio", um poço que a tradição afirma ter sido de onde Elias tirou água três vezes para o seu sacrifício. Muitas pedras rolam no monte, em forma de melão. No cume do Carmelo Elias travou a batalha contra Baal. Centenas de sacerdotes foram derrotados pelo Senhor e mortos no ribeiro de Quisom (400 do poste-ídolo e 450 de Baal). O profeta Eliseu passou muitas vezes pelo Carmelo (2Rs 2.25; 4.25). Ao sul do Carmelo está Dotã, onde José foi vendido aos ismaelitas por seus irmãos (Gn 37.17). Ali também os siros foram feridos de cegueira por Eliseu (2Rs 6.13-18).

Do Carmelo tem-se uma vista esplêndida do Mediterrâneo, do Líbano, de toda a Galileia, do vale de Jezreel e do Sarom. Conta-se que Pitágoras passava horas no monte Carmelo, e Vespasiano oferecia sacrifícios aos deuses a fim de que o instituíssem imperador.

As Escrituras Sagradas exaltam as belezas e a grandiosidade do Carmelo (Is 35.2; Jr 50.19; Ct 7.5; Mq 7.14.).

Fortaleza de Acre

A moderna cidade de Haifa, com seu magnífico porto, está aos pés do Carmelo. A fortaleza de São João Acre não está longe também. Em Haifa está a segunda maior lapidação de diamantes do mundo. O monte Carmelo está hoje transformado num bairro muito importante de Haifa, onde se multiplicam prédios gigantescos e residências luxuosas. Abriga a sede mundial dos carmelitas e da religião Bahá'i.

Montes de Efraim
Também conhecidos como Planalto Central.

Nomes bíblicos
A região que coube por herança a Efraim na terra de Canaã (Js 20.7) era montanhosa e foi chamada de "montes de Israel" (Js 17.15) e, posteriormente, "montes de Samaria" (Jr 31.5,6; Am 3.9).

Localização
As fronteiras de Efraim estão determinadas em Josué 16. Seu limite com Manassés é descrito em Josué 17. Visto que Manassés

estava situada ao norte e nordeste de Efraim, essa fronteira praticamente é a de Efraim. Corria de leste para oeste, desde o Jordão e Jericó, em direção ao interior de Betel, cerca de 16 km ao norte de Jerusalém, passando próximo a Luz e Astarote, e alcançando Bete-Horom inferior, até Gezes. A fronteira norte parte de um ponto em Micmetá (Js 16.6) a leste de Siquém (Js 17.7) e volta-se para o ocidente; seu curso, nessa direção, corria desde Tapua até o ribeiro de Caná, que se junta ao uádi Aujah e chega ao Mediterrâneo, cerca de 7 km ao norte de Jope (Js 16.8). Ao ocidente, seus limites estão definidos em Josué 16.6,7.

A região

A região é pouco elevada e bastante irregular. Algumas de suas elevações têm a forma de campânula escalonada, próprias para a lavoura. Vista de longe, a região dá ideia de um maciço compacto; de perto, não passa de montes isolados e semeados pelo vale.

Entre os montes há planícies, algumas grandes e outras pequenas. Algumas são tão pequenas que não passam de precipícios. Ao tempo de Flávio Josefo, a água era abundante e o seu solo fertilíssimo. Jacó abençoou Manassés e Efraim como "ramo frutífero" junto à fonte (Gn 49.22). Moisés também abençoou a herança de José "com o orvalho e abundância da terra" (Dt 33.13-16).

Nessa região, nos dias de Saul e Davi, havia bosques perigosos e florestas imensas. Num desses lugares travou-se a batalha entre Absalão e os exércitos de Davi (2Sm 18.6,17,22,24,26,27). Toda a região montanhosa de Efraim ficava ao ocidente do Jordão. Davi, porém, na ocasião, se achava em Maanaim, na Transjordânia.

Os montes principais

A região toda é montanhosa, mas apenas dois montes se destacam sobre o altiplano: Ebal e Gerizim.

Ebal ("pedra") fica ao norte do vale e Gerizim ao sul. Ambos de constituição calcária. O Ebal é quase desnudo, enquanto o Gerizim é coberto de vegetação. De ambos se obtém uma vista panorâmica da Palestina; ao norte, do Ebal, e ao sul, do Gerizim. O cume de ambos é uma meseta de gigantesco tamanho. No Gerizim construíram-se casas e um templo, maior e mais suntuoso do que o de

Salomão em Jerusalém. No pico do monte foram abertas dez cisternas para captar águas pluviais.

Ambos os montes ocupam posição estratégica no centro da Palestina, caminho forçado para alcançar tanto o norte como o sul. Do Ebal seriam proclamadas as "maldições", e do Gerizim, as "bênçãos" (Dt 11.29; 27.1-13; cumpridas em Js 8.30-34). Há algumas dificuldades histórico-geográficas entre Deuteronômio 11.29,30 e Josué 8.30-35 que devem ser examinadas com cuidado.[9]

Entre os dois montes existe uma planície que comporta milhares de pessoas. É um anfiteatro feito pela mão de Deus. A acústica é perfeita. De qualquer dos montes que se fale, ouve-se com nitidez no vale. Isso permitiu a seis tribos proclamar do Ebal a maldição, e do Gerizim a bênção, e dentre os representantes de Israel, mais de 600 ouviram a Palavra do Senhor. Posteriormente, peregrinos e cientistas que visitaram o local fizeram prova da acústica, que é perfeita.

O Ebal está a 936 m sobre o mar e 366 m sobre o vale; Gerizim a 870 sobre o Mediterrâneo e a 240 m sobre o vale. Siquém, hoje Nablus, em cujas proximidades está o "Poço de Jacó", fica no fundo do vale formado pelos dois montes.

Ebal serviu de palco para a proclamação da maldição (Js 8) e não mais se fala nele na Bíblia. Gerizim, entretanto, prossegue com sua história viva:

1. Do cume desse monte, Jotão, filho de Gideão, pronunciou a célebre parábola "das árvores", um libelo contra seu irmão Abimeleque, assassino e usurpador (Jz 9.7).
2. Quando Judá voltou do cativeiro babilônico, os samaritanos, liderados por Sambalate, o horonita, ofereceram-se para auxiliar a reconstrução do templo de Jerusalém, o que foi rejeitado. Irado, Sambalate, que era sogro de Manassés, sacerdote judeu, expulso do serviço sagrado do Senhor, edificou majestoso templo no cimo do Gerizim e sagrou Manassés sumo sacerdote (Ne 13.28). Salcy, o arqueólogo que descobriu as ruínas do templo de Gerizim, disse que "era um templo rico e bonito". Os

---

[9] Para esclarecimento completo do assunto, examine-se *Enciclopedia de la Biblia*, v. 2, p. 1037-1038.

trabalhos religiosos dos samaritanos prosseguiram neste monte até 129 a.C., quando João Hircano, o macabeu, o destruiu.

3. Nas cercanias do Gerizim fica o famoso "Poço de Jacó", de águas vivas. Na boca é estreito e gradativamente se vai alargando até atingir o fundo, cujo diâmetro é 2,5 m. Sua profundidade é de cerca de 30 m. Uma espessa camada de limo está no seu fundo.

4. Jesus salvou a mulher samaritana à boca desse poço (Jo 4).

5. No século IV d.C. uma basílica foi construída no Gerizim, sendo destruída mais tarde.

6. Os cruzados, no século XII d.C., construíram outra basílica, da qual restam algumas ruínas.

7. No século passado, os ortodoxos gregos começaram a construção de outra basílica até hoje inacabada.

Os samaritanos primitivos e os remanescentes atuais acham que Abraão pagou dízimos a Melquisedeque no Gerizim, que lá Isaque quase foi sacrificado e que Moisés mandou levantar o "altar do Senhor" no Gerizim, e não no Ebal (Dt 27.4-10).[10] Um grupo de samaritanos ainda hoje sobe o Gerizim para orar, celebrar suas festas e adorar a Deus. Para eles, o lugar é sagrado e de gloriosas recordações.

Montes da Judeia

Essa região também é conhecida como "Planalto do Sul". Começam em Betel e chegam a Berseba, numa distância de 96 km. A altitude do altiplano varia entre 300 m e 1.120 m. Em Jerusalém a altitude média é de 800 m e em Hebrom é de 1.120 m.[11] De Belém a Hebrom são 17 km e de Hebrom a Berseba, 51 km. A partir de Hebrom para o sul, os montes começam a declinar, até atingir Berseba, onde o altiplano da Judeia se perde nas areias do grande deserto do Neguebe.

---

[10] No Pentateuco Samaritano, a palavra "Ebal" foi substituída por "Gerizim".

[11] Segundo o *Atlas histórico de la Biblia* (Buenos Aires: Casa Bautista de Publicaciones, 1971, p. 19), a altitude do Hebrom é de 1.120 m, enquanto J. McKee Adams (*A Bíblia e as civilizações antigas*, p. 148) diz que é de 1.000 m. O prof. Zev Vilnay limita-se a dizer que Hebrom é "a cidade mais alta de todas as existentes na Terra Santa" (*Guia de Israel*, p. 160).

Algumas referências bíblicas trazem a expressão no plural, "montanhas de Judá" (Js 11.21), e no singular, "região montanhosa" de Judá (Js 20.7; 21.11). Lucas 1.39-65 emprega a forma singular.

Na divisão de Canaã entre as tribos de Israel, esse território foi dado a Dã, Benjamim, Judá e Simeão.

O aspecto físico dessa região é agradável e até fascinante, principalmente em Jerusalém e arredores, onde os montes são arredondados, com o dorso plano, formando enormes tabuleiros, onde cidades foram edificadas. Inúmeros ribeiros, alguns perenes e outros intermitentes, irrigam a região, tornando fértil e produtivo o seu solo. Esses ribeiros correm ou para o Jordão ou diretamente para o Mediterrâneo. A terra não é tão fértil como a de Samaria e da Galileia, mas produz frutas, legumes, verduras, além de oliveiras e figos.

Precisamos distinguir duas coisas importantes nessa região: as montanhas da Judeia e o deserto da Judeia. A primeira, partindo dos montes de Samaria, passa por Jerusalém e vai a Ein-Karen, Belém, Hebrom e morre no sul; a segunda, descendo para Jericó, entra na direção do mar Morto e vai encontrar-se com a primeira no Neguebe, e agora, conjugado num mesmo deserto, entra na Península do Sinai. No deserto da Judeia há também montes, e alguns até de grande porte. Começaremos pelos montes da Judeia.

Jerusalém está edificada sobre montes, o que confirma Salmos 122.4: "para onde *sobem* as tribos", isto é, as tribos de Israel. O Novo Testamento também confirma essa informação (veja, por exemplo, Mt 20.17,18; Mc 10.33; Lc 18.1; 19.28; Jo 5.1; 11:55). Outra passagem bíblica fala em *descer* de Jerusalém (Lc 10.30). A cidade toda está edificada sobre montes (Sl 125).

Três montes principais erguem-se dos vales de Hinom, Cedrom e Tiropeom, e formam a multimilenar Jerusalém, a capital do mundo (Ez 5.5): Sião, Moriá e Oliveiras. Ao norte do Sião, ficam Acra e Bezeta, e também Gólgota. Ao sul do Moriá estão Ofel e Aceldama. No Oliveiras estão o Scopus, ao norte, e Escândalo, e Mau Conselho ao sul.

Monte Sião

Majestoso e sobranceiro, ergue-se a leste da cidade. "Sião" significa "colina ressicada pelo sol". Em Salmos 48.2 esse monte é o "santo monte" (veja também Jl 3.17) e a "alegria de toda a terra".

Monte do Mau Conselho

Na Bíblia, a expressão "monte Sião" aparece sob diversas acepções, das quais destacamos algumas:

1. O próprio monte, o acidente geográfico (Sl 48.2).
2. O monte Ofel, antigamente fortaleza dos jebuseus, a sudoeste da cidade (2Sm 5.17; 1Cr 11.5).
3. Toda a cidade de Jerusalém, como em 2Reis 19.21 e outras escrituras (veja Sl 48.12; 69.33; 133.3; Is 1.8; 3.16; 4.3; 10.24; 52.1; 60.14).
4. Conhecido como "monte santo" em Joel 3.17, porque nele esteve a arca do Senhor, antes do templo de Salomão. Depois da edificação do templo no monte Moriá e da transferência definitiva da arca, Sião compreendia também o templo. Por essa razão, o Antigo Testamento registra "Sião" quase 160 vezes e "Moriá" apenas duas (Gn 22.2; 2Cr 3.1).
5. Ao tempo dos macabeus, o monte do templo distinguia-se do Sião (*1Macabeus* 7.32,33).
6. Sinônimo do povo de Jerusalém, como comunidade religiosa (Sl 126.1; 129.5; Is 33.14; 34.8; 49.14; 52.8).

7. Em Sião aparecerá o Messias; por isso, há alusão a Sião celeste (Hb 12.22; Ap 14.1).

Os três montes sobre os quais está assentada a cidade de Jerusalém correm de norte para sul. A oeste, o Sião; a leste, o Oliveiras; e no centro, o Moriá. Entre Sião e Moriá corre um vale chamado Tiropeom; e entre o Moriá e o Oliveiras, o vale do Cedrom. O Sião, o Acra, o Bezeta, o Ofel e o Moriá estavam dentro dos muros da cidade; o Oliveira, fora. O Sião compreendia a cidade de Jerusalém e ocupava mais de dois terços da área total. Sião é um altiplano de considerável tamanho. Sobe 777 m sobre o nível do mar. O altiplano do Sião foi chamado de "Cidade Alta" por Flávio Josefo, 33 m mais alto que o Moriá. Na parte sul do Moriá está Ofel, chamada "cidade baixa" de Jerusalém (2Rs 22.14).

Com o correr dos séculos, na banda oriental, o Sião sofreu profundas alterações de limites: ora estreitando-se ao norte, ora ao sul. Hoje, uma parte dele fica fora dos muros e está ocupada por cemitérios e campos de lavoura, cumprindo-se o que disse o profeta Miqueias (3.12).

O professor Zev Vilnay diz declara no monte Sião há um bairro chamado Yemin Moshé, em memória de Moisés Montefiori. Há também ruínas da antiga "Piscina do Sultão", um povoado conhecido como Batei Shama, a Tumba do rei Davi, com 14 outros de seus descendentes.[12] Acredita-se que, numa das salas do "Palácio de Davi", Jesus tenha comido a última páscoa com seus apóstolos, e instituído a Ceia Memorial.

No Sião está o mosteiro com a "Igreja do Sono". A Igreja Romana crê que no local onde se levantou esse templo, Maria, mãe de Jesus, dormiu sua última noite neste mundo.

Escavações ao redor do atual muro de Jerusalém revelaram vestígios de velhas muralhas, provando que antes de Salomão Sião era murada e numa área menor que a atual. Numa das lombadas do Sião há um cemitério protestante onde o conhecido arqueólogo Sir Flinders Petri está sepultado.

---

[12] VILNAY, Zev. *Guia de Israel*, p. 82, 89.

Monte Moriá

Nome

Deriva do hebraico *Har ha-Moriyyah*, isto é, "monte Moriá"; do grego *Amoría*, empregado por Josefo[13] e Jerônimo;[14] na Vulgata latina, *Moriá* e *Terra Visionis*; a Septuaginta traduz por "país elevado"; a Peshita por "terra dos amorreus". Em Gênesis 22.14 se lê em tradução literal: "terra onde o Senhor aparece".[15] Em Salmos 24.3 e Isaías 30.29 o Moriá é chamado "monte do Senhor" ou "monte de Jeová". O prof. Zev Vilnay registra:

> Os sábios de Israel perguntaram: "Por que este monte se chama Moriá?" Porque vem da Palavra MORA, que em hebraico significa **Temor**. Desta montanha o temor de Deus percorreu a terra toda. Outra versão diz que vem de **Ora** que quer dizer **Luz**, pois quando o Todo-poderoso ordenou: "Haja luz", foi do Moriá que pela primeira vez brilhou a luz sobre a humanidade.[16]

O monte

O Moriá corre de norte para sul. Está separado do Sião pelo vale do Tirepeom e do Oliveiras pelo Cedrom. Está a 744 m acima do nível do mar. Seu tamanho é menos de um terço do Sião. Sua constituição, em grande parte, é de pedra calcária. Ao sul do Moriá está o Ofel, que foi a antiga fortaleza dos jebuseus, tomada por Davi.

Aparece na Bíblia pela primeira vez em Gênesis 22, mas não é chamado "monte", e sim de "terra de Moriá", região onde havia muitos montes. Nessa terra, o Senhor indicaria a Abraão um "monte", sobre o qual Isaque seria oferecido em holocausto. Quando Abraão recebeu ordem do Senhor para ir a Moriá oferecer Isaque, o patriarca

---

[13] *Antiguidades*, 1,13,12.

[14] Jerônimo. *Quaestiones Hebraicae in Genesim* (12, 2). Para um estudo sobre essas questões, veja Kamesar, Adam. *Jerome, Greek Scholarship, and the Hebrew Bible*. Broadbridge, Alderley: Clarendon Press, 1993.

[15] As versões *João Ferreira de Almeida* e a *Nova Versão Internacional* trazem "se proverá" em lugar de "aparece". A *Vulgata* e a *Figueiredo* traduzem respectivamente: "O Senhor verá neste monte" e "No monte do Senhor se verá". A Tradução Ecumênica da Bíblia traz: "É sobre esta montanha que o Senhor foi visto".

[16] Vilnay, Zev. *Guia de Israel*, p. 127.

achava-se em Berseba, região próxima à "terra dos filisteus". A Bíblia diz que Abraão gastou três dias para cobrir a distância entre Berseba e a "terra de Moriá". A distância de Berseba ao Moriá do templo de Salomão é de 48 km e do Gerizim é de 144 km. A Bíblia diz também que o monte que Deus indicaria a Abraão seria visto de longe. O Moriá de Jerusalém não pode ser visto de longe.[17]

Em 2Crônicas 3.1 afirma-se expressamente que Salomão erigiu o templo no local onde o Senhor apareceu a Davi, isto é, na eira de Ornã, o jebuseu (2Sm 24.18-25). O monte não é rochoso. Devido ao fato de o terreno não ser consistente, Salomão construiu muros de pedras colossais na parte ocidental do monte para suportar o gigantesco templo. Esses muros foram desenterrados e constituem grande atração turística, principalmente para os judeus, que ali vão orar ao Senhor e lamentar, por isso ficaram conhecidos como "Muros das Lamentações". As pedras que aparecem no referido "muro" são do templo de Salomão, exceto as mais superiores.

O templo de Salomão foi destruído em 587 a.C. pelo monarca Nabucodonosor (2Cr 36.19); Zorobabel o reedificou em 520 a.C. (Ed 5.13-18), e Herodes, o Grande o remodelou (Jo 2.20), mas os romanos o queimaram em 70 d.C., conforme a palavra de Jesus em Mateus 24.2. Nunca mais foi reconstruído. Será que algum dia a reconstrução ocorrerá?

Desde o século VII d.C. os árabes construíram em Moriá, na área sagrada do templo dos judeus, a famosa "Mesquita de Omar", também conhecida como "Domo da Rocha". Ao sul está a mesquita conhecida como El-Laksa. Numa das dependências da Mesquita de Omar há um subterrâneo, cavado na rocha, onde os reis de Judá guardavam seus tesouros.

No ângulo sul oriental do pátio do templo, na porta que dá a uma escada, descendo-se por essa escada, avista-se à esquerda uma miniatura de templo, chamada "Berço de Cristo", erigida sobre uma pedra côncava. Um pouco mais para baixo, ficam os estábulos do rei Salomão.

---

[17] Para uma discussão completa sobre esse assunto, veja *Enciclopedia de la Biblia*, vol. 5, p. 325.

Muro das Lamentações

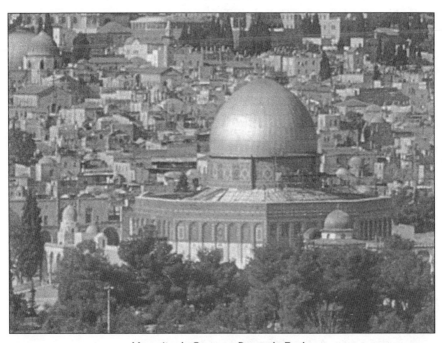
Mesquita de Omar ou Domo da Rocha

Os montes Acra, Bezeta, Ofel e o próprio Gólgota[18] fazem parte do Sião ou do Moriá. Podemos resumir a topografia orográfica de Jerusalém a dois montes: Sião, intramuros, e Oliveira, extramuros.

A colina do templo guarda preciosas recordações tanto do Antigo como do Novo Testamento.

Monte das Oliveiras

No hebraico é *Har ha-Zetin*. Na Septuaginta *Tò horos tòn elaiòn*; na Vulgata *Mons Olivarum*; em português: Olival ou Oliveiras (veja At 1.12; Jo 8.1 etc.). (Veja a foto da próxima página).

O monte das Oliveiras está situado a oriente da cidade de Jerusalém e separado do Moriá pelo vale do Cedrom. Os árabes chamam-no Gebel El-Zeitun. Ele de estende de norte a sul. Nesta posição, segundo José Pistonesi, mede 3,5 km.[19] Três elevações sobressaem à lombada:

1. Ao norte o Karm El-Sayyad, isto é, a "Vinha do Caçador", com 818 m. Os primitivos cristãos denominaram-no *Mons Viri Galilaei*, recordando as palavras do anjo em Atos 1.11.
2. No centro está o Gebel El-Tur, com 812 m.
3. No sul, o Gebel Bath El-Hawá, com 734 m, também chamado pelos antigos *Mons Offensionis* e *Mons Scandali*, por causa dos ídolos que Salomão erigiu às suas mulheres estrangeiras (1Rs 11.18; 2Rs 23.13). Pouco mais ao sul do Ofensa está o chamado "Monte do Mau Conselho". Neste monte, segundo a tradição, Caifás, o sumo sacerdote, se reuniu com o "conselho de sacerdotes" para tramar a morte de Jesus (Jo 11.47-53).

A distância do monte das Oliveiras ao centro de Jerusalém era de 15 estádios (Jo 11.18), cerca de 2.775 m, "jornada de um sábado" (At 1.12). Josefo diz que a distância do Oliveti a Jerusalém era de 5 a 6 estádios.[20] Depende de onde se esteja no Oliveiras e do ponto de

---

[18] O Gólgota dos evangelhos não existe mais. Desde a crucificação de Jesus, Jerusalém já foi destruída e incendiada inúmeras vezes.

[19] PISTONESI, José A. *Geografía Biblica de Palestina*, p. 100.

[20] JOSEFO, Flávio. *Antiguidades*, 20.8,6; *Guerras*, 5.2,3.

Monte das Oliveiras

Jerusalém que se deseja alcançar. Do Getsêmani (no Oliveiras) à "Porta das Ovelhas" ao norte da área do templo, dista menos de 6 estádios.

Nos dias do Antigo Testamento, esse monte estava coberto de oliveiras, vinhas, figos e muitas outras árvores frutíferas e ornamentais. As multidões que aclamaram a Jesus na entrada triunfal em Jerusalém cortaram galhos de árvores do monte das Oliveiras, pois saíram de Betfagé (Mt 21.8). E Neemias 8.15 ordenou que saíssem ao monte (Oliveiras?) e trouxessem ramos de frondosas árvores para a comemoração da Festa dos Tabernáculos. Quando os romanos no ano 70 d.C. destruíram Jerusalém, destruíram tudo pelo fogo, a partir do Monte das Oliveiras, onde Tito tinha o seu quartel-general.

Betfagé e Betânia estavam no monte das Oliveiras. Betfagé quer dizer "casa do figo", enquanto Betânia significa "casa da tâmara". Esta ficava na encosta oriental do referido monte, e aquela na ocidental. Em Betânia estava a casa de Marta, Maria e Lázaro, e há cerca de 300 m a sepultura da família, onde Lázaro permaneceu quatro dias e já cheirava mal.

Na encosta do monte das Oliveiras, no Getsêmani, a estrada que vem de Jerusalém bifurca-se: uma vai para o sul até Jericó, passando por Betânia; a outra dirige-se para o leste. Depois de avançar 500 m, divide-se em três caminhos: o do meio passa por Betfagé e vai a Betânia. Os outros dois vão ter também ao cume do monte. A estrada romana saía de Jerusalém, subia o Oliveiras perto de Ain Suwah, alcançava o cume a 900 m, na depressão norte de Karen El-Seiyad descia para o uádi que atravessava perto das ruínas de Bukeidan e chegava ao Jordão. O Senhor Jesus, vindo da Galileia ou voltando, passou muitas vezes por essa estrada, do Jordão a Jericó e de Jericó a Jerusalém. Os motivos geográficos da parábola do Bom Samaritano encontram-se numa dessas estradas. Na velha estrada que vai de Jerusalém a Jericó, numa diferença de nível de 1.100 m, num percurso de pouco menos de 40 km, há uma curva pronunciada e uma caverna, lugar apropriado para esconderijo de ladrões e hoje chamada "Casa do Bom Samaritano".

A tradição afirma que na cova ao norte do Oliveiras são conservados muitos dos últimos ensinos de Jesus. Entre eles o "Pai-nosso", que está reproduzido em dezenas de línguas. Em 1910 os "Padres blancos" descobriram restos da basílica constantiniana (395 d.C.) conhecida como "Eleanora". A 50 m dessa cova há hoje uma pequena mesquita, no lugar onde Pomênia (375 d.C.) edificou a Igreja da Ascensão. Numa camada rochosa, dentro da pequena mesquita, está a marca de um calcanhar gravado na pedra, que, segundo os romanistas, é de Jesus, deixado na hora em que subiu ao Pai.

Na encosta meridional, entre os caminhos central e meridional, que levam ao Getsêmani, há um lugar chamado *Dominus Flevit*, onde Jesus supostamente teria lamentado sobre Jerusalém. Nessa região, entre 1953 e 1955, os franceses descobriram um cemitério judeu-cristão, com nomes que lembram personagens do Novo Testamento.

Getsêmani

Em hebraico *Gat Semanim*, que vem a ser "prensa de azeite".

Jesus deixou o cenáculo acompanhado por onze apóstolos e foi em direção ao Getsêmani (Mt 26.36), distante dali cerca de 3 km, de acordo com o dr. João Pedreira do Conto Ferraz Jr.[21] A *Enciclopedia*

---

[21] FERRAZ JR. J. P. C. *Paixão de Jesus Cristo*. 2.ª ed. Rio de Janeiro: Livraria Católica, 1924, páginas introdutórias.

de la Biblia diz "um quilômetro e meio". Desceu a vertente do Sião, deixou a cidade pela porta Ofel, contornou o monte Moriá, passando perto da Fonte Siloé, atravessou o ribeiro do Cedrom e chegou ao Getsêmani, que fica na parte mais baixa do monte das Oliveiras. Era um horto ou um jardim, propriedade particular de um parente ou amigo de Jesus. No "jardim" há uma gruta onde oito apóstolos ficaram comodamente sentados, que até dormiram (Mt 26.40). Três apóstolos — Pedro, Tiago e João — avançaram pouco mais com Jesus e ficaram também. Jesus prossegue "um tiro de pedra" (mais ou menos 30 m), e, sozinho, agoniza por nós.

Nesse "horto" a escolta do sumo sacerdote, guiada por Judas Iscariotes, prendeu Jesus. Hoje, no Getsêmani, existem oito velhas oliveiras que devem datar do século VII d.C. A gruta do "jardim" em 1955 foi inundada por violentas chuvas e danificada. Na reedificação, foram feitas escavações na gruta. Apareceram mosaicos do século VI d.C. e uma prensa de azeite, talvez semelhante à do amigo de Jesus. A restauração da gruta foi feita em 1956. Essa gruta dista mais ou menos 25 m da "Igreja da Agonia". A gruta mede 17 m de comprimento, por 9 m de largura, por 3,5 m de altura. O "Horto" do Getsêmani fica à esquerda da Basílica da Agonia. Os franciscanos compraram essa área sagrada em 1666. A referida basílica está a uns 80 m da Gruta do Getsêmani, na rocha que se eleva 10 m acima da entrada da gruta.

Monte da Tentação

Um monte isolado que os árabes chamam de Gebel El-Dug, ou seja, "monte da observação", conhecido atualmente como Gebel Qarantal ("Quarentena" ou "Tentação"). Está situado a 4 km ao norte, num ângulo que dá para a moderna Jericó. Ergue-se a 492 m sobre o nível do mar Morto, a 325 m sobre o nível de Jericó e a 98 m sobre o Mediterrâneo. Monte desnudo e estéril, com um sem-número de grutas naturais. Serve de limite com o deserto de Bete-Áven (Js 18.12). (Veja a foto na página seguinte).

Nas covas ou grutas do monte, anacoretas se refugiaram para livrar-se do bulício do mundo e meditar. Os gregos o transformaram em comunidade. Dos cruzados para cá, tem-se aceito como o lugar ao qual o Espírito Santo levou Jesus para ser tentado pelo

Monte da Tentação ou Quarentena (Jericó)

Diabo após o batismo no Jordão. Na realidade, a Bíblia não diz em que monte Jesus foi tentado pelo Diabo. Nas cercanias, entretanto, não há outro monte que responda às exigências e circunstâncias da grande batalha do Filho de Deus com o Diabo como o monte da Quarentena.

Montes da Galaade

Essa região é conhecida como "Transjordânia", isto é, "Além-Jordão", hoje ocupada pela Jordânia e governada pela "dinastia ashemita".

O nome no hebraico é *Gil-Ad, Heres Gilad, Har Na-Gil-ad* ou *Har Gil-ad*; na Septuaginta e na Vulgata é *Galaad*. O significado do nome é bastante diversificado. Para um grupo deriva de "montão do testemunho", de Gênesis 31.47-50, resultante do encontro de Labão com Jacó. L. Koehler acha que vem de *Gi-Ad* ou *Ga-Ad*, equivalente ao árabe *Gauda*, que descreve a "dureza" ou "rugosidade e irregularidade do terreno", enquanto Basã é o oposto.

O nome surgiu do encontro de Labão com Jacó (Gn 31.47-55). Labão chamou o lugar Jegar-Saaduta; Jacó, de Galeede; ambos querem dizer "montão do testemunho". Galeede aparece em Gênesis

31.47-48 apenas duas vezes. Gileade ocorre mais de 120 vezes, e gileadita, quase 10, exclusivamente no Antigo Testamento.

A região

Kenneth Kitchen, especialista em egípcio e cóptico, afirma:

> Geograficamente, a própria Gileade era montanhosa, uma terra coberta de bosques seguindo uma linha de Hesbom, em direção ao oeste, até à extremidade norte do mar Morto, e estendendo-se para o norte em direção ao presente rio e uádi Yarmuk, mas que se espraia em planícies até cerca de 29 km ao sul do Yarmuk. [...] Ao sul da própria Gileade (isto é, ao sul da linha que vai de Hesbom ao mar Morto) e chegando até o rio Arnom, há um platô ondulado apropriado para a criação de gado e rebanhos de ovelhas e cabras.[22]

Nos dias de Josué, essa região praticamente ia do Hermom a Edom e do Jordão e mar Morto, ao Grande Deserto siro-arábico. Antes da conquista de Moisés, abrangia três partes principais:

1. Norte (Basã), que ia do Iarmuque ao Jaboque.
2. Centro (Gileade), que ia do Jaboque ao Arnom.
3. Sul (Moabe), que ia do Arnom até o Zerka-Maim.

Seom, rei de Hesbom, esteve em Gileade quando Israel chegou sob a liderança de Moisés (Dt 2.26-37). Ogue, rei de Basã, governava em Basã (Dt 3.1-11). Moabe estava no sul, e só não foi desarraigado por Israel porque Deus dera esse território aos filhos de Ló (Dt 2.9-11). Moisés tomou os reinos de Seom e de Basã e os deu:

1. A Rúben, ao sul, o território compreendido entre o Arnom, ao sul, até a terra de Gileade, na altura de Jericó, ao norte.
2. Gade ficou com toda a terra de Gileade, propriamente dita.
3. A Manassés, apenas meia tribo, coube-lhe o reino de Basã, da fronteira com Gade, ao sul de Golã (Dt 3.1-17 e Js 12.1-6).

---

[22] KITCHEN, Kenneth. A. "Gileade". Em DOUGLAS, J. D. (Ed.) *O novo dicionário da Bíblia*, p. 551.

No tempo dos macabeus (*1Macabeus* 5.17-36), Gileade foi conhecida como *Galaadítide*, e no tempo dos romanos por *Trans Jordanem* (Mt 4.15,25; Mc 3.8, 10.1; Jo 1.28; 3.26; 10.40). Hoje a "Transjordânia" está com os árabes, dividida em duas regiões: uma ao norte, chamada Aglum, que vai do norte do Jaboque, ao sul do Iarmuque; e a outra Belka, que vai do Jaboque do uádi Hesbom.

Na época de Jeremias, as terras de Gileade eram fertilíssimas. Bosques imensos cobriam suas imensas áreas (Jr 22.6; 50.19; Zc 10.10). Eram também terras de ricas pastagens (Ct 4.1; 6.5), onde se criava muito gado (Am 4.1). A terra produzia trigo, cevada e legumes, além da oliveira. O bálsamo de Gileade já era conhecido e cobiçado no tempo de Jacó (Gn 37.25; Jr 8.22). Os bosques ofereciam excelente refúgio em tempos de perigo e calamidade (Gn 31.25-55; 1Sm 13.7).

Montes de Gileade

Os Antilíbanos vão do norte da Síria ao Hermom. No Hermom nasce a cordilheira que corre na direção sul, paralelo ao Jordão, e se prolonga até o mar Morto, numa altitude média de 600 a 900 m sobre o vale do Jordão. De norte para o sul, as montanhas principais são:

Montes de Basã

Estendem-se do monte Hermom ao Iarmuque, e do Jordão a Ledjah. A porção compreendida entre o Jordão e o mar da Galileia é mais alta e mais regular. Há um sem-número de crateras de vulcões extintos espalhadas pela região. Suas terras são exuberantes e bastante produtivas. Constituem o celeiro de Síria e Israel. Os altiplanos de Basã, e hoje uma parte de Golã, estavam cobertos de cedros e carvalhos nos dias do Antigo Testamento (Is 2.13; Ez 27.6; Zc 11.2); rebanhos tranquilos alimentam-se em suas relvas verdes. Salmos 89.12 contrasta o orgulho de Basã com a habitação de Deus em Sião.

Montes de Gileade

Era a região do centro. Nascia no Iarmuque e se estendia até o norte do mar Morto. Sua extensão era de 90 km de comprimento, por 30 km de largura. É chamada *Gileade* (Gn 37.25; Sl 60.7), *terra de Gileade* (Nm 32.1) e *montes de Gileade* (Gn 31.25). Cobertas de

OROGRAFIA DE ISRAEL

Gileade

matas, com grandes bosques, suas terras são férteis e próprias para lavoura. Sua fertilidade assemelha-se à de Samaria, no ocidente. O rio Jaboque dividia de leste para oeste a montanha de Gileade em duas partes, aproximadamente do mesmo tamanho: a do norte e a do sul. Nesta ficou Rúben, e naquela, Gade.

A história de Gileade está ligada à vida de importantes homens nas suas experiências profundas e marcantes com Deus:

1. Jacó e Labão (Gn 31).
2. Jacó na luta de Peniel (Gn 32).
3. Moisés tomou essa região antes de tomar Canaã (Nm 21).
4. Terra de dois juízes: Jair (Jz 10.3) e Jefté (Jz 11.1).
5. Berço natal do profeta Elias (1Rs 17.1).
6. Sede do reino de Isbosete, filho de Saul (2Sm 2.8,9).
7. Refúgio de Davi, fugindo de seu filho Absalão (2Sm 17.27-29).
8. Acabe morreu na batalha de Ramote de Gileade (1Rs 22).
9. Jeú foi ungido rei em Gileade (2Rs 9).
10. Nos dias do Novo Testamento foi chamada *Pereia* e governada por Herodes Antipas (4 a.C. a 37 d.C.).

Por Gileade passava a Estrada do Leste que, vindo da Galileia, cruzava o Jordão em Beisã, no sul do mar da Galileia, e chegava até Betânia de Além-Jordão num passo natural (Jo 1.28), defronte de Jericó, e subia a Jerusalém. Era onde passavam os romeiros que iam a Jerusalém e foi também onde Jesus passou repetidas vezes.

Montes de Moabe
Talvez os mais lindos e famosos dessa região transjordânica.

Limites
A leste com o deserto siro-arábico, conhecido também como "deserto de Moabe"; ao sul com o ribeiro de Zerede, hoje chamado uádi el-Hesa; pelo ocidente limita-se com o mar Morto e mais ao norte com o próprio Jordão; ao norte seus limites oscilam no compasso de suas vitórias ou derrota

Nos dias áureos, o país de norte a sul alcançou 96,5 km, com 57 de largura.

As terras moabitas sempre foram secas e estéreis, pois estavam entre o grande deserto arábico e o mar Morto. Apenas no centro contavam com uma faixa de terras férteis, principalmente as que eram banhadas por ribeiros. Rute e a sogra Noemi devem ter vivido num desses uádis de abundância (Rt 1.1-6). O país de Moabe se divide em quatro regiões distintas:

1. *Planícies de Moabe*. Em hebraico: "Arbot-Moab". Trata-se de um quadrilátero formado pelo Jordão, mar Morto, montes Abarim e uádi Mimrim. Nesta área floresceram grandes e importantes cidades moabitas (Nm 22.1; 25.1-18; 33.48; 36.13).
2. *Campos de Moabe*. No hebraico: "Sede Moabe", porção de terra que se estendia dos altiplanos da Transjordânia, ao norte, ao Arnom ao sul. Talvez sinônimo de "país de Moabe" (Gn 36.35; Nm 21.20; Rt 2.6; 4.3).
3. *Regiões moabitas*. Regiões de prosperidade que cresceram e se tornaram centros importantes, algumas nas cidades e outras na faixa agropecuária. As principais foram: Misor, Savé, Quiriataim (Gn 14.5), Sedé — Zofim (Nm 23.14), Asdode ha-Pista, ou o declive entre o pico de Pisga e o mar Morto (Dt

3.17; 4.19; Js 12.3). As maiores riquezas do país provinham dessas regiões. A maior manufatura era pecuária (2Rs 3.4).

4. *Montes de Moabe*. São formados por duas cadeias principais:

a) O Seir, que fica ao sul do mar Morto e chega ao golfo de Ácaba ou Eilate, entre o deserto da Arábia e o vale de Arabá. Seir forma um conjunto compacto de rochas escarpadas e de variadas cores, principalmente amarelo, rosa, azul e púrpura. O sistema montanhoso de Seir está a 1.400 m acima do mar Morto e 1.000 m sobre o nível do Mediterrâneo. Do maciço descem inúmeros riachos que fertilizam a terra, e grande número de uádis rasgam o dorso da montanha, permitindo ao homem que por eles chegasse ao cume ou do cume descesse ao vale.

O orvalho em Seir é abundante como lemos em Gênesis 27.39. Os primitivos habitantes do Seir foram os horeus (Gn 14.6). Os descendentes de Esaú, entretanto, os desalojaram (Gn 36.8) e se firmaram no monte, cresceram e se multiplicaram, tornando-se uma nação rica e um povo forte. Fundaram grandes cidades, tais como Bozra, Elate, Eziom-Geber, Sela, Petra e outras. Arão, irmão de Moisés, morreu no monte Hor, um dos picos do Seir (Nm 20.25-29; 33.38,39; Dt 32.50). O monte Hor acha-se na metade do caminho entre o mar Morto e o golfo de Eilate. No sopé oriental do Seir floresceu Sela, a importante cidade edomita. O monte Hor está a 1.460 m de altura do Mediterrâneo e a 1.860 m sobre o mar Morto. O monte Hor tem dois picos principais que, vistos à distância, assemelham-se a castelos medievais. Num deles, o Gebel Neby Harun, está sepultado o sumo sacerdote Arão. A palavra Seir define: uma montanha (Gn 14.6), uma terra (Gn 32.3) e um povo (Ez 25.8).

b) Abarim, plural hebraico *Bharim*, e quer dizer "do outro lado", "além", "passagens", "partes além" e "lugares distantes" (Jr 22.20). Em Números 33.44 Israel acampou em Ije-Abarim, fronteira com Moabe; em Números 33.47 acampou "nos montes de Moabe", isto é, "no platô de Moabe". A forma plural sugere uma cadeia de montes, isto é, uma serra, cujas vertentes ocidentais se precipitam da elevada meseta de Moabe, para o oriente do mar Morto, a partir do uádi el-Hesan, ao sul, até Hesbom, além do monte Nebo, ao norte.

Seus principais cumes são: Pisga, Peor e Nebo.

Pisga

Após 40 anos de dura peregrinação no deserto do Sinai, Israel chegou aos montes Abarim e solicitou aos amorreus (Nm 21.20-25) passagem por suas terras, rumando para Canaã. Os amorreus enfrentaram Israel com mão armada. Israel lutou e venceu. Tomou-lhes a terra. Balaque, rei de Moabe, assustado com a presença de Israel em suas terras, chamou o falso profeta Balaão para amaldiçoar o povo de Deus. O Senhor, porém, transformou a maldição em bênção. Na primeira tentativa de "maldição" Balaque levou Balaão ao cume de Pisga. Pisga é um acidente geográfico do monte Abarim. No Antigo Testamento aparece sob duas formas: *cume de Pisga* (Asdode ha-Pisga) (Nm 21.20; 23.14) e *campo de Zofim*. Balaão esteve em ambos: no "campo de Zofim" e no "cume de Pisga". Por ordem de Deus, Moisés teria de subir ao cume de Pisga (Dt 3.27) para contemplar toda a "Terra da Promessa". E o servo do Senhor obedeceu (Dt 34.1). As "faldas de Pisga" são mencionadas em Deuteronômio 3.17 e 4.49, e ainda em Josué 12.3 e 13.20. Nebo seria a parte mais alta do Abarim; outros o identificam com o Rás El-Siyagah, promontório ao norte do Nebo, na direção oeste a 100 m mais baixo que o Pisga, de onde se tem vista ampla e maravilhosa da Terra da Promissão.

Peor

Em hebraico *Ha-Peor*, cuja significação é "abertura".

Pico de uma montanha de Moabe. Para esse pico Balaque levou também Balaão, de onde viu "as tendas de Israel" (Nm 23.28; 24.2). Fica pouco além do vale de Ayim Musa e domina toda a planície que está além do Jordão e ao norte do mar Morto. Situa-se bem defronte a Jericó, ao oriente de Tell El-Rama. É um dos picos do Abarim, próximo ao uádi Hescan. Nesse monte se adorava o deus Baal-Peor, no sedutor culto de Canaã, com requintadas práticas de prostituição

150

cultual. Foi para essa bacanal que Balaão induziu os filhos de Israel (Nm 31.16).

Nebo

A 10 km a noroeste de Mádaba há uma planície chamada Rás El-Siyaga de 710 m de altura, considerada o monte Nebo de Deuteronômio 32.49. Este texto o localiza no "país de Moabe", defronte a Jericó. Deus avisou que Moisés morreria nesse monte (Dt 32.50). Em Deuteronômio 34.1-6 lemos: "Então, subiu Moisés das *campinas de Moabe* ao *monte Nebo*, ao *cume de Pisga*, que está defronte de Jericó". O "cume de Pisga" de Deuteronômio 34.1 não se contrapõe ao "monte Nebo" como se fossem dois picos distintos, senão que "Pisga" seria uma especificação do "monte Nebo". Provavelmente o monte Nebo tinha vários cumes e por isso se especifica um deles, neste caso o de Pisga. Próximo de Rás El-Siyaga, separado desse cume por uma depressão da montanha, existe outro cume 100 m mais alto (808 m) que os árabes chamam Gebel El-Neba (monte Nebo). Este, entretanto, não parece ter sido o "Pisga" onde Moisés morreu; deve ser o Rás El-Siyaga, que, mesmo sendo mais baixo, ele possibilita uma visão melhor da terra de Canaã. O arqueólogo Sylvester Saller escavou o Rás El-Siyaga. Nesse lugar, conservam-se os restos de uma capela bizantina. Dessa capela tem-se uma vista esplêndida da Palestina e da Jordânia. Deste "mirante" (1.100 m) sobre o mar Morto pode-se ver até o monte das Oliveiras, se a evaporação do mar Morto e do Jordão permitir. Alguns palestinólogos acham que o Pisga é uma parte do Abarim, cujo ponto mais alto representa o Nebo.

Monte Sinai

O nome "Sinai" deriva de "Sin", deusa da lua. Para outros, significa "fendido" ou "rachado". O prof. Zev Vilnay opina pelo vocábulo hebraico *sne*, que quer dizer "sarça ardente".

A Bíblia tem três acepções para o monte Sinai: *Sinai* (Êx 19.11-18-20-24), *Horebe* (Êx 33.6; 24.13), que sugere a terra "árida" e "deserta" (Dt 1.6), e *monte de Deus* (Êx 3.1; 1Rs 19.9).

O monte apresenta forma triangular, cujos vértices superiores se apoiam na Ásia e na África. Penetra até o mar Vermelho. Ao leste é banhado pelo golfo Ácaba, que Israel chama de Eilate, e ao ocidente pelo golfo de Suez. A área da península é de 25.000 km². Após o acordo de 1906 entre Egito e Palestina, os limites da região chegaram ao Mediterrâneo, incluindo o deserto de Tih (Parã), com um total de 35.000 km².

Três zonas geológicas são reconhecidas na Península: 1) Cretácea, incluindo o deserto de Tih ou Parã; 2) Arenística, no centro; e 3) Granítica, na parte sul.

Duas cadeias montanhosas começam ao norte da península e descem entre os golfos e se dirigem para o mar Vermelho, no extremo sul:

1. A ocidental, que acompanha o golfo de Suez e vai até o sudoeste, nas proximidades do mar Vermelho.
2. A oriental, que segue o golfo de Ácaba e avança para o sul, confinando também com o mar Vermelho.

As duas cordilheiras se encontram no centro da península, dividindo-a em duas partes distintas:

1. Norte, com o deserto de El-Tih.
2. Sul, formando uma ponta de lança, que é o *monte Sinai*.

A região, apesar de árida, é bonita, cheia de contrastes, formando paisagens encantadoras. Os montes são grandes, altos e imponentes pelo colorido de suas areias. A vegetação é escassa, mas em alguns lugares não há nenhuma. Na maior parte da península não há o mínimo essencial para a sobrevivência humana. Poucos oásis se espalham pelas areias quentes do penoso deserto.

A região "granítica" é bela e fascinante: os montes com seus estratos de granito e seus uádis verdes, graças à água que provém da neve dos picos altaneiros. É a região que conta com inúmeras colônias de anacoretas.

O faraó Semehert, da primeira dinastia egípcia, até Ramsés IV, da vigésima, exploraram o granito e a turquesa dessas rochas. A turquesa, especialmente, era extraída do uádi Magará. Na vigência da duodécima dinastia egípcia, foi construído nessa região um templo

Monte Sinai

semita conhecido como Serabit El-Hadim, em cujas ruínas foram descobertas as famosas "inscrições sinaíticas".[23]

Os montes mais altos do maciço sinaítico são: Gebel Serbal, Gebel Musa, Gebel Umm-Somer, Gebel Catalina e Gebel Zebir. Qual desses cinco seria o monte de Moisés? O Sinai dos Dez Mandamentos exige uma série de condições apontadas na Bíblia:

1. Distância de "onze jornadas" do Horebe a Seir (Dt 1.2).
2. O monte era visto pelo povo que se achava no vale (Êx 19.11).
3. Deveria haver um vale grande ao pé do monte, suficiente para abrigar cerca de três milhões de pessoas (Êx 19.17,18), e a de El-Raha coincide com essa necessidade.
4. O monte deveria estar isolado do povo. Ninguém podia tocar nem mesmo dele se aproximar (Êx 19.12,13).
5. O monte teria de ser alto, permitindo ao povo contemplar, de longe, o que nas alturas acontecia (Êx 20.18).
6. Deveria haver água no local onde o povo se reunia (Dt 9.21).

---

[23] Quando Moisés pediu ao faraó para ir celebrar festa no deserto, provavelmente se referia a esse templo (Êx 5.1).

Pela soma de circunstâncias exigida pela Bíblia, o Umm-Somer, o Catalina e o Zebir são naturalmente excluídos. Restam dois: o Serbal e o Musa. O Serbal, com 2.052 m, é alto, sobranceiro e brilhante, parecendo-se a uma armadura metálica, da época dos cavaleiros. O Musa (monte de Moisés) forma um maciço rochoso de forma oblonga, com 3.200 m de comprimento e 1.600 m de largura e uma altitude de 2.000 m sobre o mar e 450 m sobre o vale. Seus extremos estão: um ao norte, formando 3 ou 4 escarpas, chamadas no seu conjunto de Rás Sufsafe e sobindo a 2.014 m; e o outro ao sul, com um só pico numa altitude de 2.444 m.

Somente o Gebel Musa reúne o conjunto de exigências bíblicas para ser o monte Horebe, ou Sinai. A *Enciclopedia de la Biblia* afirma que a espanhola Egeria, em fins do século IV d.C., visitou o Sinai e deixou notas convincentes em favor do Gebel Musa, como o monte dos Dez Mandamentos.[24]

Números 33 descreve as jornadas do povo de Israel desde a saída do Egito, sua peregrinação pelo deserto abrasador por um período de 40 anos, até as campinas de Moabe, no limiar da Terra Prometida.

Frequentemente molestados por beduínos e bárbaros, os ermitões do Sinai solicitaram ao imperador Justiniano (séc. VI d.C.) que lhes construísse fortalezas no Gebel Musa. O imperador atendeu ao pedido, mandando-lhes construir a "Basílica de Sarça Ardente", mais tarde conhecida como da "Transfiguração" e, por último, Mosteiro de Santa Catarina. Este mosteiro, com suas famosas muralhas, ainda existe, edificado no sopé do Gebel Musa.

Nesse convento, o alemão Tischendorf, entre 1844 e 1860, conseguiu comprar dos frades o famoso *Códex sinaítico*, hoje no Museu Britânico.

Em 1948, na Guerra de Independência, Israel tomou do Egito parte da península do Sinai; na de 1956, tomou tudo. Sob pressão da ONU, Israel devolveu todo o Sinai ao Egito. Na Guerra dos Seis Dias, em 1967, Israel tomou a península outra vez, e em suas mãos está até o dia de hoje. Em Eilate, no golfo de Ácaba, Israel tem hoje o seu mais movimentado porto e saída garantida pelo mar Vermelho.

---

[24] *Enciclopedia de la Biblia*, vol. VI, p. 727-728.

8
Planícies de Israel

"**P**lanície" quer dizer grande porção de terreno plano, enquanto "planalto" é um grande terreno plano sobre montes ou serras.

A terra de Canaã, propriamente dita, se divide em quartro grandes regiões: Orla Mediterrânea, Planalto Central, Vale do Jordão e mar Morto e Transjordânia. Em cada uma dessas regiões há planícies e planaltos. Descreveremos as planícies de cada uma dessas regiões.

Orla Mediterrânea ou Marítima

Sobre essa orla, James Adams declara: "A região costeira de Canaã estende-se do rio do Egito (o uádi el-Arish) a Rionocolura, cerca de 64 km ao sul de Gaza, até a Rosh ha-Nikrah (Rosh en-Nakura), a 'Escada de Tiro'[1], a 24 km ao sul de Tiro".[2] As mais importantes planícies da orla marítima são:

Acre ou Aco

Acre, em hebraico é *Akko*; no fenício "K"; egípcio, *Akka*. A palavra ocorre uma vez só no Antigo Testamento. A significação de "Aco" é "areia quente" (Jz 1.31), e os cruzados lhe deram o nome de "São João de Acre".

A planície ocupa toda a faixa da baía que vai de Acre a Haifa. É uma faixa de terra que circunda as montanhas entre a Galileia e o Mediterrâneo e do promontório de Rás en-Nakura, ao sul de Tiro, prossegue até o Carmelo, que a separa da planície sul, que é Sarom. No norte é mais estreita, medindo aproximadamente 5 km, vai se alargando pouco a pouco, até alcançar 17 km ao sul. Dois pequenos rios irrigam suas terras: o Belus, ao norte, e o Quisom, ao sul, ao pé

---

[1] Veja *Enciclopédia judaica*, vol. 10, p. 14.
[2] ADAMS, James McKee. *A Bíblia e as civilizações antigas*, p. 134-135.

GEOGRAFIA DA TERRA SANTA E DAS TERRAS BÍBLICAS

do monte Carmelo. Com exceção da parte praiana, onde as areias são quentes, as terras do centro que rodeiam os montes são fertilíssimas. Por sorteio, essa região coube à tribo de Aser (Js 19.25-28), que não conseguiu desalojar os cananeus que nela habitavam.

Sarom

O nome não é semítico. Significa "zona de bosques". Em hurrita queria dizer "bosques de Terebinto", e no grego apenas "Terebinto".

Fica entre o sul do Carmelo e Jope. Mede 85 km no sentido norte-sul com uma largura que oscila entre 15 e 25 km. A faixa mais estreita é a que está próxima ao Carmelo.

Na faixa ocidental, além dos montes de areia que são muitos na região, havia pântanos palúdicos e perigosos bosques.[3] Nos dias do Antigo Testamento, por causa da natureza do terreno, não houve possibilidade de estradas na região. Foram deslocadas mais para o centro. A "Via Maris", entretanto, cortou o Sarom e chegou ao rio Arkom, desceu até Afeque, onde está a cabeceira do Yarkom. Ao norte de Afegue há uma série de tells,[4] com inscrições egípcias da época do Novo Império, como Sokô, Iaham, Gate, Migdal e Sefate, e de regiões do centro de Sarom. As terras do Sarom são ricas e produtivas. A sulamita compara-se com os lírios e as rosas de Sarom (Ct 2.1,2). Isaías associa a magnificência e formosura do Carmelo e Sarom à glória do Líbano (35.2). Outras escrituras sobre a glória do Sarom podem ser consultadas (Is 33.9; 65.10; 1Cr 27.29).

Filístia

No hebraico lê-se Peleset e também Eres Pelistim; no grego é Filistiim e, na Vulgata, Philistaea.

Essa planície nasce em Jope, no Nahar El-Arish, o "rio do Egito" (veja Nm 34.5; Js 15.4,47). Ao longo da costa, do norte para o sul, a Filístia mede 110 km por 30 km de largura, mais ou menos. A "Pentápolis" estava nesta região e se compunha de: Gaza, Ascalom,

---

[3] Israelenses do fim do século passado e princípio deste, antes da Guerra de Independência (1948), compraram grandes partes dessas terras doentias, drenaram seus pântanos e hoje estão cobertas de frutos cítricos.

[4] Um montículo artificial, debaixo do qual dorme uma cidade desaparecida.

Asdode, Gate e Ecrom. As três primeiras eram marítimas e as duas últimas ficaram no interior. Essas cidades contavam com terras férteis, exceto as que ficavam próximas da Sefelá, onde estavam as dunas (Dt 1.7; Js 11.2,6; 12.8). Nessa região há uma série de colinas que não excedem 300 m de altura e formam os primeiros contrafortes dos montes da Judeia. A oliveira, o figo e a uva eram cultivados aqui, além de cereais e frutas. Os sicômoros eram nativos e abundantes na região. Josué nos fornece uma lista de 43 cidades filisteias, dependentes da Pentápolis, a confederação dos filisteus.

Nos dias do Antigo Testamento, importantes cidades floresceram na Filístia: Dor (Js 11.2) e Jope (Jn 1.3); nos do Novo Testamento, Sarona e Lida, além de Jope (At 9.35,36). Na velha dispensação, Jope era um porto marítimo de grande importância ao sul (Jn 1.3), assim como Acre o era no norte.

O movimento sionista (antes de 1948) reconstruiu Jope (hoje é Jafo ou Jafa) e fundou Tel-Aviv ao norte desse porto.

Sefelá

Literalmente quer dizer "terras baixas" ou "mais baixas". Trata-se de uma faixa de terra mais do que uma planície; um altiplano rochoso que corre da costa, rumo a sudeste, penetrando até a fronteira da tribo de Judá (Dt 1.7; Js 10.40; 12.8; 15.33; 2Cr 26.10; 28.18).

Limita com a planície da Filístia a norte e ocidente; ao sul, com o vale de Ait Jalom e Berseba; a leste, com as montanhas da Judeia.

Muitas planícies se estendem pelos espaços imensos entre os montes. É uma região politicamente estratégica e economicamente importante. Foi muito disputada entre filisteus e israelitas.

Abraão e Isaque habitaram por longos anos na região.

Planalto Central

O altiplano "central" da Palestina tem a sua raiz no norte, na conhecida "Alta Galileia", atravessa todo o país e vai morrer nas areias do Neguebe.

Alta Galileia

Essa região de Israel tem oscilado de tamanho através dos séculos. No tempo dos juízes ia até Dã; nos dias do Novo Testamento chegava até o sul do lago Merom. Hoje, ocupa uma área menor do que a dos dias dos juízes. Traçando uma linha que parte do Mediterrâneo, na fronteira de Israel com o Líbano, no lugar chamado Rosh ha-Nikrah, e prosseguindo para o oriente, alcança Yiron; deste ponto sobe até Metula, correndo para Maydal Shams, já com a Síria. Daqui desce para Nuharayim ao sul da Galileia e vai ter com o país da Jordânia. Inclui o vale de Hula, com suas matas, seus lagos mirins, seus pântanos. Sobe até Bânias e termina no sopé do Hermom. A cidade mais importante da região é Safede, o limite entre a Alta e a Baixa Galileia.

Baixa Galileia

Seus limites vão de Safede, ao norte, aos montes de Samaria, ao sul. A leste confronta com o lago da Galileia e com o Jordão, e ao ocidente com Acre. A área total de toda a Galileia é de 100 km de comprimento por 50 km de largura. As principais planícies da Baixa Galileia são: Esdraelom e Jezreel.

"Esdraelom" é a forma grega e não aparece na Bíblia. "Jezreel" aparece cerca de 40 vezes no Antigo Testamento (Js 17.16; Jz 6.33). Em 2Crônicas 35.22 é chamada "vale de Megido". Esdraelom aparece no apócrifo *Judite* 1.8 e 4.5; Josefo usa "a Grande Planície" e os árabes "Merdj Ibn-amir". É a maior planície de todo Israel, com 40 km de comprimento por 20 km de largura.

Alguns geógrafos afirmam que são duas planícies no grande vale: Esdraelom e Jezreel. Os advogados da dualidade são muitos, entre os principais: Kenneth Kitchen, que adota a variante "Esdrelon",[5] e o dr. Antonio Neves de Mesquita.[6] Outros, entretanto, acham que Esdraelom e Jezreel são nomes diferentes para designar o mesmo fenômeno geográfico.[7] A *Biblioteca de cultura judaica* diz: "O nome Emeque Yizreel, que serviu no princípio para designar a parte central do Vale ao redor da cidade, ampliou-se até designar o Vale todo".[8]

---

[5] KITCHEN, K. A. "Esdrelon". Em: DOUGLAS, J. D. (Ed.). *O novo dicionário da Bíblia*, p. 447.
[6] MESQUITA, A. N. *Panorama do mundo bíblico*, p. 56, 59.
[7] *Enciclopedia de la Biblia*, vol. 6, p. 1347.
[8] *Biblioteca de cultura judaica*, vol. 9, p. 12.

Vale de Jezreel

Três vales são formados a leste da imensa planície, separados pelo monte Gilboa e o Pequeno Hermom. O do centro é o maior: o Jezreel. Descem abruptamente para o Jordão. À entrada do vale está Jezreel, que foi a capital do Reino do Norte, e hoje é Zerim. A vinha de Nabote deveria estar nas proximidades. O rio Quisom corta a planície de leste para oeste, correndo para o Mediterrâneo.

O nome helenista da cidade era Esdraelom. Eusébio de Cesareia menciona uma aldeia chamada "Esdraelom" no grande vale de Citópolis (Beisã) e Legio, junto a Megido, hoje Zerim, a 6 km a sudoeste de Afula.

Era de imenso valor do ponto de vista estratégico. A rota que ia de Jerusalém a Damasco passava por ela e atingia a costa Mediterrânea. Para proteger a estrada de ladrões, os judeus construíram Bete-Seã, que os romanos chamaram de Citópolis.

Economicamente, o vale de Jezreel foi o celeiro de Israel, principalmente no tempo da monarquia. Com terras abençoadas, amolecidas por chuvas abundantes, pelo orvalho do céu, pelos rios que serpeavam pelo vale, quer nos montes, quer nas planícies, Jezreel produzia abundantes colheitas de trigo e cevada, oliveiras e figos, em grande quantidade, além de legumes e verduras. O gado, tanto bovino quanto caprino, espalhava-se pelo vale aos milhares.

Aqui se travaram batalhas sangrentas, desde Nabucodonosor de Babilônia a Napoleão Bonaparte. Acontecimentos sinistros marcaram com sangue as terras da bela planície:

1. Gideão venceu os midianitas (Jz 6.33; 7.1).
2. Sísera foi derrotado (Jz 4).
3. Morte de Saul e seus filhos (1Sm 31).
4. Morte do rei Josias (2Rs 23).
5. Jeú destruiu a casa de Acabe (2Rs 10).
6. Endor, o lugar onde Saul consultou a feiticeira, ficava no vale (1Sm 28).
7. Naim também fica na planície (Lc 7).

Essa extensa área, talvez incluindo outras adjacentes, está reservada para a batalha final do Armagedom, onde o Senhor Jesus será vitorioso sobre Satã e os reis da terra (Ap 16.12-16).

Samaria

O que há de planície em Samaria pode ser considerado continuação das terras da Galileia. Essa planície abrange o território ao norte com o mar da Galileia, a oeste com o Mediterrâneo, a leste com o Jordão e ao sul com as montanhas de Judá. Mais do que uma planície, é um planalto, 100 m sobre o nível do mar. Duas planícies merecem destaque nesta região: Dotã e Siquém.

Dotã

Mencionada duas vezes em Gênesis 37.17 e uma em 2Rs 6.13. Em hebraico *Dothayin*, que significa "duas fontes"; em egípcio, *Ttyn*; grego, *Dothaim*; em Vulgata, *Dothain*, *Dotan*.

Está a 8 km ao sul de Genin, a 100 km de Jerusalém. Por ela passava a estrada que ia de Gileade do Egito, e era a preferida pelos caravaneiros ismaelitas, como os que compraram José.

Planície fertilíssima, com muita água, colheitas fartas e verdes pastagens para os rebanhos. Na região há uma fonte de águas vivas.

Nos dias em que Jacó habitou Siquém, parece que as pastagens se acabaram; por isso seus filhos conduziram seus rebanhos a Dotã, distante 32 km. Perto da aldeia de Tell Dotã existem cisternas retangulares com mais ou menos 3 m de profundidade, e a maioria seca. Em uma dessas, José foi lançado por seus irmãos antes de ser vendido aos caravaneiros (Gn 37.17). Além de José, Eliseu vivenciou nessa região uma maravilhosa experiência com os exércitos siros (2Rs 6).

Siquém

Em hebraico *Sekem*, que quer dizer "ombro"; em egípcio, *Sekmen*; em grego, *Suxem*; na Vulgata, *Sichem*.

Siquém ficava na região montanhosa de Efraim (Js 20.7), nas proximidades do Gerizim (Jz 9.7). Embora seja identificada hoje com Nablus, é na realidade Tell Balatah, perto do Poço de Jacó, a 25 km de Nablus, 50 km de Jerusalém e 9 km a sudeste de Sebastia.

Siquém foi o primeiro lugar onde Abraão armou sua tenda e construiu um altar (Gn 12.7).

A planície é de tamanho regular e conta com muitas águas.

Judeia

Esse território é quase cem por cento montanhoso. Não há planícies na realidade. Começa em Betel e termina em Berseba. Limita ao norte com os montes de Samaria, a leste com o Jordão, a oeste com o Sarom e ao sul com Berseba.

Ao norte de Jerusalém, bem como ao ocidente e oriente, existem terras entre os montes, faixas de plantio; algumas extensas; outras, menores, que não merecem o nome de planície. Em Belém existem desses campos; em Hebrom também. Não podemos assinalar no território da Judeia nenhuma planície, como temos no centro e no norte de Israel.

Neguebe

O termo hebraico é *Neguev* e significa "seco", "árido"; em grego, *lips* e *natos*; na Vulgata, *Austes, Meridies, Terra Austral*. Muitas vezes a palavra é vertida em nossas versões bíblicas simplesmente por "sul".

Limita ao norte com os montes de Judeia, a oeste com o Mediterrâneo, a leste com o deserto de Sin e Arabá, e ao sul com Cades.

De Berseba até as cercanias de Cades estende-se uma vasta planície, ou quase planície, sulcada por numerosos vales, que convergem

para o uádi Gazzah e o uádi el-Arish. O material de aluvião deposi-
tado em suas estepes constitui a maior parte de suas terras cultiváveis. Dificilmente chove na região. Existem, entretanto, lençóis d'água
no subsolo. Por isso, na vastidão arenosa, foram cavados poços,
como os de Abraão e Isaque. O nível da região desce rapidamente
na direção da planície de Arabá.

Nos dias do Antigo Testamento havia cinco províncias neguevia-
nas: de Judá, dos jereameelitas, dos queneus (1Sm 27.10), dos
quereteus e de Calebe (1Sm 30.14). Essas ocupavam as terras de
pasto e próprias para plantio entre Berseba e Bir Rikhmeh e as vertentes ocidentais das terras altas centrais de Khurashe Karnub. Esse
distrito foi ocupado por Amaleque (Nm 13.29), podendo-se ver ainda hoje as ruínas de seus locais fortificados entre Tell Arade e Gerar.

A base econômica da povoação nos diferentes períodos de
sedentarismo era a agricultura, praticada por pequenos núcleos humanos estabelecidos nos vales de plantio. Por aí passava o "Caminho de Sur", vindo do centro da península do Sinai até a Judeia,
seguindo para o norte; uma rota seguida pelos patriarcas (Gn 24.62;
26.22) e por Hadade, o edomita (1Rs 11.14,17,21,22). Foi também a
rota de escape usada por Jeremias (43.6-12) e mais tarde por José
e Maria (Mt 2.13-15). Controlar o Neguebe sempre foi e ainda é garantir abertura para todas as direções de Israel e os países vizinhos.

Vale do Jordão e mar Morto

Trata-se realmente mais de um vale mais do que de uma planície.
É o que oferece o maior contraste em todo o nosso planeta:

1. *Geográfico.* O monte Hermom, onde nasce o Jordão, está a
   3.000 m de altitude; o mar Morto, onde termina o Jordão, está
   a 400 m abaixo do nível do mar, e a profundidade do mar Morto é de 400 m.
2. *Climático.* Enquanto no topo do Hermom a neve é constante,
   no vale do mar Morto a temperatura no verão sobe até 50°.
3. *Natureza do solo.* Do Hermom ao mar Morto, a natureza do
   terreno é a mais variada que podemos imaginar.
4. *Vegetação.* O vale do Jordão produz desde a palma-crísti
   (mamoneira) até maçãs, peras e uvas.

Do Bânias, uma das nascentes do Jordão, no pé do monte Hermom, ao norte do mar Morto, há mais ou menos 240 km em linha reta. Podemos notar quatro regiões distintas no curso desse vale, formando planícies colossais:

Do Hermom ao Hula

É a parte mais alta, onde ficam as cabeceiras do Jordão, num altiplano. Tendo Líbano ao norte e Síria ao ocidente, a imensa planície se espraia entre os altos montes que a circundam. A região conta com abundância de água, o clima é ameno, os ventos suaves, a terra boa, com muito orvalho. Produz frutos de todos os tipos, muito gado, excelentes cereais.

Do Hula ao mar da Galileia

É a continuação do Jordão, portanto do seu vale. O Jordão nasceu nas alturas do Hermom (3.000 m) e, ao chegar no lago, desceu para 200 m abaixo do nível do mar. Partindo de noroeste do lago, caminhando para norte e chegando a nordeste, forma-se uma planície chamada Genesaré, uma espécie de meia-lua. Entre o lago e os montes mais próximos deve medir 2 km (Mt 14.34). Genesaré quer dizer "Jardim do Príncipe". Realmente essa planície é encantadora. Josefo menciona a excelência da terra, a fertilidade do solo, a amenidade do clima, a brandura do vento, a variedade de frutos e legumes, a abundância de peixes e a fartura de cereais.[9] De fato, é um jardim encantador, acrescentando-se o contraste oferecido pelo desnível do lago com os montes, sob um céu azul e límpido.

Do Galileia a Jericó

O desnível é de pouco mais de 100 m. É o mesmo vale correndo para o sul. Em Jericó espraia-se e é conhecido como "Planície de Jericó", "Campina de Jericó", "Campos de Jericó". A palavra "Jericó" significa "fragrância", "perfume". É chamada na Bíblia "cidade das Palmeiras" (Jz 3.13). Jericó é um oásis. Nunca chove em Jericó, e é uma cidade verde, como poucas em Israel. Nela há três fontes. Uma

---

[9] JOSEFO, Flávio. *Guerras*, 3, XVIII.

Jericó antiga (escavações)

delas é conhecida como a de "Eliseu" (2Rs 2.19-22); os árabes chamam-na de "Ain es-Sultán".

Na imensa planície de Jericó há uma variedade mui grande de palmeiras, sendo a tâmara a principal. Há também o "bálsamo", o mel e o sicômoro, bem como cítricos, legumes e verduras. Israel se acampou nessa planície. O quartel-general de Josué foi Gilgal (Js 5.9). Em Jericó cessou o maná que Deus deu a Israel por 40 anos, e o povo passou a comer dos frutos da terra (Js 5.11,12).

Os ricos de Jerusalém, bem como do norte de Israel, costumam passar hoje o inverno em Jericó por causa do seu clima cálido e constante.

De Jericó ao mar Morto

Os árabes costumam chamar essa parte do vale de *Ghor*. Podemos reconhecer nessa seção três planos diferentes:
1. O curso das águas, com suas cachoeiras e margens cobertas de densa vegetação.
2. A planície inferior, com uma largura (do vale) que oscila entre 400 e 1.600 m. A região é seca e estéril. Na ocasião das chuvas fica completamente alagada.
3. A planície do Jordão, que vai até o mar Morto. O vale, ou a planície aqui, se abre grandemente, alcançando de 8 a 10 km de largura. É chamada na Bíblia de "campina do Jordão" (Gn 13.11), "planície do Jordão" (1Rs 7.46), "floresta do Jordão"

PLANÍCIES DE ISRAEL

Jericó moderna

(Jr 12.5) e "terras do Jordão" (Sl 42.6). Em Gênesis 13.10 há uma descrição do encanto dessa planície: "Levantou Ló os olhos e viu toda a campina do Jordão, que era toda bem regada (antes de haver o SENHOR destruído Sodoma e Gomorra), como o Jardim do SENHOR, como a terra do Egito, como quem vai para Zoar". Gênesis 14.2 alinha as cidades que foram destruídas com Sodoma e Gomorra: Adma e Zeboim (Zoar ou Bela foi poupada, a pedido de Ló). Depois da destruição dessas cidades pelo fogo do céu, a região se tornou sáfara, quente, quase sem o mínimo para sobrevivência da vida. O Senhor Deus destruiu as cidades com seus juízos severos e elas foram sepultadas nas profundezas do vale ou debaixo das águas do mar Morto.

Transjordânia

Como essa região é essencialmente montanhosa, as planícies são poucas e os altiplanos numerosos. Já descrevemos todo o altiplano de Golã (uma parte fica no oriente do Jordão, após águas que vêm das cabeceiras se juntarem, e a outra fica a ocidente). Golã, antiga terra de Basã, estende seus limites para o sul, entrando na Galaade. Portanto, a parte da Transjordânia que vamos agora descrever limita-se ao norte com essas terras: ao oeste com o Jordão, a leste com o grande deserto siro arábico e ao sul com Edom. As principais planuras desta região são:

Haura

Limita ao sul com a Galaade (Ez 47.16,18). No período greco-romano, o nome designava um distrito menor, conhecido como Auranitis, sendo uma das quatro províncias, com a Traconitis ao norte, e a Gaulanitis e Batânia, ao noroeste.[10] Antonio Neves de Mesquita afirma: "O solo é plano, nesta região, como um soalho, rico e bem regado, superlativamente fértil".[11] Há poucas pedras nessa planura. A área é de mais ou menos 560 km, incluindo naturalmente Basã e uma parte do leste confinando com o Gebel Haurã.

Galaade

Mesmo sendo um altiplano, a região é extensa. Vai de Basã a Moabe, do Jordão ao deserto. Divide-se em duas partes: Alta Galaade e Baixa Galaade. A primeira do Iarmuque ao Jaboque, e a segunda do Jaboque ao norte de Moabe, até próximo de Rabate-Amom. De acordo com Antonio Neves de Mesquita: "O território assemelha-se aos montes ocidentais da Palestina pela sua forma ondulante, com vastos campos de trigo e culturas de outras espécies em diversos lugares".[12] Devido à fertilidade de suas terras, à abundante irrigação e à multiplicidade de seus carvalhos, Galaade era lugar de fartura, tanto na agricultura como na pecuária.

Moabe

É toda montanhosa, um platô com 96 km de comprimento por 48 km de largura. Alguns arbustos se espalham pela planície. O solo, na periferia, é estéril; no centro, entretanto, de norte a sul, numa extensão de 16 km de largura, as terras são boas e produtivas. Nos montes de Moabe criam-se milhares de carneiros, cabras e bois; nas planícies, camelos. O terreno é bastante pedregoso e seco no verão. Na primavera, após as chuvas, os campos cobrem-se de verdura exuberante.

---

[10] JOSEFO, Flávio. Antiguidades, 17.11,4; 18.4,6.
[11] MESQUITA, A. N. Panorama do mundo bíblico, p. 94.
[12] MESQUITA, A. N. Panorama do mundo bíblico, p. 95.

9
Desertos de Israel

O termo "deserto" aparece no Antigo Testamento quase 300 vezes; no Novo, cerca de 50. Kenneth Kitchen afirma:

> Nas Escrituras, os vocábulos traduzidos como "deserto" incluem não somente os desertos estéreis de dunas, de areia ou de rocha, que surgem e dão cor à imaginação popular, mas igualmente designam terras plainas de estepes e terras de pastagens, apropriadas para a criação de gado.[1]

São muitos os termos hebraicos que representam a ideia de deserto no Antigo Testamento, e cada um deles pode ter acepções diferentes que enriquecem o seu conceito. Isso não ocorre apenas no Antigo, mas também no Novo Testamento.

Quando se fala em "deserto" na Palestina bíblica não se trata somente de uma região típica arenosa, mas também de solos sem vegetação, seja pela sua formação geológica, seja pela ausência de chuvas. É comum chamar-se de deserto a elevação de pedra caliça e árida exclusivamente pela falta de chuva. A explicação, tanto geológica como arqueológica, provou a relatividade do que se chama deserto na Palestina, bem como em outros lugares, muitos dos quais, em tempo antigos, foram campos de lavoura e de fixação humana, como provam os textos bíblicos e os nomes aplicados a tais regiões.

No Antigo Testamento, o vocábulo "deserto" aparece sob diversas acepções. As principais são:

1. *Midbar*. É forma hebraica, traduzida na Septuaginta por *éremos*; na Vulgata, *desertum*. O termo já era largamente empregado

---

[1] KITCHEN, K. A. "Deserto". Em: DOUGLAS, J. D. (Ed.). *O novo dicionário da Bíblia*, p. 328.

nos épicos cananeus de Ugarite no século XIV a.C.[2] A palavra pode indicar uma vasta região plana, propícia para a criação de gado (2Sm 17.16; Sl 65.12; Is 42.11; Jr 23.10; Jl 1.19; 2.22). Tais desertos podem também ser considerados regiões de transição entre os vales férteis e as escaldantes dunas (Gn 14.6; Êx 3.1; Dt 11.24; 1Sm 24.1; Is 32.15). O termo pode ainda ser empregado em sentido figurado indicando "esterilidade" e "desolação" (Is 14.17; Jr 2.31; Os 2.5).

2. *Arabá*. No grego, *éremos*; na Vulgata, *terra inhabitabilis*. O termo empregado com artigo (Nahal Há-Arabah) refere-se ao vale do Cedrom (Am 6.14). Sem o artigo, *arabá* descreve uma região árida ou distante; por extensão, pode corresponder a *midbar* (Is 33.9; 35.1-6; 40.3; 41.19).

3. *Yesimon*. No grego, esse termo sempre é vertido por *éremos* ou *gê anudros*; na Vulgata, *salitudo, desertum, invium*. Traduz uma região deserta (Dt 32.10; Sl 68.7). Às vezes, esse vocábulo estabelece paralelismo com *midbar* (Sl 78.40; 106.14; 107.4; Is 43.19,20). Quando empregada com artigo, converte-se num topônimo definido (1Sm 23.19,24; 26.1,3).

4. *Orbáh*. Empregada em sentido histórico, somente pelos profetas e traz a ideia de aridez, desolação e ruína total; consequentemente, de um castigo divino (Ez 5.14; Is 44.26).

5. *Tohu*. Sentido de "vazio" (veja Jó 6.18; 12.24; Sl 107.40 etc.).

6. *Siyyah*. Literalmente, *terra árida* (veja Jó 30.3; Sl 78.17 etc.).

No Antigo Testamento, as formas gregas de "deserto" coincidem muitas vezes com as latinas, com exceção do "deserto de Judá". Em quase todos os textos bíblicos, "deserto" não é propriamente uma região árida, mas um lugar solitário:

1. Uma terra castigada por Deus, onde não chove, portanto não há bênção (Is 6.11).

---

[2] GORDON, C. H. *Ugaritic Manual*. Roma: Pont. Inst. Biblicum, 1955, vol. 3, p. 254 e 458. Citado em KITCHEN, K. A. "Deserto". Em: DOUGLAS, J. D. (Ed.). *O novo dicionário da Bíblia*, p. 328.

2. Terra abandonada pelo Senhor, portanto, habitação de avestruzes, hienas e chacais (Is 13.20-22).
3. Restauração da terra, em que desertos se tornarão em "jardins regados" (Is 32.15-17).
4. Os quarenta anos que Israel passou no deserto representaram na vida religiosa uma lembrança das sucessivas gerações um período áureo da aliança do primeiro amor entre Deus e o seu povo (Dt 32.10-12; Os 2.16-21,22).
5. A rebeldia de Israel no deserto, que foi castigada por Deus, serviu de disciplina e admoestação a gerações futuras (Dt 6.13; Sl 78.1-40; 106.13-33; At 7.38-43; 1Co 10.1-11; Hb 3.7-19).
6. Os castigos de Deus no deserto foram amorosa correção paternal para Israel (Dt 8.2-5).
7. João Batista viveu no deserto (Lc 1.80) e exerceu seu ministério no deserto, junto ao Jordão (Lc 2.4).
8. Jesus foi tentado no deserto (Lc 4.1-13).
9. Jesus, muitas vezes, se retirou para lugares desertos, onde fez maravilhosos milagres (Mc 1.31,41; 6.31-41; Jo 6.31).
10. A mulher de Apocalipse 12.6 foi perseguida pelo dragão no deserto.

Desertos bíblicos

Os principais desertos mencionados na Palavra de Deus situam-se ao sul e ao oriente da Palestina. Os do sul estão todos agrupados na península do Sinai e se dividem em dois grupos:

1. Sur, Sin, Sinai, Parã, Cades, Zim e Berseba. Estes desertos formam um e o mesmo deserto; um colossal deserto, com nomes distintos, apenas para descrever e localizar regiões.
2. Os de Judá e Benjamim são: Maom, Zife, Engedi, Tecoa, Jeruel, Jericó, Bete-Ávem e Gabaom.

José Pistonesi declarou: "Os desertos orientais são mencionados acidentalmente e não têm a mesma importância histórica que os de Judá e Sinai, e muitos deles são até hoje desconhecidos".[3]

---

[3] PISTONESI, José A. *Geografia Bíblica de Palestina*, p. 119.

Os principais desertos mencionados na Bíblia são: da Idumeia (2Rs 3.8), de Moabe (Dt 2.8), da Arábia (Jr 25.23,24), de Queademote (Dt 2.26), de Diblate (Ez 6.14) e de Bezer (Dt 4.43 e Js 20.8).

Israel saiu do Egito, atravessou a pé enxuto o mar Vermelho e já entrou no deserto de Sur (Êx 15.22), identificado por alguns como Etã (Êx 13.20; Nm 33.6), o qual vai do noroeste da península ao longo da costa do golfo de Suez, na fronteira do Egito (1Sm 15.7). Ao ser expulsa por Sara, Agar, com seu filho Ismael, tomou a direção de Sur (Gn 16.7); e Sur era habitada pelos amalequitas (Gn 25.18). De Sur, Israel prosseguiu para o sul da Península e chegou ao deserto de Sin, entre Elim e Refidim (Êx 16.1; 17.1; Nm 33.11,12). Sin era prolongamento de Sur, dirigindo-se para a costa oriental do mar Vermelho. Nessa região, o Senhor Deus deu ao seu povo maná e codornizes (Êx 16.2-34). O nome atual deste deserto é El-Markhá.

De Sin, Israel dirigiu-se para leste e chegou ao deserto do Sinai (Êx 19.1), um vasto maciço montanhoso, localizado no sul da Península. Foi onde o Todo-poderoso deu a Lei ao seu povo, conhecida como "Lei de Moisés". Nesse sítio Israel permaneceu por um ano (Nm 10.11,12,33).

Do deserto do Sinai, o povo de Israel toma a direção de Parã (Dt 8.15,16), também conhecida como El-Tih, talvez a mesma montanha, vista de outro ângulo (Nm 10.12). Parã ocupa o centro da Península. Israel rodeou essa montanha por espaço de 38 anos (Nm 33.18-38), daí a razão do nome moderno de Sur: Badiet Et-Tih (deserto das peregrinações). Daqui (Parã) foram enviados doze espias para a terra de Canaã (Nm 13.3-26). Cades Barneia pertence ao deserto de Parã, segundo Números 13.26.

Além de Agar e Ismael, Davi também se refugiou nesse deserto (Gn 21.21; 1Sm 25.1).

Zim e Cades Barneia parecem formar uma só região e aparecem na Bíblia juntamente com Parã (Nm 13.26; 27.14; 33.36). Ficaram ao norte de Parã e serviram de limite meridional da Palestina (Js 15.3). Essa região é conhecida também como Neguebe, isto é, "terras secas do sul". Duas vezes Israel acampou no oásis de Cades: a primeira quando os doze espias voltaram de reconhecer Canaã, e a segunda quando se descreve a morte de Miriã, irmã de Moisés; logo a seguir, Israel entra em Edom e Moabe (Nm 20.1-21).

Deserto da Judeia

O deserto de Berseba fica no extremo sul de Israel, daí a expressão: "De Dã a Berseba" (Jz 20.1; 1Sm 3.20). O nome significa *poço do juramento* ou *poço dos sete*, referindo-se à aliança celebrada entre Abraão e Abimeleque das sete cordeiras (Gn 21.31). Abraão, Isaque e Jacó moraram em Berseba (Gn 21.31; 22.19; 26.33; 46.1). Em Gênesis 26 é descrita como região seca e difícil.

O segundo grupo de desertos localiza-se nos territórios de Judá e Benjamim. "Deserto de Judá" (Jz 1.16), bem como "deserto da Judeia" (Mt 3.1), refere-se ao conjunto oriental das montanhas de Judá, ao ocidente, do Arabá ao mar Morto; ao rio Jordão até a altura de Jericó. Essa imensa região se subdividia em:

1. *Maom*, ao sul de Hebrom.
2. *Zife*, paralelo a Maom, declinando-se para mar Morto.
3. *En-Gedi*, defronte à fortaleza herodiana de Massada, meio caminho entre a colônia dos essênios e o sul do mar Morto.
4. *Tecoa*, ao sul de Belém.
5. *Jeruel*, entre Tecoa e o mar Morto. Essa região deserta é montanhosa e cheia de cavernas. Quase sem vegetação, a população é reduzida.

Maom, Zife e En-Gedi estão relacionadas com a vida de Davi, quando fugia de seu sogro Saul (1Sm 23, 24, 25, 26). Em Tecoa e Jerusal se desenrolaram os fatos descritos em 2Crônicas 20, isto é, a vitória de Josafá sobre Amom, Moabe e Edom. Amós era boiadeiro e cultivador de sicômoros em Tecoa (Am 1.1; 7.14). João Batista cresceu nessa região até o dia de manifestar-se a Israel (Lc 1.80).

Os desertos de Jericó, Bete-Áven e Gabaom ficavam na tribo de Benjamim. O de Jericó, mais conhecido, era um longo desfiladeiro rochoso de cerca de 15 km que descia de Jerusalém a Jericó (Jerusalém fica a 700 m acima do Mediterrâneo; Jericó, 300 m abaixo). O desfiladeiro era sinuoso e cheio de cavernas, nas quais costumavam se esconder ladrões e salteadores para apanhar suas vítimas como aconteceu na parábola do Bom Samaritano. Bete-Áven situava-se nas proximidades de Betel (Js 7.2; 18.12; 1Sm 13.5; 14.23). Bete-Áven quer dizer "casa da vaidade", e com esse termo Oseias repreende os moradores de Betel (4.15; 10.5). Gabaom ou Gibeão estava a oeste da cidade que se erguia na colina, cujo nome era Gibeão (2Sm 2.24). Nesse lugar Josué venceu a confederação dos cinco reis (Js 10.12,13).

Deserto do Sinai

Outra vista do deserto do Sinai

Betsaida, para onde Jesus se retirou após a morte de João Batista e onde multiplicou pães e peixes, ficava ao nordeste da Galileia e ao sul do lago. Betsaida Júlias era uma região mui grande, comportando milhares de pessoas, e era coberta de relva verde (Mc 6.39). Por Marcos 6.31 sabemos que era chamada "lugar deserto". Não se deve confundir Betsaida Júlias com Betsaida, cidade de Pedro e André (Jo 1.44), que ficava ao norte de Cafarnaum, a oeste do mar da Galileia.

10
Vales de Israel

O filólogo brasileiro Laudelino Freire define "vale" da seguinte forma: "Depressão ou planície entre montes ou no sopé de um monte. Longo trato de terra banhado por um rio".[1]

Em Deuteronômio 11.10,11 lemos: "Porque a terra que passais a possuir não é como a terra do Egito, donde saístes, em que semeáveis a vossa semente e, com o pé, a regáveis como a uma horta; mas a terra que passais a possuir é terra de montes e de *vales*; da chuva dos céus beberás as águas".

A palavra *vale* ocorre no Antigo Testamento quase 190 vezes; no Novo Testamento, duas no máximo. Em nosso vernáculo só temos essa palavra para designar "vale"; em árabe, há apenas um termo; mas em hebraico há quatro:

1. *Emeque* ou *bigá*. "Desse vocábulo são formados diversos topônimos, alguns de suma importância para o povo de Israel. Entre eles se destaca o Har ha-Emeque, o emeque propriamente dito".[2] Designa um vale profundo, ou uma vasta porção de terra entre montes, como o vale de Josafá, o de Aijalom, o de Acor etc. O emeque se refere aos vales de rios perenes, podendo ser em vastas planícies ou estreitas gargantas entre rochas; em regiões planas, montanhosas ou em grande profundidade. Pode designar uma planície (Gn 11.2), simplesmente um vale (Is 40.4), um lugar baixo e arenoso à entrada de um rio (Am 1.5), as planícies mais baixas do Jordão (Dt 34.1-6) ou um grande vale como a Celesíria (Js 11.17 e 12.7).

[1] FREIRE, Laudelino. *Grande e novíssimo dicionário da língua portuguesa*. Rio de Janeiro: Livraria José Olympio Editora, 1957.
[2] *Enciclopedia de la Biblia*, vol. 2, p. 1.237.

2. *Gay ou Ghe*. Designa simplesmente um vale estreito e profundo, como o dos "filhos de Hinom", também chamado *Geena* e *vale da sombra da morte* (Sl 23.4).
3. *Nahal*. Correspondente ao árabe *wadi* (uádi).[3] Refere-se ao leito de um rio intermitente. Tais rios correm somente na estação chuvosa (novembro a março). Nos uádis, mesmo no estio, pode-se encontrar água no subsolo, como no Querite e no Soreque.
4. *Shefelá* (Sefelá). Designa um terreno baixo, particularmente costeiro. Confunde-se muitas vezes com *emeque* ou *bigá*.

Os vales mencionados na Bíblia foram denominados por um grande fato que neles ocorreram. A Bíblia, naturalmente, menciona muitos vales. Descrever todos seria uma tarefa impossível. Vamos aos principais.

Acor

Do hebraico *emeque*, que significa "perturbação". O nome foi dado por causa de Acã, que desobedeceu à ordem de Deus no tocante aos despojos de Jericó; transgrediu e levou Israel à derrota quando tentou tomar Ai. Acã foi destruído com sua família (Js 7). Esse vale de tristes recordações aparece em outras passagens bíblicas (veja Js 15.7; Is 65.10; Os 2.15). O vale deve ter de norte para sul cerca de 7,5 km, centralizado no uádi Qumram, a 16 km ao sul de Jericó, com saídas para o norte e para o leste. Eusébio o situa ao norte de Jericó mais ou menos no atual uádi Nueimah. Delman o situa entre o uádi Teisun e o El-Qelt, enquanto Fernandez o posiciona ao norte de Nebi Musa. As terras desse vale foram irrigadas e nelas se construíram as fortalezas de Midim, Secacá e Nibsam, hoje identificada com El-Buqeia. Continua sendo chamada de Arav, isto é, "deserto".

Aijalom

No hebraico *emeq ayyalon*, ou seja, "vale das gazelas". Localiza-se 8 km a oeste de Jerusalém, e por uma série de declives atingia

---

[3] Para a explicação de uádi, veja a nota 12 da página 41.

Bete-Horom. Lugar onde Josué enfrentou a confederação cananeia (Js 10; 11), e mais tarde os macabeus tiveram decisiva batalha com os siros. Mede 18 km de comprimento por 9 de largura. Em Josué 10.12 e Isaías 28.21 é chamado Gibeom, e foi nesse lugar que Josué orou e o sol se deteve.

Numa colina que domina todo o vale foi construída uma cidade, também chamada Aijalom, mencionada nas cartas de Tell el-Amarna como Aialuna, hoje identificada com Yalo. A distância de Râmala a Mishmar Ayalom é de 10 km sempre na mesma direção ocidental; à esquerda, hoje, está situada uma fábrica de cimento, e, à direita, o povoado de Azarias. Da parte superior de Mishmar Ayalom avista-se o Mosteiro dos Padres Trapistas à direita, e Emaús à esquerda. Mishmar Ayalom fica numa colina. Nela, Judas Macabeu derrotou os gregos e abriu caminho para Jerusalém. Em 638 d.C. os árabes se acamparam nessa colina para derrotar os bizantinos. Um sem-número de batalhas foi travado nesse vale pelos cruzados. Na Primeira Guerra Mundial, os ingleses aí derrotaram os turcos. Na guerra de Libertação em 1948, Israel travou sangrentas batalhas com árabes.

Beraca

O termo significa "bênção". É o vale pertencente à tribo de Judá, entre Jerusalém e Hebrom, 7,5 km a oeste de Tecoa e a 11 km de Belém. O nome aparece em 2Crônicas 20.26 e descreve o grande livramento de Deus a Josafá contra a coligação de Amom, Moabe e Edom. Identificado com o uádi Bereikute. O nome moderno é Berekhá, cuja significação é "Poça d'água".

Cedrom

Em hebraico se diz *Nahal Qidrom*; no grego, *xeimarous kedron*; no latim, *convallis Cedrom*. Significa "escuro" ou "sombrio". *Nahal* é o equivalente ao uádi árabe, isto é, "vale", "torrente". O grego *xeimarous* encerra a ideia de "torrente" e "tormenta". O riacho de Cedrom na atualidade está completamente seco. As águas das chuvas que no uádi correm são canalizadas para Jerusalém.

O vale do Cedrom é também chamado "vale de Josafá" (Jl 3.2-12). A palavra Josafá pode ser traduzida por "Deus julgou"; daí também o nome "Vale do Juízo Final". De Teodósio (530 d.C.) para cá, o vale ficou conhecido como uádi el-Nar, isto é, "vale do Fogo".[4]

Esse vale nasce junto aos sepulcros dos Juízes, a noroeste de Jerusalém; avança uns 760 m e chega aos sepulcros dos reis, ao pé do monte Scopus; deste ponto segue em ângulo reto, para o sul. Essa primeira parte se chama uádi el-Goz. A outra acompanha a cidade de Jerusalém, no seu lado oriental, e é conhecida como "Fonte da Virgem" (Sitt-Maryan). Nesse ponto, a profundidade do vale com relação à explanada do templo, que o domina, é de 120 m, quando na altura do Getsêmani era apenas de 45 m.

Quando deixa Jerusalém, o vale de Cedrom passa a se chamar uádi el-Rahib (vale dos Monges), por causa do mosteiro em uádi el-Nahar. Daqui segue para o mar Morto entre rochas profundas.

O Cedrom separa Jerusalém do monte das Oliveiras.

À esquerda da Porta de Maria, pouco antes da estrada Jerusalém-Jericó, está a chamada "Tumba da Virgem" e a "Gruta dos Apóstolos". Do lado oriental da Ponte está o Getsêmani; no leito do vale estão as sepulturas de Josafá, Absalão, Tiago e Zacarias. A lombada esquerda está plantada de sepulturas de judeus, e a direita de muçulmanos.

Ao pé do monte Ofel brota a Fonte da Virgem, cujas águas, por um canal subterrâneo, alimentam Siloé. No lado oposto à Fonte da Virgem aparece o povoado de Siloé. Exatamente aqui, o Cedrom se encontra com o vale de Hinom.

O monarca Davi, fugindo de seu filho Absalão, cruzou o vale (2Sm 15.23-30); o rei Ezequias queimou no Cedrom imundícias idolátricas que estavam no templo (2Cr 29.16; 30.14). O Senhor Jesus Cristo, saindo do cenáculo e dirigindo-se ao Getsêmani, também o cruzou (Lc 22.39-44). Ele o cruzou na mesma noite do Getsêmani à casa de Caifás.

---

[4] Uma tradição judaica diz que na ressurreição toda a humanidade estará reunida no monte das Oliveiras. O tribunal do Juízo estará no vale de Josafá defronte ao Moriá. Aparecerão duas pontes no Josafá: uma de ferro pela qual passarão os pagãos; a outra de papel para os judeus. A primeira, pesada, aprofundar-se-á para o abismo eterno, e a segunda, leve, conduzirá os judeus para a bem-aventurança eterna.

Vale de Hinom

Hinom

No hebraico lê-se *Gê Himnon*, isto é, "vale do Hinom", ou *Gê Ben Himnom*, "vale do filho de Hinom".

Esse vale fica ao sul de Jerusalém, junto à porta do Oleiro (Jr 19.2), hoje identificado com o uádi el-Rababah. A linha divisória entre Judá e Benjamim passava por esse vale (Js 15.8; 18.15,16). Pensa-se que Hinom é o nome de seu antigo proprietário, porque Josué, na conquista de Canaã, já o encontrou assim chamado (Js 15.8). O Hinom corre de norte para sul, ao ocidente de Jerusalém. Abruptamente dirige-se para leste e junta-se ao Cedrom. Pela Porta Saar Há-Harsit chegava-se a Jerusalém (Jr 19.2). Pouco antes do cativeiro babilônico recebeu o nome de Tofete (2Rs 23.10; Jr 7.31,32; 19.6-11,12,13,14). O culto bárbaro de Moloque tinha sua sede nesse vale, também associado a outros deuses pagãos, adorados por Acaz e Manassés (2Cr 28.3; 33.6; Jr 32.35). O rei Josias cobriu esse vale com ossos humanos e o tornou imundo (2Rs 23.10-16); Jeremias o condenou e o chamou de "vale de Matança" (Jr 7.31,32). Depois do exílio babilônico, o vale passou a ser usado para queimar cadáveres de criminosos e de animais. A palavra (*gê* = vale de) Hinom se tornou *geena* no vernáculo, como sinônimo de "inferno". Na parte meridional do vale existem sepulturas de judeus e cristãos da época romana e bizantina. Bem próximo deste cemitério está o campo de Aceldama (At 1.20).

Escol

No hebraico, é *Shkol*, cujo significado é "cacho"; naturalmente se refere à uva. Localiza-se ao ocidente de Hebrom e muito próximo dessa cidade. Os doze espias enviados por Moisés, depois de percorrerem a terra de Canaã, passaram por Hebrom e no vale de Escol, cortaram um gigantesco cacho de uvas, meteram-no numa vara e dois homens o carregaram no ombro a Moisés, em Cades Barneia (Nm 13.22-24; Dt 1.24). Ainda hoje o vale é famoso pela fertilidade de suas terras e pela produtividade, principalmente de uvas. Alguns turistas que visitaram Escol encontraram cachos de uvas pesando 5 e até 9 quilos.

Hebrom

No hebraico, *Hebrom*; no grego, *Xebrom*; na Vulgata, *Hebrom*. Significa "união". Pertencente a Judá, distante 35 km ao sul de Jerusalém. Seu nome primitivo era Quiriate Arba (Gn 23.2; 35.27; Js 14.15). Em Números 13.22 afirma-se que Hebrom foi edificada sete anos antes de Zoã, no Egito. Os judeus chamam-na hoje Hebrom, mas os árabes de El-Halil, que quer dizer "o amigo de Deus". O vale está mais ou menos 1.000 m acima do Mediterrâneo. Tem 30 km de comprimento. A cidade de Hebrom está nesse vale, bem como o famoso "Terebinto de Moré" e a sepultura de Macpela, onde estão enterrados Sara e Abraão, Rebeca e Isaque, Lia e Jacó.[5]

Refaim

A palavra "refaim" tem dois sentidos: a) refere-se à raça de gigantes que habitaram, antes da conquista de Israel, tanto Canaã, como a Transjordânia; b) nos textos ugaríticos e fenícios, significa "alma", designando uma categoria de deuses inferiores.

---

[5] A sepultura de Raquel está em Belém-Efrata (Gn 35.16-20).

Os refains foram derrotados por Quedorlaomer (Gn 14.5) e Deus prometeu a Abraão a terra dos refains (Gn 15.20). A algumas passagens bíblicas, a Septuaginta traduz "gigantes" em lugar de "refains" (Gn 14.5; Js 12.4; 13.12; 1Cr 11.15). No texto hebraico aparece *emeque refaim*; na Vulgata, *vallis Rephaim*.

Trata-se de um vale enorme, medindo 6 km ou mais de largura, encravado a sudoeste do vale dos filhos de Hinom. Em algumas versões é chamado o "vale dos Gigantes"; Josefo o denomina o "vale que vai de Jerusalém a Belém". Isaías 17.5 descreve-lhe a abençoada fertilidade.

Desse vale, os filisteus muitas vezes atacaram os exércitos de Israel. Davi, estando na Cova de Adulão, teve desejo de beber água do poço que estava na porta de Belém. Três de seus homens valentes atravessaram o vale de Refaim, onde se acampavam os filisteus, tiraram água do poço de Belém e a trouxeram a Davi (2Sm 23.13-17; 1Cr 11.16-19). O rei Davi derrotou nesse vale os filisteus duas vezes (2Sm 5.17-25; 1Cr 14.9-16).

O vale dos Refains era caminho obrigatório para quem ia de Jerusalém a Belém. Por ele passou Abraão levando seu filho Isaque para Moriá. Jacó passou fugindo de seu irado irmão Esaú. Maria e José levaram Jesus para o templo. Os magos foram guiados pela estrela em direção a Belém. Mais tarde esse vale foi chamado uádi el-Bukaa (vale das Rosas); hoje uádi el-Werd.

A rua principal de Bukaa corta a linha férrea Jerusalém-Lode e chega até a estação de energia elétrica, que fica à direita e penetra "Moshava Germanit", bairro alemão fundado em 1880 por membros da Sociedade dos Templários, expulsos pelos ingleses na Segunda Guerra Mundial. A International Cultural Center for Youth (ICCY) está sediada nesse vale. A artéria principal da colônia alemã (Rua Refaim) prossegue através do vale dos Refains e chega até Katamon, onde se ergue o Mosteiro de São Simeão.

Siquém

O vocábulo aparece pela primeira vez nas Escrituras Sagradas em Gênesis 12.6; no hebraico é grafado *Sekem*, que literalmente significa "ombro"; no egípcio é *Sekmem*; no grego *Tà Zekima* e no latim *Sichem*.

É um vale de aproximadamente 12 km, que corre na direção noroeste. Está entre os montes Ebal e Gerizim. É notável por sua exuberante vegetação e por suas inúmeras nascentes de água.

Nesse vale, no sopé de Gerizim, ergue-se a cidade de Siquém, hoje Nablus. Ao oriente do vale fica a planície de El-Mukha, por onde passa a estrada que leva a Jerusalém. Nessas cercanias, está o Poço de Jacó, onde Jesus dialogou com a Samaritana.

Siquém é mencionada nos textos egípcios das cartas de Tell el-Amarna. Foi o primeiro lugar onde o patriarca Abraão residiu em Canaã ao chegar da Mesopotâmia (Gn 12.7). Jacó, ao voltar de Harã, armou sua tenda em Siquém (Gn 33.18,19). Diná, filha de Jacó, foi contaminada pelo príncipe Siquém, filho de Hamor. Como retaliação, Levi e Simeão mataram implacavelmente os siquemitas (Gn 34.25,26). Jacó mandou enterrar em Siquém ídolos e amuletos de seus filhos (Gn 35). Ao morrer, José foi sepultado nessa região (Êx 13.19; Js 24.32).

Sidim

No hebraico *emeque ha-Siddim*, derivado do termo hitita Siyanyas; no grego: *Ê Koilàs É Aluke*; Vulgata: *Vallis Silvestris*.

É um vale na região do mar Morto e, às vezes, identificado com o próprio mar Morto. Está localizado nas proximidades da Pentápolis. Nesse lugar a coligação de Quedorlaomer se defrontou com as forças dos cinco reis, que foram derrotados (Gn 14.3-8). Na região havia um sem-número de poços de betume (Gn 14.10).

O vale de Sidim deve ser localizado na extremidade meridional do mar Morto, naquela parte situada ao sul da península de El-Lisã. A geologia, a topografia e a hidrografia, auxiliadas pela arqueologia, encontraram na referida península restos de cidades que parecem coincidir com as cidades desaparecidas da região[6].

Tudo indica que nos dias de Ló esse vale era verdejante, produtivo e muito bonito (Gn 13.10-13).

---

[6] Para mais informações a respeito desse assunto, consulte a *Enciclopedia de la Biblia*, vol. 6, p. 660.

Soreque

Designado no hebraico *nahal Soreque. Nahal,* não *emeque.* Terra natal de Dalila (Jz 16.4). No vale corre um rio intermitente do mesmo nome. Distante 21 km de Jerusalém, confina no Mediterrâneo. Por esse vale passava um dos mais importantes caminhos do mar para Jerusalém e hoje passa a estrada de ferro. Nesse vale estavam Bete-Semes (1Sm 5.10; 6.13) e Timna. A região é célebre pelas atividades de Sansão contra os filisteus. Sansão foi sepultado junto com seus pais, entre Zorá e Estaol (Jz 16.31). Soreque era limite entre Judá e Dã.

Terebintos

Mais conhecido como "vale de Elá". Em hebraico, Elá significa "Terebinto". Fica a sudoeste de Jerusalém, entre Azeca e Socó. Palco de sangrentas batalhas entre israelitas e filisteus (1Sm 17.2-19; 21.9). Davi matou o gigante Golias nesse vale. Hoje é identificado com o uádi el-Sant.

Inúmeros outros vales espalham-se por Israel e Jordânia. Os principais, entretanto, foram indicados aqui.

11
Estradas e caminhos da Palestina

Na Palestina, tanto no Antigo como no Novo Testamento, havia dois tipos de estradas. O primeiro tipo é indicado pelas palavras *orah* e *natib*, que se referem a um caminho mais largo, mais regular, próprio para o trânsito de tropas com ou sem carro, tanto de guerra como comercial. Nem sempre o nome *orah* vem declarado; afirma-se, entretanto, que certos povos possuíam carros, de onde se conclui que esses carros transitavam certamente por *orah*, como podemos constatar de Gênesis 45.27; 46.5; Juízes 1.19; 19.18; 1Samuel 25.20; 2Samuel 6.6 e Atos 8.28-31.

O segundo termo hebraico para designar caminho era *derek*; não propriamente um "atalho", um "trilho", mas um caminho batido pelos pés dos homens e dos animais, principalmente de camelos. Esse vocábulo aparece mais de 700 vezes na Bíblia. *Derek* pode ser simples caminho como em Salmos 119.105 e Isaías 36.2 etc., mas pode aparecer como *derek ha-Melek*, então trata-se de um caminho real como em Números 20.17 e 21.22.

Dentre os termos "estrada", "caminho" e "vereda", a palavra "caminho" é a que mais aparece na Bíblia. Estrada é larga e caminho é estreito. Mateus 7.13,14 estabelece a diferença.[1]

Geograficamente Israel estava plantado no mundo antigo entre as duas superpotências da época: Egito, no ocidente, e Mesopotâmia, no levante. Essas potências disputavam a hegemonia do mundo e lutavam. Israel era o caminho inevitável para as grandes disputas.

---

[1] A Bíblia se refere a estradas reais (Nm 20.17), a caminhos públicos (Dt 2.27), a trilhos insignificantes (Jz 5.6; Is 19.23). Outros são descritos como ladeiras ou lombadas, a exemplos do de Luíte (Is 15.5), ou de Ziz (2Cr 20.16), e outros como descidas, uma delas é a Horonaim (Jr 48.5).

As estradas e os caminhos, além do significado bélico, constituem um meio de comunicação entre um povoado e outros, entre duas cidades, entre dois países, entre continentes. Com elas se estabelecia o intercâmbio espiritual, cultural e comercial entre os povos.

Os romanos, com propósitos militares, construíram muitas estradas, algumas até mesmo macadamizadas. Dessas, ainda restam trechos, na Ásia e em Roma, como a Via Ápia, a estrada por onde Paulo entrou em Roma.[2]

Pela direção que tomavam e pelo curso que seguiam, as principais estradas de Israel eram:

Via Maris

No hebraico: *Derek ha-Yam*. Saía de Damasco e se dirigia a Tolemaida, no Mediterrâneo. Entrava em Israel pela ponte Benat Ya-Qub, ao sul do então lago de Hula (Águas de Merom). Passava próximo a Cafarnaum, cruzava a planície de Genesaré e subia o uádi el-Hamam; prosseguia para o sul até o Tabor, atravessava todo o Esdraelom, tocava Megido, na altura do uádi el-Arah e chegava a Tolemaida, o grande porto no Mediterrâneo, de onde se partia para Roma. Tolemaida ficava na primitiva tribo de Aser ao norte do monte Carmelo. Mais tarde, os romanos prepararam um grande porto em Cesareia, capital política do Império no Oriente Médio. Ficava ao sul do monte Carmelo, na tribo ocidental de Manassés. Uma parte dessa famosa via era pavimentada; os romanos cobravam pedágio dos transeuntes, tanto de carros, como de cavaleiros ou viandantes.[3]

Estrada do Centro

Eram na verdade duas estradas. Uma saía de Jerusalém e se dirigia para o sul, passando por Belém, chegava em Hebrom. Aqui se

---

[2] Nos dias do Antigo Testamento não existiam estradas asfaltadas, como as de hoje, mas havia estradas por onde carros de guerra rodavam como os dos "moradores do vale" (Jz 1.19); Sísera tinha 900 carros (Jz 4.3); Acabe foi de carro a Ramote de Gileade (1Rs 22.31,35,38); os servos do rei puseram o cadáver de Josias num carro e o levaram a Jerusalém (2Rs 23.30); Salomão possuía mais de mil carros (1Rs 12.26); Naamã, o siro, viajou de carro para Samaria (2Rs 5.9); o eunuco de Atos 8.28 viajou de carro para Jerusalém.

[3] Herodes, o Grande, quando construiu Sebastia, em honra do imperador Augusto, fez uma estrada que ligava a nova cidade à Cesareia, com cerca de 30 km.

bifurcava: um ramal descia para Gaza e alcançava a estrada da Costa. Por aqui desceu o eunuco da Etiópia, evangelizado por Filipe (At 8.26-40). O outro ramal seguia para Berseba, chegando em Eilate. A outra Estrada do Centro saía também de Jerusalém e seguia para o norte, passando por Betel, Siquém, Citópolis (Bete-Seã), Cafarnaum, até encontrar-se com a Via Maris. Em Bete-Seã, cruzando o Jordão, unia-se à estrada do Leste. De Siquém, saía um ramal para Cesareia, passando por El-Ganim. Esse caminho serpeava pelos montes. Jesus palmilhou essa estrada pelo menos três vezes (veja Jo 4.3,4,43; Lc 9.51-56; 17.11-19). Os judeus que iam a Jerusalém evitavam esse caminho devido à inimizade com os samaritanos. O Senhor Jesus, entretanto, ficou acima desse ódio racial.

Estrada da Costa

Saía do Egito, de um dos pontos da fértil região do Delta. Seguia por uma região deserta, tanto como 120 km, e atingia o Mediterrâneo na altura de Gaza. Continuava, pela costa, até Ascalom, Jamia, Jope, Cesareia, Tolemaida, Tiro e terminava em Sidom.

A primeira parte, entre Egito e Gaza, é chamada na Bíblia de "caminho da terra dos filisteus" (Êx 13.17). Era uma estrada preferencialmente militar. Por isso, Deus não permitiu que seu povo seguisse tal caminho. Nele estava a guerra. Por essa estrada passaram exércitos egípcios, assírios, babilônicos, siros, romanos, sarracenos e franceses. Ao chegar a Jope, um ramal deixava a estrada real e seguia pra Jerusalém, passando por Lida, onde se bifurcava: um caminho dava em Jerusalém, na porta de Damasco, passando por Bete-Horom e Gabaom, e outro chegava até a Porta de Jafá, em Jerusalém, passando por Emaús. Paulo, quando levado a Cesareia, passou pelo primeiro (At 23.31). Jesus acompanhou Cleopas e seu companheiro pelo segundo na tarde do primeiro dia da ressurreição (Lc 24.13-31).

Estrada do Leste

Saindo de Jerusalém, cruzava o vale de Cedrom, subia o monte das Oliveiras, chegava a Betânia. Descia para Jericó. Atravessava o Jordão, no passo natural na altura de Betânia de Além-Jordão. Subia os montes da Galaade, passava por Filadélfia (a primitiva Rabá

Vale de Cedrom

de Amom) e continuava até Damasco, serpeando pela Decápolis. Em Filadélfia (Pereia do Novo Testamento), um ramal seguia para Gerasa, Pela, Betábara e, no sul do lago de Tiberíades, por um passo natural, atravessava o Jordão e penetrava na região da Galileia. Era o caminho perlustrado pelos judeus que iam da Galileia para Jerusalém. O Senhor Jesus palmilhou esse caminho inúmeras vezes. Foi também pela Estrada do Leste que Paulo e seus companheiros possivelmente seguiram para Damasco para perseguir os cristãos (At 9) e foi onde o apóstolo se encontrou com o Filho de Deus.

Caminhos secundários

Além dos já citados, que são os mais importantes, havia caminhos secundários, de curta distância e não muito percorridos, como:

1. O que saía de Anatote e passava por Hismã, Gabaa, Micmás, Ramum e terminava em El-Tayibah.
2. O de Nazaré a Cafarnaum, passando por Caná, Genesaré.
3. O de Jericó a Jerusalém, através do úadi El-Qelt; depois de uns 20 km bifurcava-se: o ramal principal chegava ao centro de Jerusalém e o outro dirigia-se a Betânia.

4. O de Jericó a Gabaom, também pelo úadi El-Qelt, úadi El-Fawwar, Gabaa, El-Ram. É provável que Josué tenha subido por esse caminho para alcançar Gilgal e Abner fugindo de Gabaan para Maanaim.
5. O de Jericó a Ai e Betel, através de Gebel Qarantal e os úadis El-Teisum, El-Qelt e, por Aburatmah e deixando à esquerda Ras el Tamil, dirige-se para Micmás. Foi o seguido por Josué para tomar Ai.
6. O de Tiro a Cesareia de Filipe.
7. Na Transjordânia, um trem chega até Medina e Meca.
8. O do Sinai foi o que Moisés seguiu do Egito até o mar Vermelho e depois na península do Sinai, marginando o Suez e depois o Ácaba, até Edom e Moabe.[4]

---

[4] Em *Guia de Israel*, o prof. Zev Vilnay fornece informações maravilhosas sobre estradas modernas de Israel, incluindo distâncias, especialmente nas p. 454-477.

12
Climas da Palestina

Geograficamente, a Palestina situa-se na faixa subtropical; seu clima, portanto, é *sui generis*, com apenas duas estações: chuvosa com frio e seca com calor.[1] A Palestina é encontrada entre 31° e 33° e 25', latitude norte. A extensão territorial de Israel é mínima. Apesar do tamanho, existem três climas distintos nesse país:

1. *Montanhas.* Israel é um país essencialmente montanhoso. O ponto mais elevado é o Hebrom, com pouco mais de 1.000 m. Jerusalém ergue-se a uma altitude máxima de 800 m. Nas montanhas, o clima é sempre fresco e ventilado, exceto quando esporadicamente sopram ventos do sul ou do ocidente, o que ocorre quase sempre no verão. Por exemplo, em Jerusalém, no inverno, o termômetro desce a 6° positivos e algumas vezes a zero com neve. As geadas são mais frequentes. No verão o termômetro oscila entre 14° e 29°.
2. *Litoral.* Israel confina a ocidente com o mar Mediterrâneo. A brisa marinha é constante, principalmente à noite. No inverno, em Gaza e em Jafa, a temperatura baixa para 14°; algumas vezes, um pouco menos. No verão sobe para 23°, e na maior intensidade do verão, até 34°. Em Haifa, Naharia e outros lugares mais ao norte, o frio é rigoroso. Em Rosh-Nikrah, na linha divisória com o Líbano, o inverno é insuportável, principalmente quando coincide com uma quadra chuvosa.
3. *Deserto.* Quando o Jordão sai do mar da Galileia, corre a 200 m abaixo do nível do mar Mediterrâneo; em Jericó a 300 m e, por último, quando entra no mar Morto, está a 400 m. O Jordão

---

[1] LEGENDRE, Adolphe Alphonse François. *Le Pays Biblique.* Paris: Bloud & Gay, 1928, p. 186.

corre de norte para sul entre duas muralhas de montes. O vale desse rio não recebe ventos de nenhum lado. Os raios de sol se concentram no vale, tornando seu clima insuportável.[2] No inverno a temperatura chega a 25° e no verão varia entre 43°, 45° e até 50°.

Jericó é um lugar diferente e com um clima também diferente. Nunca chove. Está a 300 m abaixo do nível do mar. É a cidade mais verde de Israel; o clima é constante: de dia 32°; à noite, 28°.[3]

Pontos cardeais

Giovanni Schiaparelli afirma: "Os hebreus antigos divisavam em seus horizontes somente quatro direções e consequentemente quatro ventos (Jr 49.36; Ez 37.9; Dn 8.8; Zc 6.5). Estas 'direções' dos antigos correspondem aos nossos pontos cardeais".[4] Para designá-los, os hebreus tinham três sistemas distintos:

1. O observador está de frente para o levante:

   a) *Quedem* (leste) — na frente.

   b) *Akhos* (oeste) — na retaguarda.

   c) *Semol* (norte) — à esquerda.

   d) *Yamin* (sul) — à direita.

2. Derivado das aparências ligadas ao movimento do sol:

   a) *Mizrakh* (leste) — o nascer do sol.

   b) *Mibô Hassehemesh* (oeste) — o pôr do sol.

   c) *Tsafon* (norte) — região escura, trevas.

   d) *Darom* (sul) — região iluminada.

---

[2] LEGENDRE, A. A. F. *Le Pays Biblique*, p. 186-187.

[3] No vale do Jordão o sol castiga e o calor queima. Toma-se a direção do ocidente, por exemplo. Sobe-se a cordilheira e, um quilômetro percorrido, apenas um, e o clima passa de tórrido para temperado.

[4] SCHIAPARELLI, Giovanni. *La Astronomía en el Antiguo Testamento*. Buenos Aires: Losada, 1945, p. 60.

3. Topograficamente, indicando a direção de acordo com as circunstâncias locais que coincidem com ela:

a) *Sul* (*neguev*) — para designar uma região seca e árida.
b) *Oeste* (*miyam* = do mar; *yammah* = para o mar) — norte e leste não aparecem na Bíblia, exceto em Gênesis 13.14.
c) *Ventos* — "A diferença de temperatura na superfície do globo e na atmosfera é, como se sabe, a causa primeira da formação dos ventos".[5] Os hebreus atribuíam propriedade especial a cada um dos ventos:

- *Safon, Mezarrim* (norte) — fresco, portador de geadas.
- *Daron, Teman* (sul) — traz calor.
- *Qadim* (leste) — vem do deserto e cresta a vegetação.
- O de oeste, procedente do mar, traz chuva.

Vejamos o que a Bíblia diz a respeito:

1. *Vento oriental* — portador de seca e crestamento (Gn 41.6; Êx 10.13; Os 13.15; Ez 17.10; 19.12).
2. *Vento sul* — trazia tempestade e calor (Is 21.1; Zc 9.14; Lc 12.55).[6]
3. *Vento ocidental* — portador de nuvens e chuvas (1Rs 18.44; Lc 12.54).
4. *Vento norte* — trazia frio e calmaria (Jó 37.9; Pv 25.23).[7]

Estações

Pelos textos de Gênesis 8.22; Isaías 18.6 e Zacarias 14.8, e talvez outros, concluímos que em Israel e em todo o Oriente Médio havia somente duas estações: verão e inverno.

---

[5] Legendre, A. A. F. *Le Pays Biblique*, p. 187.

[6] Os judeus atuais chamam esse vento de *hapsyn* ou *siroco*, e dizem que sopra cinquenta dias antes de começar o verão.

[7] Para uma descrição rigorosamente astronômica sobre firmamento, nuvens, neve, geada, granizo, chuvas etc. na Palestina, consulte o excelente tratado *La Astronomía en el Antiguo Testamento*, do astrônomo italiano Giovanni Schiaparelli.

O verão começava em abril e se estendia até setembro. O tempo era bom e seco; era o tempo das colheitas, dos trabalhos agrícolas. Eram seis meses de completa seca.[8]

O inverno iniciava em outubro e ia até março. Seis meses de chuva e frio. Muito vento, principalmente do norte. Nesse período, havia geadas e neve nos montes. Em Cantares 2.10-13 descreve-se o fim do inverno e a chegada do verão, que no primeiro mês (abril) correspondia a uma curta primavera.

Os rabinos dividiam o ano em seis estações de dois meses:

1. Colheita — de 16 abril a 15 junho.
2. Cálida — de 16 junho a 15 agosto.
3. Estio — de 16 agosto a 15 outubro.
4. Semeadura — de 16 outubro a 15 dezembro.
5. Inverno — de 16 dezembro a 15 fevereiro.
6. Fria — de 16 fevereiro a 15 abril.

Chuvas

Diferentemente do Egito, onde não chove, em Israel são abundantes as chuvas na estação própria (Dt 11.14; 1Sm 12.17,18). As primeiras chuvas caem em outubro; são aguaceiros fortes, geralmente com trovoadas. No litoral, as chuvas são torrenciais e mais frequentes; nas montanhas, finas e continuadas. No deserto dificilmente chove. Ao que parece, devia chover no tempo em que Herodes,

---

[8] A Bíblia se refere a secas periódicas em Israel: ao tempo de Abraão, de Isaque, de Jacó, de Rute, de Elias, de Paulo. Israel continua a enfrentar problema de seca. Por exemplo, sob a manchete "A seca em Israel", o site "Cafetorah" noticiou: "A seca em Israel já está dando os primeiros e dramáticos passos, hoje, segundo os meios de comunicação, quilômetros de plantações de batata foram arrancados por agricultores na Galileia e na região do Golan. Os agricultores declararam que o governo precisa garantir novas fontes de abastecimento para o país. 'Esta é a maior seca dos últimos dez anos no país e imagens como esta ainda não vimos', declarou um dos agricultores ao jornal de notícias Yediot Aharonot. Em muitos locais o volume das precipitações não passou da metade e o Kineret (mar da Galileia) que é o maior responsável pelo abastecimento de água potável no país esta bem abaixo da linha vermelha, o que não garante uma qualidade na água que chega à maioria das casas do país. Os prefeitos das cidades litorâneas estão sendo convocados a iniciarem projetos de dessalinização da água em suas cidades a fim de economizar a água da rede de abastecimento nacional". (Disponível em http://www.cafetorah.com/seca-em-israel. Acesso em: 16 de outubro de 2008; notícia datada de 13 de abril de 2008).

o Grande, construiu Massada, defronte ao mar Morto, e os essênios habitavam nessa região, pois havia grandes reservatórios d'água, geralmente procedente das montanhas.

Depois de outubro, as chuvas prosseguem em novembro, dezembro, até março. As derradeiras, muito esparsas, caem em abril. A Bíblia menciona a chuva "serôdia", ou seja, a "chuva tardia" (Pv 16.15; Jr 3.3; 5.24; Os 6.3; Jl 2.23; Am 7.1; Zc 10.1). Também registra "chuva de pedras" ou granizo (Js 10.11). Por último, o Livro Santo menciona o famoso "orvalho", que era e ainda é abundante em Israel, e cai até mesmo nas regiões desertas. Em Salmos 133.3 há referência ao Hermom. Em Cantares 5.2, o "esposo" diz que sua cabeça estava cheia de orvalho e seus cabelos, das gotas da noite. O velo de Gideão produziu um copo de orvalho e molhou a relva ao redor (Jz 6.38-40). Vale a pena consultar Jó 29.19-22; Provérbios 3.20; Isaías 18.4; Oseias 6.4; Ageu 1.10 e Zacarias 8.12.

As precipitações pluviais, na média de um ano, chegam a 1.090 mm.[9]

Calendário

"O cômputo dos meses do calendário das festas entre os hebreus foi ajustado durante os séculos, e ainda o é, sobre as fases lunares; neles não se encontra, como seria de esperar-se, nenhum vestígio do calendário egípcio".[10] Entre os hebreus, tudo era regulado pela lua, como lemos em Salmos 104.19: "Fez a lua, para marcar o tempo". A palavra hebraica para "mês" é *yerakh*, que vem de *tareakh*, isto é, lua. *Khodesh* é novilúnio ou lua nova. Ewald[11] pretende provar, sem fundamentos, que os meses hebreus são de 30 dias como no calendário egípcio. Giovanni Schiaparelli discorda radicalmente.

O princípio do mês — *Rosh Khodesh* — era determinado pela primeira aparição da luz, no ocidente, durante o crepúsculo vespertino (1Sm 20.5-18,24-27). Os nomes hebraicos dados aos meses expressam características próprias, como por exemplo:

---

[9] Veja um estudo bem feito sobre o assunto em LEGENDRE, A. A. F. *Le Pays Biblique*, p. 189-194.

[10] SCHIAPARELLI, Giovanni. *La Astronomía en el Antiguo Testamento*, p. 137.

[11] EWALD, H. *Altherthumer Des Volker Israel*, 3.ª ed. Gott.

GEOGRAFIA DA TERRA SANTA E DAS TERRAS BÍBLICAS

1. *Abibe* — mês das espigas (Êx 13.4; 23.15; Dt 16.1).
2. *Zive* — mês das flores (1Rs 6.1-37).
3. *Etanim* — mês da enchente dos rios (1Rs 8.2).
4. *Bul* — mês das chuvas (1Rs 6.38).
5. *Nisã* — março-abril
6. *Jyyar* — abril-maio
7. *Tisri* — setembro-outubro
8. *Morshevã* — outubro-novembro.

CALENDÁRIOS ANTIGOS				
Numerais	Nosso Calendário	Hebraico	Hebraico após Babilônia	Assírio-babilônico
1	Abril	Abibe	Nisã	Nisannu
2	Maio	Ivar	Ivar	Airu
3	Junho	Ivã	Sivã	Siwanu
4	Julho	Tamuz	Tamuz	Duzu
5	Agosto	Ab	Ab	Abu
6	Setembro	Elul	Elul	Ululu
7	Outubro	Tisri	Tisri	Tasritu
8	Novembro	Morshevã	Morshevã	Ará-Samna
9	Dezembro	Chislev	Chislev	Kisiliwu
10	Janeiro	Tebelt	Tebelt	Dhabitu
11	Fevereiro	Shebat	Shebat	Sabadhu
12	Março	Adar	Adar	Addaru

Divisão do dia e da noite

A palavra *nykthémeron* expressa uma tarde (o princípio do dia). Gênesis usa a expressão "tarde e manhã" (Gn 1.5,8,13,19,23,31). A "tarde" vem primeiro, como em Salmos 55.17.

Os hebreus dividiam o *yom* (= dia completo) em duas partes:

1. Dia — de 12 horas, dividido em quatro vigílias:

   1.ª   6 às 9 h
   2.ª   9 às 12 h
   3.ª   12 às 15 h
   4.ª   15 às 18 h

2. Noite: também 12 horas com quatro vigílias (Mc 6.48):

   1.ª   18 às 21 h
   2.ª   21 às 24 h
   3.ª   0 às 3 h
   4.ª   3 às 6 h

Leia os seguintes textos da Palavra de Deus sobre as vigílias: Êxodo 14.24; Juízes 7.19; 1Samuel 11.11; Salmo 63.6; 90.4; 119.148; Lamentações 2.19; Mateus 14.25;[12] Marcos 6.48; Lucas 2.8; 12.38; 2Coríntios 6.5; 11.27.

O ano hebreu

O ano hebreu era "solar".[13] Assim como a lua servia para determinar os meses, o sol determinava a duração e a sucessão dos anos. Não era como entre os antigos egípcios nem como o dos muçulmanos, que atrelavam o ano à determinação do curso das estações e da renovação dos trabalhos agrícolas. Com base em Êxodo 23.16, sabemos que as grandes festas dos judeus determinavam o princípio, o meio e o final do ano, que era lunissolar. Provavelmente, o ano hebraico era de 360, e não de 336 dias.[14]

---

[12] Em alguns textos bíblicos, a noite judaica tinha apenas três vigílias.

[13] SCHIAPARELLI, Giovanni. *La Astronomía en el Antiguo Testamento*, p. 150.

[14] SCHIAPARELLI, Giovanni. *La Astronomía en el Antiguo Testamento*, p. 150-165. O autor apresenta um profundo estudo sobre o "dia", o "mês" e o "ano" hebreus.

13
Geografia econômica de Israel

Em Midiã, do meio da sarça ardente, o Todo-poderoso disse a Moisés que Canaã era uma terra boa e espaçosa, "terra que mana leite e mel". Essa expressão ocorre 19 vezes no Antigo Testamento (veja Êx 3.8,17; 13.5; 33.3; Lv 20.24; Nm 13.27; 14.8; 16.13,14; Dt 6.3; 11.9; 26.9,15; 27.3; 31.20; Js 5.6; Jr 32.22; Ez 20.6,15).

Em Deuteronômio 32.13,14, Deus descreve a fertilidade da terra de Canaã e sua exuberância com as belíssimas e oportunas figuras: "comer as messes do campo", "chupar mel da rocha e azeite da dura pederneira", "coalhada de vacas", "leite de ovelhas", "gordura dos carneiros", "escolhido trigo" e "sangue de uvas".

Os doze espias enviados por Moisés foram ver a Terra Prometida e, ao voltar, relataram: "Fomos à terra a que nos enviaste; e, verdadeiramente, mana leite e mel; este é o *fruto* dela" (Nm 13.27). Eles depuseram aos pés de Moisés e diante da congregação o enorme cacho de uvas que trouxeram do vale de Escol, juntamente com romãs e figos (Nm 13.23).

Canaã era realmente uma terra maravilhosa e farta, com chuvas do céu e com colheitas abundantes. A erva verde e o gado aos milhares, tanto grande quanto miúdo, pasciam tranquilos nos vales e nos montes.

Daremos, a seguir, em linhas gerais, algo de mais importante sobre a fauna, a flora e a mineração da Palestina.

A fauna

A Bíblia menciona animais em todos os seus livros, exceto Rute. São cerca de 120 nomes de diferentes animais, sem incluir alguns nomes coletivos como *baqar* (gado maior) e *soin* (gado miúdo). A palavra "leão" (*lebi, sahol, lavis*) ocorre dezenas de vezes. Parece que seu *habitat* era a "floresta do Jordão" (Jr 49.19; 50.44). Esse animal existia em Israel ao tempo de Sansão (Jz 14.5,6) e nos dias de Jeroboão, rei de Israel (1Rs 13.24). Ela também registra o gafanhoto (*sefoni, gobay, okel*) em suas múltiplas espécies, quase todas usadas na mesa dos moradores do deserto, como no caso de João Batista (Mt 3.4).

Levítico 11 e Deuteronômio 14 fornecem uma lista de 50 animais, puros e imundos, que podiam ser comidos e não. Outras referências bíblicas guardam nomes de animais, como, por exemplo: Salmo 104, Provérbios 30, Jó 39 a 41 e Isaías 11.

Traduzir o nome de animais, aves e insetos do hebraico para o nosso vernáculo não é tarefa fácil. Desde a Idade Média, renomados estudiosos e sábios rabinos trabalharam incansavelmente nessa direção. Alguns problemas foram resolvidos satisfatoriamente. Outros permanecem na confusão e dúvida.[1]

A fauna palestinense foi exterminada por frequentes incêndios provocados pelos exércitos que conquistavam Israel e pela simples derrubada selvagem das reservas naturais. Com o desaparecimento da flora, desapareceu a fauna. Na região do Neguebe e En-Gedi existem gazelas, protegidas por leis especiais. Das dezenas de espécies de aves de rapina resta somente a águia. Com a drenagem do vale de Hula, grande parte das aves aquáticas e outros animais desapareceram. Avestruzes se extinguiram; crocodilos também. Panteras, hienas, lobos e serpentes foram reduzidos a pouco mais de cinco por cento. Os búfalos — número insignificante — são protegidos por leis severas. De igual modo o são a cabra selvagem e o coelho.

A Bíblia ensina a amar os animais e a protegê-los (Êx 22.30; 23.5; Dt 5.14; 22.6,7,10,30; 25.4; Dt 32.10,11; Os 11.10).

Duas profetizas do Antigo Testamento têm nome de animais: Débora (abelha) e Hulda (doninha). Na bênção de Jacó e Moisés, Judá é "leão", Benjamim, "o lobo" e Dã, a "serpente".

A *Enciclopedia de la Biblia*[2] cataloga 50 espécies de mamíferos mencionados na Bíblia, 42 invertebrados, 46 aves e 19 entre répteis,

---

[1] Sobre a nomenclatura da fauna da Bíblia, veja *Enciclopedia de la Biblia*, vol. 3, p. 460-461.

[2] *Enciclopedia de la Biblia*, vol. 3, p. 463-475.

peixes e anfíbios. Os nomes desses catálogos aparecem em hebraico, grego, latim, castelhano e cada um com referência bíblica.

1. *Bois e vacas*. As tribos de Dã, Rúben e Manassés pediram a Moisés para ficar na Transjordânia, porque tinham gado em grande número e porque as terras do oriente do Jordão eram férteis e próprias para a criação de gado. Amós chama os habitantes dessa região de "vacas de Basã", pois eram gordos, bêbados e ociosos (Am 4.1).

   O boi era um animal doméstico de grande utilidade. Fornecia carne para alimento, leite para beber, para coalhada, queijo e manteiga. Da pele faziam-se calçados. Puxavam arados e carros e eram preferidos nos sacrifícios da Lei. Na dedicação do suntuoso templo em Jerusalém, Salomão ofereceu a Deus 22 mil bois (1Rs 8.63).

2. *Jumentos, mulas e cavalos*. O cavalo era símbolo da guerra e era usado nas batalhas, tanto para a montaria como para os carros. Gênesis 12.16 informa que Abraão possuía grande número de jumentos e jumentas. Jó 42.12 diz que o grande patriarca veio a possuir mil jumentos. A mula, para uma terra montanhosa como Israel, era melhor. Apresentava maior rendimento. O jumento era usado para a montaria, para carga e para arar e semear a terra (Is 30.24; 32.20).

3. *Caprinos* (ovelhas, cabras, cordeiros). Eram criados em grande quantidade. Ovelhas e cordeiros destinavam-se aos sacrifícios. Salomão ofereceu na dedicação do templo 120 mil ovelhas (1Rs 8.63). Do leite da cabra fazia-se excelente queijo. A carne do caprino era grande alimento e muito comum.

4. *Camelo* (hebraico, *gamal*). Existem duas espécies de *gamal*: *dromedarius* e *bactrianus*. Originário do nordeste de Irã, é forte e resistente ao deserto. Tem dentro de si reservatório para suprimento de água para muitos dias. Usado em todo o Oriente Médio e citado no ambiente patriarcal (Gn 12.15; 24.35; 30.43; 32.7-15).

5. *Cão*. O vocábulo hebraico *kelebh* e o grego *kyon* se referem a cães selvagens. Além de "cão", a palavra de maior ocorrência, a Bíblia também usa os termos "cachorro" e "cachorrinho".

Em Mateus 15.26,27, no diálogo de Jesus com a siro-fenícia, parece tratar-se de um cãozinho de estimação.

6. *Coelho*. A palavra "coelho" não aparece em algumas versões da Bíblia; em seu lugar aparece "lebre" (veja Lv 11.6; Dt 14.7). Em Provérbios 30.26, alguns tradutores, em vez de "coelho" preferem "arganaz", animalzinho semelhante ao coelho que habita a Arábia, o Egito e a Palestina.

7. *Aves*. Aparecem na Bíblia: *galinha* (Mt 23.7), *pombas* (usadas no sacrifício dos pobres; Lv 5.7; Lc 2.24) e *pássaros* (principalmente o pardal; Mt 10.29-31 e Lc 12.6,7).

8. *Serpentes*. De muitas espécies, como áspide, basilisco, víbora.

9. *Répteis*. Camaleão, lagarto e lagartixa.

10. *Peixes*. Há mais de 23 espécies. Formam grandes cardumes no mar da Galileia e no rio Jordão. Hoje no lago de Genezaré é comum o chamado "peixe-de-são-pedro". Jesus chamou para o seu apostolado quatro pescadores (Mt 4.18-22). Na costa palestínica do Mediterrâneo há muito peixe. Em Jerusalém havia a "Porta do Peixe" (2Cr 33.14).

11. *Aracnídeos*. Aranhas e escorpiões. No sul do mar Morto há um lugar conhecido como "Subida de Acrabim", ou seja, "escorpião", pela grande quantidade dessa espécie de aracnídeo (Nm 34.4; Js 15.3).

12. *Insetos*. Formigas (Pv 6.6; 30.25), bichos-da-seda, moscas, mosquitos, abelhas (domésticas e selvagens) e gafanhotos (Pv 30.27; Jl 2.1-11; Ml 3.4).

Flora

A flora bíblica é riquíssima. Mais de cem vegetais são mencionados somente na terra palestínica. Fora da Bíblia, em Israel, há mais de 1.300 espécies. Salomão estudou as plantas (1Rs 4.33). Vejamos as famílias mais importantes e mais mencionadas na Palavra de Deus.

Cereais leguminosos

1. *Trigo* (hebraico, *hittah, qali, karmel*). Muitíssimo usado em Israel, tanto o *triticum* como *triticum aegilopoides*. É diferente do *joio*, um trigo falso. Era a base da alimentação do povo da

Palestina (Jz 6.11; Rt 2.23; 1Rs 5.1; 2Cr 27.5; Sl 147.14; Os 2.9). Era muito cultivado e muito abundante nessa região, sendo plantado no inverno e colhido no verão, e usado nas ofertas de alimentos conforme prescrevia a Lei de Moisés.

2. *Espelta* (*kussment, krithé, triticum diccocu*). Trigo de grão avermelhado (Êx 9.22; Is 28.25 e Ez 4.9).
3. *Cevada*. Da família *graminae*, gênero *hordeum*. Era o alimento básico da Palestina, principalmente dos pobres (Dt 8.8; Rt 2.17; Ez 4.9; Jo 6.9). Usada também para alimentar os animais (1Rs 4.28). Bolos de cevada eram apresentados no templo como oferta de ciúmes (Nm 5.15).
4. *Milho* (hebraico, *doham*; grego, *kerkro*; latim, *millium*). O vocábulo "milho" não aparece nas versões de alto nível da Bíblia, ainda que hoje em Israel seja abundante. Às vezes a palavra "lentilha" é traduzida por "milho", como em Ezequiel 4.9.
5. *Favas* (*vicia faba*). Em tempos de crise, comiam-se as favas trituradas com outros alimentos. Dela fazia-se pão (2Sm 17.28; Ez 4.9).
6. *Lentilhas* (hebraico, *adashim*). Pequena planta bem parecida com a ervilha (*lens esculenta*, também chamada de *ervun lens*), abundante e muito usada no Oriente Médio. O cozinhado vermelho que Jacó preparou e que atraiu Esaú era feito de lentilhas (veja Gn 25.9-34; 2Sm 17.28; 23.11,12; Ez 4.9).

Colheita de espigas de cevada

7. *Alfarroba* (hebraico, *harrubat*; grego, *keration*; latim, *siliquia*). Produzida por uma árvore, é uma vagem com grãos grandes e agradável ao paladar. Comida pelos pobres, como no caso do filho pródigo (Lc 15.16), mas, de modo geral, pelos animais.

Hortaliças

Cinco hortaliças são mencionadas em Números 11.5: pepinos, melões, cebola, alho e alho silvestre (também chamado de "alho-poró"). Há traduções bíblicas que em lugar de "melões" trazem "melancia" (como a *Nova Versão Internacional*), completamente desconhecida na Bíblia. As mencionadas hortaliças de Números 11.5 são egípcias e lembradas por Israel no deserto; os mesmos produtos, entretanto, são cultivados na Palestina e em todo o Oriente Médio.

Árvores frutíferas

A Bíblia registra um grande número de árvores frutíferas, nativas ou cultivadas na Palestina. As principais são:

1. *Figueira* (hebraico, *te-enâ* = figo ou figueira; grego, *sykoh* = figo; e *sykê* = figueira). Nativa e cultivada principalmente na Síria e na Palestina. O *ficus carica* pode desenvolver-se até tornar-se uma árvore de 12 m de altura. Cresce até em solo pedregoso. Seu fruto aparece frequentemente antes das folhas. Muito antigo em Canaã (Nm 13.23; 20.5; Jz 9.10; Jr 5.17; Mt 21.18 etc.). Apreciadíssimo por todos, tanto frescos como em forma de pastas (1Sm 25.18).
2. *Sicômoro* (*ficus sycomorus*). Espécie de figo selvagem, abundante no vale do Jordão e nos lugares desertos. É uma árvore de bom tamanho, suficiente para suportar um homem como Zaqueu (Lc 19.4). Seus frutos são abundantes e apreciados.
3. *Romeira* (hebraico, *rimmôn*). Pequena árvore da família *punica gramatum*, que cresce silvestre no Oriente Médio, principalmente na Palestina, onde existem três cidades com o nome desse fruto: Rimom (Js 15.32), Gate-Rimon (Js 19.45) e En-Rimom (Ne 11.29). A romã é cultivada no mundo todo.
4. *Videira* (*vitis vinifera*; *vide comum*). Existe desde os tempos antediluvianos. Noé, ao sair da arca, plantou uma vinha (Gn 9.20).

Figueira

Na Bíblia, é encontrada como *vide, videira, vinha, vinhal, vinhedo* e *vinheiro*. Planta esguia, que tanto se arrasta pelo chão, como sobe em caramanchões. Seu fruto doce, saboroso, serve também para fabricar o vinho. Planta da Palestina, do Oriente, do mundo todo.

5. *Palmeira* (hebraico, *tamar*). É a conhecida *phoenix dactylifera*, uma árvore alta e esguia; seus ramos têm um tufo de folhas que medem de 2 a 3 m de comprimento. Conhecem-se mais de 300 espécies de palmeiras, desde a "imperial" com 20, 30 m e até mais de altura, até a tamareira com 2 m ou pouco mais de altura. Algumas produzem água nos seus frutos, outras frutos doces, como é o caso das tâmaras. Jericó é chamada "cidade das palmeiras" (Dt 34.3). Na Bíblia o vocábulo ocorre 31 vezes. Há também nomes de lugares relacionados com palmeiras, como por exemplo: *Tamar* (Ez 47.19; 48.28) e *Hazazom-Tamar* (Gn 14.7). A espécie mais cultivada nos *kibutzim* de Israel de hoje é a tamareira, cujo fruto é exportado para muitos países.

6. *Amendoeiras* (hebraico, *shaqedh*). Da mesma espécie do pêssego *amigdaluz communis*. Floresce a partir de janeiro em Is-

rael. Produz uma "castanha" numa cápsula resistente, de excelente sabor e com muito óleo (Nm 17.8; Ec 12.5; Jr 1.11).

7. *Macieira* (hebraico, *tappuah*). É o *pyrus malus* referido em Cantares 2.3; 7.8 e Provérbios 25.11.

8. *Oliveira* (hebraico, *eç-shamen*, de Is 41.19). Pertence à família *elaergnus angustifolia*. A oliveira mais conhecida é a que o hebraico chama de *zayt* e o grego de *elaia*, a espécie botânica chamada *olea eueopaea*. Apesar do nome, é frequente no Oriente. Há milhões de oliveiras no atual Israel, e até um monte com esse nome. Seu fruto é apreciado; o azeite era usado na mesa, nas orações, nos sacrifícios, na medicina e para iluminação.

9. *Amoreiras* (*morus nigra*). Trata-se de árvore pequena, vigorosa, cujo fruto "vermelho-sangue" é comestível e apreciado (1Cr 14.14; Lc 17.6).

10. *Nogueira*. Há diversas palavras em hebraico que podem ser traduzidas por noz: *botanim* ("nozes de pistache"; Gn 43.11), *egoz* ("mandrágoras"; Cantares 7.13) e *iuglans regia*, que é a noz comida no Natal (Ct 6.11).

Condimentos, incenso e bálsamo

São inúmeras as palavras que aparecem na Bíblia para designar condimentos, incensos e bálsamos.

1. *Endro*. Provavelmente o *anethum graveolens*. Erva que vicejava o ano todo, usada para aromatizar pepinos em conserva. Produz um óleo volátil, empregado em medicina (Mt 23.23).

2. *Coentro*. Nativo na Palestina e Síria. Sua semente é usada para tempero em culinária e fins medicinais (Êx 16.31; Nm 11.7).

3. *Cominho*. Semente largamente empregada na cozinha para temperar (Is 28.25-27; Mt 23.23).

4. *Nigela* (hebraico, *qsah*). A maioria das versões traduz *qsah* por "endro" em Isaías 28.25, mas a *Almeida Versão Revisada*[3] verte para "nigela".

---

[3] Também chamada de *Melhores Textos em Hebraico e Grego*, publicada pela Imprensa Bíblica Brasileira.

5. *Menta.* Aparece em Mateus 23.23 como hortelã, provavelmente a espécie conhecida como de "cavalo". É a *mentha longifolia*. Usada em condimentos e mais para fins terapêuticos.

6. *Mostarda* (latim, *sinapis*). É referida nos Evangelhos (Mt 13.31; Mc 4.31; Lc 13.19). Há duas espécies de mostarda: *sinapis nigra* e *sinapis alba*. A semente de ambas é quase microscópica. Dela se faz um óleo para tempero. *O novo dicionário da Bíblia* diz que o arbusto tanto da *nigra* quanto da *alva* não passa de 1,20 m de altura.[4] A *Enciclopedia de la Biblia* diz que a *nigra* alcança até 4 m de altura.[5]

7. *Açafrão* (hebraico, *karkon*; grego, *krokos*; latim, *crocus*). Nativa da Grécia e Ásia Menor. Os estilos da planta são ressecados e reunidos em pequenas bolas. Usado em medicina e principalmente para tingir (Ct 4.14).

8. *Aloés* (hebraico, *ahalim, ahalot*; grego *alón*; latim *aloe*). Pertence à família *aquillaria agallocha*, usada na arte perfumista, na composição do incenso, na medicina e para ungir cadáveres para a sepultura (Sl 45.8; Pv 17.1; Ct 4.14; Jo 19.39).

9. *Incenso* (hebraico, *lebonah*; grego, *líbanos*; latim, *incensum*). Uma espécie de *boswelliá*, originária da África, da Arábia Tropical e da Índia. Produz uma resina perfumada. Seus ramos eram também utilizados como arômata. Os egípcios usavam o incenso no embalsamento de cadáveres (Êx 30.34).

10. *Mirra* (grego, *smurna*; latim, *mirrha*). Tradução do hebraico *lot* e *mor*. Pode ser identificado com *commophora miraha*. Originária da Arábia, Abissínia e Somália. Usada como medicamento e ingredientes do "óleo santo" (Êx 30.23-25). Não se deve confundir o *cistus*, nativo da Galaade (Gn 37.25; Ct 5.13; Mt 2.11; Mc 15.23), com o *cistus creticus*, que vem da África.

11. *Nardo* (hebraico, *nered*; grego, *nardos*; latim, *nardus*). Da família *nardostachus iatamans*. Nativa no Himalaia. Segrega uma substância de delicioso perfume, usado em quase toda a Ásia (Ct 1.12-14; Mc 14.3; Jo 12.3).

---

[4] Harrison, R. K. "Plantas". Em: Douglas, J. D. (Ed.). *O novo dicionário da Bíblia*, p. 1.072.

[5] *Enciclopedia de la Biblia*, vol. 5, p. 330.

Plantas para fins industriais[6]

1. *Linho* (hebraico, *pisteh*). É o *linum usitatissimum*. Produz uma fibra usada para vestimentas finas, roupas de cama, lenços etc. Procede do Egito e depois se alastrou por toda a Ásia. Existem duas espécies de linho: uma usada para roupas e outra para fabricação de óleo (Gn 37.3; Êx 9.31; 25.4; Lc 16.19; Jo 20.5; Ap 19.8). Registrada na Bíblia quase 100 vezes.
2. *Algodão* (hebraico, *karpas*). Espécie do gênero *gossypium herbaceum*. Semelhante ao algodão atual. Aparece somente em Isaías 19.9.
3. *Ébano* (*diospyros ebenum*). Procede do Ceilão. Usado na fabricação de móveis (Ez 27.15).

Árvores do bosque

1. *Acácia* (hebraico, *ase sittim*). No Sinai ainda hoje existem três espécies de acácia. O "vale de Sitim", no Jordão, prova que ali houve, no passado, muitíssimo dessa madeira (Êx 25.5-38; Dt 10.3). Usada para fabricação de móveis.
2. *Cedro* (hebraico, *erez*; grego, *kedros*; latim, *cedrus, cedrus libani*). Em colossal quantidade no Líbano, onde era nativo. Famosíssimo. Exportado para Egito, Assíria, Caldeia, Palestina. Empregado na construção de casas (2Rs 14.9; Sl 92.13).
3. *Cipreste* (hebraico, *te-assur*). Da espécie *cipressus sempervirens*. Existente em todo o Mediterrâneo oriental. É nativo de Galaade e também de Edom. Madeira mais ou menos resistente e empregado em construções (Is 41.19; 60.13; Ez 27.5).
4. *Hissopo* (hebraico, *ezov*). *Maiorana syriaca*. Cresce nas fendas das rochas. Símbolo de humildade. De suas folhas extraía-se um óleo com o qual os filhos de Israel ungiam as ombreiras de suas portas. No Egito servia para purificar leprosos e casas contaminadas. Entrava na composição das

---

[6] Veja MOTTA, Othoniel. *Israel, sua terra e seu povo*. São Paulo: Campos, 1930. As duas últimas partes desse livro sobre animais e plantas constituem um verdadeiro tratado de história natural sobre a fauna e a flora de Israel.

cinzas da novilha vermelha das águas purificadoras de Números 19.6. Das folhas aproveitavam as fibras para fazer uma espécie de caniço. Foi com uma dessas que deram vinagre para Jesus beber (Jo 19.20; Hb 9.19). Os samaritanos usavam caniço de hissopo para aspergir o sangue de seus sacrifícios rituais (Êx 12.22; Lv 14.4; 1Rs 4.33; Sl 51.7).

5. *Murta* (hebraico, *hadas*). Trata-se do *myrtus communis*. Arbusto de folhas perenes. Nativo da Palestina. É um símbolo de "ação de graças" nas Escrituras Sagradas. É uma das quatro árvores que os judeus usavam na Festa dos Tabernáculos (Ne 8.15; Zc 1.8-11).

6. *Oliveira selvagem* (hebraico, *zayit*). A identificação mais provável é com o pinho alepo. Madeira excelente para construção e obras de carpintaria. Cresce no Líbano. Houve também nos arredores de Jerusalém e em Hebrom (Ne 8.15; Is 41.19).

7. *Tamargueira* (hebraico, *esel*). *Tamarix aphylla*. Seu *habitat* é em lugares desertos e quentes, como as dunas de areia e margens de rios. É encontrada ainda hoje no vale do Jordão. Seu fruto, apesar de ácido, é muito apreciado, principalmente em forma de xarope (Gn 21.33). Em 1Samuel 22.6, a versão *Almeida Revista e Atualizada* verte *esel* para "arvoredo" em vez de "tamargueiro", como faz a *Almeida Século 21*.

8. *Terebinto* (hebraico, *elah*). Conhecida como *pistacia palestina*. Em Isaías 6.13 e Oseias 4.13, algumas versões traduzem *elah* como *tília* ou *elmo*. As versões mais atualizadas da Bíblia concordam que a árvore referida nesses textos é o *pistacia terebinthus*, uma árvore frondosa, com o máximo de 6 m de altura, encontrada nas colinas cálidas da Palestina.

9. *Carvalho* (hebraico, *allah, allon, ela*). Do gênero *quercus* com 24 espécies diferentes. Algumas se mantêm verdes o ano todo; outras mudam. Madeira duríssima. Produz um ouriço ou bolota com sementes (Gn 12.6; 35.4-8; Js 19.33; Is 1.30; Zc 11.2). Aparece na Bíblia cerca de 20 vezes.

10. *Salgueiros* (hebraico, *arabim*). Salmos 137.2 refere-se ao salgueiro babilônico, comum nas margens dos rios da Mesopotâmia (Lv 23.40; Jó 40.22; Is 15.7; 44.4; Ez 17.5).

Plantas de adorno

Os nomes gerais dados a plantas ornamentais no hebraico são: *sosannim* e *abasselet*, termos traduzidos por "lírios", "rosas", "anêmonas", "jacintos", "tulipas", "narcisos". Há diferença entre "lírio do campo" e *lilium candidum*. A palavra árabe *susan* aplica-se a qualquer flor de coloração brilhante; *ward*, outra palavra árabe, aplica-se a qualquer flor (Ct 2.1,3;16; 4.5; 6.2-4; Mt 6.28; Lc 12.27).

Plantas aquáticas

Há duas menções na Bíblia:

1. *Cana* (hebraico, *qaneh*). Há cinco espécies encontradas na Palestina, junto aos rios. Designa, possivelmente, conceito geral de plantas da família do *cálamo* (2Rs 18.21; Jó 40.21; Is 19.6).
2. *Juncos* (hebraico, *gome, agmon*). A primeira palavra designa o papiro, comum nos então pântanos do Hulé, com que se fabricava o famoso papiro usado em lugar de papel no Egito; a segunda palavra descreve uma planta pantanosa, com fibras fortes, usada na fabricação de cestos (Êx 2.3; Jó 8.11; Is 18.2; 35.7).

Ervas e cardos

1. *Sarça e espinhos*. Do hebraico *atad* (Jz 9.14,15 e Sl 58.9).
2. *Urtigas* (hebraico, *harul*). Cresce nos lugares ermos e nas margens dos caminhos (Sf 2.9).
3. *Cardos*. O hebraico tem duas palavras para cardo: *dadar* (comida pelos beduínos como salada; veja Gn 3.18; Os 10.8) e *hoah* (gramínea nociva; veja 2Rs 14.9; Jó 31.40; Is 34.13).
4. *Espinhos*. Duas plantas principais que produzem espinhos: *spina christi* (material usado na feitura da coroa com que flagelaram o Senhor Jesus; Jo 19.2) e *poterium spinosum* (comum nos matagais da Palestina).

Plantas diversas

1. *Ervas amargas* (hebraico, *memorim*). Identificada com a *centáurea*. Crescem nos desertos e são usadas como saladas pelos beduínos.

2. *Alcaparra* (hebraico, *abyyonah*). Os brotos e as flores dessa planta eram usados para excitar os desejos sexuais; mais tarde, conservada em vinagre para excelente condimento. (Veja Ec 12.5 de acordo com *Tradução Brasileira*[7]).

3. *Mandrágora* (hebraico, *duda-im*). É a *mandragora officianarum*, flor silvestre da Palestina e da Mesopotâmia, cujo fruto é considerado afrodisíaco, ajudando a mulher a conceber (Gn 30.14; Ct 7.13).

4. *Maná* (hebraico, *man*). Alguns pensam que é resultado da exsudação de um líquen; outros o identificam com o excremento de insetos. Nenhum cientista, porém, pôde explicar o maná, o pão do céu com que Deus alimentou seu povo nos 40 anos de deserto. Caía na hora certa, na quantidade certa (Êx 16.31-35) e cessava na hora certa, ordenado pelo Todo-poderoso (Js 5.12). O maná do deserto é milagre real de Deus (Jo 6.32,33).

Minerais

O Senhor Deus havia dito aos israelitas que a terra para onde eles iriam era rica em todos os sentidos:

> Porque o Senhor, teu Deus, te faz entrar numa boa terra, terra de ribeiros de águas, de fontes, de mananciais profundos, que saem dos vales e das montanhas; terra de trigo e cevada, de vides, figueiras e romeiras; terra de oliveiras, de azeite e mel; terra em que comerás o pão sem escassez, e nada te faltará nela; terra cujas pedras são *ferro*, e de cujos montes cavarás o *cobre* (Dt 8.7-9).

São muitos os minerais registrados na Bíblia.

1. *Ouro* (hebraico, *zahah* e *harus*). Para designar o "ouro de Ofir", usa-se especialmente a palavra *kétem*; o ouro fundido e purificado é chamado *paz*; e *zahab sagur* é o ouro maciço. Na Palestina não havia nem há ouro. Era todo importado das seguintes procedências: Ofir (2Cr 8.18), Parvaim (2Cr 3.6), Raama (Ez 27.22), Sabá (Is 60.6) e Arábia (2Cr 9.14). Nos

---

[7] Rio de Janeiro: Sociedades Bíblicas Unidas, 1917.

dias do esplendor de Salomão, o ouro em Jerusalém era abundante. Toneladas do precioso metal entraram para os tesouros da casa real (1Rs 10).

2. *Prata* (hebraico, *kesef*; aramaico, *kesaf*; grego, *argurion*; latim, *argentum*). Não havia minas de prata na Palestina. Era toda importada. Usada como dinheiro, como Abraão fez com os filhos Hete (Gn 23.15; veja também 1Rs 15.19; Jr 32.9,10). Nos dias de Salomão, o ouro em Jerusalém era tão abundante que a prata não tinha valor (1Rs 10.21; 2Cr 9.14,20).

3. *Ferro.* O minério de ferro vinha do Líbano, perto da atual Beirute. Mencionado na Bíblia em Gênesis 4.22. Empregado principalmente na feitura de ferramentas agrícolas, carros de guerra e armas para as batalhas.

4. *Enxofre* (hebraico, *gophrith*; grego, *theion*). Em estado natural nas regiões vulcânicas. Abundante nas imediações do mar Morto (Gn 19.24; Sl 11.6; Ez 38.22; Lc 17.29; Ap 9.17,18 etc.). Existe em grande quantidade em Israel.

5. *Asfalto.* O hebraico tem três palavras para asfalto: *kpher* (Gn 6.14), *zepheth* (Êx 2.3; Is 34.9) e *hemar* (Gn 11.3; 14.10).

6. *Piche.* Produto de destilaria.

7. *Betume.* Derivado natural do petróleo cru. Encontrado na Mesopotâmia com o nome de *kupru* e *kaparu*. Existe também na Palestina e em grande quantidade no mar Morto.

8. *Cobre* (hebraico, *nehosheth*; literalmente quer dizer "cobre"). Em Esdras 8.27 algumas versões traduzem *nehosheth* por "bronze"; outras, por "latão". Em Deuteronômio 8.9 e Jó 41.27 temos cobre. O termo *hashmal* (Ez 4), traduzido "metal", talvez seja o verdadeiro "latão" de Esdras 8.27, que em Ezequiel 1.4 é chamado "metal brilhante". O cobre com estanho resulta no bronze. Essa liga era preparada por Salomão na planície do Jordão (2Cr 4.17). O bronze foi largamente trabalhado por Hirão e seus artífices na construção do templo de Jerusalém. Era importado, já pronto, de Társis.

9. *Estanho* (hebraico, *bedil*). A Bíblia o menciona em Números 31.22; Ezequiel 22.18-20; 27.12. Pouco usado nos tempos antigos. Era confundido com o chumbo. Também importado de Társis.

10. *Chumbo* (hebraico, *offeret, anak*). Muito citado na Bíblia (veja Êx 15.10; Nm 31.22; Jó 19.24; Jr 6.29; Ez 22.18-20; 27.12; Zc 5.7,8). Era usado como tablete para inscrições.

Pedras preciosas[8]

A expressão "pedras preciosas" aparece quase 30 vezes na Bíblia (veja, por exemplo, Et 1.6). Há pelo menos duas listas bíblicas em que pedras preciosas são referidas:

1. Êxodo 28.17-20: sárdio, topázio, carbúnculo, esmeralda, safira, diamante, jacinto, ágata, ametista, berilo, ônix e jaspe. Dessa lista, apenas "jacinto", "ágata" e "ametista" não são mencionadas em Ezequiel 20.13.
2. Apocalipse 21.19,20: jaspe, safira, calcedônia, esmeralda, sardônia, sárdio, crisólito, berilo, topázio, crisoprazo, jacinto e ametista.

Pedras

No hebraico é *eben, sur, selah*. A palavra "pedra" aparece na Bíblia mais de 300 vezes.

Em Israel, na realidade, não existe muita argila. Tudo é pedra. Pedra por toda parte. Salomão tinha 80 mil homens que talhavam pedras nas montanhas (1Rs 5.15). Essa matéria mineral era usada de muitos modos: em inscrições, como as duas tábuas de Moisés no Sinai, na construção de casas, muros, palácios, fortalezas; como muretas nos canteiros de lavoura, nas fundas, como a de Davi, nos aríetes e catapultas; para eriçar de altares, na boca de poços, entrada de sepulcros; para canivete, como o de Josué; para vasilhas e utensílios domésticos. Pelo atrito, produzia fogo.

A "pedra" está relacionada com experiências profundas do povo de Israel. Jacó usou uma pedra como travesseiro em Betel; ergueu uma para servir de altar e também para selar uma aliança com Labão. Da rocha em Massá e Meribá, Deus fez brotar água para o seu povo

---

[8] A *Enciclopedia de la Biblia*, p. 1103 a 1107, apresenta tabelas completas de pedras preciosas.

sedento. A *Enciclopedia de la Biblia*[9] sugere uma "Teologia da Pedra", tal é o que representa a "pedra" para o povo de Deus. Ainda hoje em Israel a pedra é de largo uso.

A primeira fonte de divisas do atual Israel é o diamante. Perto de Haifa, instala-se a maior "lapidação" de diamantes do mundo. Ainda continua válida a antiga manchete do jornal *O Estado de S. Paulo* de 1977: "A rota do diamante passa por Israel".[10] Uma porcentagem considerável do diamante do mundo é lapidado e vendido em Israel.

Turismo

O turismo é outra excelente fonte de divisas. Anualmente 2,5 milhões turistas visitam Israel.[11] Nesse número não se contam os árabes vizinhos que visitam parentes em Israel. Seus portos de Eilate, Jafa e Haifa são de grande movimento e fabulosa renda.

Pesos e medidas

Metrologia é a ciência que estuda pesos e medidas.[12] Ela nos ajuda na leitura da Bíblia quando deparamos com termos como "denário", "talento", "efa" etc. Saber a correspondência a nossos pesos e medidas facilita a leitura e a compreensão do texto bíblico.

Denários

---

[9] *Enciclopedia de la Biblia*, vol. 5, p. 1094.

[10] *O Estado de S. Paulo*, 4 de dezembro de 1977, p. 205. Em 12 de janeiro de 2008, o blog "Boas Notícias de Israel" (associado ao site www.horaisraelita.org.br) trouxe a seguinte reportagem sob a manchete "Recordes na indústria de diamantes": "A indústria de diamantes israelense bateu todos os recordes de exportação no ano de 2007. As exportações de diamantes brutos e lapidados [excederam] a casa dos 12 bilhões de dólares no ano. O total de diamantes polidos exportados foi de cerca de 7 bilhões de dólares, destinados aos EUA, Hong Kong, Bélgica, Suíça e Índia". Disponível em: http://boasnoticiasdeisrael.blogspot.com. Acesso em: 18 de outubro de 2008.

[11] SOMAN, Márcia. "Nos 60 anos da fundação, mais brasileiros devem visitar Israel". Em: *Folha Online*, 7 de maio de 2008. Disponível em http://www1.folha.uol.com.br/folha/turismo/noticias/ult338u399591.shtml. Acesso em 18 de outubro de 2008.

[12] Veja *La Santa Bíblia* (Reina-Valera), revision 1960.

Antigo Testamento

Pesos – moedas

Gera (1/20 do siclo)	0,57 g
Siclo (unidade básica)	1,4 g
Libra de prata (50 siclos)	570 g
Talento	34 g

Medidas lineares

Palmo menor (mão cheia)	7,5 cm
Palmo (do polegar ao mínimo)	22,5 cm
Côvado (do côvado à ponta dos dedos)	45 cm a 60 cm
Cana	c. de 7 cm

Medidas de capacidade

Para sólidos (grãos)

Gômer (1/10 de efa)	3,7 l
Seah (1/3 de efa)	12,3 l
Efa (unidade básica)	37 l
Hômer (10 efas)	370 l

Para líquidos

Log (1/2 de him)	0,5 l
Him (1/16 de him)	6,2 l
Bato (igual ao efa)	3,7 l
Coro (10 batos)	370 l

Novo Testamento

Pesos e moedas

Lépton	1/8 asarion
Quadrante	1/4 de asarion
Quarto	1/16 de denário
Denário	a diária de um trabalhador, c. de 4 g de prata
Dracma (igual do denário)	3,6 g de prata
Siclo (4 dracmas)	14,4 g de prata
Libra de prata (100 dracmas)	360 g de prata
Talento (6.000 dracmas)	21.600 g de prata
Libra (Jo 12.3)	327,5 g de prata

Medidas lineares

Côvado[13]	45 cm
Braça	1,80 m
Estádio	180 m
Milha	1.480 m
Jornada de um dia de sábado	1.080 m

Medidas de capacidade[14]

Módio (Mt 5.15; Mc 4.21; Lc 11.33)	87 l
Saton (Mt 13.33; Lc 13.21)	13 l
Bato (Lc 16.6)	33 l
Coro (Lc 16.7)	370 l
Metreta (Jo 2.6)	40 l

---

[13] Côvado (hebraico, *ammah*). Media-se do cotovelo à ponta do dedo grande da mão. Sob o Império Romano, o côvado passou a 54,9 cm; o côvado mesopotâmico (real), 27 dedos (cada dedo 0,018 mm); o côvado egípcio, 28 dedos. Em alguns lugares, o côvado alcançou 60 cm.

[14] Para pesos e medidas, veja também *Enciclopedia de La Biblia*, sob o verbete "metrologia", e *O novo dicionário da Bíblia*, sob o verbete "pesos e medidas".

14
Usos e costumes de Israel

Em seu livro clássico *O mundo do Antigo Testamento*,[1] o estudioso Eric William Heaton (1920-1996) estudou a vida em Israel na velha dispensação sob os seguintes tópicos:

1. A vida nômade.
2. A vida nas cidades.
3. A vida doméstica.
4. A vida no campo.
5. A vida industrial.
6. A vida militar.
7. A vida civil.
8. A vida profissional.
9. A vida religiosa.

A abordagem desse livro é das mais importantes e valiosas, apesar de ser um livro volumoso. *A Palestina e seu hóspede*, de Emma Williams Gill, é outro livro que auxilia sobremaneira o estudante da Bíblia.[2] Em *Panorama do mundo bíblico*, Antonio Neves de Mesquita trata com muita precisão da vida cotidiana do Israel antigo.[3]

Em uma obra geral como esta, não poderíamos nos alongar em considerações pormenorizadas sobre os costumes de Israel no passado. Em rápidas pinceladas, estudaremos alguns tópicos que nos ajudarão a entender o judeu antigo e, desse modo, interpretarmos a Bíblia com mais precisão.

---

[1] HEATON, E. W. *O mundo do Antigo Testamento*. Rio de Janeiro: Zahar, 1965.
[2] GILL, Emma. W. *A Palestina e seu hóspede*. Rio de Janeiro: Casa Publicadora Batista, 1948.
[3] MESQUITA, A. N. de. *Panorama do mundo bíblico*, p. 135-147.

Casas

A habitação do judeu podia ser muito simples ou muito rica, até de marfim, como havia algumas em Samaria no tempo de Acabe.

Os patriarcas Abraão, Isaque e Jacó habitavam em tendas (Hb 11.9). Entretanto, Abraão procedia de Ur dos Caldeus,[4] onde o povo morava em casas. Durante a peregrinação no deserto, Israel habitou em tendas. Os árabes nômades continuaram a viver em tendas e o fazem ainda hoje. Quando Israel possuiu a terra de Canaã, passou a habitar em casas.

A primeira coisa na edificação de uma casa é o fundamento (veja Mt 7.24,26), no qual se usava uma pedra angular, uma só peça em forma de "L" (veja Sl 118.22). Lançado o fundamento, erguiam-se as paredes, geralmente com pedras em formato de tijolos. No Egito, esse tijolo era de argila com palha; em Israel, como a argila é escassa e a pedra abundante, a pedra era o forte nas edificações.

Referindo-se ao tamanho da casa, Eric Heaton afirma: "As grandes famílias, em muitos casos, viviam, trabalhavam, comiam e dormiam num único quarto, o qual também era habitado, durante uma boa parte do ano, por uma ou duas ovelhas".[5] As casas pobres, as mais numerosas, eram agrupadas e geminadas, às vezes era em cima de uma muralha, como a de Raabe (Js 2.15). Ainda hoje é assim na Jerusalém murada.

O *teto* das casas, via de regra, não era de telhas. Emma W. Gill descreve muito bem o que era um telhado das casas nos tempos bíblicos:

> Levantadas as paredes, colocavam-se os caibros de uma parede a outra. Atravessando estes, há ripas. Feito isto, punha-se junco, galhos de árvores ou de cardos, cobrindo-se tudo com uma camada de terra, de mais ou menos 28 cm. Esta terra é amassada com uma pedra roliça, que geralmente fica num canto do telhado, para ser usada após as chuvas.[6]

---

[4] Leonard Woolley, o descobridor de Ur, restaurou uma das lindas casas de Ur, e atribuiu esse belo imóvel a Abraão.

[5] HEATON, E. W. *O mundo do Antigo Testamento*, p. 64.

[6] GILL, E. W. *A Palestina e seu hóspede*, p. 26.

A lei mosaica determina a feitura de um parapeito no terraço para evitar que alguém caísse (Dt 22.8).

Na chuva, a erva que entrou na composição do revestimento do telhado brotava (2Rs 19.26). Nesse teto se orava, a família conversava, trabalhava, dormia. Servia para guardar os frutos recolhidos, as verduras e os legumes, bem como a cana de linho. Nas residências ricas, o telhado era sustentado por colunas, como no caso de Sansão com os filisteus (Jz 16.26). Os eirados serviam para as sentinelas realizarem seu trabalho, também para funerais com choro e lamento. O paralítico de Cafarnaum foi descido à presença de Jesus, na casa de Pedro e André, porque seus quatro amigos alargaram a cavidade do telhado por onde descia o grão (Mc 2.4). Os moradores usavam o teto das casas para anunciar seus produtos de venda. Pedro teve uma maravilhosa visão no eirado da casa de Simão curtidor (At 10).

As *portas* (Jo 10.7) e *janelas* (Dn 6.10) eram necessárias nas habitações. Nas mais abastadas havia muitas portas e não poucas janelas. Nas mais pobres havia uma porta na frente e outra que dava para o quintal. Dificilmente havia janelas. As portas eram de madeira, giravam sobre seus gonzos e eram fechadas com trancas e tramelas (Sl 147.13).

Nos lugares mais frios usava-se lareira, como podemos ver em Jeremias 36.22.

Em cada casa havia uma *escada* externa que levava ao telhado e à torre da casa.

Móveis e utensílios

Os móveis de uma casa hebreia, além de não serem muitos, eram pouco sofisticados.

Cama

Uma das mobílias indispensáveis numa casa era o leito. Jacó abençoou os filhos reclinado numa cama (Gn 47.31), que era alta e na qual ele morreu (Gn 49.33). Davi tinha uma cama (1Sm 19.13). Em 2Reis 4.10 temos a descrição de um quarto mobiliado (cama, cadeira, mesa e candeeiro). As camas eram duras, tanto assim que o Senhor as afofava (Sl 41.3), uma referência ao colchão. Usava-se lençol (Lc 23.13), colcha (Pv 7.16) e travesseiro (Mc 4.38; Sl 4.4), embora o de Jacó fosse de pedra (Gn 28.11). Havia leitos de ferro (Dt 3.11) e de marfim (Am 6.4). Os pobres, porém, dormiam em esteiras. Numa casa pobre, de uma só peça, havia um lugar no corredor, onde se guardava a roupa de cama e a esteira, que, à noite, era estendida e todos dormiam juntos. Parece que este é o ambiente apresentado pelo Senhor Jesus na parábola do "amigo importuno". Para atender o amigo, o personagem teria de incomodar a família toda (Lc 11.5-8).

Mesas

Na Palestina usavam-se três tipos de mesa:

1. Um tapete estendido no chão ao redor do qual ficavam os comensais. Na multiplicação dos pães, a relva serviu de tapete (Mc 6.39).
2. Pedaços de madeira empilhadas e a família ao redor.
3. Mesas em forma de "U". Eram baixas, medindo entre 30 e 40 cm. Os convivas se reclinavam apoiados em almofadas. Numa das pernas do "U" sentava-se o chefe da família e na outra o filho mais novo. Parece ter sido uma mesa assim que o Senhor Jesus comeu a última Páscoa com os discípulos, no cenáculo em Jerusalém.

Pratos

Não havia pratos pequenos como os que usamos hoje. Não eram individuais. Eram pratos grandes, travessas, travessões e coisas semelhantes onde se levava comida à mesa (1Sm 9.23). Parece não haver dúvidas de que "os pratos" eram "os travessões" com a comida para a família (veja Pv 19.23; Is 65.4; Mt 14.11).

Talheres

Garfo, faca e colher, como as que usamos hoje, não havia. No centro da mesa ficava o prato com o alimento e cada um molhava nele o seu pão (Jo 13.26) ou tirava a sua parte de alimento. Com uma faca grande cortava-se o pedaço de carne, quebrava-se o pão, tomava-se o peixe e com a mão levava-se à boca.

Assentos

Lucas 14.10 descreve uma mesa oriental com assentos. Eglom estava sentado em uma cadeira (Jz 3.20), assim como o sacerdote Eli (1Sm 4.13-18). Salomão mandou colocar uma para sua mãe (1Rs 2.19). Nas sinagogas havia cadeiras (Mc 12.39). Jesus derrubou as cadeiras dos cambistas (Mt 21.12). Usavam-se almofadas como cadeira, também uns banquinhos toscos e uma cadeira maior, mais ou menos do tipo de um divã.

Lâmpadas

Mateus 5.15 menciona uma lâmpada. No princípio, era em forma de pires com uma aba ao redor. Evoluiu para uma lâmpada ou fifó. De barro ou de metal, um invólucro com azeite de oliveira ou de sésamo, com um pavio feito de algodão ou lã. As lâmpadas do templo de Salomão eram de ouro e grandes.

Alimentos

O pão era alimento de cada dia e para todo mundo. O mais comum e barato era o de cevada (Jo 6.9). Era o "mata-fome" da pobreza. O trigo era mais difícil e, portanto, mais caro. Cada um precisava cultivar, colher e moer o trigo ou a cevada. O pão era amassado com fermento (exceto na semana dos asmos) e sal, e cozido ao forno.

Além do pão, o leite também era alimento importante. Era tomado fresco ou azedo e guardado em odres de couro. Dele se fazia a coalhada, o queijo e a manteiga, que era líquida (Jz 4.19; 1Sm 17.18). A lei mosaica proibia cozer um cabrito no leite de sua mãe (Êx 23.19). É provável que um culto cananeu fizesse tal coisa para agradar os deuses.

A base da alimentação de Israel era a carne: bovina, caprina e pescado (2Sm 6.19). Comiam-se legumes em grande quantidade, principalmente pepinos, cebola, alhos, melões e frutas (2Sm 16.1,2; Jr 40.10-12; Mq 7.1). A uva era comida fresca, na colheita, e depois preparada em passas e vinho. Os figos frescos eram apreciados, como também as "pastas" que deles se faziam. Tâmaras e romãs eram abundantes. O mel silvestre era encontrado nas rochas (1Sm 14.25,26).

O desjejum de um israelita não está claro na Bíblia. Almoçavam, mas a sua principal refeição era a da noite.

Água

Quase sempre vinha de poços. Raramente uma residência possuía um poço. Eram, via de regra, do povoado, como o de Jetro em Midiã, de Labão em Harã ou de Sicar. Podiam ser intermitentes e de águas vivas. Havia as fontes, como a de Eliseu em Jericó, Giom em Jerusalém e a de Nazaré. Rios e lagos forneciam água. Captava-se água de chuva, que era guardada em cacimbas. Devido ao sabor desagradável da água, o israelita bebia muito leite azedo e vinho. No sul da Palestina, a água é escassa.

Vestuário

A Bíblia apresenta diversas peças do vestuário:

1. *Vestes sacerdotais* (Êx 28).
2. *Ornamentos sacerdotais* (Êx 28.4-32; Lv 16.4; Ez 44).
3. *Vestes reais* (2Rs 11.12; Et 6.8,9; Sl 21.2; Is 62.3).
4. *Vestes masculinas* (hebraico, *gébed, malbús, keli, kesut, tilboset, lebus*). O Antigo Testamento não dá muita informação sobre o modo de o homem daquele tempo se trajar. No túmulo de Cnumhotepe, em Benihassã, no Egito, foram descobertos fragmentos de roupa e um quadro em que aparecem asiáticos entrando no Egito, com pintura nos olhos e trajando vestes coloridas. Adão e Eva usaram uma tanga feita de pele de animais (Gn 3.7,21); havia vestes militares (Ez 23.6) e de profetas (2Rs 1.8).

A camisa (*kuttonet*) ou túnica (*xiton*) se tornou indumentária universal; no princípio, de peles, e depois, de tecido, com mangas compridas, chegando até os pés. Havia também *kettonet passim*, isto é, túnica talar (Gn 37.3,23,31-33; 1Sm 18.4). Essa túnica era apertada na altura do peito com um cinto (Ap 1.13), que era chamado de *hagor, hagorah, ezor* etc.

O hebraico *mesil*, o grego *stolê* e o latim *passium* designavam uma túnica usada por personagens destacadas, como: Samuel (1Sm 2.19), Saul (1Sm 24.5-12), Jônatas (1Sm 18.4),

Davi (1Cr 15.27), Esdras (Ed 9.5), Jó (Jó 1.20), príncipes (Ez 26.16) e guerreiros (Is 59.17).

Usava-se também uma capa (hebraico, *simlah*; grego, *himátia*; latim, *stola*). O termo aparece quase 30 vezes no Antigo Testamento. Foi com uma *simlah* que Canaã cobriu seu pai (Gn 9.23). *Adderet* (hebraico) era uma veste de grande luxo (1Rs 11.30). A que Acã tomou devia ser desse tipo (Js 7.21-24). A de Elias era cobiçada (2Rs 2.13,14). Parece que era solta nos ombros, porque lhe caiu ao subir.

As vestes de luto (hebraico, *kasah, labás, lebus, saq*) denotavam tristeza por morte e arrependimento (2Rs 19.1,2; Et 4.1,2; Is 37.1,2; Jn 3.5,6). Esse pano (de saco) era usado diretamente sobre a pele, debaixo das vestes usuais (2Rs 6.30).

Os sapatos (hebraico, *na'al, na-alayim*; grego, *hupodémata*; latim, *calceamentum*, literalmente "sandália") eram feitos de peles de animais marinhos, talvez de foca (Ez 16.10). Os mais pobres usavam sandálias; os mais pobres ainda andavam descalços. Moisés usava sandálias (Êx 3.5), assim como Josué (Js 5.1) e Ezequiel (Ez 24.17). O Senhor Jesus e os apóstolos também usavam sandálias (Mt 3.11; Mc 6.9).

Na pintura de Beni-Hassá percebe-se que o homem não usava chapéu. Os israelitas representados no "Obelisco Negro" usavam uma espécie de *barrete*. Século e meio mais tarde, o homem de Laquis, no relevo de Senaqueribe, já usava turbante, um protótipo do atual *keffiyen*, do beduíno de hoje. Servia para cobrir a cabeça; é o *pe'er* relacionado com o verbo *habas*, que significa "envolver" (Ez 23.15; 24.17).

Cabelo e barba eram elementos de beleza e dignidade (2Sm 10.4). Os homens usavam certos adornos (Nm 15.38-41; Dt 22.12). (Para calções masculinos, veja Êz 28.42, Lv 6.10, Dn 3.21 etc).

Pijama e camisola não existiam. Entre os hebreus, homem e mulher despiam-se ao se deitar e se enrolavam em mantos.

5. *Vestes festivais*. Eram semelhantes às do povo, mais ricas e mais sofisticadas (veja Gn 27.15; 41.14; 45.22; Jz 14.12; 2Sm 12.20; 1Rs 10.25; Dn 5.7; Mt 22.11,12; Mc 9.3; Lc 15.22; 1Tm 2.9; Ap 3.4).

6. *Vestes*. O general israelense Ygael Yadin, um dos mais famosos arqueólogos da atualidade, declara que nos pertences de Bar Kokhba achou fragmentos de peças de roupa, de ambos os sexos e alguns escritos. Ele afirma: "Em épocas posteriores, uma mulher não usava vestes de cor branca e nem um homem vestes coloridas".[7] Nos afrescos da pequena cidade fortificada de Dura Europos, as figuras masculinas aparecem com trajes claros (branco ou amarelo), em oposição às femininas, que aparecem vestidas com cores escuras e coloridos fortes. Yadin afirma que, nos achados das cavernas de Bar Kokhba, os restos de capas com desenho em forma de gamo correspondem às vestes femininas, enquanto os ornamentos com desenhos em forma de moscas pertencem aos homens. Então, conclui-se que a diferença entre as vestes femininas e masculinas ordenadas em Deuteronômio 22.5 eram mais nas cores do que no feitio. Em Juízes 5.30 descreve-se o espanto das mulheres ao encontrarem nos despojos de Sísera roupas coloridas, usadas somente por mulheres.

As mulheres usavam cosméticos, pinturas, adornos, adereços e joias (veja Is 3.18-22; Ez 23.40). A rainha Jezabel usava pintura nos olhos e enfeites na cabeça (2Rs 9.30) e seu uso era normal entre as mulheres (Jr 4.30). Leonard Woolley[8] e sua esposa descobriram a cidade de Ur e comprovaram a existência de todo tipo de cosméticos e pinturas usados pelas mulheres, talvez da época de Abraão e Sara. Homens e mulheres usavam óleos especiais para tratamento da pele e unguentos e cremes na higiene diária.

7. *Véu*. Era um pedaço de pano que servia para cobrir a cabeça e o rosto. No hebraico, há inúmeras palavras para designar "véu" (*mitpahat, massekah, mesukkah, mispahot, sammah*). Essa palavra aparece cerca de 60 vezes na *Almeida Atualizada*. Al-

---

[7] YADIN, Ygael. *Caverna dos manuscritos*. Yadin Filho (pois o pai também era arqueólogo) descreveu e reconstruiu a fortaleza herodiana de Massada. Seu livro se intitula *Massada* (Barcelona: Destino, 1969).

[8] WOOLLEY, Leonard. *Ur, la Ciudad de los Caldeus*. 2. ed. México: Breviarios del Fondo de Cultura Económica, 1966. Nesse livro ele descreve as escavações arqueológicas de Ur. Os achados estão no Museu Britânico.

gumas dessas palavras, como, por exemplo, a primeira em Rute 3.15, e outros lugares, foram vertidas por "manto". Rebeca, ao avistar Isaque, cobriu-se com o véu (Gn 24.65). O uso do véu facilitou a Labão entregar a Jacó Lia em lugar de Raquel (Gn 29.21-30). Usando véu, Tamar enganou seu sogro Judá (Gn 38.14-19). Moisés usava um *kálumma* (velame) ao transmitir ao povo as ordens de Deus (Êx 34.33-35). Tanto no Antigo como no Novo Testamento há referência ao véu do templo, uma alusão tanto ao tabernáculo do deserto quanto ao templo de Jerusalém.

A perícope paulina que trata do "véu" para as mulheres em 1Coríntios é famosa. Paulo afirma que a mulher deve estar submissa ao marido e usar o véu (*peribólaiom*) como sinal da autoridade (*exousía*) que o marido tem sobre a ela. Também servia de respeito aos anjos, que se compraziam na ordem e na simplicidade (1Co 11.1-16). O versículo 16 assenta a autoridade de Paulo e encerra o assunto.

Família

Na Bíblia, a família é de origem divina. Nasceu debaixo das potentes mãos do Senhor, que abençoou a primeira união conjugal. No hebraico não existe o termo *família*. O mais aproximado é o *beth* (casa), que é o vertido para "família".

A família hebraica era essencialmente patriarcal. A autoridade paterna era evidente (Gn 12.1). As genealogias, mencionando exclusivamente os nomes dos homens, nos levam à mesma evidência. Por Mateus 19.1-8 sabemos que a monogamia foi o grande ideal de Deus desde "o princípio", como disse Jesus. No entanto, devido à dureza do coração dos homens, a poligamia foi tolerada antes e depois da Lei mosaica:

1. O homem podia ter duas ou mais esposas: Jacó tinha Lia e Raquel.
2. A ama da esposa, uma escrava, podia coabitar com o marido, desde que lhe fosse oferecida pela esposa legítima, como foi o caso de Agar para Abraão, de Zilpa e Bila para Jacó (Gn 16.1-4; 29.21-30).

3. Um homem podia ter concubinas (esposas de segunda categoria), como fizeram Saul (2Sm 3.7), Davi (2Sm 16.20-23) e Salomão (1Rs 11.3), assim como podia ter escravas, adquiridas em guerra ou comprada (Gn 21.10; Êx 21.7-11).

O divórcio era permitido no Antigo Testamento como "tolerância", não como plano divino (1Cr 8.8), e foi condenado pelo Senhor Jesus (Mc 10.2-12).[9]

Os hebreus praticavam o *levirato*, ou sucessão, a um irmão que falecia sem deixar filho. O irmão mais velho se casava com a cunhada viúva, e o primeiro filho que tivessem seria do irmão falecido (Gn 38.8; Dt 25.1-12; Rt 4.1-12).

O casamento com estrangeiros era proibido (Ed 10). Mesmo assim, Rute, embora estrangeira, casou-se com um israelita. Até mesmo reis não levaram a lei em conta: Salomão se casou com uma egípcia e Acabe com uma siro-fenícia.

O sacerdote não podia se casar com mulher repudiada, prostituta ou viúva, a não ser que esta fosse viúva de sacerdote (Lv 21.14).

Os pais do rapaz arranjavam-lhe moça para casar, como foi o caso de Isaque (Gn 24). Com Jacó deu-se o contrário; apaixonou-se por Raquel à primeira vista (Gn 29.20); com Moisés e Zípora foi a mesma coisa (Êx 2). Davi recebeu Mical por seu heroísmo na guerra (1Sm 18.20-30).

O professor Kohler calculou que, em média, um homem hebreu era pai aos 19 anos, avô aos 38 e bisavó aos 57 anos.[10] No momento em que um homem colocava o véu sobre a amada, ou declarava diante das testemunhas que ia desposá-la, já se consideravam casados, embora não vivessem juntos (Rt 4; Mt 1.18). Noivado era coisa muito séria nos dias do Antigo Testamento.

Jacó pagou dote para desposar Raquel e precisou pagar também por Lia (Gn 29.20-27). Essa prática passou a fazer parte da Lei (Êx 22.17; Dt 22.28,29; 1Sm 18.25).

---

[9] O divórcio no atual estado de Israel é concedido por um tribunal rabínico. Trata-se mais de um problema religioso do que uma lei. Veja VILNAY, Zev. *Guia de Israel*.
[10] HEATON, E. W. *O mundo do Antigo Testamento*, p. 63.

Mateus 25.1-13 mostra muito bem como era um casamento em Israel. A noiva, no dia das núpcias, permanecia na casa dos pais. O noivo ficava em lugar ignorado, na companhia de amigos íntimos. Era aguardado com ansiedade pelos que estavam na casa da noiva. Nas imediações dessa casa ficavam pessoas que esperavam o noivo (como na parábola das dez virgens). Cada pessoa que esperava o noivo precisava ter uma lâmpada. Havia um grito forte de alegria ao aparecer o noivo: "Vem o noivo!". Ele vinha com um séquito e todos com lâmpadas. Cinco virgens entraram no séquito e na casa da noiva porque tinham lâmpadas e azeite; as outras cinco não tinham azeite; por isso não entraram. A seguir, o noivo entrava na casa da noiva e a levava a sua casa, onde havia festa com porta fechada. As cinco virgens insensatas encontraram a porta fechada. Uma festa de casamento podia durar até uma semana (Jz 14.12; Jo 2).

As palavras hebraicas *ish* e *ishshá* (homem e mulher) designavam também "marido" e "mulher". Não existe no hebraico bíblico a palavra "solteiro". A mulher estava sujeita ao pai enquanto não casasse; depois de casada, ao marido. O marido era o *ba'al* (senhor) da mulher e o *adhon* (mestre) da esposa. Há quatro termos hebraicos que expressam bem a constelação familiar e os laços de amizade de uma *beth* (família): *abh* (pai), *ên* (mãe), *ben* (filho) e *bath* (filha). O filho primogênito tinha porção maior na herança do pai. À família, podiam ser acrescentados *adh* (irmão) e *ahoth* (irmã), que em alguns casos eram parentes consanguíneos. A instrução dos filhos era ministrada no lar e mais tarde na sinagoga.

A mulher hebraica desfrutava de muitas regalias na vida social, não encontradas em outros povos da antiguidade. Provérbios 31 apresenta um quadro vivo do alto valor da mulher como esposa, mãe e dona de casa. Em certos casos, a mulher tinha alguns direitos em pé de igualdade com o homem (Pv 1.8). Trabalhava na lavoura (Rt 2.3), pastoreava rebanhos (Gn 29.9), carregava água, colhia e moía o trigo, preparava as refeições, tecia, costurava. Houve mulheres hebraicas proeminentes como Débora, Hulda e outras.

Saudações

No hebraico não existe um termo específico de "saudação". "Abençoar" às vezes tem o sentido de "saudar", como em Gênesis 47.7-10.

GEOGRAFIA DA TERRA SANTA E DAS TERRAS BÍBLICAS

A frase "indagando pelo bem-estar um do outro" em Êxodo 18.7 é equivalente ao nosso "saudaram-se". Há outra forma de saudação: *shalom lehá*, isto é, "paz seja contigo" (Jz 6.23); ou: "O SENHOR te abençoe" (Rt 2.4). As saudações eram acompanhadas de um movimento de corpo:

1. Levantar-se diante de um ancião (Jó 29.8).
2. Apear do cavalo (1Sm 25.23).
3. Correr ao encontro de alguém que chegava (Lc 15.20).
4. Pegar da barba e beijar (2Sm 20.9).
5. Prostrar-se com o rosto em terra (Gn 33.3).
6. Abraçar os pés (2Rs 4.27; Mt 28.9).

Para qualquer uma dessas saudações gastava-se muito tempo; por isso, o Senhor Jesus, ao enviar os 12, e posteriormente os 70, impediu-lhes saudar alguém pelo caminho (Lc 10.4), pois iam anunciar a urgente mensagem das boas novas. Em João 20.21 Jesus saudou os apóstolos com "Paz seja convosco". Em Atos 15.23 a carta que a Igreja de Jerusalém escreveu à de Antioquia começou com "saudações" e terminou com "saúde" (v. 29). Em cada epístola do Novo Testamento há saudações,ieab7566 e Apocalipse termina com expressivas saudações (22.21).

Luto

Os povos orientais, principalmente os de origem semita, são muito sentimentais. Fazem profundas lamentações quando lhes morre um parente. Por exemplo, Jacó chorou pela "morte" de José (Gn 37.34,35); José chorou pela morte de Jacó (Gn 50.1) e, com seus irmãos e um grupo de egípcios, chorou a morte de Jacó com grande pranto, na Eira de Atade, a ponto de causar admiração nos moradores daquela terra. Entretanto, há exceções: Abraão não pranteou em voz alta a morte de Sara (Gn 23); Isaque não fez lamentação pela morte de Abraão (Gn 35.27-29); Jacó e Esaú também não prantearam a morte de Isaque (Gn 35.27-27).

Sabe-se que os israelitas "enterravam" seus mortos, prática herdade dos sumerianos (Gn 47.29; Js 24.32; 1Rs 13.29). Antes do sepultamento, preparavam o cadáver, como lemos em João 19.38-42.

228

Não usavam caixão para o morto, via de regra. O cadáver era sepultado, enrolado em lençol. Pranteavam pelo morto (Mc 5.38) e contratavam carpidores profissionais, que, com flautas, choravam, gritavam e lamentavam profundamente, e, com isso, contagiavam o ambiente (Mt 9.23). O filho da viúva de Naim (Lc 7.12) teve uma multidão que o acompanhou ao sepulcro. Os judeus sepultavam seus mortos:

1. Em cavernas naturais, como as que existiam no monte Carmelo em grande número.
2. Comumente na terra, como se faz hoje.[11] Daí o emprego no Antigo Testamento de verbos como "enterrar" e "sepultar", ou de palavras como "sepulcro" e "túmulo".
3. Podia ser um sepulcro cavado na rocha, como foi o de Lázaro (Jo 11): uma caverna cavada na pedra, da superfície para a profundidade, cujo acesso é mediante degraus feitos na pedra. Embaixo é uma espécie de salão amplo com dois compartimentos. No mais interior, depositaram Lázaro. Para fechar, colocavam uma grande pedra na boca do sepulcro. O de José de Arimateia foi cavado na encosta de monte Calvário. Abriram uma grande cavidade, levantaram depois uma parede de tijolos, deixando uma porta de entrada. Dentro, dividiram-no em dois compartimentos. No da frente, colocaram o corpo de Jesus. Como porta, arrastaram uma grande pedra.

Festas de Israel

No passado, como no presente, os filhos de Israel comemoravam suas festas. Eram prescritas pela Lei de Moisés. Algumas mais importantes, outras mais simples, mas todas com um objetivo: o de glorificar a Deus. Levítico, o terceiro livro de Moisés, guarda o registro de todas elas. O comentário do dr. Antonio Mesquita a Levítico descreve as festas de Israel de modo interessante.[12]

---

[11] No vale do Cedrom em Jerusalém e no monte das Oliveiras existem áreas imensas ocupadas com cemitérios.

[12] Mesquita, A. N. *Estudos no livro de Levítico*. Rio de Janeiro, 1940. (Edição do autor).

GEOGRAFIA DA TERRA SANTA E DAS TERRAS BÍBLICAS

O Israel de hoje comemora suas festas com este calendário:[13]

1. *Rosh Hashana* (Ano Novo ou Lua Nova) — de 1 a 3 de Tisri (outubro).
2. *Yom Kipur* (Dia do Perdão) — 10 de Tisri (outubro).
3. *Sucot* (Festa dos Tabernáculos) — 15 a 21 de Tisri (outubro). O último dia dessa festa é chamado *Simjat-Tora* (alegria pela existência da Lei).
4. *Hanuca* ou *Chanucá* (Das Candeias) — 25 de Chislev (dezembro) a 2 de Telbet (janeiro).
5. *Tu-Beshvat* (também chamada de *Rosh Hashana Leilanot* = Dia da Árvore) — 15 de Shebat (fevereiro).
6. *Purim* (Da sorte). Comemorava a libertação dos judeus do poder de Hamã, ao tempo da rainha Ester. 14 de Adar (março).
7. *Pessach* (Páscoa) — 15 a 21 de Nisã (abril). A Páscoa era de um dia apenas, associada, porém, à Festa dos Pães Asmos, de duração de uma semana.
8. *Lag Baômer* (o 33° dia de Omer, isto é, as primeiras espigas oferecidas no templo), 18 de Ivar (maio).
9. *Shavuot* (De Pentecostes; também chamada *Hag Habikurim* = Primícias) — 6 de Sivã (junho).
10. *Kaf Tamuz* (Aniversário da morte de Teodoro Herzl, fundador do sionismo e profeta do novo Estado de Israel) — 20 de Tamuz (julho).
11. *Tisha Beav* (Aniversário da destruição do templo de Jerusalém pelos romanos em 70 d.C.) — 9 de Ab (agosto).
12. *Yom Hatzmaut* (Dia da Independência e proclamação do Novo Estado de Israel) — 5 de Ivar (14 de maio de 1948).

Formas de colonização do Israel de hoje

Nos tempos bíblicos, Israel foi um povo essencialmente agrícola. Mesmo nos dias de hoje, isso não mudou. Cidades (em hebraico *'îr* e

---

[13] O calendário judaico (*Luach*) tem como base a fundação do mundo. Os eventos e as comemorações das festividades são sempre celebrados na mesma data em todos os anos desse calendário. O ano judaico é, portanto, diferente do ano no calendário gregoriano. Por exemplo, o ano 2008 do gregoriano corresponde ao ano 5768-5769 do calendário judaico, e por aí vai.

230

plural *arim*) como Jerusalém, Tel-Avia, Hebrom, Belém, Nazaré, Tiberíades, Berseba e outras concentram o comércio, os grandes hotéis e os centros de diversão, como cinema, teatro etc. Mas o forte da vida comunitária do Israel de hoje está no campo, na zona rural. A partir do século XIX, os judeus começaram a cultivar a terra em Israel e apareceram suas primeiras colônias comunitárias.

1. *Moshava* (plural, *moshavot*) — designa uma aldeia. Foi a primeira forma de colonização rural no Israel hodierno. As granjas são propriedades privadas dos colonos. Entre as primeiras *moshavot* estão: Petaj Tikvá (1875), Rishon Lesion, Rosh Pina, Zikron Iaacov, Hederá e Rejovot. Todas as aldeias fundadas pelo Barão de Rotschild eram *moshavot*. Muitos dos habitantes do *moshavot* formam a Confederação dos Granjeiros.

2. *Moshav* (plural, *moshavim*) — é uma aldeia de pequenos proprietários. Cada *moshav* é uma colônia agrícola separada. A terra é arrendada por preço módico do Fundo Nacional Judeu e outras foram construídas pela Keren Hayesod (uma organização sionista). O proprietário da *moshav* trabalha a terra com sua família. Não pode contratar mão-de-obra fora da família. Compras e vendas se realizam na forma cooperativa. O princípio básico da *moshav* é a cooperação mútua. A primeira *moshav* foi fundada em 1920 no vale Jezreel e hoje é a forma mais popular de colonização rural de Israel.

3. *Moshav shitufi* — aldeia coletiva de pequenos proprietários. É a combinação da *moshav* (privatização da vida familiar) com a vida agrícola coletiva, que caracteriza o *kibutz*. Na *moshav shitufi* as famílias vivem independentes, mas as terras e o equipamento agrícola são comprados coletivamente (isto é, por todos e para todos). O trabalho também é comum. Compras e vendas são feitas coletivamente. A primeira *moshav shitufi* foi organizada em 1936, é o Kefar Hittim, nas proximidades de Tiberíades, na Baixa Galileia. Hoje estão espalhadas por todo Israel.

4. *Kevutza* e *kibutz* (colônias comunitárias) — a *kevutza* é uma genuína "comuna". Todos os seus membros vivem juntos e juntos trabalham a terra que o Fundo Nacional Judeu lhes

arrenda. O *kerem hayesod* lhes fornece o dinheiro para a construção do *kibutz*, palavra do hebraico moderno que significa "ajuntamento". Seu lema é: "De cada um segundo a sua capacidade, e a cada um segundo a sua necessidade". Entre eles não há propriedades privadas, nem circula dinheiro. É nitidamente agrícola. A primeira *kevutza* foi estabelecida em 1909 no vale do Jordão, nas proximidades do mar da Galileia.

O *kibutz* é uma *kevutza* ampliada, com pequenas indústrias. O primeiro *kibutz* — Degania A — foi fundado em 1910, sendo privatizado em 2007.[14] Todos os povoados coletivos de tendência sociodemocrata (*mapai*) estão agrupados na *Ijud* (União) de Kevutzot e Kibutsim. Estes, com o Adjut Avbdá, formam o Partido Trabalhista e se agrupam com o nome de Kibutz Hameujad. O Partido Mapam conta com grande número de *kibutzim* estabelecidos pelo Hashomer Hatsair e aparece com o nome de Kibutz Arti. Os religiosos têm seus *kibutzim* agrupados na organização Kibutz Hadati e pertencem ao Partido Nacional Religioso. Por último, há o Haoved Hatisioni, que é um aglomerado de *kibutzim* pertencentes ao Partido Liberal Independente.

---

[14] Disponível em http://www.agenciajudaica.com.br/noticias.asp?nwsid=200. Acesso em 19 de outubro de 2008. Veja também o interessante artigo sobre "kibutz" no site da Federação Israelita do Estado de Minas Gerais (http://www.fisemg.com.br/default.php?cont_id=79).

15
Cidades de Israel

Quando os filhos de Israel chegaram a Cades Barneia, Moisés enviou doze homens para espiar a terra de Canaã, de Dã a Berseba, do Grande Mar ao Jordão, com o seguinte propósito: "E qual é a terra em que habita, se boa ou má; e que tais são as *cidades* em que habita, se em arraiais, se em fortalezas. Também qual é a terra, se fértil ou estéril; se nela há *matas* ou não. Tende ânimo e trazei do fruto da terra. Eram aqueles dias os dias das primícias das uvas" (Nm 13.19,20). Os doze então foram, espiaram a terra e trouxeram o seguinte relatório: "O povo, porém, que habita nessa terra é poderoso, e as *cidades, mui grandes* e fortificadas; também vimos ali os filhos de Enaque" (Nm 13.28).

A palavra hebraica para "cidade" é 'îr[1] (aparece quase mil vezes no Antigo Testamento); o feminino é 'r; nas Óstraca de Laquis é grafada como 'yr; no sabeu, yr, isto é, uma "acrópolis" ou um "castelo sobre um monte"; no grego, *polis*; no latim, *urbs*. *Quiriat* é quase sinônimo de 'îr (Ed 4.10-15).

Três espécies de "cidades" devem ser distinguidas:

1. *Quiriat* ou 'îr é uma cidade propriamente dita.
2. *Sha-ar* ou *quefar* indica uma aldeia aberta, isto é, sem muros.
3. *Irmibsar* é uma cidade fortificada.

Uma cidade podia ser murada, mas não evitava que houvesse junto à cidade uma *fortaleza*, onde se refugiava o povo em tempos de guerra ou nos cercos prolongados. Também o povo das vilas e aldeias adjacentes se abrigava nessa fortaleza. A *Septuaginta* traduz

---

[1] Confira HARRIS, R. Laird; ARCHER, Jr., G. L.; WALTKE, B. K. *Dicionário internacional de teologia do Antigo Testamento*. São Paulo: Vida Nova, 1998, p. 1110 (n.º 1615).

muitas vezes *quiriat* (cidade) por *kome* (vila). O hebraico distingue-as. As versões vernáculas da Bíblia fazem o mesmo (Jr 19.15; 49.2; Ez 16.48).

O livro de Josué menciona a existência de mais de 600 cidades. As cidades antigas eram muradas e tinham grandes portas de ferro ou de bronze, com fortes ferrolhos e trancas (Jz 16.3); as menores contavam com uma só porta (Lc 7.12).

Via de regra, as cidades eram edificadas sobre montes, como Jerusalém, Hebrom, Belém, Ai, Samaria etc. A média de população de uma cidade era como a de Ai: 12 mil habitantes (Js 8.25). Gibeão era mais populosa que Ai (Js 10.2). Nínive tinha mais de 120 mil (Jn 4.11). As menores oscilavam entre mil e 5 mil.

As ruas eram estreitas e escuras; em algumas ruas, casa com casa se ligavam na parte superior, deixando embaixo uma espécie de túnel. Cada cidade contava com praças grandes para mercado e reuniões populares (Ne 8.1,3; Jó 29.7), além do *migrash*, os subúrbios ao redor da cidade. Animais andavam soltos pelas ruas e não raro entravam nas casas. Flávio Josefo afirma em *Antiguidades judaicas* que na época do Império Romano, as menores cidades não tinham menos de 15 mil habitantes. Nessa época Jerusalém tinha um perímetro de 6 km com 150 mil habitantes. Em tempos de festas, mais de 2 milhões se cotovelavam dentro de Jerusalém. No cerco dos romanos em 66 a 70 d.C., mais de 2 milhões de habitantes se abrigaram na cidade fortificada.

Os levitas receberam 48 cidades com *vilas* (hebraico, *banoth*; literalmente, "filhos") e aldeias; dessas, 13 foram destinadas aos sacerdotes e seis para "cidades de refúgio".

Ao tempo do ministério terreno de Jesus, as cidades contavam com densa população. As grandes multidões que acompanhavam o Mestre vinham da região do Decápolis, de influência helênica marcante, portanto mais liberal do que as massas judaicas, cheias de preconceitos raciais e religiosos.

Será impossível descrever uma a uma as centenas de cidades palestinenses alinhadas na Bíblia. Algumas foram destruídas, outras abandonadas, outras soterradas e outras transformadas. Também não citaremos todos os nomes, pois essa seria uma tarefa para um dicionário bíblico. Descreveremos algumas, as mais importantes.

Hebrom

No hebraico, no grego e no latim é sempre "Hebrom", e significa "confederação", que pode vir a ser "união", no sentido de *koinonia* = "comunicação". O nome antigo era Quiriate-Arba (Js 15.13,14; 21.11; Jz 1.10). Arba era pai de Anaque que gerou Sesai, Aimã e Talmai. Quiriate-Arba refere-se à tetrápolis, cidade dos quatro, isto é, as quatro cidades confederadas dos enaquins, das quais Arba vinha a ser a maior ou, então, a capital.

Números 13.22 diz que Hebrom foi fundada sete anos antes de Zoã, no Baixo Egito, mais ou menos em 1750 a.C. (época de Tânis). É das mais antigas do mundo. Abraão viveu na região, junto aos carvalhais de Manre (Gn 13.18), ali pelo ano de 1850 a.C.[2]

Seu nome atual para o judeu é *Hebrom* e para o árabe *Haran El-Halil* (o cercado do amigo; Is 41.8). Situa-se 48 km ao norte de Berseba e 32 km ao sul de Jerusalém. Fica a mais de 1.000 m acima do Mediterrâneo. É a mais alta cidade da Palestina.

Hebrom conta com dois grandes açudes; o maior é o do "Sultão", situado no lugar onde foram atirados os cadáveres assassinos de Isbosete (2Sm 4.12).

A Bíblia registra os principais acontecimentos de Hebrom através dos séculos:

1. Abraão edificou um altar ao Senhor (Gn 13.18).
2. De Hebrom Abraão saiu para libertar Ló (Gn 14.13-24).
3. Em Hebrom nasceu Ismael (Gn 16).
4. Abraão hospedou mensageiros celestiais (Gn 17.1; 18.1-15).
5. Morreu Sara. Abraão comprou a Efrom, o heteu, o campo e a gruta de Macpela e ali sepultou Sara (Gn 23).
6. Outras pessoas foram sepultadas em Macpela (Gn 25.7-11; 49.29-31; 50.13).
7. Abraão, Isaque e Jacó viveram em Hebrom (Gn 35.27; 37.1).
8. Isaque viveu muitos anos em Hebrom (Gn 35—37).

---

[2] A 500 m a noroeste de Hebrom, existe um carvalho velho, cujo tronco mede 10 m de circunferência. Está no jardim de um manicômio russo e é chamado "Terebinto de Abraão". Tem centenas de anos. Junto ao Terebinto existe uma piscina chamada o "Banheiro de Sara".

GEOGRAFIA DA TERRA SANTA E DAS TERRAS BÍBLICAS

9. José viveu em Hebrom com seus irmãos (Gn 37).
10. De Hebrom, Jacó e sua família são levados ao Egito (Gn 46.1).
11. Os doze espias passam por Hebrom (Nm 13.22-24).
12. Hoão, rei de Hebrom, foi vencido por Josué (Js 10.3).
13. Calebe herda Hebrom e alarga seus territórios (Js 14.6-15; 15.14-19).
14. A cidade levita tornou-se pertencente a Judá (Js 15.54; 21.13).
15. Cidade de refúgio (Js 20.7).
16. Em Hebrom Davi foi ungido rei sobre Judá e veio a ser a primeira capital de Judá (2Sm 2.1-11; 5.1-5).
17. Abner é morto à traição por Joabe (2Sm 3.6-39).
18. Davi matou os assassinos de Isbosete (2Sm 4.5-12).
19. Absalão rebela-se contra o pai (2Sm 15.7-12).
20. Fortificada por Roboão (2Cr 11.5-12).
21. Colonizada por judeus que voltaram do exílio babilônico (Ne 11.25).
22. Ocupada por Edom, que mais tarde é expulso por Judas Macabeu (*1Macabeus* 5.65).
23. Durante a guerra com os romanos (66-70 d.C.), Simão Bar Giora resistiu de Hebrom; Cerealis, entretanto, lugar-tenente de Tito, tomou-a, incendiando-a completamente. A cidade ficou abandonada até a conquista árabe em 634 d.C., sendo transformada, em honra a Abraão, numa das quatro cidades sagradas do islamismo. Foi ocupada por algum tempo pelos Cruzados.

A *Enciclopédia de cultura judaica*[3] historia a vida de judeus em Hebrom do século XV d.C. até nossos dias.

Hoje Hebrom é uma grande cidade, com mais de 120 mil habitantes[4], em sua grande maioria composta de árabes. A cidade vive de artefatos de cerâmica, da lavoura e de pequenas indústrias.

---

[3] *Enciclopédia de cultura judaica*, vol. 9, p. 243, 249, 264.

[4] Segundo dados estimados do Palestian Central Bureau of Statistics, órgão do Palestian National Authority. Disponível em: http://www.pcbs.gov.ps/Portals/_pcbs/populati/pop11.aspx. Acesso em 20 de outubro de 2008.

236

Jericó

Nome

Duas formas no hebraico: *Yereho* e *Yeriho*. Esta última, segundo a *The International Standard Bible Encyclopedia* (ISBE),[5] conserva a influência do cananeu primitivo. Outros admitem que o nome deve vir da mesma raiz que *yareah* (lua), e ligam-na com o antigo deus-lua dos semitas ocidentais *Yarih* e *Yerah*. Outros ainda veem em Jericó o significado de "lugar de fragrância", "lugar perfumado". A referida enciclopédia apresenta o quadro geológico da região de Jericó de modo satisfatório.[6]

Localização

Situa-se no vale do Jordão. Pertencente à tribo de Benjamim (Js 18.21). A 28 km ao oriente de Jerusalém, a 9 km do ocidente do Jordão e a 16 km da boca do mar Morto, 1,5 km a noroeste de El-Riha, a moderna Jericó. *O novo dicionário da Bíblia* afirma:

> O enorme montão em forma de pera tem cerca de 400 m de comprimento de norte a sul, e mais ou menos 200 m de largura, na extremidade mais larga do norte, e cerca de 21 m de espessura [refere-se ao Tel-el Sultã, a Jericó bíblica]. A Jericó de Herodes e do NT é representada pelos montões de Tulul Abu el-Alayiq, a quilômetro e meio da moderna el-Riha, e portanto, ao sul da Jericó do AT.[7]

Arqueologia

Na realidade, há três Jericós, a saber:

1. A de Josué, hoje identificada como El-Sultã, no sopé do monte da Quarentena. Acham-se desenterradas muralhas da antiga cidade e outros elementos da primitiva civilização.

---

[5] *The International Standard Bible Encyclopedia*. Grand Rapids: Eerdmans, 1952, vol. 3, p. 1592.

[6] *The International Standard Bible Encyclopedia*, p. 1592.

[7] KITCHEN, K. A. "Jericó". Em: DOUGLAS, J. D. (Ed.). *O novo dicionário da Bíblia*, p. 664.

2. Outra é a Jericó herodiana, a sudoeste da anterior, próxima do ribeiro de Querite.
3. A última é a Jericó atual, chamada El-Riha.

Desde o século XIX os arqueólogos escavam Jericó. Em 1868 Sir Charles Warren colocou sondas na região. Os alemães Sellin e Watzinger (1907 a 1909) fizeram importantes revelações. O trabalho nitidamente científico foi realizado por Garstang (1930 a 1936), a quem coube a honra de encontrar a Jericó bíblica. Vicent e Albright discordaram das datas apresentadas por Garstang. Todos esses escavaram no Tell El-Sultã (2 km a noroeste de El-Riha). Em 1952, estendendo seu trabalho até 1957, a arqueóloga K. M. Kenyon continuou a escavar o Tell El-Sultã e concluiu que as muralhas encontradas por Garstang datavam de pelo menos mil anos antes de Josué. A arqueologia sustenta que as muralhas do tempo de Josué eram hicsas, construídas em 1600 a.C. e que se encontravam em perfeita conservação ao tempo da conquista de Canaã por Israel. As descobertas do Tell El-Sultã comprovam, de modo cabal, que Jericó existiu antes de 5000 a.C. Destruída muitas vezes e outras tantas reedificada, subsistiu até 300 a.C. As escavações revelaram monumental arquitetura e uma "escultura craneana", em vários estratos, no período neolítico, confirmando Jericó como o centro urbano mais antigo conhecido no mundo. A Jericó herodiana foi localizada em Talul Abi El-Alayiq, 2 km a sudoeste de El-Riha.

A cidade

A palavra "Jericó" ocorre mais de 50 vezes no Antigo Testamento, sendo 26 no livro de Josué. No Novo Testamento, 7 vezes. Jericó também é chamada de "cidade das Palmeiras" (Dt 34.3; Jz 1.16; 3.13). Está 300 m abaixo do nível do mar. É um oásis. Nunca chove em Jericó. Duas ou três fontes alimentam de água a cidade, sendo uma delas Ain El-Sultã, conhecida também como Fonte de Eliseu (2Rs 2.19-22), informação confirmada por Josefo.[8]

É a cidade mais verde do Israel de hoje. A temperatura é constante: 32° de dia e 28° à noite, de janeiro a dezembro. Desde muito

[8] *Guerras*, 4.8, 3.

tempo, os ricos invernam nela. A mais ou menos 1 km da Fonte de Eliseu encontra-se o encantador palácio atribuído ao califa Hisham da dinastia Omayad, construído em 724 d.C. e reconstituído, em parte, recentemente. Junto a Jericó estão casinhas abandonadas, centenas e centenas; é o campo de refugiados palestinos, completamente abandonado desde 1967.

Os judeus, bem como os árabes ricos residentes em Israel, construíram palacetes e mansões onde passam o inverno. Isto contrasta com a vila pobre de El-Riha. A estrada velha de Jerusalém a Jericó hoje está abandonada; uma nova, asfaltada e bonita, acabou com os assaltantes de outrora.

Testemunho da Bíblia

A Bíblia registra os seguintes e importantes fatos relacionados com Jericó:

1. Moisés contou os israelitas diante de Jericó (Nm 26.3-63).
2. O Senhor falou a Moisés (Nm 31.1).
3. Jericó era uma grande cidade, com altas muralhas e governada por um rei (Js 2.5-15).
4. Josué enviou a Jericó dois espias (Js 2).
5. Foi tomada por Israel e declarada anátema (Js 5.13-6.27).
6. O pecado de Acã (Js 7).
7. Sua queda infundiu temor nos reinos vizinhos (Js 10.1-30).
8. Dada à tribo de Benjamim (Js 18.12-21).
9. Reedificada por Hiel, o belemita (1Rs 16.34; Js 6.26).
10. Elias e Eliseu passaram por ela indo ao Jordão (2Rs 2.4-18).
11. Os mensageiros de Davi, humilhados por Anum, permaneceram em Jericó (2Sm 10.1-5).
12. Eliseu purificou as águas de Jericó (2Rs 2.19-22).
13. Preso Zedequias por Nabucodonosor (2Rs 25.5).
14. Israel entregou os cativos de Judá (2Cr 28.1-15).
15. Conversão de Zaqueu (Lc 19.1-10).

Testemunho extrabíblico

Pompeu acampou em Jericó e dormiu nela uma noite. A cidade estava despovoada, mas o lugar era um oásis. Herodes, o Grande, ao regressar de Roma passou por Jericó, deixando no lugar uma guarnição. Reconstruiu a cidade. Estendeu seus limites até o uádi el-Qelt. Ergueu a fortaleza de Kipros em honra de sua mãe; edificou maravilhosas quintas, o hipódromo e o anfiteatro, além do seu riquíssimo palácio de inverno. Canalizou água. Em 35 a.c. assassinou seu cunhado Aristóbolo; em 4 a.c. matou em massa os fariseus que retiraram a "águia" de ouro da porta do templo; matou seu filho Antíprates, e, por último, morreu em Jericó.

A Estrada do Leste que levava a Jerusalém passava inevitavelmente por Jericó, daí a importância da cidade. Nela os romanos estabeleceram um porto aduaneiro. O lugar do batismo do Senhor Jesus, apontado pela tradição, está perto de Jericó, como também o monte da Tentação de Jesus, o da Quarentena, está dentro de Jericó. A 9 km de Jericó está a Ponte Alenby, sobre o Jordão, que leva para Amã (a antiga Rabat-Amon), capital da Jordânia.

Belém

Na língua dos amorreus escrevia-se *Bit Lahmi*, que vem a ser "casa do deus Lahmu", divindade assíria; no hebraico é *Bet Lehem* (casa do pão); no árabe *Bayt Lahm* (casa da carne); no grego *Bethlem* e *Baithleem*. Josefo grafou *Bethleeme* e a *Vulgata* registrou *Bethleem*. Entre os diversos significados da palavra, a *The International Standard Bible Encyclopedia* diz que "Belém quer dizer *Casa de Davi* ou possivelmente *Casa de Lahmu*".[9]

A Bíblia registra dois lugares com esse nome: Belém de Zebulom (Js 19.15) e Belém de Judá (Jz 17.7). Vamos nos ocupar da última.

Belém fica entre 8 e 10 km a sudoeste de Jerusalém, na estrada que vai para Hebrom e Berseba. A entrada para Belém dá exatamente no Sepulcro de Raquel, que fica a 1,5 km de Belém. A cidade está mais ou menos 750 m sobre o nível do mar. Fica sobre um alto monte. Por sua posição geográfica, é uma fortaleza natural. Não existem mananciais de água em Belém. Os mais próximos estão 800 m a sudeste da cidade.

---

[9] *The International Standard Bible Encyclopedia*, vol. 1, p. 449.

Belém atual

A primeira referência a Belém aparece num documento histórico em que o príncipe de Jerusalém reclama a Akenaton, do Egito (1369-1359 a.C.), de que Bit Lahni, cidade da região de Jerusalém, passou ao inimigo do faraó, e vale a pena ser reconquistada.

Na primeira ocorrência de Belém nas Escrituras Sagradas, ela está relacionada com a morte de Raquel (Gn 35.19). Nesse passagem, além de Gênesis 48.7, afirma-se que "Efrata" é Belém. Nessa ocasião, o patriarca Jacó fugia dos siquemitas com destino a Betel (Gn 35.1-15).

Belém cidade foi palco de notáveis acontecimentos. Vale a pena recordá-los:

1. Micaia contratou os serviços de um jovem levita para ser sacerdote de seu ídolo (Jz 17.7-13).
2. A concubina do levita da região montanhosa de Efraim era de Belém e foi ultrajada em Gibeá de Benjamim (Jz 19).
3. Em Belém, Rute, a moabita, se encontrou com Boaz, com quem se casou, dando-lhe um filho de nome Obede, que foi pai de Jessé, e este pai de Davi (Rt 4.21,22).

4. Berço natal de Davi (1Sm 16.1-14).
5. Davi é ungido rei de Israel (1Sm 17.12).
6. De Belém, Davi foi enviado a seus irmãos que lutavam contra os filisteus no vale de Elá e matou o temível gigante Golias (1Sm 17.12-58).
7. Os valentes de Davi romperam as fileiras da guarnição filisteia e foram ao poço de Belém trazer água para Davi (2Sm 23.14-17; 1Cr 11.15-17).
8. Foi fortificada por Roboão (2Cr 11.6).
9. Miqueias profetizou que o Messias nasceria em Belém (Mq 5.2).
10. Jesus nasceu em Belém (Mt 1.18-25; Lc 2.1-7).
11. Os pastores visitaram o Cristo recém-nascido (Lc 2.8-20).
12. Os magos do oriente visitaram o menino Jesus (Mt 2.1-12).
13. Matança dos inocentes de Belém por Herodes, o Grande (Mt 2.13-23).

Muros e portas

Belém foi uma humilde aldeia no tempo de Boaz, e continuou a ser no tempo de Davi. Nos dias do nascimento de Jesus, ainda era uma aldeia insignificante. Nas atividades do seu ministério, Jesus nunca visitou Belém.

Depois que Roboão fortificou a cidade, ela tornou-se pequena, mas com muros e muitas portas, e foi crescendo intramuros. O imperador Adriano, no século II d.C., arrasou-a e mandou plantar um bosque sagrado para Adonis. Helena, mãe de Constantino, no século IV, mandou descobrir a caverna onde estava o estábulo em que Jesus nasceu e sobre ela construiu a Igreja da Natividade (veja foto na página ao lado), que através dos séculos vem sendo reparada, conservada e ampliada. Nesse templo, que atende católicos romanos, gregos e armênios, há no piso uma estrela que assinala o lugar na caverna onde o Senhor Jesus nasceu.

A cidade, sob o domínio israelense, cresceu extraordinariamente. Seus muros e suas portas continuam. Seu comércio é fabuloso.

O poço

A Bíblia se refere ao poço junto à porta de Belém (2Sm 23.14-24; 1Cr 11.16-26). Davi, que nasceu e viveu em Belém, conhecia muito

Igreja da Natividade, em Belém

bem esse poço. Na ocasião, a cidade estava sob o poder filisteu. Os valentes de Davi romperam as fileiras inimigas, tiraram água e a trouxeram a Davi. Ainda hoje, em Belém, existe um poço, que a tradição aponta como o de Davi.

Fertilidade do solo

Os campos de Belém ainda hoje conservam a mesma fertilidade e exuberância que nos dias de Noemi. Hoje se cultiva milho, trigo, cevada, oliveira, figo, uva. Também se cria gado.

Campos de Boaz

O livro de Rute descreve o romance que resultou no casamento da fiel moabita com Boaz, homem rico e com muitos bens. Foi nesses campos, hoje são assinalados nos arredores da cidade, que Rute se encontrou com Boaz.

Água

Sempre foi escassa em Belém. A mais ou menos 5 km ao sul de Belém estão as famosas piscinas de Salomão. São três superpostas em forma de escada e cavadas na rocha. A maior mede 160 m de comprimento, por 55 m de largura e 14 m de profundidade. Resistindo aos séculos, elas continuam alimentadas com água de chuva e com as de uma nascente que brota a uns 300 m mais altos. Segundo a tradição, era aqui que Salomão tinha jardins e hortos (Ec 2.4-7).

O túmulo de Raquel

Sabemos que Jacó sepultou Raquel em Belém (Gn 35.19). Sabemos também que hoje, na entrada de Belém, há uma espécie de mesquita, muito bonita e bem cuidada, apontada como o sepulcro de Raquel. Resta-nos agora saber se Raquel está sepultada ali. Se não for este o local do sepulcro, foi por certo nas imediações. A sepultura é apenas um monumento da grande realidade.

Campos dos pastores

Nos arredores de Belém (fora da cidade) havia pastores que guardavam os rebanhos durante as vigílias da noite (Lc 2.8-20). Um anjo do Senhor foi até eles e lhes deu a grande nova do nascimento de Jesus. Ao ouvirem a palavra do anjo, uns aos outros disseram: "Vamos até Belém e vejamos os acontecimentos que o Senhor nos deu a conhecer (v. 15). Isso mostra que havia certa distância entre Belém e o campo onde se achavam. E há. Aproximadamente 2 km. No local desse campo há uma gruta onde os pastores se abrigavam do frio, da chuva e do sol ardente. A Igreja Romana tem a posse desse campo e construiu um templo nas imediações da gruta.

Jope

Famosa cidade palestinense. No hebraico escrevia-se *Yafo*; no egípcio e cuneiforme *Yapu*; aramaico, *Yafa*; grego, *Yoppe*; no latim, *Joppe*; no árabe, *Yafa*. Hoje, *Jope* ou *Jafa* (= "beleza"). Foi incluída nos territórios do Estado de Israel em 1948. Porto importante e próspero.

Os judeus residentes em Jope, ressentindo-se da limitação da área da cidade, começaram a construir lindas residências de verão numas terras arenosas, vizinhas a norte de Jope; desse bairro, nasceu Tel-Aviv (montanha da primavera), a maior cidade de Israel.

Foi construída sobre um promontório rochoso de pouca altura. Na entrada do porto, existe uma rocha no mar que é o lugar apontado

Jope

pela mitologia onde Andrômeda foi amarrada para ser devorada pelo monstro marinho e Perseu o matou, libertando-a.

A primeira referência a Jope aparece na lista de cidades capturadas por Tutmosis III (1483-1450); a seguir, aparece nas cartas de Tell El-Amrna. Consta ainda da correspondência trocada entre o escriba Amenemope e o oficial egípcio Hori sobre a prosperidade de Jope.

No Antigo Testamento

1. Na distribuição das terras entre as tribos de Israel, caiu para Dã (Js 19.46).

2. Os filisteus investiram sobre Dã, tomando-lhe terras e obrigando-o a procurar lugar em terras do norte (Js 19.47).
3. Davi libertou Jope completamente. Salomão utilizou o seu porto para receber, por jangada, a madeira do Líbano (2Cr 2.16).
4. Esdras também recebeu madeira dos sidônios pelo porto de Jope (Ed 3.7).

Nos apócrifos

1. Muitos judeus foram mortos em Jope. Judas Macabeu foi socorrê-los, mas não conseguiu tomar a cidade (*2Macabeus* 12.1-7).
2. Os macabeus por fim a conquistaram em 142 a.C. (*1Macabeus* 10.69-85; 11.1-6) e nela permaneceram até 66 a.C., quando Pompeu a incorporou à província da Síria.

No Novo Testamento

1. Atos 9.36-43 registra a vida e o trabalho de Dorcas ou Tabita, também sua morte e ressurreição por instrumentalidade de Pedro.
2. Atos 10 narra a ansiedade espiritual do centurião Cornélio e sua visão de anjos, a vinda de Pedro e a conversão a Cristo do piedoso centurião com sua família.[10]

Fora da Bíblia

1. Jope foi uma das cidades capturadas por Senaqueribe da Assíria.
2. Depois do domínio assírio, caiu sob o poder dos sidônios. Artaxerxes III (358-338) tomou-a dos sidônios, libertando-a.
3. Conquistada por Alexandre, o Grande, anexada por Ptolomeu I ao Egito após a batalha de Ipso (301 a.C.), permanecendo com os egípcios até 197 a.C., quando Antíoco III, o Grande, a anexou ao Império Selêucida.
4. O povo de Jope hostilizou a administração de Herodes, o Grande, que, por vingança, construiu Cesareia do Mar.

---

[10] Em Jope de hoje, à beira mar, há um minarete indicando o lugar da casa de Simão curtidor, onde Pedro teve a visão.

5. Hoje Jope é um grande porto israelense, a cidade de ruas estreitas. Ela foi reconstruída no estilo antigo. É conhecida como a "Cidade dos Artistas", e de vida noturna, onde são vendidas famosas obras de artes.

Nazaré

O nome "Nazaré" aparece apenas no Novo Testamento.[11]

A região da Baixa Galileia ficou isolada do restante de Israel por alguns séculos, até que os romanos, pouco antes da era cristã, a incorporassem às demais regiões da Palestina. Foi nesse período de alheamento que apareceu Nazaré, razão por que não é mencionada no Antigo Testamento.

No siríaco lê-se *Nasrat*; no árabe, *El-Nazirah*; no grego aparece com três grafias: *Nazareth*, *Nazaret* e *Nanazarath*; no latim é *Nazareth*.

Nazaré está edificada sobre um alto e grande monte, a uma altitude de 375 m sobre o mar (Lc 4.29); na estação chuvosa, as encostas do monte ficam recobertas de lindas flores, nos mais encantadores matizes. Talvez disso venha o nome "Nazaré", isto é, da raiz *nsr*, que quer dizer "florescer", "resplandecer".

Em *Guia de Israel*,[12] Zev Vilnay informa que de Nazaré para Jerusalém há 169 km, passando por Râmala, Lida, Ramataim, Hedera e Afula; para Tel-Aviv, 105 km; para Haifa, 39 km; para *Nahalal*, 13 km; para Cafarnaum, 47 km.

Nas faldas do outeiro, onde está edificada Nazaré, existem restos de uma civilização que floresceu na Idade do Ferro II (900 a 550 a.C.). Além da omissão no Antigo Testamento, Nazaré também não consta nos escritos de Josefo e nos rabínicos. Era uma cidade desprezada e de má fama (Jo 1.46). A glória de Nazaré veio com o Senhor Jesus. Maria e José eram noivos quando Gabriel trouxe à Maria a mensagem que ela seria a mãe do prometido Messias. Jesus nasceu em Belém, mas foi criado em Nazaré. Trabalhou até os 30 anos na oficina de carpintaria de José (Lc 3.23), quando foi manifestado a Israel.

---

[11] Na *Almeida Revista e Atualizada* aparece 11 vezes; na *Nova Versão Internacional*, 20 vezes. Essa diferença se dá porque a NVI usa "de Nazaré" em vez de "Nazareno", como na ARA.

[12] VILNAY, Zev. *Guia de Israel*, p. 446.

Desse fato resultou Jesus ser chamado o "Nazareno" (Mt 21.11), como também seus seguidores (At 10.38). De Nazaré saiu para Cafarnaum (Mt 4.13).

Nazaré hoje é uma cidade grande com milhares de habitantes (cristão na maioria). O comércio está quase todo nas mãos dos árabes. Nos primeiros séculos cristãos, Nazaré era uma cidade judia. A primeira referência hebreia a Nazaré aparece nos escritos do poeta Eliezer Kalir. No século XI os cruzados elevaram-na à capital da Galileia. No século XIII voltou ao domínio muçulmano, que durou até a ocupação britânica em 1917. Em 16 de julho de 1948 foi tomada por Israel.

O número de edificações históricas em Nazaré é muito grande. Eis alguns:

Nova Igreja da Anunciação

Inaugurada em 1969. É um templo grande, moderno, todo de cimento armado e muito bonito. Dizem ser o maior templo católico romano do Oriente Médio. Ergue-se, segundo a tradição, no lugar onde o anjo Gabriel falou com Maria. Quase todas as nações da terra contribuíram para erigir desse santuário, incluindo o Brasil.

A Igreja de São José

Separada da Igreja da Anunciação por um convento dos franciscanos, foi dedicada em 1914. Pensa-se que foi construída no local onde José tinha a sua carpintaria. Debaixo desse templo estão os restos de uma antiga cisterna.

Museu

Junto à Igreja de São José, está o museu com peças decoradas de antigos edifícios da região.

Igreja — Sinagoga

Católica grega. Ao lado do templo há uma pequena sinagoga, tida como a que Jesus assistia quando residia em Nazaré (Lc 4.16).

Há outras edificações históricas em Nazaré, como o Convento das Damas de Nazaré, a Igreja Maronita, a Mesquita árabe, a Fonte

Nazaré

da Virgem Maria, a Mensa Christi, a Igreja do Anjo Gabriel, a Basílica de Jesus Adolescente, o Convento do Temor de Maria, entre outros.

Impressionante em Nazaré é a Rua dos Carpinteiros. Paramos diante de uma oficina dessas, onde trabalhava um homem com seus 45 anos e seu filho adolescente de mais ou menos 15 anos. Lembramo-nos de José e Jesus.

De 1957 para cá, os judeus começaram o *Quiriate Natsrat*, um subúrbio ao oriente da cidade, e só para judeus, com grandes indústrias que garantem mão-de-obra para centenas.

Cafarnaum

Importante centro comercial da Baixa Galileia, escolhida por Jesus como o quartel-general de suas atividades messiânicas. Mencionada exclusivamente nos Evangelhos: Mateus, 4 vezes; Marcos, 3; Lucas, 4; e João, 5.

A palavra vem da combinação de *kefar* + *Naum* (aldeia de Naum). No passado, uma tradição judaica reverenciava, na região, um túmulo atribuído ao profeta bíblico Naum. Algumas versões erradamente grafam *Capernaum*. Se a palavra vem de *kefar*, a legítima grafia deve ser *Cafar*, não *Caper*. Alguns autores atribuem ao termo o significado de "aldeia de consolação".

A localização da famosa cidade causou as mais acesas polêmicas através dos séculos. Foram duas as correntes principais: uma localizou Cafarnaum, com Pedro Bellon, no segundo quartel do século XVI, em El-Minayah, sítio próximo de El-Tibigah, a mais ou menos 3 km de Tell Hum. E notáveis orientalistas o seguiram. No entanto, em 1878, os defensores de que Cafarnaum ficava em Tell Hum apresentaram provas irrefutáveis de sua localização. Hoje os especialistas aceitam sem reservas essa segunda versão.[13] Tell Hum, hoje, comprovado até pela arqueologia do moderno Estado de Israel, é a Cafarnaum dos Evangelhos.

Flávio Josefo se refere duas vezes a *Kefarnokón* e *Kafarnaoún*, para onde foi levado ferido depois de uma queda de cavalo, quando combatia o rei Agripa.[14] Em sua segunda referência, alude a uma fonte de abundantes águas. Esta deve ser, sem dúvida, El-Tabigah, identificada em El-Minyah.

As ruínas vistas hoje em Cafarnaum devem ser da sinagoga reconstruída no século II ou III desta era. Foi levantada exatamente no local onde o centurião romano construiu a que o Senhor frequentava (Lc 7.5).

Depois da derrota de Bar Kochba (132-135 d.C.), no segundo século cristão, os judeus, fugindo às iras de Adriano, concentraram-se na Galileia. Foi nesse tempo que reconstruíram a sinagoga. O imperador Constantino, no século IV, encarregou a um tal Yosef, conde de Tibérias (um judeu cristão) que construísse uma igreja em Cafarnaum. No final do século IV, a peregrina Egeria visitou a cidade e fez alusão à sinagoga e à casa de Pedro.

Cafarnaum foi destruída em 665 d.C. Com o tempo, foi soterrada. As ruínas do Tell Hum medem 1 km de comprimento por 300 m de largura. A noroeste do mar da Galileia ficava Cafarnaum. Em 1894, os franciscanos compraram o local. Em 1905, os próprios franciscanos continuaram o trabalho arqueológico. Descobriram a

---

[13] Para uma discussão científica do local de Cafarnaum, veja a *Enciclopedia de La Biblia*, vol. 2, p. 26-33.

[14] *"Vista"*, 72, e *Bell. Iud.*, 3,10.8.

sinagoga e a reconstituíram, fazendo dela uma maravilhosa maquete. É um edifício retangular com 24,40 m por 18,60 m, cuja frente dava para Jerusalém. Na parte sul estava o *tebah* (caixa onde se guardava o rolo da Lei); na entrada à direita estava o *bamah* (púlpito) para o *hazzan* (cantor da Lei). No ângulo noroeste estava o *matronaem* (acesso para a corte das mulheres) e depois o *Bet Ha-Sefer* (escola para as crianças, num páteo exterior.[15] Numa coluna se lê: "Haulfo, filho de Zobidah, filho de Yohanan, fez esta coluna. Seja abençoado".[16]

O Senhor Jesus Cristo passou 18 meses ou mais do seu ministério terreno em Cafarnaum. Ele foi grandemente perseguido em Jerusalém e também em Nazaré. Em Cafarnaum achou uma cidade aberta. Mandado embora de Gadara (Lc 8.37), o povo de Cafarnaum o recebeu com alegria (Lc 8.40). A "Via Maris" passava por ali. Os romanos mantinham nela, por ser fronteira, uma duana (da qual Mateus era um dos publicanos — Mc 2.14) e um destacamento militar (Lc 7.2). Era um centro cosmopolita. Respirava-se liberdade. Era praticamente a porta de entrada para Decápolis, a região helênica de "Israel". Era conhecida como a "cidade de Jesus" (Mt 9.1). O Mestre realizou grandes obras e operou maravilhosos milagres nessa cidade:

1. Curou o servo do centurião (Mt 8.5-13).
2. Curou o paralítico trazido pelos quatro amigos (Mc 5.22-43).
3. Curou um leproso (Mc 1.40-45).
4. Curou o homem da mão mirrada (Mc 3.1-5).
5. Curou a sogra de Pedro (Mt 8.14,15).
6. Curou a mulher hemorrágica (Mc 5.25-34).
7. Libertou um endemoninhado (Mc 1.23-26).
8. Curou muitos enfermos e libertou grande número de endemoninhados (Mt 8.16).
9. Ressuscitou a filha de Jairo (Mc 5.22-43).

---

[15] Para uma descrição em ordem das peças e dos monumentos encontrados nas escavações de Cafarnaum, recomendamos o excelente livro de Stanislao LOFFREDA. *Cafarnao, la Cittá di Gesu*. Jerusalém: Franciscan, 1976.

[16] LOFFREDA, Stanislao. *Cafarnao, la Cittá di Gesu*, p. 50.

10. Acalmou a tempestade no mar da Galileia (Mt 8.24-27).
11. Apresentou-se como o "pão da vida" (Jo 6.24-60).
12. Condenou a incredulidade de Cafarnaum (Mt 11.20-24).
13. André e Simão tinham uma casa em Cafarnaum (Mc 1.29).
14. Pagou tributo a César com a moeda que Pedro encontrou na boca do peixe (Mt 17.24-27).

Cafarnaum, destruída no ano 665 da nossa era, nunca mais foi reedificada. Realmente, "desceu até o inferno" (Mt 11.23). A cidade aguarda o juízo vindouro, como afirmou o Senhor Jesus (Mt 11.24).

Samaria

Uma cidade e, profeticamente, o "país de Israel"; desempenhou papel preponderante no curso da história do povo de Deus.

Samaria em hebraico é *Shomeron*; no grego, *Samáreia*; no assírio, *Samarina*; no latim, *Samaria*.

Nome

Em 1Reis 16.23,24 afirma-se que Onri, pai de Acabe, comprou um monte, edificou uma cidade e chamou-lhe Samaria, "nome oriundo de Semer, dono do monte". O nome *Shomeron* pode significar "posto de vigia", ou simplesmente "vigilante". John Davis diz que o significado de Samaria é "vigia", "guardião", "sentinela" ou "lugar de vigília".[17]

Localização

Está na região montanhosa do centro da Palestina, a 400 m sobre o Mediterrâneo e a 150 km sobre o vale. Dista 60 km ao norte de Jerusalém e 30 km da costa marítima. Em 930 a.C. o reino de Salomão se dividiu. Samaria passou a ser a capital do Reino do Norte, mais ou menos em 880 a.C.

O monte é inexpugnável. Rendeu-se algumas vezes por cercos prolongados. O monte de Semer domina o vale de Esdraelom e também o de Dotã. Dele se avista o vale do Jordão e o mar Mediterrâneo.

---

[17] DAVIS, J. D. *Novo dicionário da Bíblia*, p. 1.096.

Ruínas de Samaria

História

Onri comprou de Semer o monte e edificou a cidade. A maior parte da construção da cidade, entretanto, foi obra de Acabe, um excelente administrador, ultrapassado apenas por Herodes, o Grande, séculos mais tarde. A parte mais importante de Samaria foi feita no monte. A casa real foi levantada no cume. Acabe gastou muitos anos para completar as obras da grande cidade. Houve um plano previamente preparado. Talvez fosse calcado no de Salomão para algumas partes de Jerusalém e outras cidades edificadas pelo filho de Davi. A engenharia fenícia funcionou tanto com Salomão como com Acabe. Ao redor da casa real, vale dizer, no cume, foi levantado um muro que serviu de plataforma, medindo 175 m no leste e 50 m no oeste com 3 m de espessura. Dentro desse círculo amuralhado, além da casa real que ocupou a crista do morro, foram construídos os mais importantes edifícios, tanto da administração, como residenciais. Nos flancos (a parte plana) ao redor do Semer foram construídas as muralhas de proteção. Acabe construiu um enorme templo e o dedicou a Melcarte (o Baal dos fenícios), o deus de Jezabel (1Rs 18.22), também construiu um à deusa Aserá, próximo ao altar que mais tarde Jorão removeu (2Rs 3.2). Altares e santuários idólatras foram levantados em cantos e recantos da cidade, tornando Samaria a capital da idolatria (Is 8.4; 9.9,10; Jr 23.13; Ez 23.4; Os 7.1; Mq 1.6). Os siros montaram nas principais ruas de Samaria famosos bazares (1Rs 20.34).

Ben-Hadade II, da Síria, cercou Samaria (1Rs 6.25), mas Deus, por meio de Eliseu, a libertou (2Rs 7). Acabe foi sepultado em Samaria (2Rs 22.37) e mais tarde toda a sua casa pereceu às mãos de Jeú (2Rs 10.1-14). Tiglatepileser III tentou tomar Samaria (2Rs 15.17-20). Posteriormente foi assediada por Salmaneser V e tomada finalmente por Sargão II em 722 a.C., que espalhou o povo do Reino do Norte pelas cidades da Mesopotâmia (2Rs 17.3-6). Os "anais" de Sargão II registram que 27.290 israelitas foram transportados para o cativeiro. Para as terras de Samaria, os assírios trouxeram povos estranhos, também cativos. Estes, com os remanescentes israelitas, originaram os samaritanos (2Rs 17.24-41), que tanto trabalho deram aos judeus que retornaram do cativeiro babilônico (Esdras e Neemias). A rivalidade entre judeus e samaritanos foi se acentuando através dos séculos e chegou até os dias do Senhor Jesus (Jo 4).

Arqueologia

Os doutores Gottlieb Schumacher e George Reisner, da Universidade de Harvard (1908-1910), escavaram a região onde floresceu outrora Samaria. Em 1931, estendendo-se até 1935, conjugaram esforços Hardar, o Britsh School Arqueology e a Universidade Hebraica de Jerusalém, e toda Samaria foi desenterrada. Sete níveis de civilização foram classificados pela arqueologia:

Níveis 1 e 2
- Samaria de Onri e Acabe.
- Muro interior, com 1,5 m de espessura.
- Muro exterior, com 6 m de espessura.
- Um palácio.
- Um reservatório de água medindo 10 m x 5 m (1Rs 22.38).
- Numa dependência do palácio real, foram encontrados: 200 placas de marfim, 65 óstracos escritos em hebraico antigo e jarras para vinho, com o nome de seus possuidores.

254

Samaria

Nível 3
Do tempo de Jeú nota-se um intervalo no progresso de Samaria.

Níveis 4 a 6
De Jeroboão ao século VIII a.C.

Nível 7
- A cidade reparada pouco antes de sua queda em 722 a.C.
- Encontrada a Samaria helênica.
- Encontrada a Sebastia, que começou com Herodes e se estendeu até Septimio Severo, até sua total destruição em 665 d.C.

Samaria foi tomada por Alexandre, o Grande, e quase reedificada (331 a.C.). Muitos edifícios foram construídos em lugar dos que ruíram pela guerra e pela intempérie. O macabeu João Hircano (111-107 a.C.) destruiu o templo de Samaria, bem como uma parte da cidade. Pompeu (63 a.C.) reconstruiu Samaria, e Gabino (57-55 a.C.) reparou os muros.[18] O imperador Augusto (30 a.C.) entregou-a a

---

[18] *Antiguidades*, XIV. 44.

Herodes, o Grande, que, sobre a velha, construiu a nova e esplendorosa Samaria, chamando-lhe Sebastia. Alargou uma enorme avenida com artísticas colunas, fez o templo a Augusto, o fórum, um estádio e principalmente as muralhas.[19] Ampliou consideravelmente a área da cidade, que, segundo Josefo, chegou a 650 hectares. Também construiu um aqueduto de 2 km de comprimento. Em 201 d.C. Septimio Severo elevou Sebastia à categoria de colônia e construiu um teatro, reconstruiu prédios e uma estrada de 30 km ligando Sebastia à Cesareia do Mar.

Herodes, o Grande, que não pôde helenizar Jerusalém pela resistência tenaz dos judeus, concentrou todo o seu pendor pelo paganismo em Sebastia. Realmente, essa cidade foi notável na direção do culto ao Imperador.

Uma tradição afirma que a cabeça de João Batista foi sepultada em Sebastia, mas não é exato.

Decápolis

Decápolis (do grego *deka* + *polis*, "Dez Cidades"). Era um espaçoso território situado a leste do mar da Galileia, estendendo-se tanto a norte quanto ao sul do Tiberíades, sempre do outro lado do Jordão, com exceção de Citópolis, que ficava ao ocidente.

Quando Alexandre, o Grande, helenizou o mundo, encontrou forte barreira por parte dos judeus. As guerras dos macabeus representam a tenaz resistência do judaísmo contra o helenismo.[20]

James Adams, referindo-se ao período da helenização mundial, declara:

> Historicamente, Decápolis é um produto dos contactos de Alexandre, o Grande, com a Palestina e o Oriente.
>
> Mesmo que muitas cidades existissem antes da conquista macedônica, podemos crer que elas receberam o seu emolduramento grego durante o domínio grego e romano. Os que amavam a cultura helênica fundaram no estrangeiro algumas cidades e desenvolveram

---

[19] Alguns autores asseguram que a intenção de Herodes era tornar Samaria capital da Judeia.

[20] Para as guerras macabeias, veja Tognini, Enéas. *O período interbíblico*, cap. 6.

outras. Não poucos fundadores ou ampliadores de cidades saíram das fileiras militares de Alexandre, pois era costume do famoso filho de Filipe II da Macedônia obsequiar seus soldados com o governo de cidades. O grande número que se valeu destas vantagens deu origem ao aparecimento de muitas cidades no Oriente, principalmente no Além-Jordão.[21]

Cerca do ano 200 a.C. os gregos conseguiram implantar a cultura grega e o paganismo em Gadara e Filadélfia. Em 63 a.c., Pompeu desmembrou Hipos, Citópolis e Pela dos judeus, anexando-as à Síria. "A Confederação das Dez Cidades",começou, portanto, em 200 a.c. e foi se fortalecendo de maneira militar, econômica e política contra os ataques semitas. Plínio[22] mencionou os "dez" membros que regiam a coalizão com os seguintes nomes geográficos: Citópolis (Bete-Seã no Antigo Testamento), Damasco, Rafana, Canata, Gerasa, Diom, Filadélfia (Barate-Amon do Antigo Testamento), Hipos, Gadara e Pela. Posteriormente, Ptolomeu anexou outras cidades às "dez", perfazendo um total de 18, no século II a.C.

"Decápolis" desempenhou importante papel tanto na expansão helenística no Oriente quanto no ministério terreno de Jesus, bem como na difusão do cristianismo nascente. Enumeraremos os pontos mais vitais dessa região geográfica com suas implicações políticas, sociais e religiosas:

1. No tempo de Herodes, o Grande, "Decápolis" era uma região consumada e, nos dias do Senhor Jesus, uma realidade. Com o estabelecimento de Decápolis, formou-se o "Grande Império" contra o semitismo (uma espécie de poder hodierno contra o sionismo). O episódio dos dois mil porcos que se afogaram no mar, na libertação do endemoninhado gadareno (Mc 5.13), prova que no leste do Jordão a influência não era judaica. Bandos árabes atacavam com frequência a região. Para combatê-los, as cidades se coligaram; como resultado, surgiu Decápolis.

---

[21] ADAMS, James McKee. *A Bíblia e as civilizações antigas*, p. 303.
[22] Em sua famosa *História natural*.

2. As cidades eram livre, apenas sujeitas à província da Síria, que por sua vez estava sujeita à Roma. A união delas era talvez como o "Tratado de Monroe" nas Américas: "Atacar uma cidade de Decápolis era atacar toda a Decápolis".

3. Na parte econômica, salvaguardadas as devidas proporções, eram uma espécie de miniatura da atual "União Européia". Havia isenção de taxas alfandegárias entre as cidades.

4. Cada cidade contava com seu contingente militar; a soma deles formava a "Confederação de Decápolis". Esta, por sua vez, fazia parte das "Falanges Romanas".

5. Entre as cidades havia uma assombrosa unidade religiosa, predominando os deuses gregos e romanos, para quem foram erigidos os mais ricos e suntuosos templos.

6. Estradas excelentes para a época interligavam as cidades da região. Os romanos conservavam essas estradas que lhes facilitavam a presença em qualquer lugar onde houvesse ameaça de insurreição. É possível que Jesus tenha palmilhado trechos dessas estradas em muitas ocasiões de suas atividades messiânicas na Galileia e na Pereia.

7. Os povos do primeiro século a.C. até o segundo d.C. eram bilíngues. É provável que em cada cidade houvesse um dialeto, um linguajar regional, mas todos, sem exceção, falavam o grego. Jesus deve ter falado o aramaico como se tem prova pelos "Logias".[23]

8. Multidões acompanhavam o Mestre pelas poentas estradas da Terra Santa. O vocábulo "multidão" no plural ou no singular aparece mais de 130 vezes nos quatro evangelhos. Essas multidões não eram pequenas. Na primeira multiplicação de pães e peixes diz-se que cinco mil *homens* foram alimentados (Mc 6.44); sem dúvida alguma, houve outro tanto ou mais de mulheres e número maior de crianças. Em outras ocasiões maiores multidões seguiam o Senhor Jesus. De onde vinham essas multidões? Lucas 5.17 responde que procediam de "toda a Judeia", de Jerusalém e de todo o litoral de Tiro e Sidom.

---

[23] JEREMIAS, J. *Teologia do Novo Testamento.* São Paulo: Paulinas, 1977, p. 16ss.

Mateus 4.25 acrescenta: da Galileia, de Decápolis, de Jerusalém, Judeia e dalém do Jordão. Os gregos que vieram com o propósito de tirar Jesus de Jerusalém e da cruz eram de Decápolis, sem dúvida alguma (Jo 12).

9. O povo de Decápolis era mais aberto que o judeu em matéria espiritual. Jesus não encontrou ambiente para o seu ministério na Palestina, principalmente em Jerusalém. Dos 36 meses do seu ministério terreno, 18 passou em Cafarnaum, porta de entrada para Decápolis; 6 meses, pelo menos, passou no que conhecemos como "Ministério das Retiradas", e quase sempre na região de Decápolis.

10. Pela e Diom eram conhecidas pela sua cultura e religião como cidades gregas.

11. Gadara (a Ramote Gileade do Antigo Testamento) era das mais importantes e maiores cidades de Decápolis, plantada no sopé da montanha que limita a oeste com o vale do Jordão e ao sul com o vale profundo do Iarmuque. Existiu outra Gadara na Pereia, defronte a Jericó, cujas ruínas ainda hoje podem ser vistas em Tell Gedur, próximo de El-Salt. Não raro, nos escritos antigos, as duas se confundem. Em Mateus 8.28 registra "terra dos gadarenos", Marcos 5.1 e Lucas 8.26 registram "terra dos gesarenos". Lucas, no texto citado, acrescenta um detalhe precioso: "fronteira da Galileia". Trata-se, portanto, da Gadara do norte, que ficava a sudeste do mar da Galileia; aqui vivia o endemoninhado gadareno.

12. Citópolis. É bom notar que Citópolis ficava a ocidente do Jordão. No Antigo Testamento pertencia a Manassés ocidental com o nome provável de Bete-Seã. Escavações recentes revelaram-na uma cidade de cerca de 3 mil anos. Fica pouco mais de 6 km a oeste do Jordão e 22 km do mar da Galileia. Foi outrora uma fortaleza cananeia no tempo da conquista. Na morte de Saul, estava ligada aos filisteus. O nome Citópolis vem dos tempos dos domínios citas na região (632 a.C.). O nome moderno é Beisã.

13. Gerasa. Na velha Gileade, a meio caminho entre Selá e Filadélfia, ligada por estradas romanas com toda a Decápolis, situa-se a 40 km a leste do Jordão. Não deve ser confundida

com Gadara. Surgiu pouco tempo depois da invasão macedônica. Alexandre Janeu anexou-a ao seu reino. Floresceu entre 100 a 200 d.C. Nas ruínas de Gerasa foram encontrados: o Arco do Triunfo, o Hipódromo fora dos muros, as muralhas que cercavam a cidade numa circunferência de 4 km, reforçadas com torres e 8 portas. Fora dos muros estavam os subúrbios, com capacidade para milhares. Na cidade real foram encontradas ruas e calçadas com paralelepípedos e dezenas de artísticas colunas. Dois suntuosos templos ornavam a cidade: o de Diana e o de Júpiter. Na era cristã, sete templos foram erigidos, suplantando os pagãos. O principal destes é o de Teodoro (492 d.C.). Teatros, termas e o Fórum faziam parte da grande Gerasa. Hoje, bem mais humilde, chama-se Geras.

14. A igreja judaica, no cerco e na destruição de Jerusalém por Tito (70 d.C.), refugiou-se em algumas regiões de Decápolis (talvez Pela — Mt 24.20).

15. Filadélfia, na região da Pereia do Novo Testamento, hoje é Amã, capital da Jordânia.

Jerusalém

Talvez a mais famosa cidade do mundo. Uma das mais antigas. Palco dos maiores e mais decisivos episódios da terra. A mais falada. A mais disputada. Nela aconteceu o fato mais extraordinário que abalou a terra e sacudiu as potestades do mundo além e, consequentemente, mudou os rumos da história: a morte do Senhor Jesus, o Filho de Deus, no Calvário.

Nome

Lê-se muitas vezes *Ierousalen* e também *Ierosoluma*.

O nome aparece em registros antiquíssimos. Nos textos egípcios do Império Médio foi grafado *Rusalimum* em alguns lugares e em outros *Urusalimum*. No cuneiforme das Cartas de Tell el-Amarna foi escrito *Urusalim*. O assírio Senaqueribe escreveu *Ursalimmu*. Na Peshita, *Ursalem*. No Texto Messorético, *Yerusalaim*. No aramaico bíblico, *Yeruselem*. Para o nosso vernáculo chegou através do grego *Ierousalem*.

CIDADES DE ISRAEL

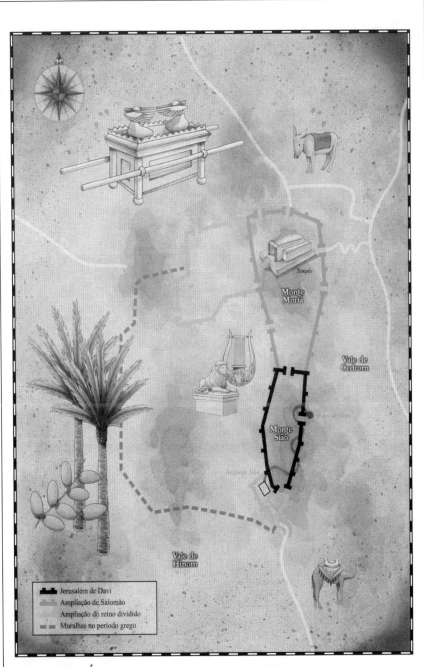

A JERUSALÉM do ANTIGO TESTAMENTO (por volta de 1230–200 a.C.)

Maquete de Jerusalém

Significado

A raiz *irw* encerra a ideia de "fundamento" ou "estabelecimento"; *Salem* é o deus cujo altar-sede estava na cidade. Em Gênesis 14.18 aparece apenas *Salém*. Em Salmos 76.2 a palavra é desdobrada em *Salém* e *Sião*. O mesmo acontece no registro da carta 290 de Tell el-Amarna, onde se lê *Salim* ou *Sulmanu*. Uma versão apócrifa de Gênesis afirma: "Jerusalém é Salém". *O novo dicionário da Bíblia* alinha a opinião de grandes autores sobre o significado do nome "Jerusalém".[24] Alguns estudiosos afirmam que a primeira parte do nome significa "fundamento", enquanto "Salém" quer dizer "paz"; portanto, Jerusalém seria "cidade da paz".

Antes de ser tomada pelos filhos de Israel, a cidade pertencia ao jebuseus, em cujos escritos lê-se *Yebusi*. Em Juízes 19.10 afirma-se que "Jebus é Jerusalém". Por este texto chegamos à conclusão de que o nome Jerusalém não é de origem hebraica. Em Salmos 87.2, e 51.18, e mais 179 vezes, Jerusalém é chamada Sião. Outros nomes, na Bíblia e extrabíblicos, são dados a Jerusalém:

---

[24] PAYNE, D. F. "Jerusalém". Em: DOUGLAS, J. D. (Ed.). *O novo dicionário da Bíblia*, p. 668.

1. Cidade de Davi (1Rs 8.1).
2. Cidade de Judá (2Cr 25.28).
3. Cidade Santa (Ne 11.1 e Is 52.1).
4. Aelia Capitolina — esse foi o nome que, em 135 d.C., o imperador Aelio Adriano deu à cidade paganizada por ele.
5. El-Kuds ("A Santa") — nome dado a Jerusalém pelos árabes.

As muralhas

Jerusalém está edificada sobre montes: a noroeste, o Acra; a nordeste, o Bezeta; ao ocidente, o Sião; ao oriente, o Moriá, e a sudeste, o Ofel. James McKee Adams diz:

> Sabe-se agora que a cidade começou no monte Ofel, pouco acima da Fonte da Virgem, ou Giom, que proporcionava aos primitivos habitantes relativo suprimento de água, e que à medida que a população crescia, outros montes foram ocupados pela cidade, começando pelo Moriá, então Sião, o Acra e o Bezeta.[25]

A circunferência da parte murada de Jerusalém, incluindo os cinco montes, era de 5.600 m. José Pistonesi afirma que "nos dias do Novo Testamento e até a destruição de Jerusalém pelos romanos, a cidade estava protegida ao sul, leste e oeste por uma só muralha, entretanto, na parte norte houve três muros".[26] Por que somente no norte houve necessidade de mais proteção? Porque no sul, leste e oeste havia na profundidade do vale que a circunda defesa natural; o ponto fraco estava no norte e foi nessa parte que os fortes muros protegeram a cidade.[27]

Primeira muralha — Construída por Salomão. É provável que Davi tenha começado e até aproveitado algo feito pelos jebuseus. Rodeava todo o monte Sião, abrangendo o Moriá, o Ofel, até Siloé. Saía da atual Porta de Jafa e fechava todo o norte da cidade, até encontrar-se com o monte da área do templo, na sua banda oriental, a meio caminho do Tiropeom. Aqui se juntava a alta muralha

---

[25] ADAMS, James McKee. *A Bíblia e as civilizações antigas*, p. 341.

[26] PISTONESI, José. *Geografia Biblica de Palestina*, p. 236.

[27] Em muitas profecias a advertência divina mandava o povo cuidar mais do norte. Veja, por exemplo, Jr 1.13,14; 3.12,18; 4.5,6; 6.1.

com a profundidade do declive, tornando Jerusalém inexpugnável. Os romanos (66 a 70 d.C.) nem sequer tentaram entrar em Jerusalém por esse lado. Imagine-se uma saída da Porta de Jafa, seguindo a Suweikat Allum (Rua Davi) até chegar no Moriá. Essa rua de hoje representa a depressão original, ou o vale que se dirigia para leste, até encontrar-se com o Tiropeom. Era por onde corria a muralha.

Segunda muralha — O segundo muro foi construído por Jotão, Ezequias e Manassés, e destruído em 586 a.C. por Nabucodonosor. Neemias, a partir de 516 a.C., o reconstruiu exatamente onde estava o segundo. O local do segundo muro da cidade é o problema crucial da topografia jerusalemita, relacionado com o Santo Sepulcro. "Para determinarmos o curso desta segunda muralha, temos que admitir que a muralha nortista da atual Jerusalém segue, com relativa precisão, as muralhas reconstruídas por Neemias".[28] As recentes investigações arqueológicas desse muro concluem também que Neemias levantou as muralhas exatamente onde Jotão, Ezequias e Manassés construíram o segundo muro, antes da descrição por Nabucodonosor.

Josefo, referindo-se ao segundo muro, apresenta dois pontos que constituem seguras balizas por entre as quais podemos seguir com relativa firmeza: a "Porta Genata' e a "Torre Antonia".[29] A "Genate" não é outra senão a "Porta Velha" ou da "Esquina", que hoje é a de "Jafa". Nesse lugar ficava também a "Torre de Hípico". A Torre Antonia foi construída por Herodes, o Grande, em 37 a.C., no lugar da antiga fortaleza macabeia de Baris, no ângulo norte da área do templo. A segunda muralha estendia-se da Genate à Torre Antonia, circundando a parte norte de Jerusalém.

James Adams afirma:

> Esta descrição exige uma muralha circular, compreendendo um extenso território, e com toda a probabilidade, a moderna muralha que circunda a parte norte de Jerusalém, segue o antigo curso das fortificações feitas por Ezequias, Urias e Manassés.[30]

[28] ADAMS, James McKee. *A Bíblia e as civilizações antigas*, p. 345.
[29] *Bel. Iud.* V, 4.143.
[30] ADAMS, James McKee. *A Bíblia e as civilizações antigas*, p. 345. Sobre essa muralha, examinar PARROT, André. *Golgotha et Saint Sépulcre*. Neuchatel, Suíça: Delachaus et Niestlé, 1955 (atualizado em 1963).

Assim, a Porta do Peixe marca os limites dessa muralha. É quase certo que a atual Porta de Damasco substituiu a do "Peixe" de Neemias. Esta porta fica no cabeço do Tiropeom, que corria entre Bezeta, Moriá e Ofel, a leste, e Acra e Sião a oeste, estendendo-se até Siloé no sul da cidade. Partindo da Porta do Peixe, esse muro alcançava as faldas do Acra, até onde o atual muro dirige-se para sudeste, ao encontro da Porta de Jafa.[31] Essa muralha sempre deixou o "Santo Sepulcro" dentro de Jerusalém.

Terceira muralha — Flávio Josefo afirma que o governante Herodes Agripa I construiu em 41 d.C. um muro colossal ao norte de Jerusalém. Por séculos, a afirmação de Josefo "gritou no deserto". A Sociedade Judaica de Explorações começou a investigar um relatório a respeito de grandes pedras encontradas nas escavações para a construção de um edifício, bem ao norte do muro da atual Jerusalém. A referida Sociedade continuou a escavar o local e encontrou extensas seções das partes fortificadas do muro descrito por Josefo. O historiador judeus tinha razão. O muro encontrado pela Sociedade Judaica corresponde exatamente ao de Josefo, até mesmo no tamanho das pedras empregadas na construção de Agripa I. Esse muro está fora de Jerusalém e um pouco distante das atuais muralhas. James Adams afirma:

> Restos destes muros nos habilitam a seguir as suas linhas com segurança. Começando na Porta de Jafa, dirigindo-se para o nordeste, até um ponto que ficava do lado oposto ao Quarteirão Russo, e dali virava para leste, passando pela torre de Psefinos até o local da Escola Americana de Arqueologia, e finalmente, virando para o sul, ia unir-se ao muro do Templo, nas imediações da Torre Antonia. Os grandes restos maciços que se encontram junto à Escola Americana indicam que neste ponto as fortificações atingiram uma tal grandeza, com vistas a garantir a cidade contra qualquer ataque, vindo do norte.[32]

---

[31] Sobre essa muralha, examinar PARROT, André. *Golgoth et Saint Sépulcre*. Neuchatel, Suíça: Delachaus et Niestlé, 1955, atualizado em 1963. Veja também ADAMS, James McKee. *A Bíblia e as civilizações antigas*, p. 345.

[32] ADAMS, James McKee. *A Bíblia e as civilizações antigas*, p. 345.

Muro de Adriano

Construído pelo imperador Adriano, a partir de 135 d.C. para fortificar a Aelia Capitolina. Esse muro deixou fora Ofel e parte sul do monte Sião.

Muro de Saladino

Construído em 1187 d.C.

Muro de Solimão, o Magnífico

Construído entre 1538 a 1541 d.C. Com algumas alterações, são os atuais muros da Velha Jerusalém. Este muro dirige-se para o oeste do templo, para a Porta do Monte Sião e deixa fora grande parte do sudoeste do monte Sião e todo o monte Ofel.

Portas da antiga Jerusalém

Através dos séculos, Jerusalém passou por muitas transformações não só nos seus monumentos, como nas suas muralhas e nas portas. A Bíblia registra as seguintes portas (ou portões) das muralhas em todos os tempos:

1. Porta das Ovelhas (Ne 3.1,32; 12.39).
2. Porta do Peixe (2Cr 33.14; Ne 3.3; 12.39).
3. Porta Velha (Ne 3.6; 12.39).
4. Porta de Benjamim (Jr 37.13; Zc 14.10).
5. Porta de Efraim (2Rs 14.13; Ne 8.16; 12.39).
6. Porta da Esquina (2Rs 14.13; Jr 31.38; Zc 14.10).
7. Porta do Vale (2Cr 26.9; Ne 2.13,15; 12.31).
8. Porta do Monturo (Ne 2.13; 3.13,14; 12.31).
9. Porta da Fonte (Ne 2.14; 3.15; 12.37).
10. Porta dos Muros (2Rs 25.4; Jr 39.4; 52.7).
11. Porta dos Cavalos (2Cr 23.15; Ne 3.28).
12. Porta Oriental (Ne 3.29).
13. Porta da Guarda (Ne 3.31).
14. Porta do Oleiro (Na-Harsit; Jr 19.2).
15. Porta Antiga (Na-Misneh; Ne 3.6; 12.39).
16. Porta do Meio (Jr 39.3).

17. Porta Primeira (Zc 14.10).
18. Porta superior de Benjamim (Jr 20.2).
19. Porta de trás da guarda (2Rs 11.6).
20. Porta de Salequete (1Cr 26.16).
21. Porta Sur (2Rs 11.6).
22. Porta do Fundamento (2Cr 23.5).
23. Porta do Governador Josué (2Rs 23.8).
24. Porta Nova do Templo (Jr 26.10; 36.10).
25. Porta Superior do Templo (2Cr 27.3).

Portas da Jerusalém atual

1. Porta de Jafa[33]
2. Porta de Damasco.
3. Porta de Herodes.
4. Porta de Santo Estêvão.
5. Porta Dourada.
6. Porta dos Cavalos.
7. Porta de Sião.
8. Porta do Vale.
9. Porta do Monturo.

Cronologia de Jerusalém

Antes de Cristo

ABRAÃO – DAVI – SALOMÃO

2000 – Abraão oferece Isaque no Moriá.
1000 – Davi toma a fortaleza dos jebuseus.
961-922 – Salomão edifica o primeiro templo.

---

[33] Também chamada Bab El-Khalil = "Porta do Amigo". Na entrada há uma inscrição árabe: "Não há Deus senão Allah e Abraão é seu amigo". Em 1898, quando o kaiser Guilherme II visitou Jerusalém, uma parte do muro foi tirada e a Porta de Jafa alargada para que passasse o séquito do imperador Germânico.

BABILÔNICO

587 – Nabucodonosor destrói Jerusalém e leva os judeus cativos para Babilônia.
520 – Volta dos judeus de Babilônia para Jerusalém.
517 – Construção do segundo templo.

GRECO – MACABEU

332 – Alexandre, o Grande, toma Jerusalém e implanta o governo grego.
169 – Antíoco Epifânio profana o templo.
167 – Guerra macabeia de libertação.
165 – Purificação e rededicação do templo.

DE POMPEU A JESUS

63 – Pompeu toma Jerusalém.
37-4 – Herodes, o Grande, constrói o Palácio Real, a Fortaleza Antonia e começa a reconstrução do templo.

Depois de Cristo

26-36 – Pôncio Pilatos, procurador romano da Judeia.
30 – Crucificação do Senhor Jesus.

DESTRUIÇÃO DE JERUSALÉM E DISPERSÃO

66-70 – Guerra judaica contra Roma.
70 – Tito destrói Jerusalém.
132-135 – Revolta de Bar Kochba contra Roma.
135 – Adriano reconstrói Jerusalém.

HELENA, CONSTANTINO E OUTROS

326 – Helena visita Jerusalém.
335 – Constantino constrói a Igreja do Santo Sepulcro.

614 – Invasão Persa.

629 – Bizâncio reconquista Jerusalém.

637 – O califa Omar toma Jerusalém.

619 – Concluída a mesquita de Omar.

Cruzados e serracenos

1099 – Os cruzados conquistam Jerusalém.

1187 – Saladino reconquista Jerusalém.

1250-1517 – Governo mameluco egípcio.

1267 – O rabino Moshe Ben Nachman estabelece uma comunidade judaica em Israel.

Os turcos

1517 – Conquista otomana.

1538-1540 – Governo de Solimão, o Magnífico.

1700 – O rabino Yehuda He-Hassid inicia o movimento "Hurva" nas sinagogas.

1860 – Os judeus estabelecem o primeiro núcleo fora dos muros da velha cidade.

Inglaterra – Jordânia – Israel

1917 – Os ingleses conquistam a Palestina.

14/5/1948 – Fim do mandato britânico.

– Israel proclama a Independência.

– Exércitos árabes invadem Israel.

1948-1949 – Guerra de Independência.

Jerusalém dividida

1. Oriental – com Jordânia.

2. Ocidental – com os judeus.

5-10/6/1967

– Guerra dos Seis Dias.

– Os exércitos israelenses tomam Jerusalém e a unificam.

Israel conquista

Sinai – Golã – Gaza
Cisjordânia
1973 – Guerra do Yom Kipur

Colina do templo

Deuteronômio 12.5 diz que o Senhor escolheria o lugar em Israel onde o seu nome seria proclamado. Ele escolheu, nos dias de Davi, a eira de Ornã ou Araúna (2Cr 3.1). Por que esse lugar? Foi a escolha divina e nada mais. Dois grandes fatos marcaram esse monte: Abraão ofereceu Isaque ao Senhor (Gn 22) e o anjo que destruía Jerusalém apareceu a Davi neste lugar (2Sm 24.16,17). Alguns autores traduzem "Moriá" por "terra da amargura", e outros: "monte onde o Senhor providencia", ambos relacionados com a experiência de Abraão nesse monte.

Salomão construiu o templo de Moriá e Nabucodonosor o destruiu em 586 a.C. Dario II o reconstruiu, a partir de 516 a.C. Em 19 a.C. Herodes, o Grande, começou a reconstrução e ampliação do templo de Zorobabel, que só foi terminado em 64 d.C., seis anos antes da destruição de Tito. Dizem que o de Herodes superou em suntuosidade o de Salomão. O de Herodes foi visitado muitas vezes por Jesus, ainda nesse templo inacabado. Discutiu em alguns dos seus pórticos com judeus, doutrinou as massas e duas vezes o purificou.

Em 135 d.C. o imperador Adriano ordenou que suas legiões varressem de Jerusalém todo e qualquer vestígio de judaísmo, a fim de implantar seu paganismo. Até o nome da cidade foi alterado.

Em 691 d.C., o califa Abd Al-Malik construiu uma magnífica mesquita chamando-lhe "Cúpula da Rocha", também conhecida como "Mesquita de Omar", nome do líder muçulmano que tomou Jerusalém das mãos dos bizantinos. Desde tempos até os fins do século XI, cristãos e judeus foram tratados com certa tolerância pelos muçulmanos. Os turcos, porém, substituíram os árabes no domínio da cidade. Fanáticos e intolerantes, eles provocaram o movimento dos Cruzados (1099).

Em 1187, Saladino recapturou a mesquita, que ficou sob o poder dos egípcios até 1517, quando então os turcos otomanos conseguiram

Mesquita de El-Aksa

tomá-la, liderados por Selim I. No oitavo século foi também construída a famosa Mesquita de El-Aksa, a mais importante dos árabes, depois Meca e Medina (veja a foto acima).

A área do templo de Salomão era de 410 m² cercados por grossas e altas muralhas, sendo as mais importantes as do norte, leste e sul (veja a ilustração na próxima página). Essas muralhas, segundo o arqueólogo Warren, medem de 10 a 15 m de altura. As do primeiro templo eram mais altas ainda. O espaço compreendido entre os muros era muitas vezes a área da casa "sagrada do Senhor". Hoje resta a parte ocidental dessas muralhas, conhecida como "Muros das Lamentações". Acredita-se que esses muros são do primeiro templo. Robinson descobriu nas imediações do templo um arco, que mais tarde foi descrito por Warren como pertencente à ponte que ligava o Moriá ao Sião, sobre o vale do Tiropeom. Onde hoje está a "Porta de Ouro", olhando para o Cedrom e o Getsêmani, era, talvez, a "Porta Oriental", por onde Jesus entrava e saía de Jerusalém, quando no monte das Oliveiras. No muro norte do templo ficava a "Porta das Ovelhas", o Tanque Betesda e a Torre Antonia.

GEOGRAFIA DA TERRA SANTA E DAS TERRAS BÍBLICAS

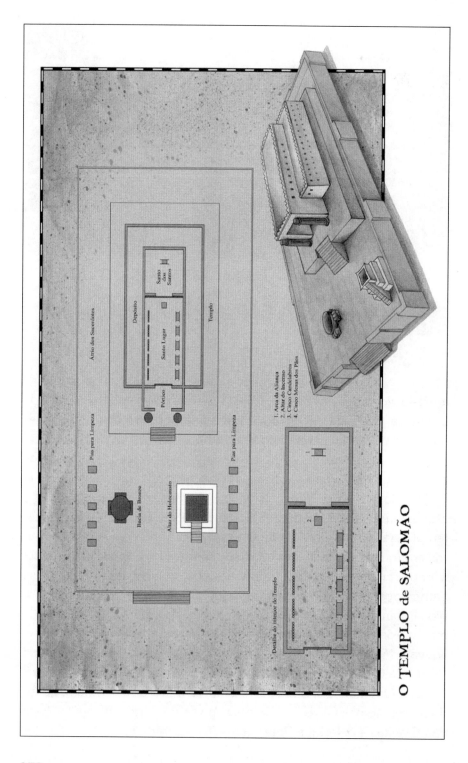

Cidadela

Flávio Josefa afirma:

> Como estas torres ficavam do lado norte do muro, o rei tinha o palácio do lado de dentro e perto delas; porém, o todo desta obra escapa a minha imaginação descrevê-lo. Era tão bonito que não há preço nem gosto artístico que se tivessem poupado na construção; todo cercado de altos muros com mais de 20 m e adornado de torres de espaço a espaço. Havia diversas alamedas ensombreadas de árvores, com calçadas de cada lado, profundos canais e cisternas, ornadas em certos lugares com estatuetas de bronze, servindo de repuxos. Confesso que não é possível para mim ao pensar que tanta riqueza e esplendor serviram apenas par repasto do fogo e de ladrões.[34]

Ao norte da cidade ficavam as torres de Hípicos, Fasael e Mariana, mais ou menos onde hoje se acha a Porta de Jafa. Um pouco mais ao norte destas erguia-se a torre de Psefinos. Em altura, essas torres, sob o nível do muro de Agripa I, mediam: Mariana, 30 m; Psefinos, 40 m; Hípicos, 44 m; Fasael, 49 m. Cada uma delas era uma inexpugnável fortaleza. O palácio de Herodes ficava dentro da área das torres.

Foi diante desse palácio que apareceram uns magos de distantes paragens do Oriente. A pergunta deles alarmou Herodes: "Onde está o recém-nascido Rei dos Judeus? Porque vimos a sua estrela no Oriente, e viemos para adorá-lo" (Mt 2.2). Aqui residiu Herodes, o Grande, e daqui, provavelmente, Pilatos condenou o Senhor Jesus.

Fortaleza Antonia

Localizava-se no ângulo noroeste do templo. Um muro colossal a circundava. Sua maior segurança, entretanto, estava no norte, onde se erguiam as "torres". Fasael ficava a oeste; Mariana, a leste. Herodes, o Grande, que a edificou, construiu dentro dela o Palácio Real, com exageros de segurança, mas residiu no local. O lugar do Palácio Real era estratégico, permitindo ao monarca acompanhar todo o movimento religioso e político que se desenrolava na área do templo.

---

[34] JOSEFO, Flávio. *Guerras*, V, IV, 4.

Fortaleza Antonia, construída por Herodes, o Grande

O estudioso P. Vincent afirmou: "A Fortaleza construída por Herodes, o Grande, situava-se no ângulo noroeste do Templo". André Parrot acrescenta: "Segundo outros, a basílica conhecida com o nome de Ecce Homo, corresponde ao lugar exato de onde o procurador romano entregou Jesus aos judeus". Realmente, a Fortaleza Antonia ficava no ângulo noroeste do templo. A razão da existência desse lugar é que permitia a Herodes, o Grande, participar de certos trabalhos religiosos, já que não podia entrar no templo por ser apenas meio-judeu.

Esse palácio foi dado por Herodes às autoridades romanas e mais tarde se tornou uma espécie de "ministério da guerra" dos romanos. A residência oficial do procurador romano era em Cesareia, mas quando ele subia a Jerusalém para as grandes festas judaicas, hospedava-se no Palácio de Herodes, situado nas proximidades da atual Porta de Jafa. O apóstolo Paulo foi levado à "fortaleza", naturalmente a "Antonia", ocupada somente por militares[35] (At 21.35-37).

---

[35] ADAMS, James McKee. *A Bíblia e as civilizações antigas*, p. 352-353.

Pináculo do Templo

A palavra "pináculo" deriva do grego *pteryon*. Dois evangelistas a registram: Mateus (4.5) e Lucas (4.9). Estava localizado no ângulo suleste do muro do "pórtico de Salomão". Olhava para o ribeiro do Cedrom, com cerca de 100 m de altura. Flávio Josefo diz que dava vertigem só em olhar dele para a profundeza do vale. Daqui Satã quis que Jesus se atirasse. Hegésipo diz que Tiago menor foi lançado do pináculo ao vale.

Pórtico de Salomão

A palavra "pórtico" foi largamente empregada no hebraico (*ulam*) e no assírio (*ellamu*), e pode ser traduzida por "frente". Pode ser a frente de uma casa, de um palácio (1Rs 7.6,7) ou de um templo (1Rs 6.3). O sírio emprega *Bit-Nalani* para designar um conjunto de salas, incluindo um pórtico pelo qual se entrava subindo alguns degraus e que conduziam a um salão de audiências.

O Pórtico de Salomão era uma dependência dentro da área do templo, destinada a grandes reuniões. No monte Moriá, uma grande área de terra foi nivelada; outras áreas foram entulhadas. Essa área media 450 m norte-sul e 300 m leste-oeste. Era cercada de muros com pedras que chegaram a medir 5 m de comprimento por 60 cm de altura (Mc 13.1).

Na esquina do sudeste, dando frente para o vale do Cedrom, estava o "átrio interior", construído 50 m acima da rocha. Talvez o ângulo formado pelo parapeito, no sudeste olhando para o Cedrom, fosse o Pináculo do Templo. O pórtico sul tinha quatro fileiras de colunas e se chamava Pórtico Real. Os pórticos de leste e oeste tinham duas fileiras de colunas. O pórtico do leste era o de Salomão; ocupava toda essa banda (Jo 10.23; At 3.11; 5.12).

Sob essas colunas, os escribas ministravam aulas e travaram debates com o Senhor Jesus Cristo (Lc 2.46; 19.47; Mc 11.27). Comerciantes e cambistas instalaram mesas nessa área do templo e foram expulsos pelo próprio Jesus (Lc 19.45,46; Jo 2.14-16). Tabuletas com inscrições em grego e latim advertiam os gentios que tentassem profanar o templo. Macalister traduziu uma delas: "Nenhum estrangeiro dentro da balaustrada e nem dentro do muro fechado ao redor do Santuário. Qualquer que for apanhado, sobre ele será preso e morto".[36] No primeiro átrio, da parte interna do templo, estava a Corte das Mulheres. Nessa dependência ficavam a Caixa das Ofertas, o Altar do Sacrifício, a Corte de Israel, o Lugar Santo e o Santo dos Santos. O Lugar Santo e o Santo dos Santos estavam separados por uma rica cortina babilônica, que se rasgou quando Jesus expirou. Numa dessas dependências, Zacarias recebeu a visita do anjo Gabriel e os sacerdotes se reuniram para tramar a morte de Jesus.

Tanque de Siloé

"Giom" significa "nascente". É uma pequena caudal intermitente. Nasce no vale do Cedrom e corre em duas direções: superior e inferior. Hoje é conhecida como Aim Siti Miriã ou Fonte da Virgem. O rei Ezequias, ameaçado por Senaqueribe, tapou o Giom Superior e desviou seu curso para dentro de Jerusalém, por um túnel cavado na rocha viva (530 m), garantindo o suprimento de água para a cidade, caso houvesse o cerco do rei assírio. Está no lado oposto à Torre de Davi. Despejava, e ainda o faz, no Tanque de Siloé. Ao sul do Siloé foi encontrado o Poço do Rei. Através do vale por onde corria o Giom, havia fortes muralhas de proteção, conhecidas como "muralhas de Siloé". A Torre de Siloé que caiu e matou 18 pessoas deveria estar nas imediações do tanque (Lc 13.4). O cego de nascença, mencionado em João 9, foi enviado para Siloé.

Tanque de Betesda

Esse nome designa um enorme tanque em Jerusalém, com cinco pavimentos (Jo 5.2). Escreve-se "Betesda" de vários modos:

1. *Bet-Hesda* = casa da misericórdia.
2. *Bet-asda* = casa do derramamento.
3. *Bet-eshdathayin* = casa dos dois derramamentos.
4. *Bet-sayda* ou *Bet-sedah* = casa da pesca.
5. *Bet-zayit* = casa das azeitonas.
6. *Bezata* ou *Bezete*, do verbo *baza*, que é "cortar", talvez por separar o "Tanque" da "Torre Antonia".

---

[36] ADAMS, James McKee. *A Bíblia e as civilizações antigas*, p. 447.

CIDADES DE ISRAEL

Tanque de Siloé ou Fonte da Virgem

Ruínas do tanque de Bestesda

Escavações feitas no século XIX descobriram um tanque com cinco pavilhões no nordeste da cidade, com uma pintura a fosco, bastante esmaecida. A palavra *probatiqué* (porta das ovelhas) deve ser considerada "porta de lavar ovelhas" destinadas ao sacrifício. A Porta das Ovelhas fica ao norte de Jerusalém. Parece que *Bet-eshdathayin* (Casa dos dois derramamentos) originou a palavra *Bet-eshada* (casa do derramamento, que, por sua vez, originou "Betesda"). O *Eshdathayim* (dois derramamentos) é mais certo, visto que Eusébio e o peregrino Bordeaux falaram em poços gêmeos no sítio de Betesda. Os Padres Blancos demonstraram que o Tanque Betesda era retangular, medindo 120 m de comprimento por 60 m de largura. Era dividido em duas partes iguais por um muro sobre o qual estava uma galeria com alpendres laterais que, com o principal, formavam os cinco mencionados em João 5.2. Comportava a multidão de enfermos que aguardavam o mover das águas. Está junto à Igreja de Santana.

Cenáculo

As antigas e ricas habitações familiares tinham o seu refeitório. Os evangelhos relatam que o Senhor Jesus pediu emprestado um cenáculo (Mt 26.17-30; Mc 14.12-16; Lc 22.7-13). A tradição romanista situa-o no monte Sião, um pouco fora da Porta Sião e das atuais muralhas. Na parte inferior da casa, os judeus apontavam a sepultura do rei Davi, uma vez que o cenáculo em que Jesus comeu com os discípulos a última Páscoa e instituiu a Ceia Memorial era "alto", isto é, de dois pavimentos. Esse cenáculo foi a sede da igreja nascente de Jerusalém (At 1.13), da escolha de Matias e do Pentecoste (At 1.14,15). Alguns acham que a descida do Espírito Santo em Pentecoste, o sermão de Pedro e a conversão dos 3 mil ocorreram no cenáculo. A mim me parece que apenas o Pentecoste foi no cenáculo; os demais ocorreram numa das dependências do templo (At 2.46). O exato local do cenáculo nunca pôde ser comprovado.

Palácio de Caifás

João diz que Jesus, uma vez preso no Getsêmani, foi levado à casa de Anás, sogro do sumo sacerdote Caifás (Jo 18.12,13,24). A casa de Anás é apontada dentro dos atuais muros de Jerusalém, ao sul da Fortaleza Antonia. Ao sul desta casa, ficava o "cenáculo". Ao sul do Tanque de Siloé, estava a casa de Caifás, quase em cima do Aqueduto de Herodes e fora dos muros de hoje. A Igreja Romana erigiu neste lugar uma igreja chamada de *Galli Cantu*. Apontam a masmorra onde Jesus passou a noite do julgamento e o lugar onde foi amarrado. Subindo do Cedrom para a cidade, há uma escada por onde os soldados conduziram Jesus à casa de Caifás. Tudo indica que essa escada de velhas pedras foi aquela por onde Jesus subiu. No pátio dessa casa, Pedro negou o Mestre. Mais para o sul está o vale de Hinom e depois do vale uma pequena elevação: é Aceldama ou Campo de Sangue (Mt 27.1-10; At 1.16-20).

Palácio de Herodes

Herodes, o Grande, nunca residiu no palácio que construiu na Fortaleza Antonia, mas numa casa ao sul da atual Porta de Jafa, sua residência oficial. Ele deu o palácio ao oficial comandante das legiões romanas, cuja função era proteger o templo e manter a paz e a ordem em Jerusalém. Quando Florus, procurador romano, em 66 d.C., foi acalmar uma situação grave na Palestina, hospedou-se nessa

GEOGRAFIA DA TERRA SANTA E DAS TERRAS BÍBLICAS

residência, não em Antonia. Mas o apóstolo Paulo foi recolhido à Fortaleza, onde estava o destacamento militar romano (At 21.37; 22.24; 23.10). Resta-nos saber onde Pilatos estava quando julgou de Jesus: em Antonia ou no Palácio de Herodes? Onde estivesse, ali estaria o Pretório e a Gábata (cadeira do juiz); Jesus saiu carregando a cruz rumo ao Calvário de onde estava a Gábata. A tradição romanista coloca o Pretório na atual Capela das Flagelações, na Igreja do Ecce Homo. Jesus teria saído daqui carregando a cruz, palmilhando a Via Dolorosa rumo ao Calvário, hoje a Igreja do Santo Sepulcro. Essa tradição aponta as 14 "estações" em que Jesus "parou" e "caiu":[37]

1. Jesus é condenado à morte por Pilatos.
2. Jesus recebe a cruz.
3. Jesus cai a primeira vez.
4. Jesus se encontra com Maria sua mãe.
5. Cireneu carrega a cruz de Jesus.
6. Verônica enxuga o suor do rosto de Jesus.
7. Jesus cai a segunda vez.
8. Jesus consola as mulheres de Jerusalém.
9. Jesus cai a terceira vez.
10. Jesus é açoitado pelos soldados.
11. Jesus é pregado na cruz.
12. Jesus morre na cruz.
13. O corpo de Jesus é retirado da cruz.
14. O corpo de Jesus é posto no santo sepulcro.

Há coisas que não passam de fantasia. Por exemplo, Jesus nunca caiu e Verônica nunca existiu.

Nessa residência havia um pretório para reuniões públicas. O mobiliário constava de uma plataforma onde estava a Cadeira do Juiz (Gábata), de onde saía a sentença. Herodes da Galileia, que se achava em Jerusalém por ocasião do julgamento de Jesus, hospedava-se no Palácio Macabeu (Lc 23.7). A palavra grega que Josefo usa

---

[37] Extraído de uma publicação feita em Jerusalém sem indicação de autor.

280

Gólgota, Lugar da Caveira ou Calvário

para designar o tribunal do procurador Florus é a mesma usada por Mateus para designar o tribunal de Pilatos. É quase certo, pois, que Jesus foi julgado por Pilatos no Palácio do Governador, de onde saiu carregando a cruz na direção da atual Porta de Damasco, rumo ao Calvário, fora dos muros de Jerusalém. O "litóstrotos" (pavimento) onde Jesus foi açoitado, coroado com espinhos e chamado "rei" por escárnio acha-se nessa "capela".

Gólgota e Santo Sepulcro

O termo "Calvário" aparece apenas duas vezes no Novo Testamento (Lc 23.33; Jo 19.17; na *Nova Versão Internacional* aparece quatro vezes com o nome "Caveira"). É o termo latino *calvarium* que traduz o grego *kránion*, e ambos traduzem o aramaico *gulgotah* (Mt 27.33; Mc 15.22; Jo 19.17). Há duas razões para esse nome ser dado ao monte:

1. Era um lugar de execuções, onde havia muita caveira humana.
2. A topografia assemelha-se a um crânio humano. Sobre o monte em que Jesus foi crucificado e sepultado, a Bíblia declara:

a) Era um lugar fora dos muros da cidade de Jerusalém (Mc 15.20; At 7.58; Hb 13.12).

b) Era perto da cidade, muito concorrido, de fácil acesso e perto de uma porta, que dava para uma estrada (Jo 19.17-20).

c) Havia nele um jardim, e neste um sepulcro (Jo 19.41,42).

Na atual Jerusalém há dois calvários e dois sepulcros de Jesus Cristo. É difícil determinar qual deles condiz com as exigências bíblicas.

Santo Sepulcro

Construído a primeira vez por Helena, mãe do imperador Constantino em 325 d.C., mais por fervor religioso que certeza do local. Os três itens mencionados não coincidem com o local do Santo Sepulcro. A terceira muralha, a de Agripa I, foi construída em 41 d.C., e nada tem a ver, portanto, com o Calvário, que no tempo da crucificação de Jesus ficava fora dos muros existentes (os de Neemias). A Igreja do Santo Sepulcro fica mais ou menos 400 m dentro dos muros de Neemias, quase no meio do Quarteirão Cristão. O chamado mapa de Medeba data do quinto século d.C. e mostra a Igreja do Santo Sepulcro dentro dos muros de Jerusalém. Após a destruição da cidade no ano 70 d.C., o muro de Jerusalém foi restaurado, seguindo as demarcações existentes, exceto na parte sul, que deixou fora uma parte do monte Sião e todo o monte Ofel. O Santo Sepulcro, portanto, não está no legítimo Calvário.

Calvário de Gordon

Fica fora das muralhas, nas proximidades da Porta de Damasco. O morro assemelha-se realmente a um crânio humano. Embaixo do morro há um jardim e neste um sepulcro cavado na rocha, descoberto em 1849 pelo general bretão Gordon. Esse satisfaz as exigências bíblicas 90% mais que o Santo Sepulcro, mas, até o momento, não há provas científicas de ter sido o sepulcro de Jesus,[38] uma vez que

---

[38] Na citada obra de André Parrot (*Golgotha et Saint Sépulcre*) há uma descrição muito interessante sobre o Calvário de Gordon e o túmulo do jardim.

CIDADES DE ISRAEL

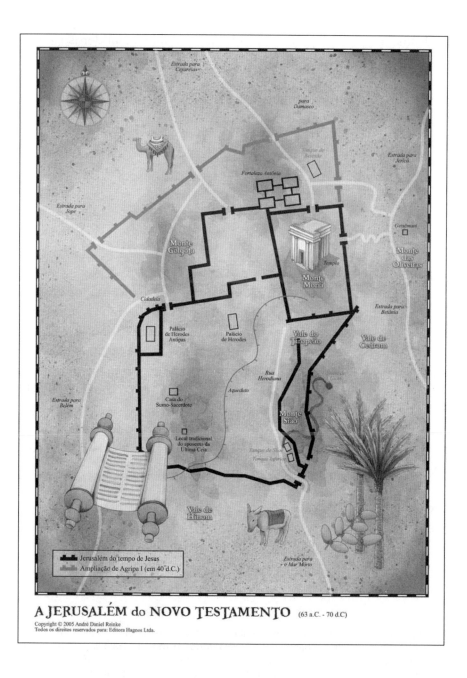

A JERUSALÉM do NOVO TESTAMENTO (63 a.C. - 70 d.C)

Copyright © 2005 André Daniel Reinke
Todos os direitos reservados para: Editora Hagnos Ltda.

Jerusalém foi destruída em 70 d.C. e reedificada em 135 d.C., tendo sofrido, através dos séculos, profundas transformações. Torna-se difícil, senão quase impossível, identificar não só o Calvário e o sepulcro

de Jesus, mas qualquer ponto histórico da multimilenar Jerusalém.[39]
O Calvário de Gordon satisfaz as Escrituras indicadas:

1. O monte tem a semelhança de caveira.
2. No referido monte há um jardim.
3. No jardim há um sepulcro.
4. Está fora dos muros.
5. Está perto de uma saída: a Porta de Damasco.
6. A atual sepultura que se vê no jardim pode ter sido do século VII d.C., mas foi a de Jesus antes da destruição de Jerusalém no ano 70 d.C.

Jerusalém Nova

Até 1860 só existia a Jerusalém antiga, a intramuros. Nesse ano, os judeus começaram a construir um bairro fora dos muros, na parte ocidental, estendendo-se para sul e norte. Hoje, dois pontos assinalam os extremos entre as duas Jerusalém: a Cidade Velha, a oriente, e a Universidade Hebraica, a ocidente. Em 1844, Jerusalém deveria ter pouco mais de 25 mil habitantes. Em 2007, em torno de 730 mil (64% de judeus, 32% de muçulmanos e 2% de cristãos).[40] A população estima de Israel (2008) é de 7.112.359. Em termos religiosos, a comunidade judaica representa 76,4 % da população, os muçulmanos 16%, os cristãos árabes 1,7%, outros cristãos 0,4%.[41]

Israel possui milhares de sinagogas. Muitos rabinos são nomeados oficialmente. Nas escolas se estuda a Bíblia e o Talmude. Há centenas de *yehivot* (colégios talmúdicos) com milhares de estudantes.

Em Israel há três dias de descanso: sexta-feira (do muçulmano), sábado ou *shabat* (para o judeu) e domingo (para o cristão).

---

[39] O guia turístico que nos acompanhou por todo o Israel na primeira visita me disse quando subimos no barco e atravessávamos o mar da Galileia: "Pode estar certo de que este é o único lugar em Israel que não sofreu alteração". É verdade.

[40] Dados oficiais de 2007 disponibilizados pelo site do Israel Ministry of Foreign Affairs. Disponível em: http://www.mfa.gov.il/MFA/Jerusalem+Capital+of+Israel/40th+Anniversary+of+the+Reunification+of+Jerusalem.htm. Acesso em 21 de outubro de 2008. Nesse site há muita informação sobre a atividade religiosa em Israel.

[41] Disponível em: http://www1.folha.uol.com.br/folha/mundo/ult94u399246.shtml. Acesso em 21 de outubro de 2008.

Jerusalém

Outra vista de Jerusalém

Parte 2

Geografia das terras bíblicas

16
Mesopotâmia

Com o nome Mesopotâmia se descreve a mais antiga região da terra, o berço real da civilização. É um lugar profundamente sagrado e relembra os episódios grandiosos alinhados na Bíblia, apontados na história e vividos por gerações sucessivas.

Nome

Alexandre, o Grande, a chamou de *Hé mése tôn potamôn* (literalmente: "Entre rios"). Referiu-se à faixa de terra compreendida entre os rios Tigre e Eufrates. As designações acadianas, do primeiro e do segundo milênio antes de Cristo, para essa mesma região eram: *Mât bitirim*, que quer dizer "País que está", e *Birit narim*, "Entre o rio". Esses termos descrevem as terras situadas na grande curva do Eufrates, que vão de Carquemis e Tapsaqu até os afluentes do Habur. Os egípcios chamavam essa porção de terra de *Nhryn* e *Naharina*, e assim mesmo nos textos de Tell el-Amarna. Nos textos cuneiformes primitivos esse território é chamado *Ebirtim* ou *Eber Naharim*, *Eberti* e também *Naharim*.

O Antigo Testamento registra *Arã Naaraim*, designando não somente as terras compreendidas entre o Tigre e o Eufrates, mas incluindo alguns países vizinhos da margem ocidental, especificamente no Eufrates. A palavra "Mesopotâmia" aparece cinco vezes no Antigo Testamento (Gn 24.10; Dt 23.4; Jz 3.8,10; 1Cr 19.6) e duas no Novo (At 2.9; 7.2). Quase todos esses textos, porém, indicam não somente as terras entre o Tigre e o Eufrates, mas outros países tanto no leste como no ocidente dos dois famosos rios.

Limites

Os autores divergem quanto aos limites da região comumente chamada Mesopotâmia. Uns estabelecem os seguintes marcos para a Mesopotâmia: golfo Pérsico, Elã, montes Zagros, deserto siro-arábico e os montes da Armênia. Outros autores incluem na região somente Caldeia, Assíria e Harã. Esses três países ficam realmente na faixa de terra entre o Tigre e o Eufrates. Mas com o nome Mesopotâmia costuma-se colocar, além do vale entre os dois rios, os seguintes lugares: a oeste, Síria e Carquemis; ao norte, Armênia; a leste, Pérsia ou Elã, Anshan, Pártia, Hircânia e Média; ao sul, o golfo Pérsico. Modernamente, essa região é ocupada pelos seguintes países: Ocidente, Arábia Saudita, Kuwait, Iraque e Síria; norte, Turquia; leste, Irã; sul, golfo Pérsico, em cujas proximidades estão os Emirados Árabes Unidos.

Por Mesopotâmia, neste livro, entendemos a região situada entre os rios Tigre e Eufrates.

Limites da Bíblia

A Bíblia, em Gênesis 2, não chama a região que estamos aqui considerando de Mesopotâmia, mas de "jardim do Éden", e assim o descreve dos versículos 7-14:

> Então formou o SENHOR Deus ao homem do pó da terra e lhe soprou nas narinas o fôlego de vida, e o homem passou a ser alma vivente. E plantou o SENHOR Deus um jardim no Éden, da banda do Oriente, e pôs nele o homem que havia formado. Do solo fez o SENHOR Deus brotar toda sorte de árvore agradável à vista e boa para alimento; e também a árvore da vida no meio do Jardim, e a árvore do conhecimento do bem e do mal. *E saía um rio do Éden para regar o jardim, e dali se dividia, repartindo-se em quatro braços.* O primeiro chama-se Pisom; é o que rodeia a terra de Havilá, onde há ouro. O ouro dessa terra é bom; também se encontram lá o bdélio e a pedra de ônix. O segundo rio chama-se Giom; é o que circunda a terra de Cuxe. O nome do terceiro rio é Tigre; é o que corre pelo oriente da Assíria. E o quarto é o Eufrates.

A Bíblia descreve o jardim do Éden como uma unidade territorial. O rio que limitava o jardim nos quatro lados era *um*, que se dividia em quatro braços (Gn 2.10). Através dos séculos, e ainda hoje, houve uma tendência de situar os quatro braços do rio do Éden mais ou menos assim: Tigre e Eufrates, onde hoje se encontram; o Pisom seria o Indo; e o Giom, o Nilo. Trata-se de uma aberração geográfica que não resiste à prova dos fatos.

Estudemos cada um desses rios.

Pisom

A *Septuaginta* (ou versão dos LXX) registra *Phison*, um dos quatro braços do rio que saía do paraíso (Gn 2.11). Flávio Josefo o identifica com o rio Indo. Modernamente atribui-se o rio Fasis, hoje conhecido como Rioni, que nasce nos montes Ararate e desemboca no mar Negro. Neste caso, a "terra de Havilá" seria a Cólquida de nossos dias situada nas proximidades do mar Negro. O Indo seria impossível, pois está a centenas de quilômetros do famoso vale da Mesopotâmia. Havilá era riquíssima em metais preciosos.

Giom

No hebraico lê-se *ghw*, que significa "brotar" ou "fazer erupção"; no grego, *geôm*. É o segundo braço do rio que saía do Éden. Gênesis 2.13 diz que "o Giom circunda a terra de Cuxe". A *Septuaginta* e Flávio Josefo o identificam com o "Sior" de Jeremias 2.18, que não é outro senão o Nilo. *Eclesiástico*, um apócrifo do Antigo Testamento, também apoia essa versão.

Mas o Nilo está demasiadamente longe do vale da Mesopotâmia. O "x" do problema, com respeito à localização do Giom, é esta afirmação bíblica: "... rodeia a terra de Cuxe".[1] O reverendo Álvaro Reis[2] diz que foi descoberta uma cerâmica escrita em cuneiforme em que aparece uma "terra de Cuxe" na Capadócia, portanto na Ásia Menor, e não na África. Álvaro Reis lembra ainda a duplicidade de alguns nomes ao longo da história, e passa a citar os *Musri* do Obelisco Preto, uma tribo localizada ao norte da Assíria, e os *Musri* do Egito;

---

[1] "Cuxe", no Antigo Testamento, aparece na versão *Almeida Revista e Atualizada*, da Sociedade Bíblia do Brasil, em Gênesis 2.13; 10.6-8; 1Crônicas 1.8-10. A *Tradução Brasileira*, além dos textos anteriores, inclui Isaías 11.11; Jeremias 46.9 e Ezequiel 38.5, isso porque verte a palavra "Etiópia" por "Cuxe". Nessas últimas referências, a *Nova Versão Internacional* traz em nota de rodapé na palavra "Etiópia": "hebraico: *Cuxe*"; e a versão *Almeida Século 21* usa "Cuxe" em Ez 38.5.

[2] REIS, Álvaro. *Origens caldaicas da Bíblia*. Rio de Janeiro: Edição do Puritano, 1918, p. 124-125.

Makã e *Meluka* na Babilônia e distritos com o mesmo nome no Egito. Assim, temos Cuxe na África e na Ásia.

A *Enciclopedia de la Biblia*[3] declara:

> A terra de Cuxe, aceita como idêntica ao assírio *Kassu*, designa os *casitas*, habitantes da região setentrional da Arábia. E o "Giom" de Gênesis 2.13 não é outro senão o *Geyhum el-Râs*, que desemboca no mar Cáspio. Outro nome é o do rio *Uku*, o moderno *Erka*, que atravessa a terra dos casitas.

Terence Mitchell, do Museu Britânico, afirma:

> ... é mais provável que Cuxe, nesse caso, se refira à área leste da Mesopotâmia, de onde os cassitas desceram posteriormente (v. CUXE). Nesse caso, algum rio que desce das montanhas orientais, talvez o Diala ou o Querque, talvez seja aquele que a Bíblia chama de Giom.[4]

É fato que o dilúvio veio e alterou profundamente os acidentes geográficos; mas não é menos verdade que não modificou a posição do Tigre e Eufrates. Entendemos, assim, que não deve ter alterado grandemente a dos rios Pisom e Giom.

Quanto ao "Pisom", a Bíblia afirma que este "rodeia" a terra de Havilá, e ao Giom, que "circunda" a terra de Cuxe ("rodear" e "circundar" exigem um decurso maior, sinuoso, abrindo-se para uma área imensa). A respeito do Tigre, a Bíblia diz apenas "corre", e para o Eufrates, nenhum verbo.

Tigre

O hebraico grafa *Hiddeqel*; o aramaico, *Diglat*; o assírio, *Diglat* ou *Idiglate*; o persa, *Tigrá*; o árabe, *Diglah*; o grego, *Tigris*; a Vulgata, *Tigris*. Aparece na Bíblia apenas duas vezes: em Gênesis 2.14 e Daniel 10.4. Um dos mais importantes e famosos rios do Oriente Próximo.

Nasce na Armênia, a noroeste de Diyarbequir. Banha o Kurdistã turco e todo o vale da Mesopotâmia. Une-se ao norte de Basora,

---

[3] *Enciclopedia de la Biblia*, vol. 3, p. 891.
[4] MITCHELL, T. C. "Cuxe". Em: DOUGLAS, J. D. (Ed.). *O novo dicionário da Bíblia*, p. 552.

com o Eufrates, que corre ao ocidente do vale. A junção dos rios forma o Satt El-Arab, que vai terminar no golfo Pérsico. Seu curso, segundo a *Larouse Du XX Siécle*[5] é de 1.950 km. São seus tributários: Habor, Zabe superior, Zabe inferior e Diala. Quando o Tigre e o Eufrates se encontram, formando o Satt El-Arab, até o golfo Pérsico, há um percurso de 145 km. O Tigre é navegável 55 km antes de se juntar com o Eufrates e depois todo o trecho do Satt El-Arab. Nínive, Calá e Assur floresceram às margens do gigantesco rio. Sua largura varia entre 10 e 100 m. Sua profundidade máxima é de 10 m. Suas águas são barrentas e impetuosas. Descem precipitadamente das cadeias armênias para o nível do golfo Pérsico.

Eufrates

Grafa-se no hebraico *Perat ha-Nahor*; no sumério antigo, *Bu-Ra-Nunu*;[6] na *Septuaginta* e a Vulgata, *Euphrates*. No Novo Testamento, aparece em Apocalipse 9.14 e 16.12. A *Enciclopédia Mirador Internacional*[7] acrescenta outras grafias do famoso rio: assírio e babilônico, *Purattu*; armênio, *Efrat*; aramaico, *Furat*; persa, *Frat*; turco, *Firat*. Heródoto (484-420 a.C) o emprega pela primeira vez no grego, e Cícero, no latim, passando depois para outras línguas. "Eufrates" significa "fertilizante".

Aparece cerca de 50 vezes no Antigo Testamento e 2 vezes no Novo Testamento. Algumas vezes é chamado apenas "o rio", como em Deuteronômio 11.24.

O Eufrates, como o Tigre, também nasce nos maciços montanhosos da Armênia. Corre do sudoeste da Ásia e banha Turquia, Síria e Iraque. Forma-se a noroeste de Elazig (leste da Turquia) pela confluência dos rios Murat, ou Eufrates oriental, e Kara-Su, ou Eufrates ocidental. Atravessa as cadeias do Antitaurus, correndo através de planícies baixas e montanhosas.

Recebe os seguintes afluentes: norte da Síria: rio Balik e Khabur; ao norte banha Turquia e Síria, e ao sul, o vale da Mesopotâmia.

---

[5] *Larouse du XX Siécle*. Paris: Librairie Larouse, vol. VI, p. 698.

[6] Kramer, Samuel Noah. *A história começa na Suméria*. Lisboa: Europa-America, 1963, p. 284.

[7] *Enciclopédia Mirador Internacional*. São Paulo/Rio de Janeiro: Encyclopedia Britannica do Brasil, 1977, vol. 9, p. 4.422.

Banha sucessivamente Deirez-Zor, Anah, Djibba e Hillé, próximas das ruínas da Babilônia. Sua extensão total é de 2.700 km. A largura oscila entre 50 a 400 m. Sua profundidade vai de 2,5 a 6 m. Junto com o Tigre, forma uma bacia que ocupa uma área de 673.400 km².

Descendo os planaltos, o Eufrates corre para o Ocidente, e era natural que fosse direto ao Mediterrâneo; entretanto, muda inexplicavelmente o seu curso e corre para o sul. Seus primeiros 150 km correm paralelamente ao Mediterrâneo. Em tempos primitivos desaguava diretamente no golfo Pérsico. A 145 km desse golfo, o Eufrates une-se ao Tigre, formando o Satt el-Arab, isto é, "o grande rio".

A diferença de nível entre o Ararate e o golfo Pérsico é muito grande, por isso as águas do Eufrates descem ruidosa e precipitadamente, atenuadas por alguns pântanos na bacia da Mesopotâmia. Por esse motivo, grande parte do seu curso não pode ser navegado.

Das alturas dos montes de Ararate, o Eufrates e o Tigre arrastam considerável quantidade de material de aluvião. Na antiguidade, esse material, na Baixa Mesopotâmia, se transformava em fina argila usada na fabricação de tijolos para construção,[8] vasos e toda sorte de utensílios domésticos. Em diferentes formas geométricas, tamanhos diversos, ora crua, ora cozida ao forno, era usada em lugar de papel. Os escribas, com estilete, escreviam em cuneiforme nesses tabletes de argila. Gênesis 11.3 refere-se ao contraste de material empregado nas edificações entre Egito e Mesopotâmia: "Os tijolos serviram-lhes de pedra, e o betume de argamassa". Realmente, no Egito se empregou muita pedra nas construções; na Mesopotâmia, tijolos de argila; no Egito assentavam-se tijolos com argamassa; na Mesopotâmia, com betume.

De março a junho, o degelo das montanhas determina a elevação do nível das águas do Eufrates e do Tigre. Com as chuvas que começam a cair na região, as águas de ambos os rios sobem até 2,5 m, e a maior vazante verifica-se em novembro.

---

[8] Roberto Koldwey, a partir de 1928, desenterrou a Babilônia de Nabopalassar e Nabucodonosor. Num dos palácios reais, recuperou milhões de grandes tijolos com o selo de Nabucodonosor. Veja TOGNINI, Enéas. *A Babilônia e o Velho Testamento*. São Paulo: Fundo de Cultura Teológica da Faculdade Batista de Teologia, 1958, p. 44.

Eufrates — abaixo Babilônia

No tempo de Abraão, o golfo Pérsico ocupava alguns quilômetros a mais do sul da Mesopotâmia. Calcula-se que o material de aluvião trazido pelos dois rios é cerca de 27 m por ano; em 5.500 anos esse material empurrou as águas do golfo nada menos de 150 km. James McKee Adams declara o seguinte sobre esse depósito de argila:

Os depósitos referidos podem ser descobertos em direção do norte, até Aava, sobre o Eufrates, e o Samará, sobre o Tigre. Calcula-se que o material antigo ficava nas proximidades de ERIDU, UR e LARSA, cidades do interior, de 160 a 240 km distantes. Se a determinação desse litoral for exata, então, no tempo de Abraão, a cidade de Ur dos Caldeus, provavelmente, era porto de mar. A aceitação do antigo litoral igualmente confirma a conclusão geológica que em áreas remotas o Tigre e o Eufrates desaguavam separadamente no golfo mais de 160 km acima da barra.[9]

Os especialistas não são unânimes em aceitar essa hipótese. A *Enciclopedia de la Bíblia*, por exemplo, discordando de Adams, afirma: "A teoria segundo a qual o golfo Pérsico se estendia em outros tempos até Ur, Eridu e Larsa está atualmente desautorizada. Em lugar de retroceder, o mar parece ter avançado".[10] Depois de examinar os prós e os contras em autores abalizados,[11] ficamos com Adams, que representa o peso da erudição evangélica conservadora; a erudição romanista segue a tese da *Enciclopedia de la Biblia*.

Divisões da Mesopotâmia
Sete regiões distintas podem ser observadas nesse vale:

1. Ribanceiras do Tigre e Eufrates.
2. Vales do Tigre e Eufrates.
3. O Delta.
4. Região dos pântanos.
5. Região dos estuários do sul.
6. Planícies costeiras do sul.
7. Leques aluviais do leste.

Essas divisões aplicam-se mais aos tempos atuais da região. Dificilmente poderemos saber se no tempo de Abraão, por exemplo, essas

---

[9] *A Bíblia e as civilizações antigas*. Rio de Janeiro: Dois Irmãos, 1962, p. 36.
[10] *Enciclopedia de la Biblia*, vol. 5, p. 90.
[11] PALLIS, S. A. *The Antiquity of Iraq*. Copenhague, 1956, p. 2; LEES, G. M. & FALCON, N. L. "The Geographical History of the Mesopotamian Plain". *Geographical Journal*, 118 (1952), p. 24-39; WRIGHT, H. E. *Geological Aspects of the Archeology of the Iraq*, 1955, p. 83-91.

demarcações seriam as mesmas. Os rios Tigre e Eufrates, que correm em tais lugares, no tempo de Nabucodonosor seguiam outro curso. Sobre esse desvio do Eufrates, Charles Leonard Woolley afirma:

> Antigamente, o rio Eufrates, ou um seu afluente importante, banhava as muralhas de Ur pelo ocidente, e dele saíam numerosos canais, grandes e pequenos, que irrigavam os férteis campos da planície. Pelos canais principais navegavam barcos com artigos comerciais procedentes do golfo Pérsico e de outras povoações situadas nas margens do famoso rio. Hoje, o curso do Eufrates situa-se a nada menos de 15 km a leste das ruínas de Ur e da grande planície transformada num deserto árido. Ainda não constatamos a data em que essa mudança se deu (1950). O abandono dos canais determinou a mudança do curso do Eufrates, interrompeu o comércio fluvial e pôs fim à agricultura.[12]

Rotas comerciais

O povo do vale da Mesopotâmia se comunicava com outros povos, principalmente com o ocidente, apenas de duas maneiras:

1. *Continental*. Unia Pérsia com Capadócia, estendendo-se depois até Sardes, passando, nesse caso, por Nínive.
2. *Fluvial*. Partindo do golfo Pérsico, seguia o curso do Eufrates até Mari, Meskene, Carquemis, atingindo, afinal, o Mediterrâneo. Pelo Mediterrâneo, chegava a Chipre, Creta e Egito. Do Elã ao Mediterrâneo, uma importante rede de comunicações, cujo centro regulador era a Mesopotâmia, internacionalizava o comércio, veículo importante da irradiação da cultura mesopotâmica.

Religião da Mesopotâmia

A religião da Mesopotâmia, particularmente da Suméria, era idólatra, como afirmam os achados arqueológicos (veja também Js 24.15). Deuses e deusas grosseiros eram adorados e moravam em zigurates[13] enormes, como também em santuários domésticos.

---

[12] Woolley, C. L. *Ur, la Ciudad de los Caldeos*. México/Buenos Aires: Fondo de Cultura Económica, p. 140, 1953.
[13] Tognini, Enéas. *A Babilônia e o Velho Testamento*, p. 21-23.

Destacamos quatro elementos principais da religião sumeriana:

1. Era essencialmente *naturalística* e *antropomórfica*. Interpretava as diversas forças da natureza com figuras humanas, atribuindo-lhes forma, sentimentos e atos humanos, à semelhança do que fazem os poetas. Desse modo aparecem as divindades que personificam a *criação*, como o céu, a terra, os montes, rios, ventos, a chuva etc.
2. *Astrologia*. O céu estrelado, o sol e a lua sempre chamaram a atenção dos sumerianos. Estudaram e observaram os astros. Chegaram à astrologia, que foi o embrião da astronomia.[14]
3. *Magia*. Parece-me que a magia, como forma de culto aos ídolos e como pseudociência, nasceu no vale da Mesopotâmia (At 8.9,11; 19.19) e se estendeu para o Egito e o mundo todo. É condenada pela Bíblia (Dt 18.11; At 13.6,8).
4. *Cidades-estados*. Cada cidade era estado e cada estado eram regido teocraticamente. A Suméria não constituía uma unidade política, social e econômica. Antes, era uma individualidade até excêntrica. Cada um desses reinos minúsculos dependia de uma divindade, que era o dono e senhor de tudo. Algumas divindades exerciam influência além das fronteiras da cidade.

Os sumérios dividiam o cosmo (terra e céu) em três partes:

1. O céu, sede e domínio de An, deus supremo, pai dos deuses e o grande criador. Sua responsabilidade principal era traçar o destino dos astros, dos homens, dos animais, de todos. An apoderou-se da deusa Inanna. Templos e zigurates[15] em diversos reinos da Mesopotâmia lhe foram dedicados.
2. Outro deus era Enlil, governador da segunda região, isto é, a atmosfera interior. Adorado como "senhor do país", "senhor da

---

[14] Pena é que, no apogeu da astronomia, grande parte da humanidade se volte para a superada astrologia, com os embustes de horóscopos, que enganam o povo, arrancando-lhe dinheiro com literatura vazia e perniciosa.

[15] Para um estudo pormenorizado sobre "zigurate", consulte PARROT, André. *La Tour de Babel*. Neuchatel, Suíça: Delachaux & Niestlé, 2.ª ed., 1954 (edição suíça). Também TOGNINI, Enéas. *A Babilônia e o Velho Testamento*.

palavra fiel", "pai do país", "rei dos homens de cabeça negra" e "rei condutor de exércitos". Sua palavra, Inim, era onipotente. Seu caráter: cruel e sem entranhas de misericórdias. Dominava sobre 33 estrelas. Seu santuário principal ficava em Nippur, mas sua influência dominava a Suméria inteira. O parceiro de Enlil era Ninlil, e Ninhursag era a deusa da montanha cósmica.

3. Enki ou Ea era dominador das águas doces e salgadas. Era também o deus da sabedoria. Residia no santuário de Eridu.

A essa tríade cósmica, correspondia uma tríade astral, com as seguintes divindades:

1. Utu (Samas dos babilônicos), ou seja o Sol, o herói que, girando, ia do céu ao inferno. Dava vida e calor a tudo. Venerado em Larsa.
2. Nanna (Sin dos babilônicos), ou seja, a Lua. Era pai de Utu. Governava a noite e era o responsável pelas estações do ano e pelo calendário. Habitava o santuário de Ur.[16]
3. Inanna, conhecida como esposa de um deus (indeterminado). Seu nome se interpreta como derivado de (Ni) In-Anna, que vem a ser "senhora do céu". Os babilônicos chamavam Inanna de Istar; os palestinos, de Astarte, deusa do amor e da fecundidade. Damuzi Tammuz foi amante de Inanna.

Cada cidade da Mesopotâmia tinha a sua divindade. As principais eram:

1. Nin-Girsu, filho de Enlil e deus da cidade de Lagas e de Girsu.
2. Gatumdug, também de Lagas. Era adorado como a deusa-mãe da cidade.
3. Zabara, deusa da cidade de Kis.

Em cada cidade, o deus principal estava rodeado de uma corte de pequenas divindades, agrupadas por laços de família, e de numero-

---

[16] Este, talvez, um dos deuses adorados por Terá e Abraão, antes da chamada divina (Js 24.14).

sa parentela. Os textos de Gudea alinham 25 divindades. Em Ur (III) mais de 600 divindades foram catalogadas. Além disso, existem os heróis, contados em grandes poemas, como o de Gilgamés.

Os deuses mesopotâmios, com nomes diferentes, foram transportados para a Palestina. Werner Keller descreve com precisão a importância desses deuses na vida e na formação moral do cananeu e sua nefasta influência sobre Israel.[17] Era realmente um culto sedutor pelos atos libidinosos que se praticavam debaixo de frondosos arvoredos. Prostituição cultural, grosseira e perigosa. A Mesopotâmia, desde o alvorecer da sua civilização, foi contaminada pela idolatria.

Quadro histórico-cronológico da Mesopotâmia

Tudo o que dissermos em matéria de cronologia — não só da Mesopotâmia, mas de toda a história antiga — é relativo e bastante flutuante. Um quadro cronológico completo pode ser alterado dependendo da descoberta de um caco de cerâmica e, mais ainda, da interpretação que determinados sumeriologistas ou assiriólogos derem à peça encontrada. Tratar com datas da história antiga é pisar em ovos. Naturalmente, cronologia é matéria para especialistas. Não nos envolveremos nesse assunto. Tocaremos essas balizas num ponto ou outro, quando a discussão nos obrigar.

Especificamente, em se tratando do quadro histórico-cronológico da Mesopotâmia, apontaremos os pontos principais, e o faremos com as respectivas sincronias com o da Palestina:

Mesolítico

Refere-se ao período (Nm 25.1-18) de Karim Sahir, situada a nordeste de Kirkuk, onde foram encontrados registros dos primeiros ensaios de agricultura e domesticação de animais. A arquitetura é bastante rudimentar. Na Palestina[18] reponta Enan ou Ain Malallah, ao norte de Canaã; também surge o uádi el-Natuf, e el-Hiam.[19]

---

[17] KELLER, Werner. *E a Bíblia tinha razão*, p. 284ss.

[18] Palestina, aqui, se refere não somente ao território que Josué tomou das sete nações cananeias, mas à Transjordânia, à terra dos filisteus, uma parte da Fenícia e outra da Síria.

[19] Para descrição de "uádi", veja a nota 12 da página 41.

Neolítico

É o período do classicismo, onde encontramos estágios culturais bem definidos. Os três principais são:

1. *Jarmo.* Localizada a nordeste de Kirkut; uma aldeia agrícola, 4740 a 4360 a.c., e outras mais antigas ainda, comprovadas pelo carbono 14.[20] Nesse mesmo período, na Síria aparece Ugarit V; na Palestina, Jericó, e na Anatólia, Hacilar e Catal-Huyuk.
2. *Hassunah-ia.* Nessa região aparece a primeira construção arquitetônica funcional, em estágio preliminar, com acentuado desenvolvimento e cerâmica pintada.
3. *Samarra.* Aqui foram encontrados fragmentos de cerâmica com desenhos bastante abstratos e figurativos.

Calcolítico

Assinalam-se os seguinte períodos culturais na Mesopotâmia:

1. *Tell-Halaf* (agora representado por Aspatsyah), com cerâmica decorada com motivos figurativos, abstratos e geométricos. Em Aspatsyah aparecem as célebres construções em forma de colmeia, datadas de 5000 a.C. No sul, a mais adiantada civilização é a de Eridu, que coincide em arte e tempo com a de Halaf (Aspatsyah do norte). Eridu evoluiu, passando pelos estágios de Hagg, Muhammad, Râs el-Amiyah, nas proximidades de Ur. Começou em 4500 a.C. Cerâmica decorada monocolor, com motivos geométricos, arte plástica com figuras ofídicas. Acentuado desenvolvimento na economia agrária. Concomitantemente, na Palestina surge a cultura Gassul. O resultado da evolução de Eridu é Uruk ou Warka, que floresceu na última parte do quarto milênio antes de Cristo. Aparece a escrita (2500 a.C.). A civilização suméria esplende e cujos fundamentos estão em El-Obeid, ou mais remoto ainda. Na Palestina desenvolve-se a cultura de Berseba, Hasor e outros.

---

[20]Examine BRAIDWOOD, R. J. e HOOWEE, B. *Prehistoric Investigation in Iraq Kurdistan.* Chicago, 1960.

2. *Gemdet-Nasr* (3000 a 2700 a.C.). Período cultural que os arqueólogos norte-americanos denominaram de *protoliterate*, compreendendo os períodos pré-histórico e proto-histórico. Na Palestina desenvolve-se a famosa cultura de Esdraelom.

Bronze Antigo

De acordo com os melhores cálculos, vai de 2800 a 1955 a.C.

Bronze Médio

Em 1955 a.C., Ur cai em poder de conjugadas forças do norte; e, com o desmoronamento desse baluarte, começa a desaparecer o mundo sumério, sob as armas de elamitas e amorreus (semitas ocidentais) e sucessivamente sob as armas da dinastia de Isin e Larsa (1950 a 1700 a.C.), da Assíria (1836; 1750 e 1690 a.C.), da Babilônia, a principal (1836-1531 a.C.) e de Mari (séc. 18 a.C.).[21] Nesse tempo, os hurritas penetram e se estabelecem no Fértil Crescente. No alvorecer do segundo milênio, conhecido também como Período Babilônico Antigo (a época de Abraão), a figura de destaque dessa época é Hamurabi (1928-1886 e na cronologia "baixa", 1728-1686).

A cultura mesopotâmica esplende de Babilônia, Assur e Mari e alcança Elã, Kurdistã e chega ao Mediterrâneo por Alepo e Alallah. Nos meados do segundo milênio os cassitas invadem o sul. A hegemonia do Fértil Crescente passa par Mitani, Hatti e Egito, nenhuma delas mesopotâmica. A propagação da cultura sumeriana é feita através da escrita acadiana, que atingiu Creta, na famosa escrita "linear", datada de 1600 a 1400 a.C. No norte da Mesopotâmia ressurge Assíria (1690 a 1400 a.C.). É o Médio Império, que continuou até o ano 1000 a.C. Os arameus se instalam na Assíria e Babilônia até o ano 930 a.C., quando Assíria aparece como o Grande Império, com capital em Nínive, sobre o rio Tigre (930-612 a.C.). Nesse tempo surge o Império Neobabilônico (626-539 a.C.) com Nabopalassar e Nabucodonosor. Em 597 a.C., Nabucodonosor toma Jerusalém; em 586 a.C., exila os judeus. Em 539 a.C., os persas

---

[21] Essa cronologia é chamada "baixa" ou "moderna", assim designada depois das descobertas de Mari por André Parrot. Outros autores, também abalizados, preferem recuar as datas dois séculos (opinião que também defendo).

restauram os judeus na Palestina; aos persas sucedem os gregos (311 a.C.), os partos (256 a.C.), os sassânidas (226 a.C.), e de 637 d.C. até nossos dias, os árabes dividem entre si os territórios da Mesopotâmia, da Média e da Pérsia.

Canais da Mesopotâmia

As terras da Mesopotâmia, cobertas com uma camada sedimentária de 1 a 4 m de espessura, é de formação interglacial (9000 a.C.). No norte da Mesopotâmia predominava a seca, que prejudicou grandemente a lavoura; no sul era o contrário: as enchentes do período pluvial (outubro-novembro) ou no degelo dos maciços montanhosos da Armênia (março-abril) inundavam a Baixa Mesopotâmia, causando também sérios prejuízos.

Para resolver o angustiante problema da seca, os sumérios descobriram um sistema de canais e subcanais para irrigar suas terras; posteriormente, a técnica foi aperfeiçoada pelos babilônicos. Textos dos mais antigos mencionam frequentemente os "canais" e os "diques". Esses canais beneficiavam toda a região: no norte, castigado pela seca, trouxeram vida nova; no sul, onde as inundações prejudicaram as terras, com a formação de grandes pântanos, os canais drenaram a região.

Escavações realizadas em Sumer (1953 a 1954) e Acade (1956 a 1957) e na região do vale do Diyalah (1957 a 1958), mostraram uma imensa rede de canais, quase todos desaparecidos sob sedimentação posterior. As águas do Tigre e do Eufrates eram canalizadas tanto para dentro como para fora do vale da Mesopotâmia, isto é, para leste do Tigre e oeste do Eufrates, através de grandes canais, que eram como que caudalosos rios, como é o caso do Quebar (Ez 1.3). Ao longo dos canais floresceram importantes cidades, hoje mortas e sepultadas sob desoladores *tulul* (um tipo de sítio arqueológico). Edite Aleen afirma sobre a importância dos canais:

> O próprio governo da cidade ou do país mantinha abertos os canais. O proprietário de um terreno pelo qual passava o canal tornava-se responsável por aquela secção e dele se requeria o pagamento por todos os danos e perdas devidos à sua negligência. Os rios serviam também de vias de comércio, e o desvio do leito do rio, consequência

das inundações, foi um fator decisivo no declínio de várias cidades importantes, como por exemplo, Ur.[22]

Os canais que saíram do Tigre e do Eufrates garantiram super-produção agrícola da Mesopotâmia, riquezas incalculáveis para as nações e o florescimento de grandes cidades, facilitaram a navegação para o intercâmbio de mercadorias e, em alguns lugares, serviram de proteção ao redor dos muros da cidade, como foi o caso da Babilônia de Nabucodonosor.

Edite Allen aponta três fatores principais como responsáveis pelo declínio da Mesopotâmia meridional:[23]

1. As mudanças do leito dos rios deixaram cidades afastadas do seu principal meio de comunicação e da água indispensável às plantações.
2. A falta de fiscalização da rede de canais de irrigação, devida ou ao enfraquecimento do próprio governo ou à conquista por um povo que não compreendia a necessidade de manter os canais desobstruídos, resultava na sua destruição, tornando em deserto a região anteriormente tão fértil.
3. Com a conquista mongólica em 1258 d.C., finda a história da Mesopotâmia até os tempos modernos. Os mongóis destruíram de forma sistemática e completa o grande sistema de irrigação que desde os dias sumerianos era o baluarte das civilizações mesopotâmicas.

Nos tempos modernos, o governo do Iraque empreendeu o penoso trabalho de irrigar a região devastada pelos mongóis, despendendo milhões e milhões de dólares na grande tarefa.

Origem do povo da Baixa Mesopotâmia

"Os primitivos habitantes da Baixa Mesopotâmia eram, aparentemente, semitas. Seu lugar de origem, muitos creem ter sido ou na

---

[22] ALEEN, Edite. *Compêndio de arqueologia do Velho Testamento.* Rio de Janeiro: I.T.C., 1957, p. 54.
[23] ALEEN, Edite. *Compêndio de arqueologia do Velho Testamento,* p. 54-55.

região oriental, ou no Sudoeste da Arábia."[24] Os povos semitas habitaram primitivamente a Baixa Mesopotâmia, mantinham relações próximas com outros povos existentes.

Até pouco, acreditava-se que a egípcia era a civilização mais antiga do mundo e que constituía a fonte principal em que se inspiraram as civilizações posteriores de outros países ocidentais. Entretanto, no ano 3500 a.C. o Egito não passava de uma nação bárbara dividida em pequeninos reinos que só vieram a se unir formando o "Grande Estado" sob Nilnés, o fundador da Primeira Dinastia. Quando o Egito começa a tomar impulso, desenvolveu-se baseado em princípios e modelos de uma civilização já milenar quase duas vezes, que floresceu no Vale do Eufrates. Os sumérios influenciaram as artes e o pensamento não somente do Egito, bem como dos gregos. Estes povos são devedores aos sumérios, povo esquecido por milênios, e que na realidade plasmou o pensamento dos povos ocidentais. Foi isto, sem dúvida, que despertou nosso interesse pelas escavações das camadas mais antigas de Ur. Cada objeto que se encontrou não foi simplesmente um exemplo da obra de uma raça determinada em uma época determinada, mas nos deu a convicção de um novo documento que contribuirá para completar o quadro dos "começos", da "gênese" do nosso mundo moderno.[25]

James Adams arremata: "É, agora, geralmente aceito pelos pesquisadores que a civilização começou na região da Baixa Mesopotâmia, cerca de 5000 ou 6000 a.C.".[26]

Alguns séculos mais tarde chegaram os sumérios, destinados a desempenhar papel importante não só na Baixa Mesopotâmia, mas em toda a região, influenciando o mundo de então. Acredita-se que os turanianos, povo semibárbaro, foram os precursores dos grupos arianos e semitas da Ásia ocidental e da Europa. As características físicas dos sumerianos lembram os mongóis e os indo-europeus. C. W. Ceram (1915-1972), baseado nas descobertas de Arthur Keith, viu nos sumerianos traços dos atuais habitantes do Afeganistão e do

---

[24] Barton. *Archeology and the Bible*, p. 535, 543; ARSTANG. *The Hitite Empire*, p. 35-36, citado por ADAMS, J. M. *A Bíblia e as civilizações antigas*, p. 37 e 433.

[25] ADAMS, James McKee. *A Bíblia e as civilizações antigas*, p. 59-60.

[26] ADAMS, James McKee. *A Bíblia e as civilizações antigas*, p. 37.

Beluchistão.[27] A língua falada pelos sumérios assemelhava-se à caucásica, e a escrita era a cuneiforme.

Mas de onde vieram os sumérios? Uns dizem que são de Elã; outros, que vieram dos montes Urais. "Sumérios" e "acádios" são nomes de um mesmo povo. Rawlinson empregou "acádio" (ramo ocidental), enquanto Oppert empregou "sumério" (ramo setentrional). Isso, entretanto, não resiste à prova dos fatos. C. W. Ceram afirma:

> Duma coisa não há dúvida: os sumerianos, povo não semita, de cabelo preto – nas inscrições eles são chamados "cabeças negras", foram os últimos a chegar ao grande delta do Tigre-Eufrates. Antes deles a terra já estava povoada provavelmente por dois ramos diferentes da raça semita. Mas os sumerianos trouxeram consigo uma civilização superior, completa e perfeita em suas linhas fundamentais, que impuseram aos semitas semi-bárbaros. Onde formaram eles essa civilização? A arqueologia ainda não pôde responder a esta pergunta.[28]

Leonard Woolley afirma que os acádios eram semitas e os sumerianos não-semitas.[29] A conclusão de Woolley nega identidade entre as duas raças, ainda que tenham vivido em estreitas relações até chegarem a uma amalgamação completa. Geograficamente, os acádios ocuparam a Alta Mesopotâmia, e os sumerianos, a Baixa. Ernest Alfred Wallis Budge (1857-1934) afirma:

> No deserto dos tempos houve uma amálgama racional, resultando na substituição do tipo distintivo sumério pelo semítico, que decididamente era mais numeroso. Mas o elemento cultural mais forte, representado pelos sumérios, sobreviveu a essa amálgama semita, e enriqueceu a cultura de toda a Mesopotâmia durante muitos séculos. É bem provável que Suméria atinja o mundo atual em vários pontos, mormente através da herança do povo hebreu.[30]

---

[27] CERAM, C. W. *Deuses, túmulos e sábios*. São Paulo: Melhoramentos, [s.d.], p. 272. "C. W. Ceram" é o pseudônimo do jornalista e escritor alemão Kurt Wilhelm Marek.

[28] CERAM, C. W. *Deuses, túmulos e sábios*, 271-272.

[29] WOOLLEY, C. L. *Ur, la Ciudad de los Caldeos*.

[30] BUDGE, E. A. Wallis. *Babylonian Life and History*, p. 12. Citado por ADAMS, J. M. *A Bíblia e as civilizações antigas*, p. 39.

Samuel Kramer tem sobre a origem dos sumérios, que chama de "Problema Sumério", uma palavra oportuna. Ouçamo-lo:

> Em resultado das escavações dos níveis pré-históricos de numerosas estações nestas últimas décadas, a mais remota fase cultural da Baixa Mesopotâmia está dividida por geral acordo, e segundo certo número de critérios arqueológicos apropriados, em dois períodos distintos: o Período Obeid, cujos vestígios foram encontrados por toda a parte na camada imediatamente acima do solo virgem, e o Período de Uruk, cujos vestígios cobrem os do período de Obeid. Além disso, o Período de Uruk subdivide-se em dois principais estádios: uma época antiga e uma mais recente. É deste último estádio do Período de Uruk que datam os sinetes cilíndricos e as primeiras placas com inscrições. E como, segundo os conhecimentos atuais, a linguagem representada nestas placas, apesar do caráter largamente pictográfico dos signos, parece ser sumério, a maior parte dos arqueólogos admite que os sumérios estavam já na Mesopotâmia na segunda época do Período de Uruk.[31]

É a respeito do mais antigo Período de Uruk e do mais antigo Período de Obeid que nos encontramos perante um muito sério conflito de opiniões. Da análise dos espólios destes períodos mais antigos, um grupo de arqueólogos conclui que, apesar dos espólios do estádio mais recente do Período de Uruk e dos períodos seguintes, os espólios mais antigos podem ser reconhecidos como protótipos dos espólios mais recentes. Visto que os espólios mais recentes, como geralmente se admite, são sumérios, os espólios mais antigos devem igualmente ser atribuídos aos sumérios. Em consequência, este grupo conclui que os sumérios foram os primeiros ocupantes de Mesopotâmia.

Outro grupo de arqueólogos, depois de ter analisado praticamente os mesmos dados arqueológicos, chega a uma conclusão exatamente oposta. Este grupo opina que, embora os espólios dos períodos mais antigos mostrem certas semelhanças com os dois mais recentes que são considerados períodos sumérios, as diferenças entre eles são

---

[31] KRAMER, S. N. *A história começa na Suméria*, p. 245ss.

bastante significativas para indicarem uma maior quebra de continuidade étnica entre o estádio mais recente do Período de Uruk e os estádios precedentes; e, dado que o estádio mais recente é sumério, os estádios mais antigos devem ser atribuídos a uma cultura pré-suméria da Baixa Mesopotâmia. Em conclusão, na opinião desse grupo de arqueólogos, os sumérios não foram os primeiros ocupantes desta região.

A solução do "Problema Sumério" chega mais o menos a um beco sem saída. A mera acumulação do material arqueológico de novas pesquisas pouco contribuirá para que se saia do ponto morto, porque as provas fornecidas pelos novos achados serão certamente interpretadas segundo uma ou outra teoria. O que é necessário são as novas provas baseadas em dados diferentes na essência e no gênero dos necessariamente ambíguos espólios de que até agora nos temos socorrido.

É este o motivo por que são tão importantes os poemas épicos sumérios e a idade heroicas que revelam, pois fornecem novos e significativos critérios de caráter puramente literário e histórico. É claro que a demonstração que neles se fundamenta não é, de modo algum, evidente e direta, visto não conterem os textos antigos qualquer indicação explícita sobre a chegada dos sumérios à Mesopotâmia. Ela é aduzida e deduzida de um estudo do modelo cultural e do fundo histórico da Idade Heroica da Suméria quando comparada com as já conhecidas idades heroicas da Grécia e Índia e dos Germanos.

Concluímos, então, que:

1. O sul do vale da Mesopotâmia foi primitivamente habitado por um povo semita, semibárbaro.
2. O norte dessa região foi habitado também por semitas.
3. O sul da Mesopotâmia, conhecido como Caldeia, foi dominado por um povo vindo dos Urais ou outro lugar, chamado sumério.
4. Os sumérios não eram semitas.
5. Eles eram um povo adiantado, grandemente desenvolvido, que se dedicou a obras de colossais construções, a engenhos de guerra, às letras, ao comércio, à navegação, à agricultura, à astrologia.

O arqueólogo Leonard Woolley arremata:

> Se o esforço humano tiver de ser julgado apenas por seus resultados, então os sumerianos [...] merecem ocupar um lugar de honra, se não um lugar de preeminência; se forem julgados por seu efeito na história humana, merecerão um lugar muito mais alto. Sua civilização, que iluminou um mundo mergulhado em profunda barbárie, constitui um primeiro impulso.
>
> Já passamos aquela fase em que fazíamos remontar a origem de todas as artes à Grécia, e acreditávamos que a própria Grécia se tinha soltado completa, como Palas, da cabeça de Zeus Olímpico. Verificamos como esta flor da civilização tirou sua força vital dos lídios, dos hititas, da Fenícia, de Creta, da Babilônia e do Egito. As raízes vão ainda mais longe: atrás de todos estes povos estão os sumérios.[32]

Comprova-se, desse modo, pela pá arqueológica, a antiguidade da Suméria. A cidade de Ur ficava nessa região. Abraão era filho dessa cidade, como mostra a Palavra de Deus (Gn 11.31). Quando Abraão nasceu, Ur já fora possuída pelos acádios, que eram semitas; porém, a cultura dos sumérios prevalecia e exercia poderosa influência. Deu-se, então, entre os sumérios e seus dominadores exatamente o que se deu entre gregos e romanos: estes venceram os gregos pelas armas, mas os gregos prevaleceram pela cultura. A influência suméria estava presente em toda a Mesopotâmia. Nada se ombreava com ela. O grande patriarca Abraão era fruto dessa civilização maravilhosa.

Os dois começos da humanidade

A Bíblia declara (Gn 2.7) que Deus criou o homem do pó da terra e lhe soprou nas narinas o fôlego da vida e por isso o homem passou a ser alma vivente. Por Gênesis 2.8-17 sabemos que o Senhor Deus plantou um *jardim* no Éden, da banda do Oriente.[33] Pela localização

---

[32] WOOLLEY, C. L. *Ur, la Ciudad de los Caldeos.*

[33] Em Gênesis 2.8, a *Almeida Século 21* (Edições Vida Nova), a *Revista e Atualizada* (SBB) e a *Trinitariana* (SBTB) empregam a expressão "um jardim no Éden"; a versão católica *Figueiredo* traduz: "um paraíso delicioso"; e a *Bíblia de Jerusalém* traz: "um jardim em Éden".

de dois dos quatro braços do rio que "saía do Éden" — o Tigre e o Eufrates —, sabemos que o primeiro *berço* da humanidade foi o vale da Mesopotâmia. Foi nesse vale paradisíaco que Deus criou o homem, depois a primeira mulher; e foi aqui ainda que Deus vivia com o homem e onde se travou a primeira batalha da mulher com o Diabo, na qual o homem foi envolvido. O primeiro casal transgrediu a ordem de Deus. Pecou. Perdeu o acesso à árvore da vida e foi expulso da presença de Deus. O maravilhoso lar de Adão e Eva, instituído por Deus no Éden, continuou na terra "amaldiçoada por Deus", por causa do pecado do homem, como instituição divina. O primeiro lar, portanto, antes e depois do pecado, foi na Mesopotâmia. A primeira terra cultivada pelo homem foi também num dos pontos do mesmo vale. O primeiro nascimento, o de Caim, foi aí também. Igualmente o primeiro homicídio (Gn 4). Foi ali ainda que as duas linhagens — a de Sete e a de Caim — se multiplicaram em "filhos de Deus" e "filhas dos homens". Com o correr dos tempos, essas linhagens se uniram em casamento, transgredindo a ordem expressa de Deus e por cujo motivo veio o Dilúvio. Sete habitou nesse vale, assim como Enos e Cainã, Maalalel e Jerede, Enoque e Matusalém, Lameque e Noé (Gn 5).

A Bíblia declara que, pelo multiplicar do pecado do homem, Deus mandou o Dilúvio que destruiu toda a humanidade, bem como os animais da terra, excetuando-se Noé e sua família e os animais que ele transportou para a arca (Gn 6, 7, 8). A Bíblia também declara que a Arca de Noé "repousou sobre as montanhas de Ararate" (Gn 8.4).[34] Ora, o plural de Gênesis 8.4 para "montes" ou "montanhas" indica que Ararate é uma cordilheira. Entre os muitos picos da referida cordilheira, dois são os culminantes: um com 5230 e outro com 5025 m, ambos inacessíveis à escalada humana. Entretanto, a Bíblia não diz que a Arca "descansou" num dos picos do Ararate, mas "nas montanhas de Ararate", naturalmente num lugar onde pessoas e animais pudessem facilmente descer para o vale, ao sul. Trata-se do vale que fica entre o Tigre e o Eufrates, exatamente onde a primeira humanidade começou.

---

[34] Em lugar de "montes de Ararate", a versão *Figueiredo* traz "montes da Armênia".

MESOPOTÂMIA

Pela geografia apresentada em Gênesis 10, sabemos que o vale da Mesopotâmia foi o *berço* da humanidade que repovoou a terra após o Dilúvio. Noé e sua família se instalaram nesse vale. Pela "vinha" que plantou, sabemos que se dedicou à agricultura. A humanidade continuaria com Sem, Cam e Jafé. A minha convicção é de que os três filhos de Noé nunca saíram do vale da Mesopotâmia; seus descendentes, sim: os de Cam para a África, os de Sem para diversos pontos da Ásia, e os de Jafé para a Europa. As mais representativas nações cananeias provieram de Cam e habitaram a Ásia (Gn 10).[35]

Leonard Woolley, com sua esposa Katharine, incontestavelmente foi a maior autoridade em sumeriologia. De modo magistral, escavou Ur e circunvizinhanças e reconstruiu peças e achados, principalmente das sepulturas reais de Ur. Esse arqueólogo famoso afirma, em nome da ciência, a antiguidade de Ur dos Caldeus, a terra natal de Abraão, com as seguintes palavras:

> A história de Ur perde-se naqueles nebulosos tempos, muito anteriores ao Dilúvio, quando o vale do Eufrates, pelo menos em seu curso inferior, era ainda um enorme pântano através do qual as águas dos rios escoavam vagarosamente até alcançarem o mar. Pouco a pouco, à medida que os rios foram depositando sedimentos arrastados do norte, os terrenos pantanosos começaram a minguar: as águas se ajuntaram em um só lugar e apareceu a terra seca. Das terras altas da Arábia e das regiões elevadas do Eufrates médio foram descendo bandos para ocupar aquelas ilhas, que ofereciam ao homem a oportunidade de viver e cultivar as terras, as ricas terras aluviais, nas quais, uma vez livres das águas, a erva podia crescer; erva que produzia sementes e árvore frutífera que dava frutos segundo sua espécie, com as sementes encerradas nelas. Ur era uma dessas ilhas.[36]

Desse modo, a Bíblia, mais uma vez, garante a sua veracidade, pois o berço da humanidade foi exatamente o vale da Mesopotâmia.

---

[35] Veja o capítulo 2: "As nações cananeias".
[36] WOOLLEY, C. L. *Ur, la Ciudad de los Caldeos*, p. 13.

GEOGRAFIA DA TERRA SANTA E DAS TERRAS BÍBLICAS

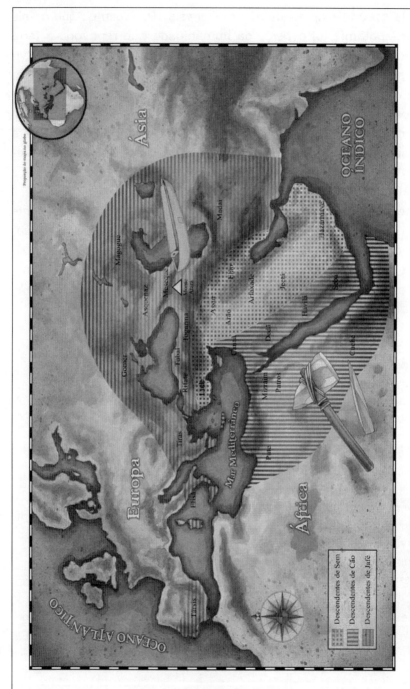

AS NAÇÕES PRIMITIVAS

Woolley diz ainda que em Ubaid, cidade a 6 km de Ur, encontrou vestígios de uma civilização anterior ao dilúvio e afirma: "... existiram duas ou três cidades sumérias, tanto antes como depois do Dilúvio; podemos aceitar que a interrupção da história não foi definitiva e que, apesar da catástrofe universal, sobreviveram pelo menos alguns dos locais centrais da civilização".[37]

A antiguidade das cidades do sul da Mesopotâmia é simplesmente impressionante. Woolley acaba de afirmar que duas ou três cidades dessa região são anteriores ao Dilúvio. Alexandre Moret,[38] em *Historie de L'Orient*, afirma que seus habitantes "são os semitas nômades, descendentes de Noé, após o dilúvio, homens novos, saindo da Arca, povoando a terra". Louis Delaporte, em *Les Peuples de L'Orient Mediterranéen*,[39] declara que sumérios e acadianos se estabeleceram no sul da Mesopotâmia no terceiro milênio antes de Cristo. Antes desses dois povos, porém, outros habitantes já estavam radicados na região, desde o quinto milênio antes de Cristo.

As cidades sumerianas chamam-se: Ur (hoje Mongheir), Erudi (hoje Abou-Shahrein), Larsa (hoje Senkereh), Lagash (hoje Tello), Oumma (hoje Djoha), Uruk (hoje Niffer). Mario Graciotti[40] prossegue: "As cidades acadianas estendem-se até a latitude de Bagdá com as seguintes cidades principais: Borsipa (hoje Birs Nimroud), Babilônia (hoje Hilleh), Nish (hoje El-ahymer), Sippor (hoje Abou-Habba), Assur (hoje Qual at Shergot), Kalhou (hoje Nimroud), Nínive (hoje Ninova)". Essa antiguidade deixa o Egito nada menos de mil anos atrás e a Grécia, cerca de dois mil.

Os sumérios tiveram uma concepção política que se tornou precursora da ideia de "cidade-reino", ou, segundo os gregos, "autônoma". Os sumérios, entretanto, conseguiram isso nada menos de 1.500 anos antes. Espalhados por todo o território da Mesopotâmia, as "cidades autônomas" surgiram, desenvolveram-se e começaram a fazer guerra umas às outras, lutando para conseguir a hegemonia da

---

[37] WOOLLEY, C. L. *Ur, la Ciudad de los Caldeos*, p. 15.

[38] Citado por GRACIOTTI, Mario. *O mundo antes do Dilúvio*. São Paulo: Clube do Livro, 1962, p. 42.

[39] Citado também por GRACIOTTI, Mario. *O mundo antes do Dilúvio*, p. 43.

[40] GRACIOTTI, Mario. *O mundo antes do Dilúvio*, p. 44.

região. Entre as cidades não havia um governo central, nem mesmo alguma unidade.

As cidades mais antigas da região são: Eridu, a mais meridional do golfo, reconhecida como o berço da civilização suméria; Ur dos Caldeus, cidade natal de Abraão, mencionada quatro vezes no Antigo Testamento (Gn 11.28,31; 15.7; Ne 9.7); Erek (Gn 10.10), localizada 64 km a noroeste de Ur; Elasar, cujo rei Arioque, era aliado de Anrafel (Gn 14.1); Acabe, que foi a cidade capital do Grande Sargão I (Gn 10.10); e Babel, que talvez venha a ser a própria Babilônia (Gn 10.10). Todas essas cidades autônomas estavam localizadas na "terra de Sinear", o bíblico equivalente de Dumer. Ao norte do território da Suméria ficava Acade semita, que guerreou os sumérios e conseguiu vencê-los.

Referindo-se a Ur, Woolley retrata: "A 5 m abaixo de um pavimento de tijolos, o que pudemos notar com bastante clareza, uma data correspondente a uma época posterior, as Tumbas Reais, encontramos as ruínas de Ur, que existiu antes do Dilúvio".[41] O desenvolvimento de Ur é anterior a 3500 a.C. Não se precisa, entretanto, quando foi fundada, nem por quem. Woolley calcula 3100 a.C. o tempo da primeira dinastia de Ur, cuja duração foi de 177 anos. Mas as sepulturas reais de Ur, descobertas em 1928, antedatam nada menos de 400 anos o tempo da primeira dinastia Suméria. Três dinastias reinaram em Ur, todas de grande magnificência, destacando-se, entretanto, a terceira. Na segunda dinastia reinaram quatro reis, num total de 108 anos. Segundo esses dados, a terceira dinastia começou em 2178 a.C. com Ur-Nannu, seu fundador e, talvez, o mais notável representante, e terminou com Ibi-Sim em 2170 a.C. Nesse interregno de quase mil anos, as riquezas de Ur oscilaram com suas derrotas ou vitórias no campo de batalha. No tempo da terceira dinastia, Ur foi subjugada por Kis, Erek e Acade.

A cultura suméria exerceu influência decisiva sobre Elã, Acade e Babilônia. Guerras entre os estados da Mesopotâmia enfraqueceram Ur consideravelmente, dando a Elã oportunidade de vencê-los sem muita dificuldade. A invasão elamita ocorreu em 2170 a.C. Foi nesse

---

[41] WOOLLEY, C. L. *Ur, la Ciudad de los Caldeos*, p. 15.

período que Anrafel, rei de Sinear, Arioque, rei de Elasar, Quedarlao-
mer, rei de Elã e Tidal, rei de Giom, invadiram Canaã e foram derrotados por Abraão e seus aliados, nas proximidades de Damasco.
James Adams afirma sem receios: "Anrafel, o grande Hamurabi".[42]

Já que mencionamos o nome "Hamurabi", vale a pena tocar-
mos, ainda que de passagem, no cruciante problema da cronologia
mesopotâmica. Tudo gira em torno do grande Hamurabi. Em agosto de 1933, um oficial do exército francês, chamado Cabane,[43] foi
atender no norte da Síria a um grupo de beduínos que, ao sepulta-
rem um defunto, encontrara uma enorme estátua. O governo francês, uma vez avisado do ocorrido, enviou André Parrot, que descobriu e desenterrou o famoso Reino de Mari. Os arquivos cuneiformes
desse reino, traduzidos por Parrot, propuseram um recuo de mais
ou menos dois séculos na cronologia da Mesopotâmia, obrigando
todo o Oriente Médio a uma revisão de sua cronologia. André Parrot[44]
discute exaustivamente o problema cronológico da Mesopotâmia.
Apresenta duas tábuas cronológicas, tomando por base o rei
Hamurabi:

1. Antes das descobertas de Mari

Antes da descoberta dos arquivos reais de Mari, os arqueólogos
atribuíam a Hamurabi as seguintes datas:

Oppert	2394-2339
Hommel	1772-1717
Maspero	2287-2232
Niebuhr	2081-2036
Winckler	2264-2210
Delitzch	2287-2232
Sayce	2376-2333
Lehman-Haypt	2296-2209
King	2123-2081

[42] ADAMS, James McKee. *A Bíblia e as civilizações antigas*, p. 45.
[43] PARROT, André. *Mari*. Paris: Je Sers, 1945, nova edição, p. 2ss.
[44] PARROT, André. *Archeologie Mèsopotamianne: Tecnique et Problèmes*. Paris: Albin
Michel, 1953, p. 332-445.

Ed. Meyer	2123-2081
Contenau	2123-2081
Thureau-Dangin	2003-1896
Sidney Smith	1939-1896
Kugler	2123-2080
Weidner	1955-1904
Langdon-Fotherin	1955-1904
Gham-Scott	2067-2024

2. Depois das descobertas de Mari

Tão logo André Parrot divulgou os primeiros resultados de suas pesquisas nos arquivos reais de Mari (note-se de passagem, meio precipitados e sem muita segurança), os arraiais arqueológicos se alvoroçaram. Alguns arqueólogos não se convenceram das conclusões de Parrot e se mantiveram na linha tradicional; outros, entretanto, aceitaram a nova cronologia fornecida por Mari. Dentre estes, destacamos os principais:

W. F. Albright	1870-1830
Sidersky	1848-1806
Sidney Smith	1792-1750
Ungnad	1801-1753
Thureau-Dangin	1848-1806
Cornelius	1726-1686
R. de Vaux	1728-1686
Bohl	1704-1662
Jacobsen	2067-1750
Neugebauer	1792-1750
Cavaignac	1728-1678
P. Van der Meyer	1712-1722
E. Weidner	1704-1662

Sobre a cronologia mesopotâmica, C. W. Ceram declara: "Pesquisas modernas francesas em Mari, no Médio Eufrates, e a descoberta dum arquivo de Estado indicam existir relações entre Hamurabi e o rei assírio Samsi-Adad I. O período do reinado de Hamurabi pode ser fixado definitivamente entre 1728 e 1686".[45] Mas o mesmo livro afirma que Hamurabi viveu entre 1955 e 1913 (p. 264)! Isso já revela dúvida na fixação de datas da História Antiga. Parece-nos que não é tanto uma questão de "fatos", mas de "boatos".

1. A "cronologia" sugerida pelos arquivos reais de Mari ainda não chegou a nenhuma conclusão de fato. Apenas levantou poeira e deixou tudo no ar.
2. Homens ponderados, mesmo depois das descobertas de Mari, colocam ainda a data de Hamurabi na faixa de 2000 a.C. Asa Routh Crabtree opina sobre a data de Abraão:

> Segundo cálculos baseados na cronologia bíblica, Abraão nasceu cerca de 2160 a.C. Apesar da coerência notável da cronologia bíblica na sua explicação aos eventos históricos, contados dentro da Bíblia, a data está levantando muitos problemas arqueológicos e históricos em relação com os países vizinhos. Descobertas recentes dos arqueólogos em vários lugares dos países bíblicos levam os estudiosos a modificar a cronologia geral da História Antiga, com a obrigação de modificar e reduzir o período histórico do Antigo Testamento entre Abraão e a fundação da monarquia. A divergência de opiniões entre os mais competentes indica a necessidade de se estudar ainda mais a época patriarcal e a data de Abraão.
>
> As descobertas de Mari, segundo Albrigth, fixam a data de Hamurabi em 1728 e 1686 a.C. Albright pensa que Abraão viveu poucas gerações depois de Hamurabi, mas Gordon apresenta argumentos, baseados em inferências de Gênesis 47.11 e 50.23, que indicam que Abraão viveu cerca de 1400 a.C. Notando que as suas conclusões são indicadas pelas genealogias de Abraão, Isaque, Jacó e José, Gordon reconhece as figuras em termos de anos, como indicando um período muito mais longo entre Abraão e a saída dos hebreus do Egito, cerca de 1225 a.C.[46]

---

[45] CERAM, C. W. *Deuses, túmulos e sábios*, p. 379.
[46] CRABTREE, A. R. *Arqueologia bíblica*. 2.ª ed. Rio de Janeiro: Casa Publicadora Batista, 1958, p. 246, 248.

Sobre a cronologia antiga, Antonio Neves Mesquita afirma:

> Há muitas datas incertas na história do mundo antigo, mas, de Abraão para cá, não há incertezas. A era de Moisés está perfeitamente caracterizada, tanto nos documentos egípcios, como na história geral. [...] Moisés nasceu justamente no período da restauração da monarquia egípcia, depois da expulsão dos hicsos em 1580 a.C.[47]

Mesquita ainda declara com muita autoridade:

> As mais recentes descobertas arqueológicas têm propiciado a conclusão de que as datas comumente aceitas quanto à antiguidade de Babilônia e sua civilização e que o autor desta obra (dr. J. McKee Adams) aceitou devem ser revistas e consideravelmente diminuídas. Admite-se, por exemplo, que a civilização babilônica começou ao redor de 2500 a.C. e não em 3500 como afirma o dr. Adams. Do mesmo modo, o nascimento de Abraão contemporâneo de Hamurabi deve ser trazido para 1718-1686 e não 2160, como se admite geralmente. Durante estes dias nos Estados Unidos,[48] tive a preocupação de investigar a possível veracidade destas conclusões, e infelizmente não pude me convencer da sua segurança. Um professor, com quem mantive uma entrevista, chegou a me afirmar que a decifração de alguns tabletes cuneiformes, que estavam dando tanto que pensar, era possivelmente deficiente, e que se deveria esperar muito tempo para que se pudesse aceitar as conclusões meio apressadas de certos historiadores. A termos de aceitar um recuo na história tão apreciável, então temos de modificar todos os dados atuais, não só em relação a Abraão, mas todo o resto da história hebraica, incluindo o cativeiro egípcio, o Êxodo, o estabelecimento na terra de Canaã etc. Ora, uma diferença de tal porte deve ser aceita com muitas cautelas.[49]

---

[47] MESQUITA, A. N. *Povos e nações do mundo antigo.* 2.ª ed. Rio de Janeiro: Casa Publicadora Batista, 1973, p. 97.

[48] O dr. Mesquita traduziu o livro *A Bíblia e as civilizações antigas*, de James Adams, nos Estados Unidos, aproveitando um período de férias.

[49] MESQUITA, A. N. "Notas do Tradutor". Em ADAMS, J. M. *A Bíblia e as civilizações antigas*, p. 44.

3. André Parrot sugeriu mudanças na cronologia mesopotâmica, mas não deixou nada concreto, e historiadores apressados revolucionaram o mundo com datas novas.

4. Sabemos que a Mesopotâmia não foi o único país no mundo. Alterar a cronologia da Mesopotâmia é mudar tudo no mundo todo. Onde vai parar o sincronismo histórico?

5. Esse recuo da cronologia mesopotâmica de aproximadamente dois séculos parece mais um problema de ordem "modernista" com a intenção de golpear a Bíblia. Hamurabi foi contemporâneo de Abraão.[50] Se como diz E. Weidher, Abraão viveu em 1662, o Êxodo ocorreu em 1232 e Salomão começou a edificar o templo em 752 (1Rs 6.1). Nesse ritmo, onde iria parar a Bíblia?

6. Com todo respeito que André Parrot merece, rendo homenagem a seu profundo saber assiriológico, mas, em matéria de cronologia mesopotâmica, fico com Oppert, Niebuhr, Delitzch, Meyer e tantos outros de igual valor a Parrot, R. de Vaux e outros eruditos inovadores.

Antiguidade e valor cultural de Ur

Ainda sobre Ur, Leonard Woolley declara:

> Já em 1854, Mr. J. E. Taylor, cônsul inglês em Basora, foi contratado pelo Museu Britânico para investigar alguns dos lugares meridionais da Mesopotâmia, e escolheu para suas principais atividades o "Montículo do Alcatrão". Neste, Taylor desenterrou inscrições que revelaram, pela primeira vez na história, que aquela ruína sem nome era "Ur", chamada "dos Caldeus", a cidade natal de Abraão.[51]

Em fins do século XIX, a Universidade da Pensilvânia visitou Ur e fez algumas escavações. Em 1918, Reginald Campbell Thompson, do serviço de Inteligência do Exército inglês na Mesopotâmia, e que anteriormente trabalhara no Museu Britânico, escavou Eridu e fez sondagens em Ur. Foi quando o Museu Britânico se dispôs a enviar

---

[50] Veja WOOLLEY, C. L. *Ur, la Ciudad de los Caldeos*, p. 108.
[51] WOOLLEY, C. L. *Ur, la Ciudad de los Caldeos*, p. 9-10.

para a Baixa Mesopotâmia uma expedição, chefiada por Harry Reginald Hall (1873-1930), que, por dois invernos consecutivos (1918 e 1919), escavou Ur, Eridu e Ubaid. Os resultados foram minguados. Em 1933, G. B. Gordon, diretor do Museu da Universidade da Pensilvânia propôs ao Museu Britânico um trabalho conjunto para explorar a Baixa Mesopotâmia. A direção dessa Comissão Anglo-Americana foi confiada a Leonard Woolley, destinada a realizar o mais importante e o mais especializado trabalho arqueológico relacionado com a Bíblia toda, particularmente Gênesis. O trabalho começou em 1929 e se estendeu até 1932. O resultado desse esforço, continuado por outros gigantes, culminou na revelação da mais adiantada, mais apurada civilização do mundo antigo: Ur dos Caldeus, a cidade do patriarca Abraão.

A antiguidade da Suméria e sua importância cultural para o mundo todo foi desenterrada por Leonard Woolley, sua esposa Katharine e sua equipe maravilhosa. Além das revelações feitas por Woolley em seu livro *Ur, la ciudad de los caldeos*, já citado diversas vezes nesta obra, não subestimamos os assinalados trabalhos de François Thureau-Dangin, Anton Deimel, Edward Chiera, Adam Folkestein, Heidelberg, Thorkild Jacobsen, Benno Ladnsberger, do inigualável Arno Poebel e, por fim, culminado com Samuel Noah Kramer, em seu livro mais conhecido, *A história começa na Suméria*.

O trabalho meticuloso desses assiriólogos e sumeriólogos forneceu a Kramer farto material para encerrar a polêmica sobre onde teria sido o berço da humanidade: o vale do Nilo ou vale da Mesopotâmia? As evidências de antiguidade e superioridade cultural da Suméria foram tão grandes, que a controvérsia sobre o assunto foi definitivamente encerrada. A humanidade nasceu mesmo, como diz a Bíblia, ao sul dos montes Ararate; portanto, entre os rios Tigre e Eufrates.

Acompanharemos Woolley e Kramer de perto, nas obras citadas e nas suas surpreendentes revelações das escavações da Suméria e, particularmente, de Ur, que é de interesse vital para a Bíblia.

Woolley descobriu as sepulturas reais de Ur. As mais antigas datam de 3500 a.C.[52] Alguns delas podem atingir 5 mil anos. Essas

---

[52] Woolley, C. L. *Ur, la Ciudad de los Caldeos*, p. 53.

sepulturas revelam que os cadáveres eram envoltos em esteiras ou colocados em urnas de argila. Eram sepultados com colares, faca, punhal, alfinetes e uma tabuinha de argila com o nome do morto. Fora da uma mortuária, colocavam-se vasilhas com alimentos, armas e outros utensílios.

Em nenhuma sepultura achou-se nenhum símbolo religioso.

Numa das sepulturas, Woolley encontrou um punhal de ouro com o cabo de lápis-lazúli,[53] cuja bainha era toda de ouro trabalhado. Junto ao punhal foi encontrada uma bolsinha de ouro também, com objetos de toucador, como pinças, lancetas e lápis, tudo em ouro. É assombroso pensar que 3.500 anos antes de Cristo, a mulher sumeriana já usava objetos e cosméticos que a mulher de hoje, salvaguardas as devidas diferenças, ainda usa. Só por esse pormenor pode-se avaliar o grau de cultura e adiantamento do povo sumério.

Woolley é de opinião que a harpa é invenção sumeriana. Nas sepulturas escavadas, ele encontrou diversas, e em ouro.[54]

Os sumerianos construíram barcos de popa e proa altas, com cinco assentos e no centro um mastro para armar o toldo para proteção e também lugar para os remos. Ainda hoje, no Eufrates, barcos semelhantes a esses podem ser vistos.[55] Causa-nos admiração o progresso desse povo misterioso.

Tivemos a oportunidade de ver no Museu Britânico, em Londres, a "cabeça" da rainha Shub-ab, reconstituída por Katharine Woolley. Com peruca, diversos adornos no frisado do cabelo, pintura no rosto e nos olhos, dando a ideia perfeita do que as mulheres de hoje ainda fazem, e com joias de todos os tipos! Alguns desenhos conservados no cobre permitiram a Woolley verificar que as vestes femininas eram de lã tecida e colorida de vermelho vivo. As vestes eram com mangas, e não mantos, com os punhos adornados com continhas.[56]

---

[53] Lápis-lazúli ou lazulite, em seu estado natural, é um silicato sulfatado com cloro. Cristaliza-se em cubos. Sua cor é amarelo-opaco. Encontra-se em grande quantidade na Ásia. Largamente empregado na antiguidade na ornamentação de vasos finos, em joias de grande preço e nos mosaicos. Usado também em pó.

[54] Veja WOOLLEY, C. L. *Ur, la Ciudad de los Caldeos*, p. 32,35,44 etc., e também no mesmo volume, a lâmina (V).

[55] WOOLLEY, C. L. *Ur, la Ciudad de los Caldeos*, lâmina III.

[56] WOOLLEY, C. L. *Ur, la Ciudad de los Caldeos*, p. 43.

Novamente, isso nos leva frente à sociedade grandemente evoluída, com um complexo de regras bastante sofisticadas.

O tipo de arquitetura desenterrada por Woolley é altamente desenvolvido e prova que a "engenharia" dominava os princípios de construção como hoje se faz. Os zigurates, torres enormes com dezenas de metros de altura, exigiam, para sua feitura, uma técnica aperfeiçoada. Alguns eram coloridos. Não se encontrou linha reta nos zigurates. Woolley desenterrou uma dessas construções do século XIV a.C., trazendo em seus tijolos o selo de Hurigalzu. Os arcos desse colossal edifício antecediam mil anos ao mais antigo até então. Foi encontrado outro 2 mil anos mais antigo. Isso nos leva a concluir que o arco nas construções é realmente invenção sumeriana.[57]

Woolley reconstruiu uma casa de Ur e, depois de pronta, disse: "Esta pode bem ter sido a casa onde morou o patriarca Abraão. Esse tipo de construção era comum tanto em Ur como em toda a região".[58] Abraão, portanto, como demonstrou a arqueologia, não foi um beduíno nômade, mas um cidadão, fruto da mais apurada e mais fina civilização da época.

Os artífices que trabalharam o ouro, a prata, o lápis-lazúli e o bronze revelaram profundo conhecimento da metalurgia, como não se encontra em outros povos da época.

As técnicas agrícolas eram realmente adiantadas e rendiam muito dinheiro, que alimentava o luxo e o esplendor do povo, além de fartura que lhes proporcionava.

Consequentemente, o comércio, via terrestre ou fluvial, era intenso não só entre os "estados autônomos" da Mesopotâmia, mas alcançou a Anatólia e toda a orla do Mediterrâneo.

Uma das grandes glórias dos trabalhos de Woolley foi, sem dúvida, o "Estandarte de Ur". Exposto no Museu Britânico, mede 21,590 cm de largura por 49,530 cm de altura. Trabalhado em ambos os lados e protegido por um borde artístico, talvez de 5 m. Figuras nacaradas em silhuetas com detalhes gravados, incrustados em um fundo de

---

[57] WOOLLEY, C. L. *Ur, la Ciudad de los Caldeos*, p. 82 e 118.
[58] WOOLLEY, C. L. *Ur, la Ciudad de los Caldeos*, p. 111.

lápis-lazúli, mostram alguns pontos o vermelho. Os quadros principais representam respectivamente a paz e a guerra. A descrição completa do "Estandarte de Ur" é detalhada em Woolley:

> O Estandarte é uma notável obra de arte; porém, seu valor como documento histórico é ainda maior, visto que nele temos o quadro detalhado mais primitivo daquele exército que levou a civilização dos sumérios desde suas primeiras povoações nas praias do golfo Pérsico até as montanhas da Anatólia e as costas do Mediterrâneo. Sabemos pelos exemplares autênticos encontrados nas tumbas que suas armas eram, tanto no desenho como na manufatura, muito superiores às que possuíam seus contemporâneos ou que qualquer outra nação viesse a empregar daí a 2.000 anos. Graças a esse "Estandarte" conseguimos aprender o suficiente acerca da organização do exército superior a todos existentes na época. Os carros de guerra que infundiram medo aos hebreus no tempo dos Juízes (caps. 1 e 4), os sumérios já empregaram 2.000 anos antes, e as "falanges" que garantiram vitórias a Alexandre, os sumérios já as possuíam. Não nos causam estranheza que, mesmo depois que seus vizinhos chegaram a aprender e aproveitar seu exemplo, não encontram inimigo capaz de resistir seu avanço.[59]

Samuel Kramer, professor de assiriologia da Universidade da Pensilvânia, EUA, não é um reles desconhecido, mas um categorizado especialista em sumeriologia. Ao lado de François Thureau-Dangin, Anton Deimel, Edward Chiera e Arno Poebel, e talvez muitos outros, ele criou a nova ciência conhecida hoje como "sumeriologia". Autor de inúmeras obras sobre o assunto, tradutor de centenas de placas sumérias, deixou-nos o livro *A história começa na Suméria*, um dos mais especializados sobre as descobertas arqueológicas no sul da Mesopotâmia.

Kramer diz que em Uruk (Ereque em Gn 10.10), bem como em outras cidades sumerianas, foram desenterradas dezenas de milhares de placas sumérias, nas "quais estão transcritas obras literárias que revelam a religião, a moral, a filosofia dos sumérios. Todas essas

---

[59] WOOLLEY, C. L. *Ur, la Ciudad de los Caldeos*, p. 57-58.

informações devemos ao gênio desse povo, que, fato raro na história do mundo, não só inventou, pelo menos provavelmente, um sistema de escrita, mas soube também aperfeiçoá-lo, a ponto de fazer dele um instrumento de comunicação vivo e eficaz".[60]

No final do quarto milênio antes de Cristo, Kramer garante, os sumerianos, compelidos por necessidades de sua economia, começaram a escrever de uma forma que hoje chamamos de "escrita pictográfica". Na segunda metade do terceiro milênio, os sumérios já haviam aperfeiçoado sua escrita — a cuneiforme —, seus homens de letras registraram sobre placas, prismas e cilindros de argila um grande número de suas criações literárias, antes mantidas por tradição oral. Os títulos dessas produções literárias vão além de cem. Kramer prossegue:

> Na Suméria, um bom milênio antes de os hebreus terem escrito a Bíblia e os gregos a *Ilíada* e a *Odisseia*, encontramos já toda uma literatura rica e florescente, compreendia mitos e narrativas epopeias, hinos e lamentações. [...] Não é utópico dizer que a recuperação e a restauração dessa literatura antiga e caída no esquecimento bem poderão ser uma das *maiores contribuições do nosso século para o conhecimento humano.*[61]

Em Shurrupak, berço natal de Gilgamés, foi encontrado grande número de "textos escolares", datados de 2500 a.C. Cada uma dessas escolas contava com um escriba especializado e outros subalternos. Os métodos pedagógicos eram elevadíssimos. Os exercícios escolares iam das simples garatujas aos mais aperfeiçoados escritos literários. Os sistemas escolares obedeciam a dois estágios:

1. *Formação erudita*, abrangendo: Botânica, Zoologia, Matemática, Gramática, Geografia, Mineralogia.
2. *Criação literária*, por meio da qual o escriba versado e hábil aprendia a fazer as grandes citações literárias, como aconteceu com Gilgamés e seu famoso poema.

---

[60] KRAMER, S. N. *A história começa na Suméria*, p. 17.
[61] KRAMER, S. N. *A história começa na Suméria*, p. 18-20.

Nada menos de 500 nomes de mestres-escolas ou escribas (2000 a.C.) estão gravados em placas, com respectivas filiações e profissões. O diretor da escola se chamava Ummia (o pai); o professor era "Grande Irmão", e o aluno "o Filho da Escola". Quando mais tarde a Suméria foi conquistada pelos semitas acadianos, os professores empreenderam a dura tarefa de organizar dicionários sumeroacadianos. São os mais antigos dicionários encontrados até o presente.

Nas escolas, os alunos exercitavam-se na redação de mitos, contos épicos, poemas, hinos, lamentações, provérbios, fábulas, ensaios diversos. Foi desenterrada uma escola em Nippur, outra em Sippar e uma terceira em Ur. André Parrot descobriu no grande Palácio Real de Mari duas grandes salas, onde funcionavam escolas. O patriarca Abraão deve ter frequentado uma dessas escolas e, possivelmente, tenha sido "Ummia", ou "Grande Irmão". Pelo diálogo que Abraão manteve com os filhos de Hete a respeito da cova de Macpela, verifica-se que o grande patriarca não era uma pessoa comum, mas de educação, de fina formação, um cavalheiro ilustre. Ele foi reconhecido como "príncipe de Deus" pelos filhos de Hete (Gn 23.1-20).

Uma das placas das escolas registrava o caso de um "suborno". Um aluno, por não ter completado os exercícios, foi castigado pelo "Grande Irmão". Ao chegar a casa, o aluno relatou o ocorrido ao pai. Este, por sua vez, convida o referido mestre-escola para um almoço e algo mais... e o castigo foi suspenso.

Uma placa de 2000 a.C. em cuneiforme descreve a "primeira guerra de nervos" em forma de poema.[62]

Em outra placa, datada, porém, de 3000 a.C., aparece a palavra "assembleia" política pela primeira vez na história. Essa assembleia era constituída de câmaras, espécie de uma reunião dos mais velhos. Apenas umas linhas da inscrição: "A assembleia convocada dos mais velhos da cidade respondeu a Gilgamés: Submetamo-nos aos reis de Kish, batamo-los pelas armas...".[63]

Outra placa cuneiforme revela que os sumerianos deram os primeiros passos para um governo democrático. Abraão conheceu e

---

[62] Veja KRAMER, S. N. *A história começa na Suméria*, p. 37.
[63] KRAMER, S. N. *A história começa na Suméria*, p. 55.

praticou essa forma de governo em muitas ocasiões de sua peregrinação em Canaã.[64]

Os sumérios escreveram narrativas de guerras e episódios de lutas com povos estrangeiros. Pela primeira vez na história foi empregada a palavra sumeriana *amargi* ("liberdade"). Isso em 2500 a.C.!

Textos cuneiformes exumados pelos franceses em Lagash (2500 a.C.) registram o requerimento de certa classe social, pedindo ao rei redução de impostos. Os produtos taxados eram: carneiro, lã, tosquia, bois, cevada, pão, *cerveja* (já conheciam a cerveja nessas eras recuadas). Os *perfumistas* pagavam também elevados impostos. Até para sepultar um morto, o governo cobrava imposto.

Em matéria de códigos e leis, os sumerianos estavam na vanguarda dos povos. Foram realmente os inovadores nesse campo. O mais famoso código de leis conhecido até hoje é o de Hamurabi, rei semita. O de Lipt-Ishtar é 150 anos mais antigo que o de Hamurabi; e o de Bilalama é 70 anos mais velho que o de Lipit-Ishtar; e o sumério — o de Ur-Nammu, é 80 anos mais antigo que o de Bilalama. Partindo dos mais recentes para os mais antigos, os quatro códigos estão assim dispostos:

Código	Cronologia conservadora	Cronologia Mari	Língua	Forma
Hamurabi	1950	1750	Semita	Estela
Lipit-Ishtar	2100	1900	Suméria	Placa de argila seca ao sol
Bilalama	2220	2020	Semítico-babilônico	Placa de argila seca ao sol
Ur-Nammu	2250	2050	Suméria	Placa de argila seca ao sol

[64] Pensava-se que a forma democrática de governo nascera na Hélade, em Atenas. Há de convir-se que, antes da Grécia, a democracia está no Antigo Testamento, na "grande congregação", tantas vezes repetida na Palavra de Deus. O germe dessa planta que desabrocha com os hebreus nasceu na Suméria.

Abraão foi contemporâneo de Hamurabi. Moisés, entretanto, só escreveu o Pentateuco 430 anos depois ou mais (Gl 3.17). Para uma época tão recuada, é admirável que esse povo tenha catalogado leis tão precisas, claras e humanas; mas ficam muito aquém das de Moisés, uma vez que foram dadas pela inspiração do céu e ungidas com o Espírito Santo. Sobre isto, vejamos o que diz o competente Kramer:

> Com a exumação de civilizações profundamente enterradas em detritos e terras, a decifração de línguas mortas há milênios e a recuperação de literaturas por muito tempo perdidas ou esquecidas, o nosso horizonte histórico foi dilatado de vários milênios. Um dos maiores êxitos das pesquisas arqueológicas realizadas nos "Países da Bíblia" foi o ter sido lançada uma luz viva e reveladora sobre a própria Bíblia, sobre as suas origens e o meio em que surgiu. Podemos agora verificar que este livro, o maior clássico literário de todos os tempos, não surgiu de um fato do nada, como uma flor artificial no vazio; esta obra tem raízes que mergulham num passado longínquo e se estendeu até os países circunvizinhos. [...] De fato, cada um de nós pode maravilhar-se com o que tem sido justamente designado como o "Milagre dos Hebreus", que transformou os motivos estáticos e os esquemas convencionais dos seus predecessores no que é talvez a mais vibrante e dinâmica criação literária conhecida. As leis sumerianas estabelecem importantes taxas, multas para infratores, medidas sociais, visando sempre a "justiça". Um confronto de Hamurabi com Moisés seria interessante, principalmente para estabelecer a superioridade deste, de procedência divina. O espaço, entretanto, não nos permite.[65]

Duas placas retiradas das ruínas registram a receita de um médico sumério, empregando substâncias de procedência animal, vegetal e mineral. Os minerais preferidos eram cloreto de sódio, nitrato de potássio; os animais, leite, pele de serpente e casco de tartaruga; os vegetais, canafístula, mirto, assafétida, tamilho, salgueiro, pereira, pinheiro, figueira, tamareira e outros. É o primeiro consultório médico e a primeira farmácia de Nippur, portanto, da humanidade. É provável que Abraão tenha conhecido farmácias como essas.

---

[65] KRAMER, S. N. *A história começa na Suméria*, p. 169 e 170.

Na antiguidade clássica dos romanos e gregos, duas obras marcaram época na agronomia: *As geórgicas*, de Virgílio, e *Os trabalhos e os dias*, de Hesíodo. Esta apareceu no século VII a.C. Em Nippur foi descoberta uma placa com 108 linhas cuneiformes mil anos mais antiga que a de Hesíodo. Um verdadeiro "Manual do lavrador", com regras para o preparo da terra, da semeadura até a colheita. Na horticultura, os sumérios conheciam e praticavam o processo de sombras protetoras (árvores para proteger as hortaliças do vento e do sol). As placas registram cosmogonias e cosmologias, bem como profundos princípios de moralidade. Leonard Woolley afirma ter encontrado *vidro* nas escavações de Ur.[66]

A civilização sumeriana, como acabamos de verificar, era grande, importante, adiantada, apuradíssima. Mas Samuel Kramer afirma:

> Mais importante ainda, a ocupação da Baixa Mesopotâmia pelos sumérios, que deu lugar à sua Idade Heroica, deve ter marcado o estádio culminante num processo histórico começado várias centúrias antes, quando a Baixa Mesopotâmia fazia ainda parte de um estado com uma civilização muito mais adiantada que a dos sumérios, estabelecidos algures ao longo de suas fronteiras externas.[67]

Ora, se os sumérios eram adiantados e procederam de um povo ainda mais adiantado, não nos é possível aquilatar o seu grau de cultura e civilização.

O Deus todo-poderoso, tendo em vista cumprir a "promessa" do Messias em Gênesis 3.15, foi buscar no ninho da civilização esplendorosa um homem, Abraão, e por meio dele começou um povo, uma nação, um Livro. Esse povo seria o hebreu, destinado por Deus a cobrir uma longa trajetória, com luzes e sombras, com bonança e tempestade, com alegria e tristeza, com rosas e espinhos, através dos milênios, até que veio a Promessa: Jesus, proposto a aparecer, na conjuntura dos tempos, "segundo as Escrituras".

Abraão foi fruto da multissecular cultura sumeriana. Frequentou as escolas da sua cidade. Conhecedor de leis e da literatura da

---

[66] WOOLLEY, C. L. *Ur, la Ciudad de los Caldeos*, p. 102.
[67] KRAMER, S. N. *A história começa na Suméria*, p. 248.

época. Familiarizado com as artes, a guerra e os grandes projetos de "engenharia"; mestre na agricultura e na pecuária. Comerciante rico e bem-sucedido. Habitou casa confortável, luxuosa, com móveis e utensílios finos. Caminhou pelas estreitas e lamacentas ruas de Ur. Frequentou os zigurates, adorou os ídolos sumerianos. Participou da funesta magia do seu povo. Homem de vida familiar, grande "modir", educado, nobre, cavalheiro, senhor de toda a cultura dos sumérios. De um ninho desses, o Deus todo-poderoso o tirou, a fim de torná-lo uma bênção para seus descendentes e, através de Jesus, o mundo todo.

A cultura sumeriana desbordou para outras nações, principalmente Canaã, mais ou menos como o grego de Alexandre dominou o mundo, ou como o inglês de hoje. Abraão encontrou em Canaã tudo o que deixou em Ur: língua, escrita, costumes, cultura, comércio, religião. O antigo patriarca deixou em Ur e Harã a idolatria. Sepultou os deuses e ressuscitou para uma vida santa com o Deus único, o Deus vivo, o Deus que fala, que guia e protege. Deus se fez o "Deus de Abraão". O patriarca passou a brilhar o céu nas densas trevas de Canaã. Ele tratou de igual para igual o grande Hamurabi (Gn 14.1); era amigo dos reis de sua terra; em Canaã, era um "príncipe de Deus", vivendo no meio de outros príncipes. Woolley arremata:

> Vemo-nos obrigados a mudar consideravelmente nossas ideias sobre o Patriarca Hebreu, ao ser-nos revelado o meio tão apurado, o meio em que viveu os primeiros anos de sua vida. Foi filho de uma grande cidade e herdeiro de uma civilização antiga e altamente organizada. As próprias casas nos garantem a comodidade e o grande luxo. Aparte as estruturas em si, pouco restava para nos dar a idéia da vida cotidiana dos habitantes de Ur; entretanto, uma ou duas coleções de placas guardam dados sobre suas atividades intelectuais.[68]

Concluímos, pois, que Abraão não era e nunca foi um nômade, um beduíno semibárbaro, a percorrer regiões desconhecidas, entre povos estranhos e de estranhos costumes. James Adams diz:

---

[68] WOOLLEY, C. L. *Ur, la Ciudad de los Caldeos*, p. 114.

Somos, logo, encorajados a considerar essas remotas conexões sociais, como dalgum modo confirmadas nessa tarefa exaltada. O fundo histórico sumério de que Abraão surgiu, oferece-nos um pôr de sol policrômico, um ambiente criado principalmente por um povo não semita. Foi nessa atmosfera que o Grande Semita recebeu a chamada missionária universal (Gn 12.3).[69]

Em Abraão temos os começos:

1. De um povo peculiar.
2. De uma nação santa.
3. Do monoteísmo.
4. Da revelação particular de Deus ao mundo, através do seu povo escolhido (Rm 3.2).
5. Da igreja cristã (Gn 12.3).[70]

Os achados arqueológicos revelaram o conforto em que o povo de Ur vivia. Abraão era dessa cidade; logo, ele viveu como os demais, farta e regaladamente. Mas Hebreus 11.8-13 nos informa de que o rico patriarca, em Canaã, morou em tendas, assim como Isaque e Jacó. Por quê? Em primeiro lugar, para obedecer a Deus. Uma casa de pedra ou de alvenaria não podia ser transportada de um para outro lugar, conforme ordenassem os ventos da vontade de Deus. A tenda, sim. Em segundo lugar, a tenda era uma realidade a lembrar-lhe de que era apenas um peregrino neste mundo. Em terceiro lugar, era um meio de que se servia o Todo-poderoso para provar a fé de Abraão.

O famoso inglês Frederick Brotherton Meyer (1847-1929) disse que "a vida de Abraão girou entre a tenda e o altar". Era o encontro constante entre o humano e o divino, entre a terra e o céu, o transitório e o eterno.

---

[69] ADAMS, James McKee. *A Bíblia e as civilizações antigas*, p. 47.

[70] Todos esses pontos e muito mais sobre a vida do patriarca Abraão foram desenvolvidos por Enéas Tognini e publicado na revista *Estudando a Palavra de Deus*. Belo Horizonte, MG, 1.º semestre de 1977.

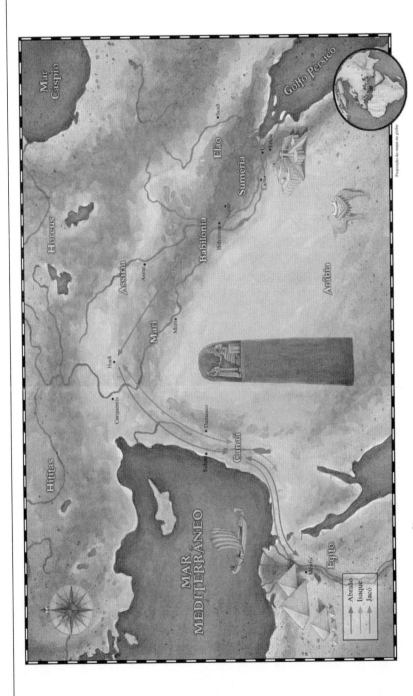

17
Outras regiões próximas à Mesopotâmia

Devido à sua importância, não poderíamos deixar de considerar outras regiões, algumas dentro do vale, estritamente da Mesopotâmia, e outras, adjacentes. Naturalmente não pretendemos fazer um estudo exaustivo dos países e das cidades da importante região. Daremos apenas pinceladas largas e rápidas, a fim de que tenhamos ideia do conjunto do que foi esse vasto território.

Harã

A palavra "Harã" (do hebraico *'Arâm*), como nome de cidade, aparece doze vezes na Bíblia (Gn 11.31,32; 12.4-5; 27.43; 28.10; 29.4; 2Rs 19.12; Is 37.12; Ez 27.23; At 7.2,4). Também designa o nome de três homens: o irmão mais novo de Abraão e pai de Ló (Gn 11.26-29,31), um dos líderes da tribo de Judá, filho de Calebe com sua concubina (1Cr 2.46) e um levita que viveu durante o reinado de Davi (1Cr 23.9).[1]

Arã

O termo "Arã" (do hebraico *'Arâm*) também designa homens (Gn 10.22,23; 22.21; 36.28; 1Cr 1.17,42; 2.23; 7.34). Na versão *Almeida Atualizada*, essa palavra indica um lugar geográfico apenas uma única vez (Nm 23.7). Já na *Nova Versão Internacional*, essa indicação também consta em Juízes 10.6 e Oseias 12.12 (aqui, a *Almeida Atualizada* traduz por "Síria"). Fora da Bíblia, o termo *'Arâm* aponta povos que habitaram da Síria ao Eufrates. No hebraico, entretanto, aparece associada a cidades e regiões, sendo estas as principais:

---

[1] GARDNER, Paul. *Quem é quem na Bíblia Sagrada*. São Paulo: Vida, 1999, p. 254.

Arã Bete-Reobe

O significado é "espaço livre", "rua". Designa povoações diversas, idênticas a Bete-Reobe de Juízes 18.28, situada na extremidade setentrional da Palestina, próximo às nascentes do Jordão e do Hermom. Os doze espias enviados por Moisés tocaram-na na parte norte de Canaã (Nm 13.21,22). Mais tarde coube à tribo de Dã. Os sírios dessa região lutaram contra Davi (2Sm 10.6). Não estava distante de Laís, e hoje é Tell el-Kedi, a ocidente de Cesareia de Filipe.

Arã Damasco

No hebraico registra-se *Aram Dameseq*; no grego, *Surias Damaskou*; no latim, *Syria Damasci*. Refere-se especificamente à Síria. Seus limites iam ao norte, com Hamate, e ao sul, com Israel; a leste, com o deserto siro-arábico; e a oeste, com a Fenícia e o Mediterrâneo. Israel e Arã Damasco viveram relações tanto de amizade como de embates, que muitas vezes terminaram em sangrentas batalhas (veja 2Sm 8.5; 1Rs 11.23-25; 15.18-20; 20.1-34; 1Rs 22; 2Rs 2Rs 5—7; 10.32,33; 12.18,19; 13.7,25; 14.25; 16.9; 28; 1Cr 18.5; 2Cr 16.7; Is 17.1-3; Jr 49.23-27; Am 1.5).

Arã Maacate

No grego lê-se *Suria Maaká*. Pequeno território encravado no sopé do monte Hermom. Limitou, outrora, com a herança de Jair, filho de Manassés, e com os domínios de Ogue (Dt 3.4; Js 12.5). A Bíblia afirma que esse território foi dado aos filhos de Israel, que não conseguiram desapossar o inimigo (Js 13.13), tendo de conviver com eles em seu meio. No tempo de Davi, uniram-se a Amom com o propósito de esmagar Israel, mas foram derrotados (2Sm 10.6-8; 1Cr 19.6,7).

Arã Naaraim

Literalmente significa "Arã dos dois rios", referindo-se, por certo, ao Tigre e ao Eufrates. Aponta, então, para a Mesopotâmia, especialmente a setentrional. Coincide com a atual Al-Gerizah, isto é, "A Ilha". Ocupava o planalto entre o Habur e o Eufrates, tanto na margem oriental, como na ocidental. A cidade de Petor estava nessa região (Dt 23.4).

Era a terra de Balaão, o falso profeta; de Terá, de Naor, de Abraão, Betuel e Labão (Gn 24.10); foi berço natal de Rebeca, irmã de Labão e que veio a ser esposa de Isaque (Gn 25.20); Jacó fugiu da ira ardente de seu irmão Esaú para esse território, onde permaneceu por mais de 20 anos (Gn 28.2,5,6,7; 31.18; 33.18; 35.9,26; 46.15).

Arã Naaraim ficava a meio caminho entre o golfo Pérsico e o Mediterrâneo.[2] Não era uma cidade, mas uma região. Nessa parte, o Eufrates alagava as terras. Formaram-se pântanos em alguns lugares. O material de aluvião vindo das altas montanhas do norte sedimentaram uma vasta região, formando como que uma ilha imensa: Arã Naaraim. Numa parte de Arã Naaraim estava Harã, a cidade de Labão. Os caravaneiros que iam do extremo sul da Mesopotâmia ao Mediterrâneo, e vice-versa, descansavam em Arã Naaraim. Era lugar aprazível, com água e sombra. A região foi invadida inúmeras vezes por hordas semitas, que deixaram marcas indeléveis na sua cultura e religião. Essa "terra elevada" ocupava um vasto território ao norte da Mesopotâmia; ficava ao sul dos montes Taurus e dos Masios, avançava para o rio Habur e incluía toda a área ocupada pela Síria de hoje. Ia do Eufrates ao Mediterrâneo. Harã era a principal cidade do Arã Naaraim. Era pouco irrigada, mas suas fontes e canais supriam de água e tornavam a região fértil (Gn 24.16).

O assiriologista e linguista britânico Archibald Henry Sayce[3] afirma que Arã Naaraim do Antigo Testamento é a Naarina dos textos egípcios, principal cidade dos midianitas, e que os "dois rios" referidos são o Eufrates e o Orontes; outros interpretam os "dois rios" como o Eufrates e o Habur, cujo curso está nos contrafortes dos montes Masios. Isso, porém, não passa de especulações sem fundamento. Os "dois rios" são realmente o Tigre e o Eufrates. Com base em Gênesis 31.21, sabemos que Harã, a cidade de Labão, ficava ao oriente do Eufrates, porque Jacó o atravessou rumo à montanha de Gileade, que fica no ocidente dessa região. James McKee Adams assevera taxativamente:

---

[2] De Ur, no extremo sul da Mesopotâmia, a Harã, havia mais ou menos 350 km; de Harã a Damasco, mais 350 km; de Damasco a Jerusalém, 250; de Harã a Nínive, 444; de Nínive a Damasco, 518 km.

[3] Citado por ADAMS, James McKee. *A Bíblia e as civilizações antigas*, p. 50.

Harã, a cidade de Terá, Naor, Betuel e Labão, ficava em Arã Naharaim, território localizado ao oriente do Eufrates. Para essa área até o Tigre, o autor de Juízes, referindo a Cusã-Risataim (3.8-10), chama de Mesopotâmia. O termo Padã-Arã é também usado com referência a esse distrito de entre os rios Eufrates e Tigre [veja Gn 25.20; 2,5,6,7; 31.18; 33.18; 35.9,26; 46.15]. Concluímos deste breve exame de citações escriturísticas que, as alusões mais antigas a Arã, Arã Naharim ou Padã-Arã, referem-se principalmente, senão exclusivamente, ao sul das montanhas Tauro-Masio, e que se estende em direção ao rio Habur, 320 km aproximadamente.[4]

Arã Zobá

Reino arameu, no sul da Síria. Fundado no segundo quartel do século XI a.C. Era o mais importante no tempo de Davi. Teve curta duração. Começava nos Antilíbanos, estendendo-se até a vertente ocidental dos Líbanos, abrangendo grande porção de terra no norte da Jordânia e alcançando o Eufrates. Os seguintes textos bíblicos provam sua existência, seu esplendor e sua decadência: 1Sm 8.3,8-10; 10.16,19; 14.47; 1Cr 18.3; 19.6-19.

Mitânios

Localização

Pertencem à Mesopotâmia Setentrional. Nasceram e se tornaram grandes e famosos entre os séculos XVI a XIV a.C. Suas fronteiras foram se alargando e iam do Tigre, incluindo Assíria, até o Orontes, e outras vezes chegaram mesmo ao Mediterrâneo. Sua capital foi Wassukkani, no Alto Habur.

Nomes

Aparecem como mitanos, hirritas, naarinos e hanigalbatanos.

Origem

Os primitivos habitantes da região eram os horeus, semitas, agricultores e artesãos, pacíficos e bondosos. De repente, uma horda, procedente do planalto indo-iraniano, invadiu o território dos horeus.

[4] ADAMS, James McKee. A Bíblia e as civilizações antigas, p. 51.

Essa horda era constituída de nobres, porém belicosos e sanguinários. Dominou os nativos. Organizou o seu *feudo*. Tornaram-se senhores da situação. Mantiveram relações diplomáticas com os habitantes e os egípcios. Monarcas mitânios deram suas filhas em casamento aos monarcas egípcios Totmes IV, Amenofis III e Amenofis IV. Por causa disso, os hititas se tornaram seus figadais inimigos. Tiveram guerras quase sem tréguas em 1365 a.C. Os hititas subjugaram Matiwaza, último rei independente dos mitânios. Seus principais reis foram: Suttarna I (1500), Burattarma, Saussatar (1460), Arttama (1440-1425), Sutarna II (1405), Arttatan II, Artasumara, Dusratta (1485), Suttarna III. Depois deste, governou um rei desconhecido e, por último, Matiwaza (1365). Os horeus aparecem no Antigo Testamento (Gn 14.6; 36.20,21,29,30; Dt 2.12,22).

Civilização

Os mitânios deixaram marcas de sua adiantada civilização. Seus documentos escritos são minguados. Pouco se tem desenterrado.

Religião

Politeístas. Idólatras. Adoravam Tesub, o deus da tempestade, e sua parceira Hepa. No mais, seguiam os passos dos assírios em matéria religiosa.

Hititas (hiteus ou heteus)

Povo famoso da antiguidade. Seu império foi sepultado e dormiu por alguns milênios no mais completo esquecimento. Graças aos esforços da arqueologia, o povo hitita "ressuscitou", e as pedras e os monumentos contaram a impressionante história desse povo estranho e com um passado tão glorioso.

Nome

No hebraico é *hittim-bene-het*; no grego, *hettaioi*; no latim, *hethaei*.

Quem eram

Um grupo étnico. Habitaram a terra de Canaã, desde os tempos de Abraão (Gn 15.20; 23.3). No tempo da conquista, foram subjugados por Josué (Dt 7.1; Jz 3.5). Descendentes de Hete, filho de

Canaã (Gn 10.15). O grupo de Canaã já foi estudado no capítulo 2, "As nações cananeias".

Os limites da Terra Prometida de Israel eram: "Desde o deserto e o Líbano até ao grande rio, o rio Eufrates, *toda a terra dos heteus*[5] e até ao mar Grande para o poente do sol será o vosso limite" (Js 1.4). Esse não é o mesmo grupo mencionado em Gênesis 23.3, cuja origem vem de Canaã (Gn 10.15). O primeiro grupo habitou em Canaã, na região de Hebrom; foi onde Abraão os encontrou e de quem comprou a cova de Macpela (Gn 23.17-20).

C. W. Ceram queixa-se do atraso a respeito do povo hitita em enciclopédias alemãs e francesas, até pelo ano 1871.[6] Ele então conclui:

> Hoje sabemos que o povo hitita no segundo milênio a.C. era uma considerável potência política cujos domínios ocupavam toda a Ásia Menor, estendendo-se até a Síria, chegou a conquistar Babilônia e enfrentou o Egito em muitas batalhas vitoriosas.[7]

Território

O núcleo central do Império Hitita, com sua capital em Hattus, hoje conhecida como Boghazkoy, ocupou o território da Ásia Menor,[8] com uma área de 450.000 km².

Os rios mais famosos dos hititas são: Halys, Sangaria e Menandro. 26 lagos, alguns semelhantes aos suíços, e num altiplano de 400 x 250 km, com aproximadamente 1.100 m sobre o nível do Mediterrâneo. Na costa meridional está o famoso Taurus e a Cordilheira Pôntica, ao longo do mar Negro. Ceram diz que "Kayseri é frio como Amsterdã e quente como Tolosa. E nas florestas dos Taurus ainda se encontram ursos solitários, lobos, serpentes semelhantes às da África, hienas e chacais".[9]

---

[5] Na primeira parte do livro usei "heteus"; a partir de agora, passarei a usar "hititas".
[6] *Il Libro delle Rupi*. 2.ª ed. Torino, Itália: Giulio Einaudi, 1955, p. 26.
[7] *Il Libro delle Rupi*, p. 27.
[8] Mais ou menos do tamanho da Espanha ou da Alemanha. Chama-se "Ásia Menor" porque é a Ásia continental em miniatura com os mesmos contornos, os mesmos acidentes em ponto menor. Os romanos chamaram-na "Anatólia", isto é, "A Terra do Sol Nascente", ou "País do Oriente".
[9] *l Libro delle Rupi*, p. 28.

As fronteiras dos hititas oscilaram de acordo com suas vitórias ou derrotas ao longo curso de sua história quase milenar. No esplendor de sua glória, alcançaram o litoral do mar Egeu, pelo ocidente, e pelo sudeste tocaram a Mesopotâmia Setentrional. Pelo sul conquistaram a Síria. Seus exércitos conseguiram chegar a Babilônia e, através da Palestina, aproximaram-se da fronteira do Egito.

Origem

O novo dicionário da Bíblia afirma que "o Império Hitita foi fundado em cerca de 1800 a.C., por uma nação indo-europeia que havia estabelecido na Ásia Menor cidades-estados, desde cerca de dois séculos antes".[10] A *Enciclopedia de la Biblia* afirma: "Até fins do terceiro milênio, a região do Halys esteve ocupada por povoações de origem e de história ainda desconhecidas. Sabe-se apenas que não foram indo-europeias".[11] James Adams conclui com uma longa lista de razões sobre a origem dos hititas assim: "Os hititas vêm, sob essa classificação, de origens incertas. Ainda ninguém tem aventurado uma teoria da linhagem hitita, que tenha aprovação geral".[12]

Knight afirma: "Os hititas eram não-semitas".[13] Duncan assevera: "Não há dúvida de que os hicsos do Egito são o mesmo povo que os hititas, ou um povo intimamente relacionado com eles".[14] Hogarth conclui: "A opinião seguinte, porém, pode em parte esclarecer o assunto: É possível que alguns governadores e príncipes hititas fossem de origem semita, mas bem identificados com a promoção da cultura hitita, ou que houvesse povos de distinta cultura hitita, cujos nomes e linguagem fossem semitas".[15]

---

[10] BRUCE, F. F. "Hititas". Em: DOUGLAS, J. D. (Ed.). *O novo dicionário da Bíblia*, p. 591.

[11] *Enciclopedia de la Biblia*, vol. 3, p. 1.293.

[12] ADAMS, James McKee. *A Bíblia e as civilizações antigas*, p. 59. Ele alinha uma vasta bibliografia sobre os hititas, sendo as obras principais: SAYCE, A. H. *Empires of the East*; HALL, H. R. *Anciente, History of the Near East*; COWLEY, A. E. *The Hittites*; BARTON, G. *Archeology of the Bible*; KING, L. W. *Legends of Babylon and Egypt*, p. 465. Outro especialista cita aproximadamente 400 obras sobre os hititas: CERAM, C. W. *Deuses, túmulos e sábios*, p. 281-305.

[13] Citado por ADAMS, James McKee. *A Bíblia e as civilizações antigas*, p. 60.

[14] Citado por ADAMS, James McKee. *A Bíblia e as civilizações antigas*, p. 60.

[15] *Kings of the Hittitas*, p. 3, 44.

A *Enciclopedia de la Biblia* declara que os primitivos hititas da Anatólia procediam do país Hatti, de onde vem o nome *Hiteia*; esses são os autênticos hititas, hoje conhecidos como proto-hititas.[16] Invasores indo-europeus entraram na Anatólia, dominaram tudo e implantaram sua cultura, e também assimilaram algo dos aborígenes.

Reis

Pouco ou nada sabemos dos primitivos reis dos hititas. Hattusil I (1650-1620) marcou a expansão imperialista. Suas fronteiras se alargaram e seus exércitos cresceram. Subjugou a Síria e alcançou Alepo. Mur Silis (1620-1590) venceu Babilônia e dominou a política no Oriente Médio. Egito e Mitani uniram-se e investiram contra os hititas, enfraquecendo sobremaneira esse grande império.

O novo império desponta com Suppiluliuma (1380-1340). Esse monarca fez aliança com o Egito. Um dos filhos de Suppiluliuma era pretendente à mão de uma princesa egípcia. Quando se dirigia ao Egito para realizar o casamento, desapareceu misteriosamente. As duas potências se hostilizaram. Muwatalli, filho de Suppiluliuma, dirigiu a batalha de Cades contra o Egito. Ramsés II voltou derrotado dessa batalha, mas ordenou que celebrassem a vitória contra os hititas em lápides nos templos de Luxor e de Ábidos. Hattusil III (1275-1250) teve sérios confrontos com Ramsés II. Os registros desses episódios estão gravados no Rameseum Karnak; a versão hitita foi descoberta em Boghazkoy. Ramsés II acabou se casando com uma notável princesa hitita. Depois de Hattusil III, reina Tuthaliya IV (1250-1220). Nesse tempo, a Assíria, com Tukulti-Nanurta, arrasou o reino Mitani e atacou sucessivamente os hititas.[17] O rei Telepino (1480) foi o grande legislador hitita. Existem algumas afinidades e semelhanças entre esse "código" e o de Hamurabi, bem como o de Moisés.

Língua

No Império Hitita, nada menos de oito línguas diversas já foram identificadas. Entre elas estão: o acádio, o hurrita, o levita e, princi-

---

[16] *Enciclopedia de la Biblia*, vol. 3, p. 1293.
[17] Veja na *Enciclopedia de la Biblia*, vol. 3, p. 1.295, a lista completa de "reis hititas".

palmente, o hitita de origem indo-europeia. A maior parte de seus monumentos históricos e literários foi escrita em cuneiforme. Alguns, porém, foram gravados em hieroglifo. Uma inscrição bilíngue em hieroglifo hitita e fenício foi descoberta em Caratepe, na Cilícia, e ajudou decisivamente a decifrar a língua dos hititas.

Religião

Os primitivos hititas adoraram Aruína, deusa do mar e da vida cotidiana. Os indo-europeus introduziram Wurusemu, deus do sol; Telepino, deus da vegetação; Appaliuna, o Apolo hitita; Kubaba, deusa dos montes. Aceitaram nos seus templos e santuários deuses dos mitânios, dos sumerianos e dos acadianos. Sacrificavam animais; dedicavam-se à astrologia, à magia e às adivinhações, além de terem um complicado ritualismo fúnebre.

Fragmentação do Império

Com a queda do Império Hitita, 24 cidades-estados surgiram em lugar do poderoso reino.

Na Síria, sete cidades que se desgarraram do Império Hitita continuaram com nome "hitita" por alguns séculos. Seus governadores eram chamados de "reis hititas". Hamate, nas margens do Orontes, e Carquemis, às margens do Eufrates, também vieram dos hititas.

Na região, entre o vale da Mesopotâmia, avançando para o leste e abrindo o leque para o país dos hititas, aparecem na Bíblia cidades ou pequenos reinos, cujos nomes nos causam certa confusão. Citando e descrevendo algumas, creio que nos ajudará a melhor interpretar a Palavra de Deus.

Hamate

No hebraico, temos *Hamath*, que significa "fortaleza" ou "cidadela". Plantada às margens do rio Orontes, numa das principais rotas comerciais que levavam ao sul da Ásia Menor. Identificada hoje com a Hamath da Síria, a 52 km de Homs, ao norte do monte Hermom. A origem dos hamateus, segundo Gênesis 10.18, vem dos camitas. O rei Toí, de Hamate, era amigo de Davi, e enviou-lhe presentes (2Sm 8.5-10). No reinado de Salomão, Hamate ficou sujeita a Israel, libertando-se após a morte do famoso filho de Davi (2Rs 14.28).

Em 720 a.C., Tiglatepileser III impôs tributo a Hamate. No mesmo ano, Sargão derrota-a na batalha de Qarqor. Mais tarde é anexada à Síria e depois dominada pelo helenismo, passando a ser conhecida com o nome de Epifaneia. Foi exatamente em Hamate onde Jônatas Macabeu conteve as forças de Demétrio.

Iva ou Awwá

Do hebraico *awwah*; do grego, *aliá*, *abá*; do latim, *ava*. Alguns autores situam-no em território samaritano; outros, em Gaza; ainda outros, por último, em Aava (Ed 8.15). Ficava a sudoeste de Homs, nas margens do Orontes. Hoje identificada com Tell Kafr Aya. Sargão tirou o povo de Iva e o levou para colonizar Samaria. Seus deuses principais eram Nibhaz e Tartaq. Foi um ponto estratégico nas ambições expansionistas dos assírios.

Arpade

Do grego *arfadi*; do latim, *arphad*. Mais que uma cidade, era uma federação política dos arameus. Situada ao norte da Síria, durou séculos. Conhecida também como Bit-Agusi. Nas proximidades de Alepo, em 1931, foi descoberta uma inscrição de Sugin, alusiva à organização interna de Arpade. Hoje identificada com Tell Rifiat, a 25 km ao norte de Alepo, a leste da estrada de ferro que conduz à Ádana. Foi tomada em 740 a.C. pelo assírio Tiglatepileser III, que transportou seus habitantes para paragens distantes. Aparece na Bíblia em 2Reis 18.34; 19.13; Isaías 10.9; 36.19; 37.13; Jeremias 49.23.

Sefarvaim

Importante cidade capturada pelos assírios conforme lemos em 2Reis 17.24,31; 18.34; 19.13; Isaías 36.19; 37.13. Pela leitura desses textos bíblicos, percebemos que ficava na Síria. Isto é confirmado pelo nome de seus deuses Adrameleque e Anameleque. Alguns autores vêm-na em Ezequiel 47.16 citada como "Sibraim (que está entre o termo de Damasco e o de Hamate)". Se isto se refere à Sefarvaim, segue-se que estava localizada nas proximidades de Damasco. De modo nenhum pode ser identificada com Shab-Marain das crônicas babilônicas, visto que esta pertence à Samaria. A tentativa de identificar Sefarvaim com Sippar, na Babilônia, não recebe

Outras regiões próximas à Mesopotâmia

nenhum apoio de fontes cuneiformes, visto que Sippar não tinha rei independente (2Rs 19.13).

Carquemis

Cidade grande e estratégica dos áureos tempos dos hititas. Hoje é conhecida como *Jerablus*. Protegia os vales do Eufrates. Dista 101 km de Alepo. Nas inscrições do século XVIII a.C. aparece como importante centro comercial independente, perfilando com Mar e Alalah. Tutmés III do Egito tentou capturá-la. Foi fortaleza dos hititas por algumas décadas. Em 1110 a.C., Ini-Tesup proclamou-lhe a independência. Em 717, Sargão II derrotou seu rei Pirris e o substituiu por um governo assírio. Em 609 a.C., o faraó Neco II do Egito, através de Megido, tenta tomar Carquemis, mas é contido e derrotado por Nabucodonosor II da Babilônia. Os egípcios foram derrotados e perseguidos até Hamate (Jr 46.2). Escavações efetuadas em 1912 e 1914 constataram ocupações hititas de Carquemis e, posteriormente, babilônicas.

Cades

Com esse nome, a Bíblia registra pelo menos cinco localidades:

1. Cades Barneia (Nm 20.1; 32.8).
2. Cades da Galileia (Js 12.22; 21.32; 1Cr 6.61; 2Rs 15.29).
3. Cades de Naftali (Jz 4.6,11).
4. Cades dos Levitas (1Cr 6.57; Js 6.57; Js 21.28; 19.20).
5. Cades do Orontes. situava-se na parte superior do rio Orontes, ao sul do lago de Homs e a noroeste de Ribla. É mencionada nos textos egípcios e identificada hoje com Tell Nebi Mend. Foi campo de renhidas batalhas entre hititas e egípcios, que disputavam a hegemonia do Oriente Médio. Seti I do Egito derrotou os hititas. Ramsés II, filho e sucessor de Seti I, lutou desesperadamente com os hititas e seus aliados, mas foi derrotado. A cidade estratégica continuou em mãos dos hititas.

Ribla

Do aramaico *Rabala* ("multiplicar"). É mencionada em Números 34.11. Fica entre Sefã e Aim, nas proximidades do mar da Galileia.

343

A outra Ribla ficava no país de Hamate, onde o faraó Neco II acampou durante o tempo de sua expedição contra os caldeus. Fica 56 km a nordeste de Baalbeque, ao sul de Hama. Ponto estratégico na rota Egito-Eufrates. Com imensas florestas e fartura de alimentos, Neco escolheu esse lugar para enfrentar os babilônicos. Nabucodonosor II derrotou os egípcios em Carquemis, e Hamate e estabeleceu seu quartel general em Ribla. Foi ali que matou os filhos de Zedequias e vazou os olhos do rei judeu (Jr 52.10,11).

James Adams declara:

> As evidências sobre os hititas foram encontradas nas escavações arqueológicas em Megido, Bete-Seã, Tiberíades e Jerusalém. Marcas espalhadas aqui e ali nas cidades palestinas atestam o fato de que o hitita não era estrangeiro nessa terra de sua conquista e adoção. Todavia, a coisa mais importante acerca de todas essas descobertas modernas é que elas fortalecem o testemunho das narrativas do Antigo Testamento. Contudo, até anos recentes faltava uma disposição séria da parte do cristianismo liberal, para não lidar com essas referências, como se elas fossem contos legendários. Era rudemente asseverado que um povo tal como o hitita, nunca existiu. O fato de que nenhum historiador antigo tratava dos negócios hititas, que os anais de tal povo não existiu, exceto as notícias acidentais do Antigo Testamento, era prova suficiente para que os relatos bíblicos não merecessem confiança. A Bíblia, porém, continuou a falar com autoridade a respeito dos antigos hititas e seus contemporâneos.[18]

A Bíblia tinha razão, senão comprove com a colossal obra *O segredo dos hititas*, de C. W. Ceram.[19]

Assíria

A Mesopotâmia foi habitada ao sul pelos sumérios e ao norte pelos acádios. Séculos mais tarde, o norte foi ocupado pelos assírios e o sul pelos caldeus ou babilônios.

Não vamos aqui tratar de assírios e babilônicos; se fizéssemos isso, teríamos um livro de história muito volumoso. Nosso propósito

---

[18] ADAMS, James McKee. *A Bíblia e as civilizações antigas*, p. 62-63.
[19] CERAM, C. W. *O segredo dos hititas*. 3.ª ed. Belo Horizonte: Itatiaia, 1959.

Cavalaria assíria

é conhecer a geografia da Mesopotâmia, suas sucessivas ocupações, assim como as condições gerais desse povo para interpretarmos mais corretamente a Palavra de Deus.

A região da Mesopotâmia já foi alvo de nossas considerações no capítulo anterior. Acompanhamos o progresso e a civilização dos sumerianos e a sua decisiva contribuição ao mundo em geral. Vimos com as provas da ciência arqueológica, particularmente a sumeriologia, que o berço natal da humanidade não foi o vale do Nilo, mas o da Mesopotâmia. O patriarca Abraão, o homem a quem Deus chamou para nele começar um povo, uma nação, uma revelação particular, e para dar ao mundo, em todas as épocas, o conhecimento de um só Deus, nasceu em Ur dos Caldeus; ele era filho dessa refinada civilização.

Depois que Abraão deixou Ur dos Caldeus, habitou em Hará; por fim, a mão do Todo-poderoso o conduziu à Canaã. Os descendentes de Abraão, bem como assírios e caldeus, continuaram a manter, através dos séculos, relações de amizade, intercâmbio político e, às vezes, até militar. É verdade que Israel se confrontou com assírios e caldeus; e é verdade também que Deus usou a Assíria como vara para açoitar Israel, o Reino do Norte, que entrou na noite escura da idolatria e do pecado. Depois, Deus usou a espada babilônica para disciplinar a idólatra e rebelde Judá.

Faremos considerações rápidas sobre Assíria e depois Caldeia, o suficiente para entender a Bíblia no que diz respeito a Israel e Judá.

Nome

O hebraico grafa *Assur éres Assur*; o grego, *Assour* ou *Asour*; o latim, *Assyria, Assur.* "Assur" é o nome da cidade. Nos tempos áureos desse povo, Assur designa o reino todo. A *Enciclopedia de la Biblia*[20] diz não existir um nome para o "país da Assíria", a não ser o de Subartu. Na tradição babilônica, Subartu designa a região entre o Tigre e os montes Zagros, incluindo geograficamente a Assíria. Devemos distinguir entre Assur (cidade) e Assíria (país). No Antigo Testamento, "Assur" se refere à cidade e também ao país, e, algumas vezes, até ao império. Isso até mesmo nos profetas.

Geografia

Ao princípio, Assur não passava de uma nesga de terra, perdida entre povos circundantes, no norte da Mesopotâmia, mais para o oriente, isto é, próximo ao rio Tigre. Territorialmente, a Assíria não teve fronteiras definidas. Seus limites flutuavam ao sabor de suas vitórias e derrotas. Nos dias de esplendor, a Assíria ocupou uma área que ia do norte da atual Bagdá até as imediações dos lagos Van e Urmia; na linha leste-oeste, ia dos montes Zagros até o vale do rio Habur. Por sua posição geográfica e pela fertilidade do seu solo, a Assíria estava sujeita à invasão frequente de nômades e montanheses do norte e do nordeste.

A cidade de Assur floresceu à margem direita do grande rio Tigre, que no hebraico é *Hiddeqel* (Gn 2.14); no sumeriano é Idigna; no persa antigo, Tigra; e no grego, Tigres. Foi fundada no alvorecer do terceiro milênio antes de Cristo; sua capital foi transferida para Nínive, à esquerda do Tigre, defronte da atual Mosul. Depois foi para Kalhu (a "Calá" de Gênesis 10.11) e hoje é Ninrode, 40 km mais ao sul, passando a Corsabá (Dur-Sharrukin) a mais ou menos 24 km de Mosul. Retornou, por fim, a Nínive, que foi coberta de glória pelas vitórias retumbante de seus reis e generais.

História

A história da Assíria segue uma trajetória que começa em 5000 a.C. e vai até 614 a.C.

[20] *Enciclopedia de la Biblia*, vol. 1, p. 850.

Em Assur, Nínive e Calá, desenterram-se cerâmicas dos períodos de Hassuna, Samarra, Helafe e Ubaid (5000 a 3000 a.C.). De acordo com Gênesis 10.10-12, Assur deu origem à Nínive, Calá e Reobot-ir, fundadas por imigrantes babilônicos. A origem dos assírios é ainda assunto debatido, mas está fora de toda a dúvida de que os sumérios estiveram presentes em Assur desde 2900 a.C. e influenciaram a língua e a cultura dos assírios.

A Assíria, que ficava ao norte da Mesopotâmia, é conhecida também como Acade. Sargão (2350 a.C.) foi um dos primeiros reis de Acade; ele estabeleceu a nova capital em Nínive. Uma inscrição alusiva ao fato foi encontrada em Amar-Suem, em Ur, datada de 2040. Após a queda de Ur pelos amorreus, Acade conquistou sua independência. O primeiro rei desse período foi Sansi-Adad I (1813-1781). Os filhos desse monarca reinaram em Mari até ser capturada por Hamurabi da Babilônia. Com a influência ascendente de mitânios e hurrianos no Eufrates superior, o progresso assírio declina. Com a entronização de Assur-Uallit I (1365-1330), a Assíria começou a ascender novamente e recuperou sua grandeza. Assur-Uallit trocou correspondência com Amenofis IV do Egito. Burna-Burias, da Babilônia, interferiu entre os dois reinos e causou sérios prejuízos tanto à Assíria como ao Egito.

As rotas comerciais com o norte foram reabertas, graças ao declínio dos mitânios. Também foram recuperados territórios do norte até Carquemis, durante o reinado de Arik-den-ili e de Adad-Nirari I. Salmanasar I (1274-1245) fez constantes incursões dos hurrianos. Calá foi reconstruída nesse tempo. O filho de Salmanasar I, Tukulti-Ninurta I (1244-1208), além da Assíria, por sete anos, reinou também em Babilônia. Assassinado por seu próprio filho Assurnadinapli. Babilônia sacudiu o jugo assírio sob o reinado de Tiglatepileser I. Estendeu os domínios assírios até o lago Van e recebeu tributos de Biblos, Sidom, Arvade. Guerreou com tribos arameias.

Novo Império Assírio (932-612 a.C.)

O novo Império Assírio surge com o famoso e temido guerreiro Assur-Dan II (932-910). Ele fez grandes conquistas e preparou as bases para o poderoso império que começou a surgir. Na sequência vieram:

1. Adad-Nirani II (909-889). Combateu os povos montanheses do norte e a noroeste, e os amorreus do ocidente.
2. Tukulti-Ninurta II (888-884). Continuou o trabalho de seu antecessor, guerreando povos ao derredor da Assíria.
3. Assurbanipal II (883-859). Foi famoso guerreiro, grande administrador e diplomata. Assíria voltou ao seu esplendor de outrora. Povos vizinhos pagaram-lhe tributos. Assíria enriqueceu. Não teve coragem de atacar Babilônia, nem Urartu nem Arã. Transferiu a capital para Calá. O glorioso feito foi comemorado com um banquete que durou meses e contou com 69.574 convidados.
4. Salmanasar III (858-824). Combateu os arameus e os povos de Urartu. Combateu os sírios e, sem dificuldade, chegou até Irhuluni em Hamate. Ben-Hadade da Síria e outros reis, incluindo Acabe de Israel, se uniram e travaram a batalha de Qarqar contra a Assíria. Nessa guerra, Salmanasar levou a pior e foi obrigado a voltar à sua terra. Refez-se da derrota, fortaleceu-se e, em 841, ameaçou Cilícia e Síria, bem como Israel no tempo de Jeú, sujeitando a tributos a esses três reinos.
5. Adad-Nirari III (809-872). A Síria entra em decadência e Adad-Nirari III aproveita para alargar os territórios na parte setentrional da Assíria. Alguns desses territórios ofereceu-os a Urartu, que, por sua vez, os passa a Jeroboão II de Israel.

Império universal da Assíria

Assíria se fortalece com dinheiro e homens de guerra. Consolida o reino internamente, toma posição com os vizinhos e agora está pronta para se tornar a superpotência mundial. Eis os reis que lançaram as bases desse grandioso império e o consolidaram:

1. Tiglatepileser III (745-727). Reorganizou o país; preparou grandes exércitos, com armas moderas; lutou contra os arameus da esquerda do Tigre e os derrotou; venceu também o reino de Arartu e o dos Medos. Enfrentou a Síria em sucessivas batalhas. Em 743 subjugou Rezim, rei da Síria (2Rs 15.37), e Menaém (2Rs 15.14-23), rei de Israel. Protegeu Acaz contra a aliança sírio-israelense. Chegou a destruir Damasco (2Rs 16.7-9).

OUTRAS REGIÕES PRÓXIMAS À MESOPOTÂMIA

2. Salmanasar V (726-702). Filho de Tiglatepileser III. Invadiu Síria e Palestina. Assediou Samaria durante alguns anos até sua rendição total em 722. Sargão II rebela-se contra Salmanasar V e passa a reinar. Salmanasar toma Samaria (2Rs 17.5; 18.9) e transporta para o exílio 27 mil israelitas. Sargão destrói Urartu. Luta encarniçadamente contra Babilônia e proclama-se rei de "Babel" com o nome de Assur-Marduk-Nabu. Considera-se "rei da totalidade". Estendeu seus domínios do golfo Pérsico até Uartu, Capadócia, Cilícia, Chipre, Elã, o Mediterrâneo Médio, sul da Palestina e alguns países árabes. Funda uma nova capital e lhe chama Dur-Sharrukim (Corsabá), inaugurada em 707.

3. Senaqueribe (704-681). Sua maior preocupação foi manter as conquistas de Sargão II. Síria e Palestina, no ocidente, e Babilônia, no sul, instigadas por Egito e Elã, rebelam-se contra Assíria. Senaqueribe domina Babilônia com uma ação político-diplomática. Os países do Mediterrâneo separam-se da Assíria e unem-se ao Egito. Em 701 Senaqueribe enfrenta uma coligação fenício-filística, em que figura o rei Ezequias de Judá. Senaqueribe consolida seus domínios ao longo do litoral palestino, contudo não consegue tomar Jerusalém. Toma a fortaleza de Ekrin. Depois disso, concentra suas forças para invadir o Egito. Enfrenta Tirhaka do Egito numa sangrenta batalha em Mênfis. Vence Tirhaka, deixando grande despojo para os assírios. Sitia Jerusalém, ao voltar vitorioso do Egito (2Rs 18.7,13-37). Blasfemou contra o Senhor Todo-poderoso, zombou de Ezequias e de seus exércitos. Humilhou os judeus. Deus operou em favor do seu povo e 185 mil soldados de Senaqueribe amanheceram mortos nos arraiais assírios. Envergonhado e humilhado, fugiu para a sua casa. Quando adorava no templo do seu deus, dois filhos seus, Adrameleque e Sarezer, o mataram (2Rs 19.35-37) e depois fugiram para a terra de Ararate. Em seu lugar, reinou Esar-Hadom.

4. Esar-Hadom (2Rs 19.37). Teve um curto e acidentado reinado. Nada fez ou quase nada.

5. Assurbanipal (668-627). Tirhaka do Egito fugiu para Tebas (667); seu filho Tanutamón recupera o Delta. Assurbanipal volta ao Egito, ataca, destrói e saqueia Tebas (663) (Na 3.8-10).

Com o apoio dos líbios, Psamético II expulsa os assírios do Egito. Assíria começa a temer Babilônia, Média e Pérsia.

Últimos dias da Assíria

Assur-Etil-Ilani consegue conter as ambições bélicas dos medos. Psamético luta, agora, ao lado da Assíria. Nessa época, Babilônia ressurge avassaladora e terrível com Nabopalassar. Os medos continuam hostis aos assírios. Em 614, Ciaxiares, rei da Média, toma Assur, auxiliado pelos caldeus. Nínive, Calá e outras importantes cidades assírias são arrasadas. O príncipe assírio Assur-Ubalit foge para Harã, último baluarte do Império Assírio. Em 609, pela ação conjugada de babilônicos, medos e citas, Nínive rende-se, apesar do esforço do faraó Neco, que lutou ao lado dos assírios (Na 1—3). Depois de destruída, Nínive dormiu no seio da terra, por mais de dois milênios. No século XVIII, franceses e ingleses a escavaram, e seus monumentos voltaram a falar e dar testemunho de seu passado glorioso. A Assíria, entretanto, desempenhou, nos planos de Deus, papel importante na preparação do mundo para receber o "Verbo que se fez carne".[21]

Babilônia

Caldeia versus Babilônia

Na versão *Almeida Atualizada*, o nome "Caldeia" aparece sete vezes: três em Jeremias (50.10; 51.24,35) e quatro em Ezequiel (11.24; 16.29; 23.15,16).[22] O termo "caldeus" aparece mais de 80 vezes no Antigo Testamento e uma só no Novo (At 7.4). Designa:

1. Uma tribo seminômade que habitava entre o norte da Arábia e o golfo Pérsico (Jó 1.7). Esse povo acabou se transferindo para Ur e se distinguiu dos arameus (Gn 11.28; At 7.4).

---

[21] Com esse objetivo, consulte TOGNINI, Enéas. *O período interbíblico*. Veja também PARROT, André. *Nínive et la Ancient Testament*. 10.ª ed. Neuchatel, Suíça: Delachaux & Niestlé, 1955.

[22] Na *Nova Versão Internacional*, aparece apenas em Ezequiel 23.15,16. Nos demais textos consta "Babilônia", embora as notas de rodapé expliquem acerca do nome "Babilônia": "ou *Caldeia*". A *Almeida Século 21* só traz "Caldeia" em Ezequiel 23.15.

2. Nos anais assírios, a partir do século X a.C. registra-se "Terra de Kaldu" para designar "terra do mar", isto é, tribos que moravam no extremo sul da Mesopotâmia, nas proximidades do golfo Pérsico.
3. Assurbanipal II (883-859) fez distinção entre assírios e babilônicos antigos. Outro rei, Adad-Nisari III, nomeia diversos caldeus para o seu serviço.
4. Caldeia foi uma região da Assíria, tanto assim que um chefe desse distrito caldeu de Bit-Yakin — Marduk-apla-idima II — se apossou do trono de Babilônia e buscou ajuda do ocidente contra a Assíria (Is 39). O profeta Isaías advertiu energicamente o que significaria para Judá auxiliar os rebeldes "caldeus" (Is 23.13).
5. "Caldeu" é empregado como sinônimo de "Babilônia" em Isaías 13.19; 47.1,5; 48.14,20.
6. Com o termo "caldeu", Ezequiel 23.23 designa todos os domínios babilônicos.
7. Nabopalassar (626 a.C.) inaugurou a dinastia, tornando famoso o termo "caldeu". Nabopalassar foi sucedido por Nabucodonosor, Amel-Marduque, Evil-Merodaque, Nabonido e Belsazar. Desse último se diz "Belsazar, rei dos caldeus" (Dn 5.30).
8. Em Daniel 3.9 "Babilônia" se refere à parte sul da Mesopotâmia ou "reino dos caldeus" de Daniel 9.1.
9. "Língua dos caldeus" (Dn 1.4) era provavelmente um "dialeto" babilônico-semita. Donald J. Wiseman, professor de assiriologia, afirma que é errado empregar o termo "caldaico" em lugar de "aramaico".[23]
10. O termo "caldeu" é aplicado em Daniel 3.8; 2.10; 4.7 e 5.7,11 aos "astrólogos", aos "sacerdotes" e a pessoas bem educadas (veja ainda: Dn 5.30; 9.1; Hc 1.6; At 7.4, entre outros).

Nas considerações a seguir, empregaremos a palavra "Babilônia" para designar a parte central e sul do vale da Mesopotâmia, o que equivale ao antigo país da Suméria.

---

[23] WISEMAN, D. J. "Caldeia, Caldeus". Em: DOUGLAS, J. D. (Ed.). O novo dicionário da Bíblia, p. 234.

País

Na época pré-semita a Caldeia era um *ke-em-ge-r* ("território") chamado *N-i-gir* (talvez Nippur).[24] Nos textos acadianos registra-se *súmero*, de onde vem *sumer*, *sumérios*. No Antigo Testamento, "Sinar" (Gn 10.10; 11.2, etc.). Na *Septuaginta*, "Senaar"; nos escaravelhos de Tutmosis III e Amenofis III, "Sngr", que transferido para o grego é "Siggara" e "Sanhara". Ao tempo de Ciro escrevia-se *Mat Sumeri U Akkadi*, isto é, "país da Suméria e Acade". Na época neo-babilônica escrevia-se *Mat Kaldi*, "país dos caldeus". Jeremias 24.5 registra *erez Kasdim*. No domínio persa se escrevia *Mat Basili*, que corresponde a *erez Babel* de Jeremias 50.28 e 51.29. A tudo isto, a *Enciclopedia de la Biblia*[25] adverte: "Todos os nomes dados ao país 'Babilônia' indicam um conceito político-histórico mais do que étnico e geográfico".

A cidade

"Babilônia" no sumeriano é *Kadingir*, que vem a ser "porta de Deus"; daí vem a palavra *Bab-ilu*, que, no plural, é *Ka-Dingir-Ra*, e passamos a ter então *Babilani*. De *Bab-ilu* passou para o perso antigo *Babifus* e para o hebraico *Babel* (Gn 11.9, sentido etiológico); no grego é *Babulôm*; no antigo babilônico aparece Din-tir (bosque da vida). Em Jeremias 25.26 e 51.41 a cidade de Babilônia é chamada "Sesaque", de acordo com a versão *Almeida Século 21*, com a seguinte nota de rodapé: "Sesaque é um código para se referir à Babilônia no hebraico".

Geografia

"Como conceito geográfico", segundo a *Enciclopedia de la Biblia*, "Babilônia corresponde ao território da Mesopotâmia que vai de Hit e Samaria (norte de Bagdá) até o golfo Pérsico, e que reúne as antigas regiões de Sumer e Acade, que no sumeriano se lê *Ke-em-geki-uri*".[26]

---

[24] WISEMAN, D. J. "Caldeia, Caldeus". Em: DOUGLAS, J. D. (Ed.). *O novo dicionário da Bíblia*, p. 234.

[25] *Enciclopedia de la Biblia*, vol. 1, p. 999.

[26] *Enciclopedia de la Biblia*, vol. 1, p. 999.

Pelo oriente alcança os contrafortes dos Zagros; pelo sudeste, confina com Elã; e pelo sudoeste e oeste, com o deserto siro-arábico. Babilônia, pois, foi plantada na fértil região, com chuvas abundantes, exatamente onde se desenvolveu a impressionante e incomparável civilização sumeriana. É nessa área privilegiada onde Babilônia tem o seu *background.* Região essencialmente agrícola. As escavações norte-americanas de 1956 e 1957 constataram a existência de uma vasta rede de canais entre Bagdá e Nippur, que constituiu a base da sua agricultura. Pouca ou quase nenhuma pedra havia na Babilônia; em compensação, a cerâmica era encontrada em profusão. As principais cidades da região que formavam a "Grande Babilônia" eram: Sippar, Kuta, Kis, Borsippa, Nippur, Uruk, Ur, Eridu. A cidade de Babilônia ficava sobre o Eufrates.

História

Origens

Gênesis 10.10 afirma que "Ninrode edificou Babel". Gênesis 11.1-9 registra a construção da grande e alta torre, cujo tope chegaria ao céu. Pela mistura das línguas, Deus confundiu o intento deles, que passaram então a não se entender mais. Daí vem a palavra hebraica cuja raiz é *balal* e que significa "confusão", "misturar". Sarkalisarri, rei acadiano, deixou um texto onde aparece *Babil* (século XXIII a.C.). Em crônicas posteriores, aparece *Babil* insurgindo-se contra Sargão de Acade. Durante o período da terceira dinastia de Ur (2060-1950), *Babil* é um reino de pouca ou nenhuma importância. Sua verdadeira história, entretanto, começa com a chamada "Primeira Dinastia" da Babilônia (2036-1731), constituída de semitas ocidentais ou amorreus, infiltrados na Mesopotâmia, desde o terceiro milênio.[27]

Primeira dinastia babilônica (2036-1731 a.C.)

A dinastia amorreia, a primeira da Babilônia, esplende com Hamurabi e seu filho Sumsu-iluna. O fundador dessa dinastia foi Sumu-Abum (2036 a 2017), contemporâneo de Ilusuma da Assíria.

---

[27] *Enciclopedia de la Biblia*, vol. 1, p. 1.000.

Com Hamurabi, Babilônia chega a ser um centro de progresso religioso, social e cultural. Paralelamente ao progresso de Babilônia, dois reinos se tornam superpotências: ao norte, Assíria, e ao ocidente, Mari. Hamurabi conquista Larsa, Assíria e Mari e Esnunna. Alarga seus domínios até o Eufrates médio e o Alto Tigre. Hamurabi foi reconhecido como o verdadeiro unificador de Sumer e Acade. Sob Sumsu-iluna, Babilônia começa a decair. Enquanto isso, os hurritas se vão fortalecendo. Mursilis I, de Hatti, numa rápida investida, a reduz a um reino de insignificantes proporções.

Dinastia cassita (1730-1350 a.C.)

Até hoje não foi possível identificar a origem dos cassitas. Pensa-se que eram hordas nômades que desceram das montanhas de Zagros. Um contingente ariano, forte e bem organizado, entrou, tomou dos cassitas seu território, expulsando-lhes. Os cassitas se dirigiram para o sul da Mesopotâmia. Nada de valor cultural deixaram nas terras que ocuparam por muitos e muitos anos. Obscuramente e sem nenhuma contribuição relevante, viveram esse lapso de tempo na Babilônia. Tudo nos dá a entender que começaram a entrar em Babilônia nos últimos anos do reinado de Sumsu-iluna.

Levanta-se Agum I, que se apodera de Babilônia e dá-lhe o nome de *Kar-du-nias*. O curso dos acontecimentos mundiais forma o triângulo do supremo poderio. Babilônia não se relaciona com Egito, Mitani e Hatti. Assíria e Elã começam a se fortalecer e ameaçam o equilíbrio ao sul da Mesopotâmia, que se esforça para se aproximar do Egito.

O mais importante rei cassita foi Kurigalzu, fundador de Dur Kurigalzu, hoje conhecida como Aqarquf. Tukulti-Ninurta I da Assíria consegue conter o poderio ameaçador dos hititas. Chega a Carquemis, prende o seu rei e o deporta para Assur, juntamente com a estátua do deus Marduque. O elamita Sutruk-Nahhunte I pôs seu filho Kutir-Nahhunte no trono de Babilônia e transfere para Susã a estrela de Naram-Sin e a do Código de Hamurabi. A dinastia cassita se apaga para sempre.

Tempos nebulosos (1350-1130 a.C.)

Levanta-se Nabucodonosor I, um rei da dinastia de Isin, e expulsa os elamitas e recupera a imagem de Marduque. Mas Tiglatepileser I

Outras regiões próximas à Mesopotâmia

Nabucodonosor

conquista Dur Kurigalzu, Sippar, Upi e Babilônia, e reduz à vassalagem o seu rei Mardukna-Dinahhe. Assíria afasta o perigo de tribos nômades de arameus e suteus; estes, porém, golpeiam Elã e tomam Babilônia e Assíria. Na última parte do segundo milênio, Babilônia reconquista seu prestígio, e Assíria é abatida. No século XII ambas vão entrar nas trevas do esquecimento. Assíria se levanta. Babilônia não passa de um satélite da Assíria. Os reis babilônicos são quase todos arameus e insignificantes. Senaqueribe destruiu Babilônia e Asarhaddon a reconstruiu.

Período neobabilônico (812-723 a.C.)

Uma dinastia genuinamente caldaica passa a reinar. Nabopalassar foi a primeira estrela a brilhar nesse novo céu babilônico. Começou por fazer aliança com os medos, objetivando conquistar Harã, onde Assíria tem seu último baluarte, sustentado pelo braço egípcio. O faraó Neco atravessa a Palestina e, de passagem, mata o rei Josias de Judá em Megido (2Rs 23.29) e prossegue para o norte. Instala-se em Carquemis. Mas Nabucodonosor II, o príncipe herdeiro de

Babilônia, enfrenta os egípcios e os obriga a fugir (Jr 46). Nabucodonosor II avança e toma Ascalom. Jerusalém se alarma e se proclama um jejum (Jr 36.9), mas Jeoaquim não crê, o que o leva a ser castigado (Jr 36.20,29; 2Rs 24.1 e Dn 1.1,2).

Babilônia fracassa em sua tentativa de tomar o Egito. Foi nessa ocasião que Jeoaquim, rei de Judá, se rebelou contra Babilônia, conforme 2Reis 24.1. Nabucodonosor então prendeu Jeoaquim, sua mãe e seus oficiais, e os transferiu para a Assíria, com rico despojo (2Rs 24.10-13,17), e nomeou Zedequias, rei de Judá, em lugar de Jeoaquim (2Rs 24.20).

Doze anos mais tarde, Nabucodonosor toma Jerusalém, mata os filhos de Zedequias, vaza-lhe os olhos, destrói Jerusalém, incendeia o templo e leva o povo judeu cativo para Babilônia com ricos despojos. Babilônia, com Nabopolassar e Nabucodonosor, se torna o maior, o mais rico, o mais poderoso reino do mundo antigo.

Babilônia era a cidade maravilhosa. Com Evil-Merodaque, Babilônia começa a declinar. Nabonido entrega o reino a seu filho Belsazar, de cujas mãos Babilônia é tomada e apagada para sempre. Belsazar se opôs ao culto de Marduque, o que desgostou grandissimamente a classe sacerdotal, forte e prestigiada. Os sacerdotes entraram em aliança com Ciro, rei da Pérsia (Dn 10.1), e prepararam o caminho, incluindo a abertura do inexpugnável Portão de Babilônia, para Ciro entrar com seus exércitos, matar Belsazar e libertar os judeus.

Últimos tempos de Babilônia

A partir de 539 a.C., os reis persas, ou aquimênidas, alargaram seus domínios e chegaram à Grécia. Sangrentas batalhas foram travadas entre persas e gregos: são as famosas guerras médicas. Babilônia continuou a se insurgir contra os persas. Xerxes chegou a incendiar Babilônia certa vez. Destruiu o templo de Marduque, fundiu sua imagem e matou seus sacerdotes.

O Império Babilônico desapareceu completamente entre 480-476 a.C. Alexandre Magno incendiou Persépolis, poupando, entretanto, Babilônia. Reconstruiu seus templos e seus zigurates. Sob os selêucidas (312 a.C.), a capital é transferida para Selêucia, próxima ao Tigre, ficando Babilônia apenas como capital religiosa e cultura. A partir de 93 a.C., os partas dominaram a cidade, e mais tarde os sassânidas. Os romanos tiveram pouco trato com ela. A partir de 637 d.C., os árabes se apossaram de Babilônia.

Há uma afinidade muito grande entre Babilônia e a Bíblia. É interessante notar-se que a nação e o povo hebreu nasceram com Abraão, na Mesopotâmia. Ainda com Abraão foram para a Palestina; com Jacó chegaram ao Egito; com Moisés saíram do Egito; com Josué entraram em Canaã; com Zedequias foram para o exílio na Babilônia, que está na Mesopotâmia. Foram para o cativeiro por causa de seus ídolos. Pois bem, na Babilônia, capital dos ídolos, os judeus, nos 70 anos de desterro, foram curados de seus ídolos para sempre. Por isso foram preservados: para o advento de Jesus, o que já ocorreu. Agora, a mão de Deus ainda os guarda, apesar da dureza do coração deles quanto a Jesus, até que o Filho do homem venha outra vez.

Pérsia

Nome

Em hebraico *Paras*; persa antigo, *Parsa*; persa moderno, *Pars*; sudar antigo. *Prs*. Sobre esse nome, a *Enciclopédia Mirador Internacional* informa:

> Em Isidoro de Sevilha (560-636 d.C.) registra-se pela primeira vez a forma latina *Persia*, que no latim clássico, em Cícero (106-43 a.C.) e Virgílio (70-12 a.C.), por exemplo, documenta-se com a grafia *Persis*, idis, empréstimo ao grego *Persis*, idos, Persia, vocábulo que ocorre na expressão *Persis* (*gê*), isto é, *terra, país persa*.[28]

Geografia

Pelos documentos desenterrados, conhecemos duas Pérsias:

1. *Grande Pérsia*. situada a Sudeste de Elã, correspondia quase à Pérsia atual, chamada Fars ou Farsistã, corruptela de *Parsa*.
2. *Pequena Pérsia*. Limitada ao norte pela Magna Média; a sudeste pelo golfo Pérsico; a leste pela Carmânia, hoje Kerman; e a

---

[28] *Enciclopédia Mirador Internacional*. São Paulo/Rio e Janeiro: Enciclopedia Britannica do Brasil, 1977, vol. 16, p. 8.797.

noroeste, pela Susiana. Seu comprimento era mais ou menos de 400 km e sua largura de 320 km. Sua superfície total ia a 120.000 km². Em sentido amplo, a Pérsia compreendia o Planalto do Irã, toda a região que confinava com o golfo Pérsico, os vales do Tigre e do Ciro,[29] o mar Cáspio, o rio Oxus, o Jaxartes e o Indo. Ao tempo de Assuero (Et 1.1; 10.1), o Império Persa estendia-se da Índia à Grécia, e do Danúbio ao mar Negro, e do monte Cáucaso ao mar Cáspio, ao norte, e atingia o deserto da Arábia e da Núbia.

Origem

Quando o Senhor Deus constituiu as nações (Gn 10), a Pérsia não aparece na lista. Prova que ela é posterior. Pensa-se que surgiu com povos vindos do planalto do Irã, situado entre o mar Cáspio e o golfo Pérsico. Grupos étnicos, procedentes desse planalto, invadiram o território persa, formando comunidades das quais a mais antiga é o de Sialk (sexto milênio a.C.). No segundo e terceiro milênios a.C. os guti e os lulubi, os cassitas e os elamitas se instalaram também na mesma região. Os elamitas formaram o grupo mais importante e fundaram Susã. No segundo milênio antes de Cristo chegaram tribos das planícies meridionais da Rússia.

Os cassitas, apoiados por forças persas, conquistaram Babilônia e a dominaram do século XVIII ao XII a.C. É provável que tenham também ocupado Elã entre os séculos XVI ao XIV a.C. A partir do século XIII a.C., os elamitas se rebelaram contra os cassitas e sacudiram seu jugo. Libertaram-se completamente dos cassitas e conquistaram Babilônia e chegaram a Persépolis. Nabucodonosor I (1129-1106 a.C.) infringiu-lhes pesadas derrotas. Em 639 a.C., Assurbanipal da Assíria apaga para sempre o poder elamita.

Nova invasão do planalto ocorreu no princípio do primeiro milênio; dessa vez por tribos indo-iranianas da Trasoxiana e do Cáucaso, incluindo medos e persas. Citas e assírios dominaram a região por muito tempo. Ciaxiares, da Média, unifica as forças da sua região, ataca como relâmpago e toma Nínive em 612 a.C. Dois anos mais

---

[29] Veja Davis, John D. *Novo dicionário da Bíblia,* p. 981-983, verbete "Pérsia".

tarde, ou seja, 610 a.C., Ciaxiares reduz os assírios à escravidão. Prossegue em suas investidas e toma o Irã, Ásia Menor, Anatólia e Lídia. Por sua morte, seu filho Astíages sucede-lhe no trono, cujo governo estendeu-se até 550 a.C., quando o trono foi tomado por Ciro II da Pérsia. Medos e persas eram, entretanto, um só povo, falando a mesma língua. O que houve, na realidade, com a mudança do ocupante do trono, foi uma revolução na dinastia reinante.

Império Aquimênida

Em Ecbatana, atual Hamadã, os medos consolidaram seus domínios no norte do Planalto Iraniano. Os persas se estabeleceram no sul em Persa (Pársis, hoje Fars) e em Anshan, onde Teispes (Chrishpsh) reinou de 675-640 a.C. Tudo dá a entender que foi esse monarca o verdadeiro fundador do novo reino. Era filho de Aquêmenes (Hakhama-nish), século VII a.C. Deu nome à dinastia. Seu primeiro sucessor foi Ciro I (Kurush) e Cambises se casou com Mandana, princesa meda, filha de Astíages, e foi pai de Ciro II, o grande (559-530 a.C.).

Elã se enfraqueceu pelos constantes ataques de Assurbanipal. Os persas se valeram da decadência elamita para estender seus limites ao ocidente. Ciro II toma Susã, antiga capital do Ela, e a transforma em sua capital.

Astíages é deposto. Creso, rei da Lídia, avança com grandes tropas e transpõe o rio Halis, fronteiro aos medos, e invade a Capadócia. Ciro II ataca Creso. Trava-se, entre lídios e medo-persas, a famosa batalha de Ptera (547 a.C.) Creso recua para Sardes, onde é capturado.

Ciro II era especialista em cercos a cidades, e graças a esse engenho, tomou a Jônia, a Cária e Lícia. Apoderou-se de Babilônia e derrotou Nabonido em 538 a.C. Combatendo os nômades iranianos, Ciro II morre em 530 a.C., passando a coroa a seu filho Cambises, que tornou o Império Medo-Persa no colosso que ia do Mediterrâneo ao Indo.

Cambises II tomou o Egito e depôs Psamético III. Na batalha de Pelusa, tomou Mênfis (525 a.C.). O faraó foi deportado para Ásia, onde o assassinaram por suspeita de conjuração. Cambises II marcha com o propósito de tomar Cartago, mas fracassa. A notícia de insurreição no seu país o leva de volta à Pérsia. Morre na longa viagem.

Dario, príncipe de sangue real, filho de Histaspes, Sátrapa de Pártia e Hircânia, prosseguiu viagem levando o corpo de Cambises. Chegando na Pérsia, matou Gomata, usurpador do trono, que se dizia Smerdish, irmão de Cambises II, assassinado por Gaumata. Cambises não tinha herdeiro e Dario o sucedeu com o nome de Dario I.

O princípio do reinado de Dario I foi marcado por terríveis insurreições na Babilônia, no Elã, na Média e na própria Pérsia, no Egito, na Armênia e em Sardes. Em 517, ele tinha tudo debaixo do seu controle, mostrando que era ativo, de atitude e conquistador. Começou a trabalhar para dilatar seu reino. Conseguiu. Levou seus domínios até o Egeu e conquistou Samos, Trácia, Macedônia e as ilhas de Lemnos e Imbros. Atenas se opõe a Dario, unindo-se a Eritreia para atacar os persas. Dario tomou Eritreia e marchou contra Atenas, sendo derrotado por Milcíades e Calímaco, na batalha de Maratona, onde 6 mil persas pereceram. Quando se preparava para vingar-se de Atenas e atacar o Egito, ele morreu.

Dario é considerado um dos gênios políticos do mundo antigo. Criou as satrapias, organizações autônomas constituídas de um governo civil e um militar; eram sujeitas ao pagamento de tributos à metrópole.

Xerxes I, o Assuero da Bíblia, foi sucessor de Dario I. Antes de voltar às guerras com os gregos, esmagou as insurreições no Egito e na Babilônia. Em 482 a.C. atacou os gregos. Os persas vitoriosos entraram em Atenas, mas acabaram sendo derrotados na famosa batalha de Salamina (480). Dizem que Xerxes acompanhou a batalha de Salamina sentado no seu trono de ouro. Após Salamina, o general persa Mardônio é derrotado em Plateia e Micale (479). Xerxes retira-se para Susã. Após 13 anos de tréguas, Xerxes volta a atacar os gregos, mas é derrotado na batalha de Eurimedonte (466).

Artaxerxes II conseguiu dominar a Ásia Menor e Chipre. Artaxerxes III, bem como outros reis persas, pouco fizeram pelo império que se desmoronava com o correr do tempo.

Filipe II da Macedônia e seu filho Alexandre, o Grande, reduziram o grande Império Persa à expressão mais simples. Dario II é batido por Alexandre da Macedônia, na batalha de Arbela em 330. Dario é assassinado por um de seus sátrapas. Com Dario III termina a dinastia aquimênida.

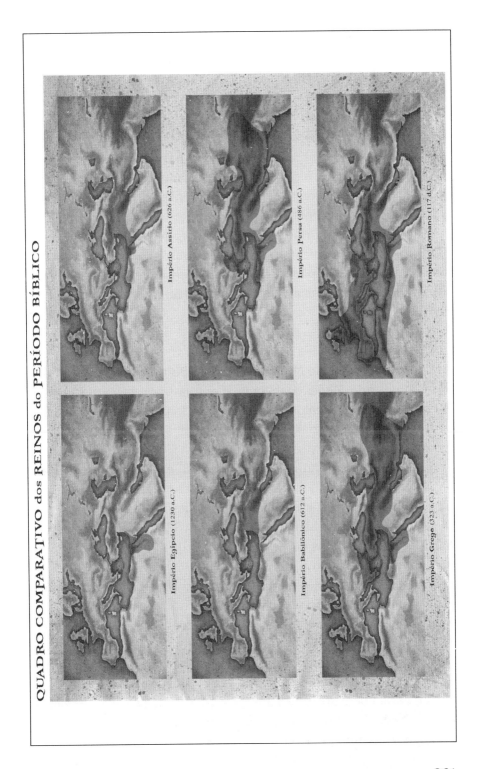

GEOGRAFIA DA TERRA SANTA E DAS TERRAS BÍBLICAS

Os selêucidas

Com a morte de Alexandre, o Grande, seu vasto império foi dividido entre os seus quatro generais ou sucessores (*diádochi*). Um deles, Seleuco, reuniu sob sua coroa todo o Irã até o Indo. É considerado o fundador da dinastia selêucida. Houve guerras constantes entre selêucidas e ptolomeus do Egito. Insurreições surgiram em todos os seus domínios e foram a causa do enfraquecimento do reino. Em 247, Ársaces I fundou a dinastia arsácida. Antíoco II, o Grande, sufocou diversas insurreições na Média. Em Pérsis, ele alcançou vitórias sobre os partas e os bacterianos. Seu território era grande demais e de difícil controle, por isso assinou paz com seus súditos rebeldes.

Os romanos prejudicaram os persas, causando-lhes terríveis derrotas. Antíoco IV, o Epífanes (175-163) consegue recapturar diversas províncias perdidas aos inimigos, mas nada consegue de Pártia Bactria.

Os partas

Frates I (176 a.C.) e Mitrídates I (171-138 a.C.) da Pártia já haviam conquistado Média, Babilônia e outras possessões do Império Persa. Demétrio II Nicator (140) é derrotado pelos partos, que também derrotaram Antíoco VII. Os selêucidas são apagados mais ou menos em 130 a.C.

Mitridates II luta contra seu filho Orontes I e os armênios. A dinastia parta vai se enfraquecendo. Com Fraates III (70-57 a.C.) o império volta a experimentar estabilidade e poder.

Os romanos, com Licínio Crasso (54 a.C.) e Marco Antonio (36 a.C.) foram derrotados em suas tentativas de apoderar-se do Oriente. Os partas tomam a Síria.

As lutas internas debilitaram o Império Parta. Isso proporciona excelente oportunidade aos romanos de concretizar suas ambições expansionistas. Trajano, Marco Aurélio, Septimio Severo e Caracala invadiram a Pártia e chegaram até Ctesifonte, sua capital. Persis, descendente dos selêucias, juntou nova dinastia e reinou na Pártia. Essa dinastia sustentou-se até 636 d.C. As dinastias se sucedem na Pérsia, passando pelos sassânidas, os árabes, os sefévidas, as dinastias de Nadir Xá, Zand, Qadjar, até a de Reza Pahlevi, fundada em 1925 por Reza Khan e deposta em 1979.

362

Pérsia moderna

Limita-se ao norte com a União Soviética e o mar Cáspio; a ocidente, com a Turquia asiática; a leste, com Beluchistam e Afeganistão; ao sul, com o golfo Pérsico, o Estreito de Ormuz e o golfo de Onã.

Religião

A religião aquimênida, conhecida hoje por inscrições rupestres e que dominou o pensamento iraniano, foi, no princípio, de um deus: Ahuramazdan, o supremo criador e protetor da justiça e da verdade. As inscrições de Dario e de seus sucessores não mencionam outro deus, mas fazem alusão a "deuses". Com Artaxerxes II, aparece Mitra, deus do sol, e Anahita, deusa das águas e da fertilidade. A religião persa inclinou-se muito para o monoteísmo. Com Zoastro (Zaratustra), começou um certo dualismo: ao lado de Ahura-Mazda (deus da luz e do bem) perfila Ahriman (deus das trevas e do mal). Prestavam culto aos quatro elementos da natureza: fogo, ar, terra e água.

Os judeus viveram anos sob a influência desses ídolos e ritos e desse poder espiritual das trevas. O Senhor guardou o seu povo.

Média

Nome

Em hebraico *Maday*, *Mada*; grego, *Medeia*; latim, *Media*; assírio, *A-Madá*; persa antigo, *Mada*.

País

Ficava a noroeste do Irã. Limitava a noroeste com Armênia, a ocidente com Assíria, ao sul com Susiana, Pérsia, Caramânia, e a leste com Pártia e Hircânia.

As terras de nordeste, chamadas Atropatena, eram muito férteis e produziam mel, laranja e vinho em abundância; e as do leste eram transformadas em pastos para criação de cavalos. O comprimento da Média era de 1.111 km por 462 km de largura, perfazendo uma área de mais ou menos 513.282 km^2. Era considerada a maior província da Ásia anterior, com uma mistura de povos assim distribuídos: nas montanhas do norte estavam os nômades, descendentes dos citas; e nas estepes do centro ariano estavam as minorias étnicas que realmente dominaram o país.

A Média estava no sopé do monte Elburs, cujo pico se erguia a 5.700 m. O vulcão Demawend ocupava a parte mais alta. A mais ou menos 1.100 m estava a cidade de Rages, a primitiva capital meda. Essa cidade, destruída e abandonada diversas vezes, voltou a florescer na Idade Média com o nome de Raí, hoje destruída.

O rei Deyoces agrupou pequenos principados e formou o grande Império Medo, com capital em Ecbatana, no sopé do monte Elwend, cuja altitude é de 3.600 m. Ecbatana tinha uma boa altitude e clima excelente, e deliciosas fontes a irrigavam, o que tornava seus bosques e jardins, bem como os campos de lavoura e pomares, de grande produtividade.

Na estrada que ia para o sul, estava Aspadana (Ispahan), e para o ocidente, que descia para Babilônia, estava Bagastana ou Behistum, onde estão as famosas escrituras rupestres de Dario I e que deram contribuição decisiva para a decifração do cuneiforme. Equivale à Pedra Roseta para o hieroglifo.

O rei medo Fraortes, antes dos aquimênidas, estendeu seus domínios até Araxes. Depois da conquista macedônica, essa região foi chamada *Média Atropaten*, de onde deriva o nome *Atorpatakan*. As altas montanhas do leste e suas vertentes do lado do Cáspio foram habitadas por um povo de raça ariana, cujos homens serviram ao exército persa, conhecidos como tapures, amardos e cadúsios. Heródoto e outros autores gregos frequentemente chamam os medos de persas.

História

Elã e Assíria confrontaram-se muitas vezes nos sangrentos campos de batalha. Assíria ora vence, ora perde. Média se vale da luta encarniçada de seus dois grandes rivais para subir e reinar. Isso despertou o ódio dos persas. Média contratou exércitos mercenários que vieram da Assíria. Nos anais de Salmanasar III, aparece Média como tributária da Assíria. Tiglatepileser III continuou recebendo tributos da Média. Em 715 a.C., Sargão prende e deporta o chefe medo Dayakku. Fraortes (675-0653), filho de Dayakku, subjugou os persas, enfrentou os assírios e acabou morrendo em batalha.

364

Os citas tomaram o Império Medo, mas foram desbaratados pelo medo Ciaxiares. Esse se alia à Babilônia; juntos, eles destroem Nínive em 612. Ciaxiares avança pelo norte e chega à Armênia, Ásia Menor, e vai até o rio Halys, dispondo-se em linha de batalha contra Lídia e Alyates. Um eclipse do sol, predito por Tales de Mileto (28 de maio de 585 a.C.), aterrorizou os beligerantes. Ciro aproveitou a oportunidade para tomar Ecbatana, capital meda, em 550 a.C.

Civilização

Os medos foram os primeiros considerados arianos e formaram, assim, uma hegemonia mundial. Durante a vigência do Império Persa, os medos aparecem como "magos", que vêm a ser uma casta sacerdotal que se opunha aos profetas.

Falavam a língua indo-europeia, semelhante ao sânscrito.

De Nínive transportaram para Ecbatana obras de arte assíria. Adotaram o cerimonialismo religioso dos assírios. Usaram a escrita mesopotâmica. Sua cavalaria assemelhava-se à dos indo-germânicos.

Os medos e a Bíblia

Gênesis 10.2 refere-se a Madai como um dos filhos de Jafé. Salmanasar V (726-722) conquista Samaria e transporta os cativos de Israel para cidades medas (2Rs 17.6; 18.11; Is 13.17 afirma que "os medos não prezavam a prata e do ouro não faziam caso"). Os medos foram convocados pelo Deus todo-poderoso para castigar Babilônia. Em Isaías 21.2 os medos conjugam suas forças com as de Ciro e Elã para destruir Babilônia. Há muitas outras referências à Média nas Escrituras (veja Jr 25.25; 51.11; Dn 5.28; 6.9,13; 8.20).

Cidades famosas

Ecbatana

Do grego: *Ekbatana*; historiadores gregos a chamavam de *Egbatana*; em babilônico: *Agmatanu*; elamita: *Agmadana*; aramaico: *Ahmeta*; latim: *Acbatana*. Antiga capital dos medos, situada nas cercanias do monte Elwend, mais tarde transformada em residência de verão dos reis persas. É mencionada diversas vezes na Bíblia e nos apócrifos (Ed 6.2; *2Macabeus* 9.3; *Tobias* 3.7; 5.8; 6.5; 7.1; 14.12;

Judite 1.1; 2.4). Cidade grande, rica, magnificente e poderosa. Hoje identificada com Hamadan.

Rages

No persa antigo, era Raga; no grego, *Racoi, Ragai, Ragaia*. Importante cidade do Império Persa, situada a nordeste da Média. Notável por sua posição altamente estratégica e considerada inexpugnável. Judeus do norte, deportados por Tiglatepileser III, habitaram em Rages (*Tobias* 1.14; 4.1,20; 5.5; 9.2). Fica mais ou menos 9 km a sudoeste de Terrã e pode ser identificada com as ruínas de Ray, no sopé da cordilheira de Elburz. Um dos mais importantes centros da civilização iraniana, Rages existiu desde o quinto milênio a.C. Representou importante papel nas guerras médicas.

Susã

Em hebraico: *Susan*; acádio: *Su-Su-An* ou *Su-u-si*; elamita: *Su-Su-um*; grego: *Sosa* ou *Sousan*; latim: *Susa* ou *Susan*). A princípio foi capital de Elã. A dinastia aquimênida usou-a também como sua capital. Judeus habitaram em Susã, como a Bíblia comprova (veja Ne 1.1; Et 1.2,5; 2.3,5,8; 3.15; 4.8,16; 8.14; 9.6; Dn 8.2). É conhecida desde os tempos da segunda dinastia de Ur. Assurbanipal saqueou-a no segundo quartel do século VII a.C. e destruiu seus edifícios, seus ricos palácios, templos e zigurates. Alguns deportados de Susã escreveram de Samaria contra os judeus (Ed 4.9). Dario I reconstruiu a cidade e edificou nela suntuoso palácio real. Decaiu novamente sob a dominação selêucida e parta. O sassânida Sapur II destruiu Susã no século IV d.C. e tornou a reedificá-la. Os muçulmanos conquistaram-na em 638 d.C., e hoje está reduzida a um montão de ruínas. O arqueólogo Loftus em 1851 descobriu em Sus pontos importantes da que foi a grande Susã de outrora. Os muçulmanos veneram em Sus a sepultura do profeta Daniel.

Persépolis

Do grego e do latim: *Persépolis*; do iraniano: *Parsa*. Cidade persa de bastante importância. Antíoco IV, o Epífanes, tentou tomar a cidade com o propósito de saquear-lhe o templo. Não conseguiu. O povo se uniu e ofereceu-lhe obstinada resistência (2Macabeus 1.13;

9.2). Era o famoso templo de Nanea. Pouco depois Antíoco IV morreu. Persépolis é encontrada nas ruínas a sudoeste do Irã, mais ou menos 110 km ao norte de Siraz, chamada Taht-Gamsid. Dario II (522-486) remodelou-a e deu-lhe esplendor e grandeza. Alexandre Magno incendiou-a. Persépolis foi centro de lazer dos aquimênidas, e não centro administrativo como Susã. A cidade foi escavada por Herzfeld em 1931 e depois por E. Schmidt de 1934 a 1939; em seguida, pelo próprio governo iraniano. Entre os grandes monumentos descobertos no lugar, figuram: terraço ou apadana, o Palácio de Dario II, a famosa escadaria, a "sala das cem colunas" e o Harém de Xerxes I.

18
Egito

Por muitos anos, que talvez cheguem a séculos, os historiadores disputaram qual teria sido realmente o berço da humanidade: o vale da Mesopotâmia ou o do Nilo. Por meio da sumeriologia (desmembrada da assiriologia) e pelo trabalho dos mais eminentes arqueólogos voltados de modo especial para o Oriente Médio, ficou estabelecido com as mais evidentes provas que a humanidade — antes e depois do dilúvio — nasceu entre o Tigre e o Eufrates.[1]

A Suméria resplandecia na glória de uma civilização avançada, enquanto o Egito era ainda uma expressão geográfica, um aglomerado de cidades-estados independentes, o que o tornava frágil, pois havia guerras constantes entre esses minúsculos reinos, disputando a hegemonia da região. Essa luta prosseguiu até que Menés reuniu numa só coroa o governo de todo o Egito. Quando isso ocorreu, a Suméria já era potência política, econômica e, principalmente, cultural. A influência de suas conquistas culturais chegou até o vale do Nilo.

Apesar disso, a antiguidade do Egito é uma realidade incontestável. Em qualquer etapa da cronologia que o colocarmos, a Suméria o antecede por alguns séculos. Isso prova que a Bíblia tem razão em apontar o vale da Mesopotâmia como o berço da humanidade.

A contribuição do Egito para a civilização é muito grande e de importância decisiva. No que tange à Bíblia, a Suméria formou Abraão, com quem começou o povo Israel. Quando Israel começou como povo e aspirava a ser uma nação, Deus permitiu que descesse do Egito com a finalidade de receber da superpotência da época as influências de sua apurada civilização. A Bíblia diz que Moisés foi

---

[1] Este importante assunto já foi discutido no primeiro capítulo deste trabalho.

educado em toda a ciência dos egípcios (At 7.22). Como Paulo teve a sua formação cultural na atmosfera helênica, Moisés teve na egípcia. Ambos foram levantados por Deus para pontificar em épocas e conjunturas especialíssimas.

Quando Israel foi plantado pelo Todo-poderoso em Canaã, Canaã era a passagem forçada para a Mesopotâmia e o Egito, as duas potências que disputavam o comando das nações. Israel então nasceu com Abraão na Suméria, se fortaleceu em Canaã com Abraão, Isaque e Jacó e cresceu no Egito à sombra dos faraós, das pirâmides e da abundância de alimentos e no clima cultural em que se respirava na grande nação africana. Assim, conhecer o Egito não é subir mais um degrau na escalada do conhecimento humano; antes, é facilitar a compreensão do Livro Santo, para uma interpretação mais correta e mais fiel.

Acompanhemos, pois, as regiões do Egito. Familiarizemo-nos com sua geografia, seus acidentes, que foram palco dos grandes lances de sua opulenta história, tanto de fome como de fartura, tanto de guerra como de paz.

Nome

No hebraico lê-se *Misrayim* (literalmente: "Dois Egitos"); em latim, *Aegyptus*, transcrição do termo egípcio *H(wt)-k-Pt(h)*, cuja pronúncia aproximada é *Hakupta*, na transcrição cuneiforme *Kikuptah*, conforme consta das Cartas de Tell el-Amarna, e significa "Castelo duplo de Ptah", segundo a *Larouse*.[2] Pela primeira vez, no século XIV a.C., encontram-se estas designações semitas: *Mazor*, *Misraim*, *Mousri*. Nos textos ugaríticos aparece *Miçrm* (cananeu do norte). Os egípcios chamavam seu país com os seguintes nomes especiais:

1. *Kmt* (*Kemyt*), que vem a ser "terra negra" e refere-se ao solo negro e fértil.
2. *T'wy* (*Tawy*), que literalmente é "Duas terras", referindo-se ao vale do Egito Superior e ao delta do Egito Inferior, cujas terras eram avermelhadas.

[2] *Larouse du XX Siécle*, vol. III, p. 76.

3. *T'mr'i* (*To-meri*), propriamente "Egito", cujo sentido é um tanto duvidoso.

4. *Misru*, isto é, "Terra fortificada".

Na Bíblia

A Bíblia confere ao Egito um lugar destacado. O substantivo aparece mais de 540 vezes no Antigo Testamento e mais de 20 no Novo. O adjetivo "egípcio" aparece mais de 10 vezes no Antigo e quase 5 no Novo Testamento. Os hebreus chamavam o Egito de "Mizraim" (Gn 10.6), "terra de Cam" (Sl 105.23,27) e "Raabe" (Sl 87.4).

Geografia

"A presente unidade política chamada 'Egito' é mais ou menos um quadrado que se estende da costa do Mediterrâneo da África, ao norte, até a linha de 22.° de latitude Norte (cerca de 1.080 km do norte ao sul), e desde o mar Vermelho, no leste, através da linha e 25.° de longitude Leste, no ocidente, com uma superfície total de 621.400 km². Entretanto, de toda essa área, 96% são desertos, e apenas 4% são terras utilizáveis; e 99% da população egípcia vivem naqueles 4% de terra habitável.[3] *A Larouse*, entretanto,[4] diz que a superfície total do Egito é de 1.050.000 km², com 31.000 km² de terras boas para a lavoura.

O verdadeiro Egito é a parte banhada pelo Nilo. O Egito é uma faixa desértica numa faixa temperada.

Os dois Egitos

O Egito se divide em duas regiões distintas. Essas divisões são o resultado de acidentes geográficos naturais. As divisões são:

Alto Egito

Fica no sul do país. Essa região era chamada de Patros pelos hebreus (Jr 44.1,15). Apenas duas cidades dessa região aparecem na Bíblia: Nô, ou Nô-Amom, que a *Septuaginta* traduziu por *Dióspolis*, nome grego para Tebas; e a outra cidade é Syene. A região é um vale

---

[3] KITCHEN, K. "Egito". Em: DOUGLAS, J. D. (Ed.). *O novo dicionário da Bíblia*, p. 382.

[4] *Larouse du XX Siécle*, vol. III, p. 76.

estreito limitado em ambos os lados por penedos de formação calcária ao norte, e arenito ao sul e mais ou menos 530 km ao sul do Cairo. O vale corre com um máximo de 19 km de largura, e em Gebel Silsileh tem apenas algumas centenas de metros de largura. O Alto Egito limita ao sul com o Sudão; a sudoeste com o deserto da Líbia; a leste com o mar Vermelho; ao norte com a Primeira Catarata, hoje conhecida como Assuã. A região assemelha-se à do Baixo Egito: fértil nas margens do Nilo e deserta nas demais. As cidades floresceram ao longo do rio em ambas as margens. O famoso "Vale dos Reis" fica no Alto Egito.

Baixo Egito

Vai da primeira Catarata do Nilo, Assuã, até o Mediterrâneo. O Nilo se divide em dois braços principais a 20 km^2 ao norte do Cairo:[5] *o nortista*, que atinge o Mediterrâneo em Roseta, e o *oriental*, em Damieta, distante do primeiro cerca de 150 km. Do Cairo ao Mediterrâneo há uma distância de aproximadamente 160 km. O Baixo Egito também se divide em duas partes: a primeira vai da raiz da Primeira Catarata até Mênfis, e a segunda, conhecida como Ponte Alta, vai de Mênfis até o mar. Essa parte é mais baixa que a primeira. O Baixo Egito limita-se a ocidente com a Líbia; ao norte com o Mediterrâneo; e a leste com o Suez. O Delta é, sem dúvida, o mais importante e o mais rico dessa região.

O Antigo Egito limitava-se em ambos os lados com desertos. O árido território emerge gradualmente do deserto do Saara, que vai do ocidente para o oriente, terminando numa alta cadeia de montanhas que servem de muralhas ao mar Vermelho. A leste do Nilo avança o deserto até o mar Vermelho, formando parte do imenso deserto da Arábia, com uma área de 80.000 km^2. Aqui estão altas montanhas, algumas com picos de 2.000 m e até mais. As rochas dessa região são de formação granítica e com variadas colorações. Dessas montanhas, egípcios e escravos trabalhavam pedras que eram transportadas para as colossais construções nas cidades egípcias. No Sinai mineravam o cobre, as esmeraldas e as turquesas. Das montanhas que acompanham o Nilo tirava-se grande quantidade de alabastro,

[5] Alguns autores dizem 14 km, outros 16,21 km etc.

usado no exterior dos prédios e também na fabricação de vasos e utensílios domésticos.

O deserto ao ocidente do Nilo pertencia à Líbia. Trata-se de um imenso planalto cuja altitude varia entre 214 e 330 m. Multiplicam-se as dunas que se espalham pela vastidão deserta. Um muro de pedra arenosa vindo da Etiópia ergue-se e avança na região. O deserto desse lado do Nilo é terrível, mas amenizado por cinco fontes que formam oásis, todos em território egípcio. Tais fontes são alimentadas por veios subterrâneos que vêm do próprio Nilo. Para o viajante dessas paragens escaldantes e abrasadoras, de areia e vento e sol causticante, esses oásis constituem verdadeiros paraísos.

O Nilo

O Nilo é o rio do Egito. O mais extenso do mundo. A *Larouse*[6] declara que o Nilo tem um percurso de 6.400 km. A *Enciclopedia de la Biblia*[7] dá ao Nilo 6.450 km. A *Enciclopédia Mirador Internacional*[8] afirma que o curso do Nilo é de 6.670 km. A diferença de opiniões sobre a extensão do Nilo não altera a importância e a grandeza do famoso rio.

Nome

Em português, espanhol e italiano é *Nilo*; em francês, *Nil*; inglês, *Nile*; árabe, *An-Nil*; latim, *Nilus*; grego, *Neilos*; hebraico, *Sihor*, que significa "negro", "turvo", derivado do egípcio *Sit-Hwr*, ou seja, "Canal de Horus". Também se emprega com frequência o nome *Yeor*, do egípcio *Itew*, que significa "o rio". Algumas vezes, o egípcio usa o termo *Hpy* para se referir ao Nilo.[9]

Localização

Situa-se no nordeste africano, entre a linha do Equador e o Mediterrâneo. Banha, além do Egito, Uganda, Tanzânia e drena as terras de Ruanda, Etiópia e Zaire.

---

[6] *Larouse du XX Siécle*, 1956.
[7] *Enciclopedia de la Biblia*, vol. V, p. 517.
[8] *Enciclopédia Mirador Internacional*, vol. 15, p. 8098.
[9] A diferença entre "rio do Egito" ou "ribeiro do Egito" e o Nilo propriamente dito já foi discutida no capítulo 6.

Bacia

A bacia do Nilo ocupa uma área de aproximadamente 2.900.000 km², cujas terras, na sua maior parte, são desertos estéreis e insuportáveis. Essa bacia vai desde as nascentes do Nilo até o Mediterrâneo com mais de 6.000 km de extensão.

Nascentes

O Nilo começa com Kagera, o principal tributário do lago Vitória, no Tanganica. O lago Vitória está plantado em Uganda, Quênia e Tanzânia. A norte e noroeste situa-se Uganda; a nordeste, Quênia; ao sul, Tanzânia. Fica 3° ao sul do Equador e 30° e 35° longitude leste. Chove quase que o ano todo nessa região. Ocupa uma bacia imensa e é alimentado, além do Kagera, por outros rios menores. Do lago Vitória, o Nilo emerge seguindo para o norte. Atravessa o lago Albert Nyanza e os vastos pantanais Sudd, no sul do Sudão. Quando se liberta desses pântanos, já é o Nilo, conhecido como o "Nilo Branco". Pela natureza do terreno, o Nilo Branco é calmo, sem nenhum acidente que o torne impetuoso. Como corre mansamente, suas águas são claras, daí valer-lhe o nome de Nilo Branco.

Em el-Khartum, cidade próxima de Omdurmãn, quase no centro do Sudão, o Nilo Branco recebe o seu maior afluente, o "Nilo Azul". Esse Nilo nasce no lago Tana, região montanhosa da Etiópia ou Abissínia. As águas desse rio descem dos maciços abissínios com vertiginosa precipitação. É menor, muito menor do que o Nilo Branco.

Quando o Nilo passa pelo Sudão Inglês, recebe três afluentes:

1. O Baro, que nasce na Abissínia, 160 km ao ocidente de Adis-Abeba. É o menor dos três tributários.
2. Vem do Planalto onde está o lago Tana, também na Etiópia, com um curso de 768 km. Na cabeceira se chama Abai. Ao entrar no Sudão Egípcio, passa a chamar-se Nilo Azul ("azul" pela cor de suas águas vermelho-pardacentas, principalmente no tempo das enchentes).
3. Atbara. Suas nascentes estão nos maciços abissínios, próximo ao lago Tana, de onde corre o Nilo Abai Azul. O Atbara é pouco mais do que um riacho; chega a secar em algumas estiagens, o

Egito atual

que ocorre em boa parte do ano. Depois das grossas e abundantes chuvas de maio que caem na Etiópia, o Atbara se transforma num rio corredor, por um canal de mais de 600 m de largura. Suas águas carregadas de lodo, arrastado das cabeceiras e aumentado, durante o seu curso, vão fertilizar as terras do Baixo Egito. As terras da Etiópia por onde corre o Nilo são fertilíssimas e produzem duas colheitas por ano. Da fértil Etiópia, as águas do Nilo levam riquezas e abundâncias para as ressequidas terras do Egito.

O curso do Nilo Branco é suave e constante e não sofre alteração no transcurso do ano.

De el-Khartum até o Mediterrâneo, os rios Nilo Branco e Nilo Azul passam a se chamar simplesmente Nilo. Suas águas seguem um curso de mais ou menos 2.500 km e se perdem no Mediterrâneo.

As águas do Nilo Azul com seus tributários determinam as "enchentes" e as "vazantes" nas terras do Baixo Egito, no verão e outono de cada ano. As enchentes começam em junho e se estendem até julho, quando atingem o máximo de rapidez; em setembro o

Nilo alcança seu nível mais alto. O rio permanece estável por um mês, até outubro. Nesse tempo, inunda o vale em grande extensão com seu lodo, que é o poderoso fertilizante abissínio. Em dezembro, o rio volta ao normal e suas margens estão prontas para a semeadura.[10]

Cataratas

O Nilo corre num vale que mede entre 2 e 10 km de largura. Acompanham o rio altas paredes escarpadas de natureza calcária que sobem até 100 m de altura. São as orlas do grande planalto, que em alguns pontos apresentam declives suaves. A largura máxima é de 15 km nas proximidades de Kam-Ombó.[11] De acordo com John D. Davis:

A curta distância acima de Assuã, a antiga Siene, estende-se uma cadeia granítica, de leste para oeste, de 333 km de comprimento, que atravessa o rio cortando-lhe a corrente, que se despenha com tremendo fragor e entra na região do antigo Egito.[12]

Entre Assuã e Khartum, as formações graníticas que interceptam o curso do Nilo formam seis corredeiras ou cataratas. De norte para sul, são: *Assuã,* que marca o limite entre o Alto e Baixo Egito, uádi-Haifa, Esh-Shimalia, entre Delgo e Argo, Karima, Berbera e Geili, em el-Khartum, onde o Nilo Azul entra no Nilo Branco. As seis cataratas ficam no Sudão e no Egito.[13]

---

[10] Em Eclesiastes 11.1 afirma: "Lança teu pão sobre as águas, porque depois de muitos dias o acharás". Em Deuteronômio 11.10 está escrito: "Porque a terra que passais a possuir não é como a terra do Egito, donde saístes, em que semeáveis a vossa semente e com o pé a regáveis como a uma horta". Na "enchente", o Nilo transbordava e irrigava suas ribanceiras, bem como fertilizava suas terras. Ao refluírem as águas, a terra ficava preparada para a sementeira que era calcada com os pés. Algumas vezes, a água não tinha secado de todo, quando a semente era lançada na água prestes a secar-se. A água acabava baixando, a semente entrava para a terra e produzia o pão, como o declara Eclesiastes 11.1.

[11] *Enciclopédia Mirador Internacional,* vol. 15, p. 8099.

[12] DAVIS, John D. *Novo dicionário da Bíblia,* p. 876. Verbete "Nilo".

[13] A primeira catarata, a de Assuã, além de produzir um potencial imenso de energia elétrica, serve também para controlar as "cheias" do Nilo, que, outrora, sendo demasiado, destruíam as lavouras egípcias e desabrigavam os camponeses.

O granito da cordilheira que atravessa o Nilo é multicolor (a escuro-clara é a mais conhecida). Muito usada pelos artistas egípcios nas esculturas famosas dos monumentos faraônicos. No Baixo Egito não havia pedra. Era transportada do Alto Egito e da Península do Sinai.

John D. Davis recorda um documento gravado na rocha de que, no tempo do faraó Toser-Sa, da terceira dinastia, houve uma seca de sete anos da qual resultou tremenda fome.[14] Fica no ar se seria a mencionada em Gênesis 41.

O Delta

A 20 km norte da cidade do Cairo, o Nilo se abre em dois braços: o Ocidental, conhecido como Roseta, que desemboca no Mediterrâneo perto de Alexandria; e o Damieta, é o oriental, que termina em Port Said, também no Mediterrâneo, próximo ao Suez. O leque na sua parte superior, a parte que entra no mar, mede de Alexandria a Port Said 184 km, e 170 km da sua bifurcação até o Mediterrâneo.

Além dos dois braços principais que formam os extremos do Delta do Nilo, há cinco estuários menores. Esses cinco canais secundários não constam dos registros antigos do Egito. Heródoto sustenta uma tradição antiga a respeito das sete bocas do Nilo.[15] Entre o Roseta e o Damieta há uma terceira boca conhecida como "Águas de Ré", ou "Braço Pelusíaco", em hebraico chamado "Sior". Na margem oriental floresceu uma cidade habitada por um núcleo considerável de judeus. Em 1Crônicas 13.5 registra-se o convite que o rei Davi fez aos judeus dessa Sior para participarem das solenidades da entrada da Arca do Senhor em Jerusalém.

Entre os três canais do Nilo, ou os sete da tradição, formam-se grandes ilhas da mais fértil terra que podemos imaginar. Segundo a geologia, essas terras são de formação recente. Elas garantiram e continuam a garantir o sustento do Egito. Os egípcios tiravam do Delta nada menos de três colheitas anuais. O Egito foi considerado pelo Império Romano o "Celeiro do Mundo". Não foram as terras do

---

[14] DAVIS, John D. *Novo dicionário da Bíblia*, p. 877. Verbete "Nilo".
[15] KITCHEN, K. A. "Egito". Em: DOUGLAS, J. D. (Ed.). *O novo dicionário da Bíblia*, p. 383.

Delta que salvaram o mundo da fome, no tempo de José? Quando José escolheu para sua família uma região para se fixarem no Egito, optou por Gósen, que ficava exatamente no Delta (Gn 46.28,29).

O "caminho dos filisteus" (Êx 13.17) era um escoadouro natural entre Ásia e África; entre o deserto seco e o "paraíso", que era o Delta; entre a miséria e a fartura; entre a morte e a vida. José rodou no carro dos midianitas por essa estrada; os irmãos de José também bateram esse caminho mais de uma vez quando foram ao Egito comprar trigo; depois Jacó também passou. Mesmo Abraão e Sara, inclusive Ló, palmilharam o caminho quando desceram ao Egito.

O Neguebe em Israel, os edomitas em Seir e todos os habitantes do Sinai, na sua quase totalidade, eram nômades que frequentemente invadiam a região do Pelusium e se alojavam nos oásis do Delta, onde havia sombra, água com abundância e comida farta tanto para o homem como para os animais. James Adams[16] concorda com outros especialistas que em tempos antigos não havia o Delta. O Mediterrâneo chegava até o atual Cairo. Entre o Cairo e o Mediterrâneo havia uma região alagadiça. O material de aluvião trazido pelo Nilo dos maciços do Alto Egito foi aterrando até formar-se o Delta como hoje o conhecemos. Repetiu-se o fenômeno de aterragem do golfo Pérsico pelo Tigre e Eufrates, na Mesopotâmia.

Canais

O Egito é um deserto como o do Saara e o da Líbia, exceto no longo vale do Nilo. Em alguns lugares, esse vale mede 2 km e em outros 20 km. Nos 2.000 km em terras egípcias, o Nilo não recebe um afluente sequer. Na região do Delta, entretanto, há água com abundância e a terra é fertilíssima. Do Cairo até a cascata de Assuã, a única água existente no Egito vem do Nilo. Desde tempos imemoriais, em ambas as margens do Nilo, os egípcios rasgaram canais com 20, 30, 40 ou mais metros de largura com dezenas de quilômetros de comprimento e boa profundidade. As povoações floresceram e ainda florescem ao longo dos canais. São esses habitantes que garantem a lavoura e a pecuária do Egito.

---

[16] ADAMS, James McKee. *A Bíblia e as civilizações antigas*, p. 94.

Tive a oportunidade, em 1977, quando visitei o Egito, de ver um desses canais perto de Gizé e, ao longo dele, homens trabalhando na lavoura e outros fabricando tijolos com palha, como fizeram os hebreus no tempo da escravidão (Êx 5.6-14). Há inúmeros desses canais no Baixo Egito. Destes, saem pequenos regos que levam água para o campo de lavoura, com a finalidade de aumentar a produção. Outro meio de reter água era a construção de açudes. Aproveitavam uma depressão do terreno e fechavam com pedras do Alto Egito a parte vulnerável. Nas "cheias" do Nilo, esses açudes eram tomados. Quando as águas baixavam, os açudes estavam plenamente cheios. De alguns açudes partiam canais para os campos de lavoura. O comum mesmo era os usuários irem aos açudes tirar e transportar em vasilhas as águas.

A importância do Nilo para o Egito

"Quando o Nilo inunda a terra", escreveu Heródoto no século V a.C., "todo o Egito se transforma num mar e apenas as cidades ficam fora d'água como se fossem as ilhas do mar Egeu. Em tais ocasiões, a navegação não segue mais a corrente do rio, sendo feita através do país. Por exemplo, quem viajar de Naucratis para Mênfis, navegará bem ao lado das pirâmides".[17] Quando as águas baixavam, os egípcios chamavam-nas "terras negras"; era a terra adubada pelo Nilo, para distingui-la da "terra vermelha", a terra do deserto árido e abrasador.

Sem o Nilo, o Egito seria um Saara — terrível e inabitado.

O Nilo proporcionou riquezas aos faraós que puderam viver nababescamente, construindo templos suntuosos, monumentos grandiosos, palácios de alto luxo, pirâmides gigantescas e a manutenção de exércitos bem armados, que não somente protegiam o Egito, mas conquistavam por meio de guerras novas regiões.

Os egípcios não tinham necessidade de observar se as nuvens trariam chuvas ou não. O Nilo lhes garantia a irrigação e as águas lhe davam colheitas fartas e certas. É fato que uma seca poderia trazer pobreza à terra, como aconteceu no tempo de José. Se a cheia

---

[17] Citado por CASSON, Lionel. *O antigo Egito*. Rio de Janeiro: José Olimpio, 1969, p. 29.

fosse além dos limites, as águas poderiam arrasar cidades, deixando o povo desabrigado e prejudicariam as safras. Mas tanto uma como outra era rara. O Nilo era a vida do Egito e o principal fator de suas múltiplas organizações, simples algumas e sofisticadas e complexas outras.

Calendário

As enchentes e as vazantes do Nilo determinaram para o egípcio a formação de um calendário baseado nas "estações" do ano, que eram três, de quatro meses cada uma. Os meses eram de 30 dias, excluídos os dias adicionais.

Os egípcios denominavam as três estações anuais com os seguintes nomes:

1. *Akhet* ou "inundação". Era o tempo das enchentes que começavam em junho e se estendiam até setembro.
2. *Peret* ou "emersão dos campos". As terras inundadas começavam a secar e a aparecer de sob as águas. Era o tempo da semeadura, que começava em outubro e terminava em fevereiro. A terra ainda conservava a umidade.
3. *Shomu* ou "estiagem". Ia de março a maio, ou princípio de junho. Nessa época, o Nilo se mantinha baixo, o calor aumentava. Era tempo de colher.

O primeiro calendário surgiu da observação das mutações do Nilo. Essa foi a base dos calendários ocidentais.

Nilômetro

De acordo com Lionel Casson, "nilômetro" é um aparelho para medir a altura das águas do Nilo.[18] Os faraós queriam ter certeza das colheitas no Egito, por isso alguns aparelhos simples, mas precisos, foram feitos com a finalidade de acompanhar a subida das águas nos campos de lavoura e nas cidades. Era uma espécie de tecnologia de ponta da época.

---

[18] CASSON, Lionel. *O antigo Egito*, p. 31.

Valores imobiliários

As terras do Egito valiam pela quantidade de água que recebiam do Nilo. As categorias eram três:

1. *Muita água*. Por serem produtivas, de grande rendimento, eram as mais valorizadas e de cotação elevada no mercado imobiliário.
2. *Pouca água*. Devido à escassez de água, as colheitas eram reduzidas. O valor dessas terras era proporcional ao rendimento.
3. *Nenhuma água*. Terras ressequidas e abrasadas pelo terrível deserto. Ainda que não fossem arenosas, não recebendo água, essas terras nada produziam, por isso o valor era irrisório, apenas nominal.

Disputas pelas águas

O uso das águas do Nilo era a causa das grandes disputas nos tribunais. Lionel Casson informa:

> Determinava até as contas que os homens prestavam da sua vida depois da morte. Quando um egípcio comparecia ante os juízes de além-túmulo, era tão importante para ele declarar que não *matara*, nem *roubara*, quanto afirmar que não tinha *retido a água na estação própria*, nem construído uma represa para a água corrente.[19]

O que o Nilo produzia

Desde as proximidades da ilha de Elefantina, após a queda da Catarata de Assuã e todo o vale do Nilo até o Mediterrâneo, era um mar na enchente e um jardim regado nas duas outras estações. Essa faixa verde de ambas as margens do Nilo formava um contraste com o abrasador deserto, tanto do Saara quanto da Líbia. Essa faixa banhada era de exuberante vegetação, de incrível fertilidade e de uma produção assombrosa, portanto de larga riqueza. Os principais produtos do vale do Nilo eram:

---

[19] CASSON, Lionel. *O antigo Egito*, p. 31.

1. *Trigo.* Êxodo 9.32 afirma que a praga de *saraiva* não atingiu o trigo. O vale do Nilo, no tempo de José, sustentou de trigo não somente o Egito, mas todo o Oriente Médio. No tempo de Abraão houve fome em Canaã (Gn 12.10); entretanto, no Egito havia fartura de pão. Nos dias de Isaque também houve fome em Canaã. Isaque não chegou descer ao Egito porque Deus o proibiu (Gn 26.2). No Egito era constante a fartura de pão. O Império Romano se abastecia, em grande parte, do trigo egípcio. O trigo, pois, alinhava-se entre os produtos do país como o primeiro da economia egípcia.

2. *Centeio.* Êxodo 9.32 também atesta que o centeio do Egito foi poupado na praga da saraiva que o Todo-poderoso enviou contra o faraó. O centeio, ao lado do trigo, constituía poderoso alimento, principalmente na mesa dos pobres. Era abundante a produção do centeio na faixa verde do Nilo.

3. *Cevada.* A passagem de Êxodo 9.31 declara que a chuva de pedra destruiu toda a plantação de cevada no Egito. A cevada é um cereal comestível, pertencente à família das gramíneas, gênero *hordeum*. É possível que as variedades existentes foram desenvolvidas da espécie silvestre denominada *hordeum spontaneum*, que continua crescendo na Palestina. Formava parte da alimentação do pobre (Dt 8.8; Rt 2.17; Ez 4.9; Jo 6.9). Era usada também como forragem para cavalos e gado (1Rs 4.8) e também nos sacrifícios da Lei (Nm 5.15). Na Suméria, muito antes de Abraão, era empregada na preparação de cerveja. O Egito era grande produtor de cevada.

4. *Linho.* Em hebraico se chama *shesh*; em egípcio, *SS*, que vem a ser o "linho fino". Os termos *badh, pishtá, buc, etun* e o egípcio *idmy* designam fio de algodão ou de lã. *Pishtá*, entretanto, designava a fibra com a qual era fabricado o fio de linho. No calendário de Gezer (1000 a.C.) lê-se: "Seu mês é para sachar o linho". Provérbios 7.16 refere-se a linho finíssimo do Egito. Documentos antigos provam que o Egito produzia bom linho e exportava para a Fenícia. Essa verdade é referendada por Ezequiel 27.7. Na praga enviada pelo Senhor, o linho do Egito foi ferido ainda em flor (Êx 9.31).

5. *Papiro.* Em hebraico lê-se *gome*; no grego, *papiros*; no latim, *papyrus* e *scipus.* Planta herbácea chamada *cyperus papyrus*, da família das ciperáceas. Caracterizava-se por um caule longo (alguns alcançam até 5 m), com secção triangular e sem penacho abundante que se abre em forma esférica e com inumeráveis filamentos. Abundantes nas regiões cálidas, como o vale do Nilo, e especialmente no Delta, nos lugares alagadiços.

Para fabricar o "papel" do papiro, exigia-se um processo complicado e cuidadoso. Começava-se pela extração das fibras interiores. Eram de bom comprimento, alguns alcançando 5 m. Essas fibras eram abertas sobre um tabuleiro. Cada fibra era colocada ao lado da outra. Era a primeira etapa do processo. A segunda consistia no entrelaçamento das fibras transversalmente nas que já estavam abertas no tabuleiro. Uma espécie de cola era passada nas fibras agora tecidas. Logo a seguir a peça era prensada, alisada e polida. Os gregos chamavam a esse estágio de papiro de *chartes.* Numa face da folha do papiro escrevia-se em colunas, que era o *selides*, e acompanhava a direção das fibras. A estas linhas paralelas deu-se o nome de *recto*, enquanto a outra, vertical, chamou-se *verso.* Quando era usado somente o *recto*, o papiro chamava-se "rolo", pelo fato de o papiro estar enrolado numa madeira roliça, cujo nome era *oufalós* ou *umbilicus.* Quando o papiro era usado de ambos os lados e em folhas superpostas, era chamado *códice.*

Os papiros substituíram, com vantagens, a cerâmica por ser mais leve e mais portátil. Foram largamente usados na antiguidade por povos de todas as terras e até o século XII, quando foi descoberto o papel, feito de trapos e polpa de árvores. Os papiros escritos são abundantes, o que levou à criação de uma ciência: a papirologia.

Os papiros egípcios, em forma natural ou de papel, eram exportados para toda parte do mundo e constituíam uma boa fonte de renda da economia do país. A palavra "papiro" aparece em Jó 8.11 e Isaías 18.2. No Egito, o papiro era nativo. O único trabalho consistia em cortá-lo e prepará-lo. Uma vez trançado no sentido longitudinal, o papiro dava excelentes cordas, que eram usadas em navios. Do papiro ainda se faziam pequenos barcos, cestos, caixas, esteiras, sandálias, peneiras e bancos.

6. *Óleo.* As terras do Egito não eram boas para oliveiras. Produziam, entretanto, certas plantas de onde era extraído o óleo de mamona, de linhaça e gergelim.

7. *Animais.* No Delta do Nilo os fazendeiros criavam bois e ovelhas. Apascentar gado era uma abominação para os egípcios (Gn 46.34); como os irmãos de José eram pastores, ficaram na terra de Gósen, a melhor e mais rica terra do Egito. Também porcos eram criados no Delta. O cavalo egípcio também era famoso, sendo exportado para Israel, Hiteia e Síria (1Rs 10.28,29). O asno e o burrico (uma espécie de jegue do nordeste brasileiro) ainda existem em grande quantidade no Egito e são usados para montaria, mais especialmente no transporte de cargas. O camelo também existiu e ainda existe em grande quantidade; carregam homens e carga e atravessam os longos e penosos desertos. Aves domésticas eram criadas no Egito e seus ovos faziam parte da dieta das famílias. Principalmente no Delta, aves aquáticas selvagens eram caçadas e cevadas para o corte e algumas domesticadas. Nesse número, estavam os patos, os gansos e os grous.

8. *Madeira.* No deserto arenoso não existia madeira. No vale do Nilo, cujas terras eram aproveitadas para o plantio do cereal, madeira também não havia. Em pouquíssimas áreas do Egito encontrava-se madeira. A empregada nas construções era importada, principalmente do Líbano.

9. *Cerâmica.* As enchentes do Nilo traziam não somente fertilizante para as terras de lavoura, mas deixavam um depósito considerável de argila de boa qualidade. Era carregada do centro africano, lavada através do curso do Nilo e depositada na parte baixa do Egito, de modo especial nas proximidades do Delta. Encontrada ainda nas margens dos canais. Os escravos israelitas fabricaram tijolos com essa argila para construção das cidades-armazéns de Pitom e Ramessés (Êx 1.11). Casas ricas ou choupanas, palácios ou arsenais, eram levantados com tijolos de argila.

EGITO

Pirâmide egípcia

Esfinge egípcia com pirâmide ao fundo

Esfinge egípcia

10. *Pedra.* Não havia nenhum tipo de pedra no Baixo Egito. Para a construção das pirâmides, de colossais monumentos, sarcófagos, obeliscos e templos, a pedra era carregada do Sinai e do Alto Egito.

11. *Cobre.* Trazia-se do Sinai e provavelmente de Eziom-Gever, de onde mais tarde Salomão também extraiu.

12. *Ouro.* O ouro usado no Egito, que não era pouco, era comprado na Líbia e em outros países africanos.

13. *Pedras preciosas.* Diamantes eram importados, como também as pedras semipreciosas. A turquesa extraía-se do Sinai.

Navegação

Os produtos agrícolas do Egito eram transportados em barcos de pequeno porte, feitos de feixes de papiro betumado (veja Êx 2.3), com fundo achatado. Como o rio Nilo percorre o Egito de norte a sul, os produtos agrícolas podiam ser levados a qualquer ponto do Baixo Egito.

Os barcos também serviam para o transporte de passageiros, pelo rio e pelos canais. Nos túmulos reais existem referências aos barqueiros, isto é, aos homens que conduziam os barcos. Um barco a vela é mencionado numa inscrição de 3000 a.C.

Comunicações

O Nilo facilitava a comunicação da capital com as outras cidades do Egito, levando e trazendo informações rápidas e precisas aos faraós. Não importa onde estava localizada a capital, em Mênfis ou em Tebas, os barcos de despachos cortavam as águas, rio acima, rio abaixo, com muita frequência.

Comércio

O Egito mantinha intercâmbio comercial com Canaã, Síria, Fenícia, Hiteia e Líbano, através do Mediterrâneo e de algumas "estradas reais". Com a Somália e a Etiópia o comércio se fazia pelo mar Vermelho. O Egito exportava trigo, centeio, cevada, linho e papiro. Importava madeira, cobre, incenso, perfume e azeitona. A pedra do Sinai era transportada na primeira etapa pelo Suez; a do Alto Egito, pelo Nilo.

Proteção

O Egito antigo contava com dois meios principais de proteção: o mar e o deserto. Ao norte era protegido pelo Mediterrâneo; ao ocidente, estava o impenetrável deserto da Líbia; ao sul, estava o Sudão (a antiga Núbia), nação fraca no passado e sem recurso. Nesse lado, se não fossem as terríveis cataratas, o Egito podia ser invadido com facilidade. Uma a uma, os faraós foram tomando as cataratas como medida de segurança; a leste estava o mar Vermelho. O ponto vulnerável era o Sinai, que nem sempre estava sob o poder dos faraós. Assim mesmo, nessa parte, o Egito tinha a proteção de enorme cadeia de montanhas. Dentro dessas fronteiras, o Egito podia ficar tranquilo. A fim de evitar problemas políticos e econômicos, uma rigorosa lei egípcia proibia terminantemente a presença de estrangeiros em seu território.

Sociedade

Como em qualquer parte do mundo hodierno, ou do passado, as classes sociais se alinhavam nos extremos da riqueza e da pobreza, com raras exceções da chamada classe média, que era mais nominal que real, como a que ainda se denomina de "pobre engravatado".

Referindo-se à cidade de Tell el-Amarna, o pesquisador Lionel Casson declara:

> As classes altas do Egito levaram uma vida luxuosa. As ruínas de Tell el-Amarna, onde foi fundada uma nova Capital do século XIV a.C. revelam a elegância e o conforto com que a cidade foi construída. Estendia-se por uma planície em forma de meia-lua de cerca de 13 km de comprimento e 5 km de largura, e era cortada por largas avenidas. O palácio e as vilas dos ricos ficavam no bairro central, projetada bem de acordo com as exigências do clima. Havia amplos jardins, majestosos salões de recepção decorados com alegres murais, balcões orientados para a viração da tarde, varandas para dormir ao ar-livre, quartos, banheiros com lavatórios e pias com água corrente. Até as casas dos mais humildes tinham instalações sanitárias.[20]

---

[20] CASSON, Lionel. *O antigo Egito*, p. 35.

Em outras partes do Egito, as classes favorecidas viviam regaladamente. As inscrições encontradas nas paredes dos túmulos registraram como os ricos viviam: passeando de barco no Nilo, caçando aves, pescando, comendo, bebendo vinhos finíssimos, descansando em seus lindos jardins, dormindo nos seus leitos perfumados, servidos por criados fiéis. Nos seus banquetes as flores eram abundantes; servos e servas atendiam os convivas, distraídos por músicas, dançarinas e cantores.

Os pobres eram pobres, mas não mendigos. Seu trabalho era incessante, mas tinham alimentação farta, muita bebida, vestiam-se bem, moravam em casas confortáveis e frequentemente comiam às expensas do erário público durante festas que duravam semanas.

O trabalhador do campo não vivia assim regaladamente. Sua vida era mais precária, mais simples e mais dura. Suas habitações eram rudes choupanas, sua alimentação, entretanto, era farta e boa.

Vale a pena consultar o que Lionel Casson tem a dizer sobre a vida no Egito antigo:

> A vida era alegre e segura para todos e elegante para os ricos. Os egípcios pragmáticos e displicentes por natureza aceitavam sem discutir a fartura da terra. Não há contribuição egípcia que possa ser comparada à moral dos hebreus, à filosofia dos gregos, ou ao direito dos romanos. Para as classes superiores, os objetivos da vida eram fazer figura na sociedade, subir no conceito da corte, ter êxito (medido pelas cabeças de gado ou os hectares de terra), ser enterrado num túmulo imponente, apropriadamente decorado.[21]

A família egípcia

No antigo Egito, como no restante do Oriente Médio, era permitida a poligamia.[22] Quando Abraão e Sara entraram no Egito, os príncipes levaram Sara ao faraó (Gn 12.14-20). Isso prova que os reis do antigo Egito tinham muitas mulheres, uma espécie de harém. Entretanto, o egípcio atribuía valor muito grande à família. A mulher era tratada com respeito e dignidade. Os filhos eram educados e bem orientados.

---

[21] CASSON, Lionel. *O antigo Egito*, p. 36.

[22] Ainda hoje, no Egito, é permitido a um homem ter quantas mulheres puder sustentar.

Modelo de casa egípcia

Alguns seriam fiéis soldados do faraó; outros, grandes artistas; e outros simples lavradores ou trabalhadores braçais. O lar egípcio (antigo, naturalmente) era integrado e unido. Vemos isso no quadro triste da morte dos primogênitos referido em Êxodo 12.29-32. Isso mostra que os lares egípcios eram unidos e bem ordenados. Israel passou mais de quatrocentos anos no Egito e deve ter exercido poderosa influência na formação da família, como instituição divina e que deve exercer papel preponderante na sociedade.

A religião egípcia

A religião dos egípcios era politeísta. Acompanhou a evolução política do país. No princípio, antes de amalgamar-se, o Egito era um reino unido, uma pluralidade de cidades-estados; cada um desses pequenos reinos tinha o seu deus predileto. Quando o Egito foi unificado sob o poder das dinastias, os deuses continuaram a exercer influência em sua região de origem. Assim, temos Ptá, deus artífice de Mênfis; Tote, deus da erudição; Hermópolis, da lua; Amom, o oculto, era deus de Tebas e ultrapassou o deus guerreiro Mentu-ali, tornando-se o favorito do Egito. Todos estes são do segundo milênio a.C. Havia também Hator, deusa da alegria em Dendera, e os deuses cósmicos. O mais importante era Rá ou Atom, o deus-sol, cuja filha Maete personificava a verdade, a justiça, a equidade e a ordem cósmica. Nute era a deusa do céu; Su, Gebe e Nu eram deuses do ar, da terra e das águas. O culto nacional era prestado a Osíris, com sua esposa Ísis e seu filho Hórus.

A história de Osíris é trágica; assassinado por seu irmão Sete e vingado por seu filho Hórus. Osíris se tornou governador do reino dos mortos. Estava associado aos movimentos anuais do Nilo e, consequentemente, a suas colheitas, por isso era o deus da vida. Aten se tornou deus poderoso em todo o Egito e foi implantado pelo rei "herege" Akhenaten, o deus-sol. No tempo de Akhenaten, os outros foram apagados e alguns proscritos, embora reconhecidos pelo faraó. Certo monoteísmo idolátrico, como se vê, dominou o país. A imposição de Akhenaten teve pouco valor, pois sua moral chegou a zero, chegando a casar-se com a própria filha. Essa falha de caráter foi debitada na conta do seu deus.

Os deuses egípcios não eram meras formas abstratas e distantes; pelo contrário, tinham os mesmos desejos e as mesmas necessidades dos mortais. Eram representados em forma ora humana, ora de animais ou, com frequência, de ambos.

Os egípcios davam importância muito grande à vida além-túmulo. Para eles, essa vida era a continuação da vida aqui. Comiam, bebiam, casavam e desfrutavam os prazeres do além. A continuação na outra vida dependia em grande parte da preservação do corpo material. Daí o processo de embalsamento adotado e aperfeiçoado por eles (Gn 50.2,26).

Quando a múmia de Tutancamon foi selada no túmulo, os sacerdotes trouxeram provisões para o rei (para quando acordasse na outra vida): 100 cestos de frutos para sua alimentação; leques para abaná-lo, estatuetas de servos para atendê-lo; vasos com óleo, facas finamente trabalhadas; dois carros de guerra e uma cama de campanha dobrada; algumas caixas contendo recordações da infância do famoso jovem-rei. A múmia de Tutancamon foi colocada em quatro ataúdes, um dentro do outro. O primeiro era de pedra e o último de ouro pesando quase uma tonelada. Na coroa que aparece na máscara mortuária de sua cabeça há um abutre e uma cobra, símbolos respectivamente do Alto e do Baixo Egito. A pintura da vaca Hator quase sempre aparecia nos túmulos dos faraós, pois era seu dever amamentar o rei. Um chacal, que representava Anúbis, o deus do embalsamento, guardava a múmia de Tutancamon.

Grande número de pirâmides foi construído para guardar, em cada uma delas, o corpo de apenas um único rei. As pirâmides mais conhecidas são: a Escalonada e as de Quéopes, Quéfrem e Miquerinos em Gizé, no Baixo Egito. Dessas três, a mais conhecida é a de Quéfrem.

390

Deuses egípcios

Devido à devassa de pirâmides por ladrões de túmulos, os faraós abandonaram o caríssimo engenho das pirâmides e passaram a sepultar seus monarcas no vale dos Reis, no Alto Egito. Foi neste vale que o inglês Carter descobriu o túmulo de Tutancamon. O museu do Cairo guarda 20 múmias de famosos reis, sendo os mais célebres Tutancamon e Ramsés II. O processo de mumificação aplicado nessas múmias é o mais apurado que se conhece até hoje.

Nas proximidades de Mênfis está o Propeleu, também conhecido como o Túmulo da Vaca. Cavado na terra, na forma de um corredor subterrâneo com 4 a 5 m de largura e outro tanto de altura, avança na entranha da terra mais de 1 km. Tanto no lado direito como no esquerdo, há grandes aberturas, como se fossem aposentos gigantescos e dentro deles um sarcófago de pedra com tampa monolítica. Tanto um como outro pesam toneladas. Os sarcófagos guardavam o corpo das vacas sagradas. Nesse corredor, que eu chamei "da morte" (porque custou a vida de muitos escravos), há dezenas de sarcófagos.

Os egípcios antigos tinham uma famosa publicação chamada *Livro dos mortos*. Seu objetivo era *guiar* os que partiam para o além. Era um *vade-mécum* para a outra vida. Nessa trajetória, rumo à eternidade, animais, principalmente cães, serviam de guias aos "peregrinos".

As *pragas* que o Deus todo-poderoso, o Deus de Abraão, de Isaque e de Jacó mandou contra o Egito tinham como finalidade precípua "desmoralizar" os deuses do panteão egípcio. As Escrituras Sagradas declaram: "Porque naquela noite passarei pela terra do Egito, e ferirei na terra do Egito todos os primogênitos, desde os homens até os animais; executarei *juízo sobre todos os deuses do Egito. Eu sou o* Senhor" (Êx 12.12).

Primeira: *as água transformam-se em sangue* (Êx 7.14-25). Era uma praga contra o rio Nilo. Tido como um deus para os egípcios e adorado, ele não teve forças para evitar que suas águas se transformassem em sangue, que apodreceram e cheiravam mal.

Segunda: *rãs* (Êx 8.1-15). A rã era extremamente imunda para os egípcios. Pois bem, esse anfíbio imundo saía do deus Nilo, que não teve poder para evitar a reprodução do imundo batráquio. Era, pois, o "sagrado" produzindo o imundo, sem possibilidade de evitar sua proliferação.

Terceira: *piolhos* (Êx 8.16-19). Os sacerdotes egípcios, ao ministrarem nos lugares sagrados, usavam vestes brancas de linho extremamente alvas. Raspavam a cabeça e, antes de entrar para o lugar sagrado, eram examinados minuciosamente, porque não podiam ter no seu corpo ou nas suas vestes um piolho, inseto imundo e abjeto. Agora, entretanto, não era apenas um inseto, mas milhões deles nos sacerdotes, no rei e sua família, nos magos e no povo em geral. Até nos lugares sagrados, e nos próprios ídolos, os piolhos penetraram. Era uma profanação dos deuses.

Quarta: *moscas* (Êx 8.20-32). Os egípcios tinham um deus chamado Belzebu, poderoso para afugentar moscas. Enxames de moscas cobriram a terra do Egito. Infernaram o faraó e seu povo. Sacerdotes e magos clamaram a Belzebu que retirasse as moscas. Nada aconteceu. Mais um deus desmoralizado. Na terra de Gósen (Êx 8.22) não houve moscas porque ali operava o poder do Senhor dos senhores. A praga de moscas só deixou a terra do Egito pela ordem de Moisés, servo do Deus Altíssimo. O juízo de Deus foi derramado sobre os ídolos do Egito.

Quinta: *peste nos animais* (Êx 9.1-7). Os egípcios consideravam alguns de seus animais sagrados. Outros eram até adorados. Animais sagrados morreram vitimados pela peste brutal. Eram deuses, mas não se livraram do juízo do Deus Supremo, o Senhor do Universo; não conseguiram evitar que outros animais morressem. Eram deuses impotentes.

Sexta: as *úlceras* (Êx 9.8-12). Por ordem de Moisés, servo do Deus Altíssimo, começaram a aparecer úlceras nos homens e nos animais. Os egípcios recorreram ao deus Tifom, pois acreditavam que ele seria capaz de livrá-los da dor e da morte. Tifom, entretanto, nada pôde fazer em favor deles. Os magos foram as primeiras vítimas. O deus deles, sua esperança, falhou. O "juízo" do Todo-poderoso esmagou Tifom.

Sétima: *chuva de pedras* (Êx 9.13-35). A deusa Serápis protegia a lavoura. O Deus de Moisés mandou sobre o Egito chuvas de pedras. O Egito era um país essencialmente agrícola. Vivia do que lhe dava a terra. Uma colheita que falhasse no Egito seria fator de empobrecimento e até fome para o povo. A deusa Serápis afastava da lavoura os infortúnios, mas não conseguiu evitar a saraivada. Esta veio e destruiu homens e animais. Veio a chuva de pedra com fogo (Êx 9.24), quebrou todas as árvores do campo (Êx 9.25) e feriu o linho e a cevada (Êx 9.31). Serápis nada pôde fazer. Impotente. deusa inóqua. Na terra de Gósen não houve chuva de pedra.

Oitava: a dos *gafanhotos* (Êx 10.1-20). Outro juízo do céu contra Serápis. Os gafanhotos, como nuvens que escureciam a terra, chegaram ao Egito. Devoraram o fruto das árvores que a chuva de pedra não destruiu, também a erva, incluindo o trigo e o centeio. Serápis não protegeu, não evitou a praga. Outra vez desmoralizada.

Nona: *trevas* (Êx 10.21-29). Rá era o deus-sol. Os egípcios temiam as trevas. Por isso tinham um deus que os protegia da escuridão. Quando vinham trevas, viam nelas um castigo dos deuses. A terra agora ficou no negrume completo. Rá nada pôde fazer para evitá-las. Mostrou-se impotente diante do Senhor Todo-poderoso.

Décima: *morte dos primogênitos* (Êx 12.29-36). Foi uma desmoralizarão ao próprio faraó, considerado um deus. Ele não foi capaz de salvar o próprio primogênito, nem o dele nem o de seus súditos.

Jetro reconheceu um dia: "Bendito seja o Senhor, que vos livrou das mãos dos egípcios e da mão de Faraó; agora, sei que o Senhor é maior que todos os deuses, porque livrou este povo de debaixo da mão dos egípcios, quando agiram arrogantemente contra o povo" (Êx 18.10,11). Diante de Baal destronado e destruído, Israel proclamou um dia: "O Senhor é Deus! O Senhor é Deus!..." (1Rs 18.39). A luz do Senhor brilhou nos enevoados céus dos egípcios, e os deuses se ofuscaram. Os egípcios perderam completamente a confiança nos seus deuses. Como resultado, o Egito se empobreceu e entrou num período de decadência espiritual, social, política e militar.[23]

Templo de Serabite

O culto asiático, particularmente o dos hebreus, era abominação para os egípcios. Hatshepsut, a rainha protetora de Moisés, descendia de alta estirpe real do Egito. Em Deir el-Bahari, no Alto Egito, há um monumento mortuário para perpetuar-lhe a memória. Sabendo que seu "filho" Moisés era hebreu (Hb 11.24-26), a celebrada rainha mandou construir na península do Sinai um templo conhecido com o nome de Serabite. Destinava-se ao culto asiático, preferencialmente semítico. Esse templo veio a se tornar um centro de intercâmbio cultural entre África e Ásia, principalmente com Ugarite. A arqueologia descobriu nas ruínas desse templo letras alfabéticas e grande

---

[23] Essa interpretação das "pragas" como juízo de Deus sobre os deuses egípcios foi explanada no livro *Filosofía del Plan de la Salvación*, de autor desconhecido. Buenos Aires: Imprensa Metodista, 1919.

quantidade de documentos que foram trocados com Ras-Shamra. Foi construído no tempo de Tutmés III.[24]

Quando Moisés e Arão disseram ao faraó: "Deixa-nos ir caminho de três dias para o deserto, a fim de que sacrifiquemos ao SENHOR nosso Deus" (Êx 3.18; 5.3; 8.27.), naturalmente eles se referiam ao templo de Serabite, no deserto de Sinai, lugar onde os hebreus podiam livremente sacrificar ao seu Deus sem escandalizar os egípcios. É bem provável também que nos 40 anos que Moisés passou em Midiã, ele teve acesso a esse templo em que Jetro oficiava, pois era sacerdote. Alguns especialistas apoiam a ideia de ser Moisés o inventor do alfabeto e que foi em Serábite que ele desenvolveu esse completo trabalho.

Origem dos egípcios

O substantivo "egípcio" aparece no Antigo Testamento centenas de vezes, e algumas no Novo Testamento. Com exceção de Gênesis 2.13, "Cuxe" é a palavra usada no Antigo Testamento para designar o Egito (Gn 10.6-8; 1Cr 1.8,9; 10; Sf 7). "Cam" é outro vocábulo no Antigo Testamento para o Egito (Gn 5.3; 6.10; 7.13; 9.18,22; 10.6,20; 1Cr 1.4; 4.10; Sl 78.51; 105.23,27; 106.22). Mizraim foi um dos quatro filhos de Cam, filho de Noé (Gn 10.6). No andar dos séculos, o termo hebraico *Mizraim* veio a designar os dois Egitos: o Alto e o Baixo.

Depois de verificarmos o peso da erudição bíblica e histórica sobre a origem dos egípcios, chegaremos à conclusão de que os três filhos de Noé — Sem, Cam e Jafé — nunca arredaram o pé da Mesopotâmia nem lhes era possível fazê-lo. Seus descendentes, entretanto, se espalharam pelas "ilhas das nações" (Gn 10.5). Talvez, pouco antes de Babel (Gn 11.1-9), ou talvez depois, os descendentes de Noé ocuparam o mundo: os jaféticos foram para a Europa, os camitas para a África e os semitas continuaram na Ásia.

Que os egípcios procedem de Cam, não há dúvidas. Alguns salmos identificam, plena e perfeitamente, o Egito com a "terra de Cam" (Sl 78.15; 105.23,27; 106.22), de modo que os primeiros habitantes

[24] Veja CRABTREE, A. R. *Arqueologia bíblica*, p. 253.

do Egito foram os descendentes de Cam. Daí para frente, a história desse povo toma rumos que todos os povos da terra tomaram: o caldeamento, a miscigenação e a mistura que resultaram em tipos raciais, os mais diversos, os mais estranhos, os mais exóticos.[25] Kenneth Anderson Kitchen afirma:

> As mais antigas evidências de atividade humana no Egito são instrumentos de pederneira do período paleolítico, encontrados nos terraços do Nilo. Porém, os primeiros verdadeiros egípcios que se estabeleceram como agricultores no vale do Nilo (e dos quais sobrevivem remanescentes físicos) são aqueles chamados pelo nome de Taso-Badarianos, a primeira cultura pré-dinástica (pré-histórica). Parece ser de origem africana, juntamente com as duas fases culturais pré-históricas sucessivas, que são melhor denominadas de Naqada I e II, e que terminaram em 3000 a.C. ou pouco depois.[26]

Constatamos, entretanto, justamente antes (e durante) a abrupta emergência do Egito na história, a fundação de uma monarquia faraônica literata. Nessa monarquia há leve evidência de infiltração de novos povos, vindos de fora do Egito. Apresentavam traços físicos característicos e são encontrados principalmente no norte do Egito. É a chamada raça Gizé, de procedência asiática. Os primitivos egípcios caldearam com os asiáticos e formou-se, então, o tipo egípcio peculiar. Kenneth Kitchen arremata: "Os egípcios modernos descendem diretamente do povo do antigo Egito".[27]

Idioma egípcio

A mais primitiva língua do Egito é conhecida como camita-semita, que é realmente uma língua do ramo *camita*, relacionada de algum modo com as línguas líbico-bérberes do norte africano, que foi fortemente influenciado por uma língua semita. Tanto o vocabulário quanto

---

[25] A teoria nietzschiana, encarnada pelo nazi-fascimo de uma raça ariana pura, é lenda, é loucura de um esquizofrênico como Hitler, sem nenhuma base na ciência. O resultado foi o bárbaro extermínio de milhões de criaturas, milhões de vezes mais inteligentes do que Hitler e seus comparsas, e mais equilibrados. O mito hitlerista foi desfeito pela dura realidade dos fatos.

[26] KITCHEN, K. A. "Egito". Em DOUGLAS, J. D. (Ed.) *O novo dicionário da Bíblia*, p. 383.

[27] KITCHEN, K. A. "Egito". Em DOUGLAS, J. D. (Ed.) *O novo dicionário da Bíblia*, p. 383.

a sintaxe do idioma egípcio estão relacionados com o ramo semita. Infelizmente temos pouca ou quase nenhuma documentação dessa fase da língua egípcia.[28] A longa trajetória da história da língua egípcia abrange pelo menos cinco estágios distintos:

1. *Egito Antigo.* É o período conhecido como *arcaico*, durante as dinastias I até a VIII, no terceiro milênio antes de Cristo.
2. *Médio Egito.* É o período *clássico*, conhecido como oficial das dinastias IX a XI a.C. Estendeu-se ao Novo Reino até 1300 a.C. Ainda na vigência do Império Romano era usado, com ligeiras modificações. Nesse estágio do idioma foram produzidas as mais famosas e mais conhecidas obras literárias do Egito.
3. *Egito Posterior.* Foi a língua popular do Novo Reino nos séculos XVI ao VIII a.C. Considerada hoje a linguagem dos documentos oficiais e da literatura. Nesses três períodos, escrevia-se em caracteres hieroglíficos.
4. *Egípcio Demótico.* Nessa fase já se libertou um pouco da forma hieroglífica e caminha para um egípcio mais evoluído. Começou nos fins do século VIII a.C.
5. *Cóptico.* Foi o idioma nativo do Egito, durante o período romano-bizantino. Conta com inúmeras formas dialéticas. Transformado em meio literário pelos cristãos egípcios ou coptas. Compõe-se do alfabeto grego acrescido de mais sete caracteres extras, conservados da escrita demótica, para cobrir os sons inexistentes no grego. O cóptico tem sobrevivido como linguagem litúrgica da Igreja Cristã Egípcia. A Igreja Católica Romana também usou no Egito esse idioma na sua liturgia.

A escritura egípcia

O caminho da escrita egípcia foi longo e muito complexo. Entretanto, podemos assinalar três nítidos estágios em seu desenvolvimento:

---

[28] KITCHEN, K. A. "Egito". Em DOUGLAS, J. D. (Ed.) *O novo dicionário da Bíblia*, p. 383-384. Duas fontes importantes que tratam dessa fase do idioma egípcio são GARDINER, A. H. *Egyptian Grammar*, 1957, § 3; e LEFVRE, G. *Chronique D'Egyte*, XI, n.º 22, 1936, p. 266, 292.

1. *A escrita hieroglífica.* "Hieróglifo" ou "hieroglifo" vem do *grego hieros* = "sagrado" mais glyphos = "esculpir".
2. *Escrita hierática.* Do grego *hierátikos*, isto é, "sacerdotal".
3. *Escrita demótica.* Do grego *demótikos*, isto é, "popular".

O sistema hieroglífico pictórico consistia em gravuras para expressar as coisas que representavam. Mais tarde vieram a expressar os sons, especialmente as consoantes. Estas foram o ponto de partida para o alfabeto. As duas outras formas (hierática e demótica), usadas também no Egito, eram adaptações do hieroglifo, que conservaram o formato pictórico. A hierática é uma forma cursiva do hieroglifo, escrita com penas e tinta sobre o papiro. A escrita era para o hieroglifo o que a nossa letra de mão é para o tipográfico. O demótico é forma ainda mais prática e abreviada e simplificada do hieroglifo. Apareceu no século VII a.C. e permaneceu até o século V a.C.

Tendo como base a Pedra Roseta, Jeans François Champolion decifrou a escrita hieroglífica sobre uma cópia da referida "Pedra" em 1808. Champolion nunca chegou a ver a Pedra Roseta.[29] Antes de Champolion, os sábios julgaram que as inscrições nos grandes monumentos do Egito, nos mausoléus, nas grandes estátuas, nos obeliscos, nas paredes dos templos, nos sarcófagos e nas rochas não passavam de figuras artísticas. Eram desenhos de adorno para equilíbrio e graça nas pesadas construções egípcias. Entretanto, nessas figuras, estava o registro da história do velho e grande país.

Segundo as Escrituras, Moisés foi educado em toda a ciência do Egito (At 7.22). Ele dominava, portanto, os idiomas egípcios, escrevia correntemente e era versado em todo o conhecimento do grande e poderoso império.

Quando Deus tirou Abraão de Ur e depois de Harã e o levou à Canaã, a região da Mesopotâmia era a mais adiantada, com a mais apurada civilização. Abraão era filho dessa brilhante cultura. Ele e seu filho Isaque morreram em Canaã, mas Jacó morreu no Egito (Gn 49.33). Seus descendentes viveram quase três séculos no Egito (Gl 3.17). O Egito da época de José até Moisés era a superpotência,

---

[29] Essa "pedra" está no Museu Britânico em Londres.

com a mais avançada civilização, com a mais sólida cultura e com riquezas fabulosas e máquina bem organizada, tanto nas artes como na guerra, que causavam inveja a outros povos. Foi do agrado do Todo-poderoso preparar Moisés nessa terra privilegiada, para que viesse a realizar o grande trabalho ao qual ele o chamara (Êx 3). Com a saída de Israel, o Egito entrou em decadência econômica e militar.

Literatura egípcia

A produção literária do antigo Egito é muito grande. Estão gravados seus monumentos literários em pedras, em óstracos, em papiros. No Egito não se usou cerâmica, a não ser em casos raros. Quase sempre a cerâmica encontrada no Egito não era produção egípcia, e sim recebida de outras terras, como é o caso das *Cartas de Tell el-Amarna*.

Grandes sábios viveram no terceiro milênio antes de Cristo. Os principais são conhecidos como Imotepe, Hardidief, Kagemi, Ptahotepe. Escreveram "instruções" ou "ensinos" em egípcio *Sb'yt*, que consistem em coleções de escritos e máximas. A mais bem preservada dessas máximas é a de *Ptahotepe*, em edição francesa de Z. Zabá, intitulada *Le Maximes de Ptahotepe*.

No período intermediário, quando a sociedade egípcia começou a decair, destacam-se: As admoestações de Ipuwer na obra *Disputa de um homem cansado da vida, com sua alma*. O trabalho reflete a agonia desse período, cheio de fantasias e vidas vazias. Outra obra é a *Instrução para o rei Merikone*. No princípio do segundo milênio antes de Cristo surgem estas obras: *A biografia de Sinuhe, O marinheiro naufragado, Profecia de Neferrohu, Um homem a seu filho, Instrução de Khety, Filho de Duauf* ou *Sátira dos oficiais*. No fim do segundo milênio antes de Cristo, estas: *O príncipe condenado de antemão, História dos dois irmãos, Tomada de Jope*, obra precursora de *Ali Babá e os quarenta ladrões, Desventura de Wanamun*.

Os grandes feitos dos faraós foram contados em versos líricos, reais e religiosos, como "As instruções de Ani e de Amenemope" etc. No primeiro milênio, na escrita demótica, temos *As instruções de Onchsheshongy* e *Histórias dos sumo sacerdotes de Mênfis*. Na coletânea religiosa, que é muito grande, destaca-se *O livro dos mortos*, destinado a "guiar" a almas que rumavam à eternidade.

399

Transcrevemos abaixo um trecho do *Hino ao Nilo.*

Salve, ó Nilo, que sais da terra e vens dar vida ao Egito! [...] O que dá de beber ao deserto e ao lugar distante da água...

O que faz a cevada e dá vida ao trigo para que ele possa tornar festivos os tempos. Se ele é preguiçoso, então as narinas se tapam e todos ficam pobres. Se, por isso, há um corte nas ofertas de alimentos dos deuses, então um milhão de homens aparece entre os mortais e pratica-se a avareza.

Mas as gerações de teus filhos alegram-se por ti e os homens te saúdam como um rei, de leis estáveis, que chegam na época própria e enchem o Alto e o Baixo Egito. Sempre que se bebe água, todos os olhos se voltam para aquele que dá em excesso os seus bens.

Se és muito lento para subir, são poucas as pessoas e suplica-se pela água do ano. O rico parece então preocupado e vêm-se todos os homens carregando as armas dele.

Quando o Nilo transborda, oferendas são feitas a ti, bois sacrificados a ti, grandes oblações são feitas a ti, engordam-se aves para ti, caçam-se leões no deserto para ti, acende-se fogo para ti. Fazem-se ofertas a todos os outros deuses, como se fazem ao Nilo, com superior incenso, bois, gado, aves e chamas.

Bem hajas, verdejante rio! Bem hajas, verdejante rio! Bem hajas tu, ó Nilo, rio verdejante, que dás vida ao homem e ao gado![30]

Cronologia do Egito

Segue uma relação cronológica dos grandes períodos da história egípcia: dos principais monarcas e as épocas em que reinaram no Egito. Os mais eminentes egiptólogos não estão concordes na determinação de alguns dos reis e do tempo em que reinaram. Os dados são prováveis e nunca definitivos. Isso tudo é muito relativo.[31]

1. *Época Pré-histórica*

A indústria lítica do período paleolítico apresenta aqui quase todos os caracteres evolutivos dos mesmos períodos da europeia. Esse período terminou no Egito mais ou menos em 5500 a.C.

---

[30] Extraído de CASSON, Lionel. *O antigo Egito*, p. 36.
[31] Para mais informações, veja *Enciclopedia de la Biblia*, vol. 2, p. 1.119ss.

1. *Período Neolítico* (5500-4000 a.C.). Encontradas aldeias e necrópolis enterradas debaixo das camadas de aluvião. Cerâmica tosca, com grande variedade de tipos, prova o desenvolvimento do povo nessa época.
2. *Período Eneolótico* (4000-3600 a.C.). Simples continuação do período anterior. O cobre foi conhecido no Egito muito tarde. Acabou chegando ao vale do Nilo e veio a determinar algumas culturas, como apresentamos a seguir:

   a) *Alto Egito.* Cultura tasiense badariense, Nagada I e Nagada II.
   b) *Baixo Egito.* Três culturas: merindense, omariense e maadiense.
   c) *Período Pré-Dinástico.* Exclusivamente no Alto Egito (3600-3000) e se divide em: antigo, médio e atual.

2. Período Tinita (3300-2778)

As duas primeiras dinastias que reinaram no Egito no tempo de sua unificação vieram do Alto Egito, procedentes de Tis ou Tinis, localidades próximas de Abidos. Seus reis principais foram:

Primeira dinastia
Aha (ou Narmer, ou Menés)
Djer
Uadji
Udimu (Den)
Andjib
Semerhet
Qaa

Segunda dinastia
Hotepsehemui
Nebre (Nebire)
Neterimu (Nineter)
Uneg
Senedj (Sendjii)
Peribsen
Hasehem (Hasehemui)

3. Império Antigo (2278-2263)

Nesse período os reis do Egito começaram a governar com grande força, concentrando o poder sob suas coroas e dominando o Egito todo. São quatro as dinastias principais:

Terceira dinastia
Djeser
Sehemhet
Sanaht-Nebka
Haba
Neferka
Huni

Quarta dinastia
Snefru
Keops (Hnum-hufui)
Djedefre
Kefren (hafre)
Hordjedef
Bauefre
Miquerinos (Menkaure)
Sepseskaf

Quinta dinastia
Userkaf
Sahure
Neferirkare
Niuserre
Dedkare-Isesi
Unas
Menkauhor

Sexta dinastia
Teti Usirkare
Pepi I
Merenre I Antiemsaf

Neferkari Pepi II
Merenre II
Nitocris (rainha Neith?)

4. Primeiro Período Intermediário (2263-2050)

Sétima e oitava dinastias
Apenas uma interrogação. Houve reis que governaram, mas não há registros de nenhum deles na história.

Nona e décima dinastias
A sexta dinastia terminou com violenta crise de poder. A sétima governou com dificuldade. Os reis da oitava foram subjugados pelos reis heracleopolitas da nona dinastia. A segunda dinastia de reis procedentes da nona dinastia foram vencidos pelos monarcas tebanos que iniciaram um período histórico e brilhante.

Meribre, Heti I
Nebkaure, Heti II
Neferkare
Uahare, Heti III
Merikare
Antef III

5. Império Médio (2050-1785)
O país havia voltado, provavelmente, durante as dinastias sétima e oitava, a ser um aglomerado feudal. Nova unificação começou com os reis da undécima dinastia, alcançando seu apogeu com a duodécima.

Undécima dinastia
Seanhibtaui Mentuhotep I
Neblepetre Mentuhotep II
Nebhepetre Mentuhotep III
Seanhkare Mentuhotep IV
Nebtauire Mentuhotep V

Duodécima dinastia
Amenemhat I
Sesostris I
Amenemhat II
Sesostris II
Sesostris III
Amenemhat III
Amenemhat IV
Sebeknefrure

6. Segundo Período Intermediário (1785-1580)

Um período sombrio da história do Egito. Os dados históricos desse período de cronologia atrabiliária e de quase nenhuma informação segura são escassos. Durante a vigência da décima quarta dinastia, os hicsos ou reis pastores penetraram no Egito pelo Delta e permaneceram até a décima oitava dinastia, quando então foram expulsos do país.

Décima terceira dinastia
O número de reis é indeterminado. Nada se pode precisar no decurso desse período.

Décima quarta dinastia
Não há lista de reis que governaram o Egito nesse período.

Décima quinta dinastia
Sabe-se que três reis governaram nesse período:
Hian
(?) Desconhecido
Auserre Apopi

Décima sexta dinastia
Os reis hicsos registraram seus nomes nas pedras e papiros do Egito. Porém, quando os egípcios retomaram o poder, apagaram todo e qualquer vestígio dos invasores intrusos. Com os dos hicsos, os vestígios de José e sua família foram também apagados. Não se conservou nenhum nome dos reis da décima sexta dinastia.

Décima sétima dinastia
Senehtemre Tao
Sekenenre Tao
Uadjheperre Kamosis

7. Novo Império (1580-1085)

Essa é a época de magnificência para o Egito. Tudo floresceu no país. Fontes históricas atestam uma fabulosa riqueza canalizada para o Egito. Poderosos monarcas reinaram e os hicsos foram expulsos. Os egípcios retomaram o reino e governaram com grande poder.

Décima oitava dinastia
Ahmosis (1580-1558)
Amenofis (1558-1530)
Tutmosis I (1530-1520)
Tutmosis II (1520-1504)
Hatshepsut (1504-1483)
Tutmosis III (1483-1450)
Amenofis II (1450-1425)
Tutmosis IV (1425-1408)
Amenofis III (1408-1372)
Akenaton (1372-1354)
Tutancamon (1354-1352)
Ai (1352-1343)
Horemheb (1343-1314)

Tutancamon

Décima nona dinastia
Ramsés I (1314-1312)
Seti I (1312-1298)
Ramsés II (1298-1232)
Merneptá (1235-1224)
Amenmosis (?)
Mernettah-siptah (reinou 6 anos)
Seti II (?)
Ramsés-siptah (?)
Iarsu (1200)

Vigésima dinastia
Sethnaht (1200-1198)
Ramsés III (1198-1166)
Ramsés IV (reinou 6 anos)
Ramsés V (reinou 4 anos)
Ramsés VI (curto reinado)
Ramsés VII (reinou 7 anos)
Ramsés VIII (reinado efêmero)
Ramsés IX (reinou 19 anos)
Ramsés X (reinou 3 anos)
Ramsés XI (reinou 27 anos)

8. Baixo Egito (1085-333)
Reinaram as dinastias vigésima primeira até a trigésima. Reis de procedência desconhecida vieram a governar o Egito. Apesar disso, a história do período é homogênea e com bastante progresso.

Vigésima primeira dinastia (1085-950)
Verifica-se um governo simultâneo no Egito: os reis de Tânis e os sacerdotes de Amom de Tebas:

a) *Reis de Tânis*

Smendes (Nesubanedjeb) (1085-1054)
Psumennes (Pasebhamnut) (1054-1009)
Pinedjem I (reina simultaneamente com Pseusennes I)
Amenoftis (1009-1000)
Siamon (1000-984)
Psumennes II (984-950)

b) *Grandes sacerdotes de Amom de Tebas*

Herihor
Pianhi
Penedjem
Mahasarte
Menheperre

Psumennes
Pinedjem II
Psumennes

Vigésima segunda dinastia (950-772)

A luta dos faraós com os sacerdotes de Amom continua na vigência dessa dinastia.

a) *Reis*

Sisaque I (950-929)
Osorkon I (929-893)
Tekelot I (983-870)
Osorkon II (870-847)
Sisaque II (847-)
Takelot II (847-823)
Nemrod (?)
Sisaque III (823-772)

b) *Grandes sacerdotes de Amom*

Iuput
Sisaque
Harsiense
Nemrod
Osorkon III

Vigésima terceira dinastia

Duplicidade de reis: em Bubatis (772...) e em Tânis (817-730)

a) *Bubatis*

Pami (772-767)
Pedubast (817-763)
Sisaque IV (763-757)
Sisaque V (767-730)
Takelot III (748-730)

Amomrud
Osorkon IV

b) *Tânis*

Harsiese II
Osorkon, filho de Takelot II
Harsiese (reina novamente)
Osorkon (757-748)
Smendes

Vigésima quarta dinastia
Tefnaht
Bocchoris (Bakenrened)

Vigésima quinta dinastia (751-656)
Kasta
Pianhi (751-716)
Sabaka (716-701)
Sabataka (701-689)
Taharka (689-663)
Tunutamon (663-656)

Vigésima sexta dinastia (663-525)
Psamético I (663-609)
Neco (609-594)
Psamético II (594-588)
Apries (588-568)
Amasis (568-526)
Psamético III (526-525)

9. *Primeiro período persa (525-404)*
De Psamético II até o domínio macedônico, a história do Egito se confunde com a dos persas. Os principais reis desse período são:

Vigésima sétima dinastia
Cambises (525-522)
Dario I (522-485)

Xerxes I (485-465)
Artaxerxes I (465-4240)
Dario II (424-404)

Vigésima oitava dinastia (404-398)

Governa um só rei, procedente de Saís e conhecido como Amirteu ou Amenertais.

Vigésima nona dinastia (393-378)

Neferites I (Naifaaurud) (398-393)
Mutis (392-391)
Psammutis (391-390)
Achoris (Hakoris) (390-378)
Neferites II (378)

Trigésima dinastia (378-360)

Nectanebo I (Nehtnebef: 378-360)
Teos (Djedher: 361-359)
Nectanebo II (Nehthorheb: 359-342)

10. Segundo período persa (341-332)

O domínio persa no Egito foi mais curto que o anterior, sendo interrompido pela presença de Alexandre na Macedônia. Os mais notáveis desse período são:

Artaxerxes III (341-338)
Arsés (338-336)
Dario III (336-332)

11. Período grego (332-321)

Alexandre, o Grande.

12. Lágidas (331-330)

Ptolomeu Sóter fundou uma dinastia que governou até o domínio romano. Os principais reis desse período foram:

Ptolomeu I, Sóter ou Lagos (331-283)
Ptolomeu II, Filadelfo (283-246)

Ptolomeu III, Evergetes (246-221)
Ptolomeu IV, Filopater (221-203)
Ptolomeu V, Epífanes (203-181)
Ptolomeu VI, Filometor (181-146)
Ptolomeu VII, Eupator (146)
Ptolomeu VIII, Evergetes II (146-117)
Ptolomeu IX (começou a reinar em 127)
Ptolomeu X, Sóter II (117-107)
Ptolomeu XI, Alexandre I (107-88)
Ptolomeu XII, Alexandre II (88-81)
Ptolomeu XIII, Auletes (80-34)

Hicsos ou reis pastores

O capítulo referente ao período da dominação hicsa no Egito é um dos mais contraditórios de toda a história do país do Nilo. De 1930 a 1970, as mudanças de conceitos sobre os invasores hicsos foram quase radicais, não só no problema da duração desse sombrio período, mas sobretudo na sua origem e no sistema de governo imposto ao Egito. Vamos analisar agora os pontos principais:

O termo

"Hicso" foi empregado por Maneto, sacerdote egípcio contemporâneo de Ptolomeu II (217 a.C.). A obra de Maneto é conhecida com o nome de *Algyptiaka* e foi escrita em grego. Restam apenas esparsos fragmentos desse importante trabalho. Maneto grafou *hyksos*, transliteração do egípcio *hekakha'st* ou *hil-shasu*. Essas palavras correspondem ao grego *basileis poiménes*, ou seja, *reis pastores*, ou como hodiernamente se interpreta c*hefes do deserto*.

A *Enciclopédia Mirador Internacional* declara:

> O vocábulo ficou por dois milênios sepultado no mais absoluto esquecimento, só retornando à luz na linguagem historiográfica da segunda metade do século XIX (inglês - *Hyksos*, 1863; francês - *Hyksos*, 1865, meras transcrições do grego). O aportuguesamento *hicsos*, singular *hicso*, é recente, cerca de 1930 ou depois, e preservou a sequência - CS (por -KS-) para não induzir à suposição de uma forma grega com *Ksi* (*X*), mas sim com *K* (*capa*) seguido de *S* (*sigma*).

O aportuguesamento ainda não está vocabularizado nem dicionarizado em obras correntes não especializadas.[32]

O *Diccionario de la Biblia* afirma:

Hicso, nome coletivo com que designa a um grupo de povos que provavelmente estiveram sob a dominação hurrita. Os hicsos e os hurritas estenderam, com seu poder, do norte da Mesopotâmia até a Ásia Menor e até o Nilo. Entre 1700 e 1580 a.C. dominaram parte do Egito em cuja história fazem parte das dinastias XV e XVI. O termo egípcio *hq'wh's, wt* foi mal interpretado por Maneto. Na realidade significa *soberano dos estrangeiros*. Aparecem entre eles nomes como de Jacó, denotando a presença semita entre eles. Sua mais importante fortaleza no Egito foi Avaris (Soã, Tânis); na Palestina foi Tell-Ayyul, isto é Jericó, e Siquém. Seu deus principal, no Egito, foi identificado com o deus local de Tânis e Sutej ou Set. Juntamente com os hicsos houve príncipes nativos egípcios que governaram. Com a XVI dinastia tebana, os egípcios começaram a expulsar os hicsos. Nessa época, os egípcios dominaram a Síria e a Palestina. Os textos egípcios guardam completo silêncio sobre a presença dos hicsos no Egito. Outras vezes os qualificaram com nomes humilhantes. Escritores judeus e cristãos primitivos equipararam os hicsos com José e seus irmãos. Errado, já se vê. Hoje, crê-se que os israelitas se instalaram no Egito na época dos hicsos.[33]

Origem

As opiniões sobre quem eram os hicsos são as mais diversificadas. Para Maneto, procediam dos fenícios e se assemelhavam aos árabes.[34] Kenneth Kitchen diz apenas que os hicsos eram semitas.[35] Antonio Neves de Mesquita limita-se a dizer que os hicsos eram asiáticos.[36] Moshe Pearlman afirma:

---

[32] *Enciclopédia Mirador Internacional*, vol. II, p. 5716.

[33] HAAG, H.; VAN DER BORN, A. & AUSEJO, S. de. *Dicionario de la Biblia*. 2.ª ed. Barcelona, Espanha: Herder, 1970, 2.126 páginas. Examine ainda as seguintes obras sobre os hicsos: MAYANI, Z. *Les Hyksos et le Monde de la Biblia*; KOENING, J. *Aperçu nouveaux sur les Hyksos*; LEIBOVITCH, J. *Le Probléme des Hyksos et celui de l'Éxode*.

[34] *Enciclopedia de la Biblia*, vol. III, p. 1.226.

[35] KITCHEN, K. A. "Egito". Em DOUGLAS, J. D. (Ed.) *O novo dicionário da Bíblia*, p. 384.

[36] MESQUITA, A. N. *Povos e nações do mundo antigo*, p. 111.

Os Hicsos foram um povo setentrional (possivelmente da Síria) que, pelo fim do século XVIII a.C., passou estrondosamente por Canaã e invadiu o Egito. Os egípcios achavam-se a esse tempo dilacerados por rivalidades dinásticas, e os Hicsos se aproveitaram dessa fraqueza. Os invasores, além do mais, traziam poderosas armas novas, tais como o carro de guerra puxado a cavalo e o arco composto. Em pouco tempo subjugaram as defesas egípcias. Levaram ainda algumas décadas para dominar o país, e por mais de cem anos os Hicsos governaram o Egito, bem como um considerável Império Asiático ocidental. (Canaã era parte do mesmo, e escavações arqueológicas em Israel revelaram consideráveis indícios de domínio Hicso, particularmente o novo tipo de fortificações).[37]

Por sua vez, a *Enciclopédia Mirador Internacional* declara:

... pouco se sabe, de fato, sobre a composição étnica dos Hicsos fora do Vale do Nilo. Os Hicsos constituíam uma fusão de várias populações asiáticas, tanto semíticas como indo-europeias, que se teriam unido em virtudes de movimentos migratórios surgidos entre os beduínos do Deserto Sírio-Setentrional. As mais antigas fontes egípcias a eles se referiam sob várias designações: *hry-sha* (os que moram sobre a areia), *iwntyw* (os árabes trogloditas dos autores clássicos), *Sasw* ou Shasu (nômades do deserto oriental). Entre esses nômades merecem atenção especial os habiri, que compunham importante grupo étnico estreitamente aparentado aos primitivos hebreus.[38]

Com os hititas na Mesopotâmia (cerca de 1900 a.C.), os hurritas agruparam-se no reino Mitani na Síria e obrigaram o deslocamento de povos na direção sul. Entre esses que fugiram, estão os hicsos.

O Egito, quando os hicsos eram apenas os habitantes do deserto, estava em lastimável decadência econômica, político e militar. Por essa razão, os hicsos não tiveram grandes dificuldades em entrar no Egito e se apossar do governo.

---

[37] PEARLMAN, Moshe. *Nos passos de Moisés*. Rio de Janeiro, Bloch, 1974. Impresso em Israel pela Peli Printing Works.
[38] *Enciclopédia Mirador Internacional*, vol. 5.717.

O tempo

As opiniões sobre o início da ocupação hicsa no Egito também é bastante viriável. A opinião de Moshe Pearlman é a que de a dominação se deu no fim do século XVIII a.C.[39] Antonio Mesquita assinala 1900 ou 2000 a.C.[40] A *Enciclopédia Mirador Internacional* diz que foi entre 1785 e 1603 a.C.[41] Kenneth Kitchen atribui o ano 1785 a.C.[42] A *Enciclopedia de la Biblia* aponta 1580 a.C.[43] Não importa o ano exatamente em que começaram a reinar; importa que reinaram. Tudo indica que usurparam o governo egípcio numa época de decadência moral, econômica e social. Isso deve ter ocorrido no final da décima quarta dinastia. O ano não é fator tão importante.

O período da dominação hicsa compreende o tempo das dinastias décima quinta (com seis reis) e décima sexta (com nove reis). Os documentos que traziam o registro dos nomes desses quinze reis foram destruídos. Por outros documentos, calcula-se que os hicsos permaneceram no trono egípcio mais ou menos 108 anos.[44]

Como tomaram o poder

Flávio Josefo, historiador judeu do primeiro século cristão, reproduz o seguinte trecho atribuído a Maneto:

> Sob o reinado de Tutemaios, não sei como a cólera divina desceu sobre nós, e um povo do leste, de origem obscura, teve a audácia de invadir o país conquistando à força sem dificuldades ou qualquer combate; seqüestraram chefes, incendiaram selvagemente as cidades, destruíram os templos dos deuses e trataram os habitantes com a mais extrema crueldade, decapitando uns, levando as mulheres de uns e crianças de outros como escravos. Finalmente, fizeram rei a um dos seus, chamados Salitas.[45]

---

[39] PEARLMAN, Moshe. *Nos passos de Moisés*, 12.
[40] MESQUITA, A. N. *Povos e nações do mundo antigo*, p. 110.
[41] *Enciclopédia Mirador Internacional*, vol. 5.717.
[42] KITCHEN, K. A. "Egito". Em DOUGLAS, J. D. (Ed.) *O novo dicionário da Bíblia*, p. 386.
[43] *Enciclopedia de la Biblia*, vol. III, p. 1.226.
[44] Era comum afirmar-se no passado que os hicsos reinaram no Egito por 400 e até 600 anos. Hoje, entretanto, sabe-se à luz de importantes documentos desenterrados pela arqueologia que a permanência desses asiáticos no poder egípcio foi de pouco mais de um século.
[45] JOSEFO, Flávio. *Contra Apião*, I, XIV.75-92.

Sabe-se, entretanto, que essa narrativa de Maneto não corresponde à realidade. Os asiáticos tinham permissão para entrar e negociar no vale do Nilo. A decadência política do Egito, que gerou a crise econômica, coincidiu com a maior afluência de migração semítica. Os hicsos, que já estavam instalados no Egito, enriqueceram. Tornaram-se poderosos pelo ouro. Era a gangorra da vida; os hicsos subiram e os egípcios desceram. Os hicsos começaram por ocupar cargos importantes no sistema administrativo egípcio. Uniram-se em torno de um "poderoso" e acabaram por tomar o governo que já estava em suas mãos. Tiveram de lutar contra tropas egípcias. Entretanto, contando com seus carros puxados a cavalos, venceram os nativos com relativa facilidade. Seus carros, leves e velozes, empurraram os egípcios para o sul. Aqui, numa cidade chamada Tebas, constituíram a sede do seu novo governo, regida por uma dinastia paralela à dos hicsos.[46]

Esplendor hicso

Aos poucos, os hicsos foram se apoderando do governo egípcio. Com a participação de elementos civis, militares e religiosos insatisfeitos com a dinastia vigente, acabaram por dominar completamente a terra dos faraós. Instalaram sua capital em Avaris (Hut-Waret), situada na orla setentrional da região de Gósen, nas proximidades da fronteira norte-oriental do Egito.

Os hicsos tornaram-se grandes e fortes na economia. Com o dinheiro galgaram posições destacadas na política e nas forças armadas. Passaram a controlar todas as áreas. Os egípcios, por sua vez, divididos e confusos, não tiveram meios de conter os invasores. Os nativos conseguiram formar um reduto de poder em Tebas e adotaram a política de coexistência com os hicsos por meio de alianças, tratados e, não raro, até com casamentos. A filha de Khian, um dos mais destacados soberanos hicsos, casou com um ilustre príncipe de Tebas.

---

[46] Kitchen, K. A. "Egito". Em Douglas, J. D. (Ed.) *O novo dicionário da Bíblia*, p. 386, indica um livro importante sobre os hicsos: a obra de Hayes, W. C. *Scepter of Egypt*, II, 1959, p. 3-41.

Em 1955, Ygael Yadin, famoso arqueólogo israelense, descobriu em Hazor, na região da Galileia, traços vivos da cultura hicsa na Palestina. Trata-se do sistema de "fortaleza", que consistia em amontoar terra e mais terra. Os montes de terra eram socados. Quando o aterro estava completo, era revestido de cerâmica. Eram verdadeiras muralhas, cuja finalidade era a defesa de seus carros de guerra, suas cidades e, principalmente, do incipiente aríete.

Na área religiosa trouxeram a deusa Ishtar, representada completamente nua. Implantaram também a esfinge alada da Síria; o deus Setekh dos hicsos era nada mais nada menos que o Baal semita, identificado com o Seth egípcio, que era a encarnação do deserto, portanto, o deus da esterilidade.

Os hicsos, de fato, exerceram forte influência sobre os egípcios. Não podemos ignorar, entretanto, que os hicsos eram nômades, pastores rudes, homens do deserto e tinham pouco que dar. Por outro lado, os egípcios eram senhores da ciência e detinham a chave da sabedoria através de séculos. Os hicsos adotaram fórmulas e protocolos dos faraós para os seus cerimoniais, também nomes e certas expressões egípcias e todo o sistema da máquina burocrática dos faraós, até mesmo o modo complexo de mumificação de seus mortos e sepulturas grandiosas.

Militarmente, os hicsos dominaram o Egito de modo absoluto, naturalmente circunscritos à área que lhes interessava, que era o norte, a região mais fértil, considerada também como a porta de entrada do Egito. Controlar essa região era controlar o Egito todo. Aqui estavam suas colossais concentrações militares.

Dedicaram-se ao comércio exterior. Seus produtos estiveram presentes em todo o Oriente Médio. Caravanas de tribos asiáticas entravam, percorriam a terra do Egito e, como Jacó e sua família, radicavam-se no norte. É opinião quase unânime dos especialistas de que foi em plena dominação hicsa que José se tornou vice-rei do Egito, e seu pai e seus irmãos obtiveram permissão para habitar em Gósen. Esse é o pensamento do sábio judeu Moshe Pearlman.[47]

---

[47] PEARLMAN, Moshe. *Nos passos de Moisés*, 16.

GEOGRAFIA DA TERRA SANTA E DAS TERRAS BÍBLICAS

A arqueologia confirma a presença dos hicsos em todo o Oriente Médio. Escaravelhos com o nome gravado de Khian, famoso rei hicso, foram encontrados em Bagdá (Mesopotâmia), em Creta, em Boghazkoy, capital do grande Império Hitita, na Anatólia. No período de Khian, as províncias do sul do Egito pagaram tributo aos hicsos.

Expulsão dos hicsos

As dinastias nativas radicadas em Tebas foram-se fortalecendo pouco a pouco. Recuperaram-se economicamente, organizaram grandes exércitos e se adestraram em planos estratégicos com a finalidade de retomar o poder perdido. Por outro lado, os hicsos, por uma série de fatores inexplicáveis, foram se enfraquecendo. Os nativos começaram por hostilizar os hicsos, veladamente no princípio e depois declaradamente. Progrediram em seus planos e acabaram por declarar guerra aos hicsos, conhecida hoje como a "Guerra de Libertação".

O conflito começou quando Seknen-Ra-Tas II, cognominado o "Valente Egípcio" nativo, interpelou o rei hicso Aa-Kenen-Ra-Apep II sobre o sacrifício de Hipopótamo, animal consagrado a Seth-Sutekh, divindade hicsa. O papiro Sallier I revela parte do diálogo-desafio entre os dois monarcas. Não se tem notícia do desfecho da querela. A cabeça da múmia de Seknen-Ra-Tas II guarda sinais de ferimentos mortais, o que parece indicar que a disputa diplomática terminou em conflito armado.

A luta prossegue sem tréguas. Kames, filho de Seknen-Ra-Tas II, declarou guerra aos hicsos e marcha contra Avaris com grandes exércitos. Os hicsos estão debilitados para conter os "rebeldes". Conseguiram apenas amortecer o ímpeto dos invasores tebanos. Chegaram a pedir socorro aos núbios. Pouco adiantou. Kames, com a infantaria, retornou a Tebas. Reforçou suas tropas e voltou ao campo de batalha, conseguindo neutralizar os núbios. Nesses confrontos, os hicsos foram dizimados.[48] Na segunda fase, agora com Neb-petti-Ra Ah-mes I, o Egito põe fora da luta os hicsos. Esse monarca

---

[48] Os primeiros passos dessa luta estão narrados na Tábula Carnavon e na Estela Karnak.

EGITO

egípcio se tornou famoso por ser o fundados da décima oitava dinastia nos dois Egitos, agora unificados.[49]

Os hicsos retornaram ao deserto Sírio, de onde talvez vieram. Os egípcios organizaram exércitos para perseguir os "usurpadores" onde estivessem. Uma vez fora do vale do Nilo, os hicsos se foram diluindo nos povos orientais. Cessou, assim, sua influência.[50]

Consequência hicsa para Israel

Em Êxodo 1.8 lemos: "Entrementes se levantou novo rei sobre o Egito, que não conheceu a José". Quem seria esse "novo rei"? A opinião dos especialistas se divide, o que torna quase impossível a conclusão. O faraó da opressão será o mesmo do Êxodo 1.8? Não! O "novo rei" é um e o faraó da opressão aparece em Êxodo 2.23. Para o período de Êxodo 1.8 e 2.23, a história admite três reis egípcios poderosos, porém cruéis: Ramsés I (fundador da décima nona dinastia), Seti I (filho de Ramsés I) e Ramsés II, o Grande (filho de Seti I).[51]

Tendo por base Êxodo 1.9, o faraó reconheceu o espantoso crescimento dos filhos de Israel e temeu ante a explosão demográfica desses estrangeiros. Êxodo 1.11 registra a medida que faraó tomou contra Israel: "afligi-los com suas cargas", isto é, fazer tijolos que foram empregados na construção das cidades armazéns Pitom e Ramessés. Pitom foi construída pelo braço escravo de Israel e ficava na orla meridional de Gósen, a ocidente do lago Timsah, a poucos quilômetros da atual Ismália. Ramessés foi construída no lado norte de Gósen, junto ao lago Manzala, a sudoeste da hodierna cidade de Port Said. Ramessés foi levantada na área onde outrora estava Avaris. Seti I começou a edificação dessa cidade. Seu neto Tamsés II terminou e deu-lhe seu próprio nome. Sob grafia alternada, a cidade de Ramessés aparece na Bíblia como Zoã (Nm 13.22; Sl 78.12,43; veja também Is 19.11,13; 30.4; Ez 30.14.). Essa mesma cidade passou a chamar-se Tânis.

---

[49] Num grande túmulo em el-Kab registra-se o ataque a Avaris e consequentemente o saque da famosa capital hicsa, no Baixo Egito.

[50] Recomendamos a excelente obra ARAÚJO, Emanuel Oliveira. *O êxodo hebreu: raízes histórico-sociais da unidade judaica*. Brasília, 1970.

[51] Veja CRABTREE. *Arqueologia bíblica*; CERAM, C. W. *Deuses, túmulos e sábios*; KELLER, Werner. *E a Bíblia tinha razão*; ADAMS, J. M. *A Bíblia e as civilizações antigas*.

417

Os hicsos e a história egípcia

A história egípcia omite, em grande parte, a presença hicsa em seu governo. Será que os hicsos não existiram ou não deixaram nada para os anais da história dessa importante civilização? Deixaram, sim, marcas indeléveis de sua passagem pelo Egito. Por que não os temos então? É provável que outros reis, principalmente Ramsés II, tenham mandado apagar dos monumentos egípcios todo e qualquer vestígio da passagem dos hicsos pelo Egito. Como a casa de José era protegida pelos hicsos, uma vez retirado o invasor, os protegidos foram também perseguidos e reduzidos à escravidão. Por essa razão, nada ou quase nada temos na história egípcia sobre os 400 anos que Israel passou na terra de Gósen.[52]

---

[52] O documento mais importante que existe sobre Israel no Egito são as famosas *Cartas de Tell el-Amarna*. Veja CRABTREE, A. R. *Arqueologia bíblica*.

19
O cristianismo no Ocidente

Israel é o berço do cristianismo. O Senhor Jesus pregou em toda a Palestina, demorando-se mais ao norte. Morreu, foi sepultado e ressuscitou em Jerusalém. Nessa cidade o Espírito Santo desceu no dia de Pentecostes. Formou-se, então, a grande e poderosa igreja, que se espalhou por toda a Judeia, Galileia e Samaria (At 9.31).

Segundo a ordem do Senhor Jesus (Mt 28.19,20) e com determinações específicas em Atos 1.8, o evangelho seria pregado em Jerusalém, na Judeia, em Samaria e até os confins da terra.

Para descentralizar os cristãos de Jerusalém, Deus permitiu a perseguição que começou com a morte de Estêvão (At 8.1). Os 100 mil convertidos da Igreja de Jerusalém foram espalhados.[1] Esses dispersos (At 8.4) se dividiram em dois grupos: um que pregava o evangelho a judeus (At 11.19), e outro que, além dos judeus, pregou também aos gentios (At 11.20). Formou-se em Antioquia da Síria o grande centro de influência cristã para os gentios.

Paulo foi preparado por Deus para liderar a pregação do evangelho de Cristo até os confins da terra. Teremos, portanto, de acompanhar os passos de Paulo pelos continentes, através das nações, nas cidades e até de "casa em casa" (At 20.20), na ousadia da pregação do Cristo vivo, no testemunho poderoso do evangelho, no sofrimento, na fome ou no perigo, na nudez ou nos naufrágios (2Co 11).

Arábia

Foi onde Paulo passou três longos anos de sua vida após a conversão a Cristo, entregou-se às batalhas de oração, estudou

---

[1] Atos 21.20 atesta que havia *dezenas de milhares* de crentes judeus; daí afirmarmos esse número para a igreja de Jerusalém ao irromper a perseguição.

acuradamente a Palavra de Deus e conversou face a face com Jesus nas revelações gloriosas que narra em 2Coríntios 12.

Nome

Eis a etimologia do termo "Arábia":

> ... a designação do povo aparece em grego *áraps*, plural *árabes*, documentos no epigramático de Estrabão, grego Straton, no século II d.C., embora, como adjetivo, já se documenta no peã délfico do século II a.C. O latim arabs-abis, documenta-se em Virgílio (70-19 a.C.); e vários derivados aparecem em latim: arabes-um, árabes, bem como arabi-orum...". O francês começou a usar o termo a partir do século XII d.C.; o espanhol "mozárabe" em 1115 d.C.; e o português *arabi* e *arrabi*, nas Ordenações Afonsinas, terminadas em 1446 d.C.[2]

Esse termo aparece algumas vezes na Bíblia (veja 1Rs 10.15; 2Cr 9.14; Is 21.13; Jr 25.24; Ez 27.21; 30.5; Gl 1.17; 4.25), além de algumas derivações, como *arábico*, *arábio* ou *árabe*. "Árabe" parece significar "terra árida" ou "terra seca". De acordo com *The International Standard Bible Encyclopaedia*:

> O termo hebraico *arabh* refere-se sempre, literalmente não a um país, mas ao povo da Arábia, considerado coletivamente e de modo especial aos árabes nômades. O nome de um país (Arábia) não aparece no Antigo Testamento; mas no Novo Testamento foi empregado para designar a Síria e a península do Sinai.[3]

Divisão da Arábia

Geograficamente, Arábia refere-se à grande península, um subcontinente, situada entre Ásia e África. Sua condição política levou os povos do passado a abrir estradas na região e a disputar suas terras.

Limites

No lado oriental limita com o golfo Pérsico, chamado pelos árabes de "golfo Árabe"; ao sul com o oceano Índico, ou mar de Omã,

---

[2] *Enciclopédia Mirador Internacional*, vol. 3, p. 684.
[3] *The International Standard Encyclopaedia*, vol. 1, p. 214.

ou ainda mar da Arábia; ao ocidente com o mar Vermelho; ao norte suas fronteiras nunca foram definidas, nem geográfica, geológica e etnograficamente. Deixando a "península", seus limites chegaram até os montes Taurus, no planalto da Anatólia, outras vezes até Zagros, no planalto do Irã. Isso naturalmente não deixou de ser exagero de alguns autores. O normal é reduzir Arábia ao conhecido "deserto siro-arábico" de forma triangular com base nos extremos do golfo Pérsico e Ácaba e com o vértice pouco além do norte de Tadmor ou Palmira.

Extensão territorial

A Arábia deve ocupar uma área de 3 milhões de km^2. A parte mais conhecida desse imenso deserto é a que vai do mar Morto e pouco mais para o sul, até o Eufrates. Nessa região, desde tempos imemoriais, vivem os beduínos nômades, em tendas, e em completa liberdade. Do ocidente do mar Vermelho até o Nilo estende-se o grande deserto do Saara, que alguns autores no passado incluíram no "deserto da Arábia". Na realidade, um é continuação do outro. Mas o deserto da Líbia não deixa também de ser continuação do Saara.

Divisões da Arábia

The International Standard Bible Encyclopaedia divide o Grande Deserto da Arábia em três regiões: Arábia Pétrea, Arábia Deserta e Arábia Felix.[4] Essa divisão foi feita por Ptolomeu. A primeira dessas divisões não se refere precisamente à parte rochosa da Arábia, mas à determinada com capital na cidade de Petra, antiga Sela, e inclui a península do Sinai. A segunda vai do sul da Caldeia até o Jordão, incluindo algumas regiões de grande fertilidade. A terceira é o El-Yemen, que significa "o país da direita", isto é, ao sul, e o Es-Shemen (Síria), "o país da esquerda", ao norte. Vai do norte, incluindo Síria, até encontrar-se ao sul com o deserto conhecido como siro-arábico.

Acidentes geográficos

Montes se erguem na região quase na vertical. O mar Morto está na depressão com cerca de 2.400 m de profundidade. Essa cadeia

---

[4] *The International Standard Encyclopaedia*, vol. 1, p. 215.

de altos montes corre a leste e a oeste do mar Vermelho. No ocidente acompanha o deserto do Saara, e a leste passa pelo oceano Índico e termina no golfo Pérsico. Do golfo de Ácaba até o extremo sul de Meca, quase tocando nos montes Asir, no paralelo vigésimo, está o que os árabes chamam de al-Higaz, que vem a ser "barreira". Segue-se, então, uma estreita faixa de terra denominada Tihama, desnuda e tórrida. Começam aí os montes do Yemen, chegando a alcançar, alguns, nada menos de 3.000 m. A cadeia montanhosa que acompanha o Índico é menos elevada que a primeira.

As muitas depressões da região facilitam as comunicações entre nações e cidades. Dessas depressões, a mais importante é o uádi Hadramawt. Pouco além estão os montes da região de Mahra, com seus famosos camelos. Esses montes alcançam a península de Omã. Os montes, os vales e as escarpas dessa região são férteis. Os árabes lhe chamam Gebel Ahdar, isto é, monte verde.

Dos montes de Omã, começando pela chamada "Costa dos Piratas", até alcançar o Kuwait, indo até o extremo do golfo Pérsico, a região é plana e as águas do mar são extremamente rasas. O deserto sírio, com aproximadamente 200.000 km^2, eleva-se a quase 1.000 m sobre o nível do mar. Os montes formam depressões por onde corre o uádi al-Sirham com mais de 300 km de comprimento. É aqui que está o oásis de al-Gawf, com o grande mercado de beduínos. Durante milênios, as rotas caravaneiras que vão da Arábia central ao Mediterrâneo têm passado por esse uádi. Hoje, passa o famoso oleoduto e a estrada trans-árabe, por onde escoa o petróleo do golfo Pérsico para o Mediterrâneo.

Pouco mais ao sul está o deserto central de Nefud, com cerca de 200.000 km^2 também, com monstruosas dunas de areia, que se deslocam ao sabor dos ventos. O deserto de Negd e o litoral do golfo Pérsico estão ao sul do Nefud. Entre esse litoral e o Negd corre um deserto de 800 km de comprimento por 100 de largura. Ao sul do Negd está o temido deserto arenoso de Rub al-Haly, conhecido também como al-Dahná, cuja extensão territorial o iguala ao da península Ibérica. Em toda a "península Desértica" não há sequer um rio perene. Por falta de umidade os vegetais são escassos. A árvore que predomina é a palmeira, entre elas a mais comum é a tamareira. A acácia silvestre, que é a árvore do deserto, é abundante em alguns

O CRISTIANISMO NO OCIDENTE

lugares. Na região não há oliveira. O incenso e a mirra são encontrados no deserto. Desde tempos imemoriais eram transportados para as nações, pela famosa "estrada do incenso". Algumas panteras vivem ainda na região, também alguns leopardos, hienas, lobos e raposas; as gazelas enchiam as poucas regiões verdes do deserto, agora apoucadas pelo abuso da caça predatória. Animais domésticos como bovinos, caprinos, camelos, cavalos e aves diversas são criados nas regiões dos oásis.

O povo árabe

A "península Desértica", de acordo com a Bíblia, foi ocupada pelos "filhos de Cam" (Gn 10.26-29; 25.2-4; 25.13-15). Todos os árabes procedem de Abraão com Agar (Gn 16.1-16). Após o nascimento de Isaque, Abraão despediu Agar, que se foi com o filho Ismael para o deserto (Gn 21.8-21). Gênesis 25.18 diz que os descendentes de Ismael habitaram no deserto desde Havilá até Sur que olha para o Egito, como quem vai para a Assíria. Os ismaelitas se tornaram famosos mercadores. Compraram José e o venderam no Egito (Gn 37.25).

Entre os árabes surgiu o famoso reino dos minos, cuja capital era Maim, distante 55 km de Mariaba. A arqueologia descobriu uma lista contendo os nomes de seus 36 reis. Conheciam o alfabeto semítico e o usavam. O reino dos minos foi absorvido pelos sabeus conhecidos na Bíblia como "reino de Sabá". Os árabes se relacionavam com os hebreus: compravam e vendiam aos hebreus (Gn 37.27-36 Jz 6.1—8.35); Salomão comprou deles ouro, prata e especiarias (2Cr 9.14); Josafá recebeu deles tributos em gado e ovelhas (2Cr 17.11); no reinado de Jorão, os árabes, com outros povos, saquearam Jerusalém (2Cr 21.16); Uzias os expulsou do país (2Cr 26.7); estavam presentes em Jerusalém no dia de Pentecostes (At 2.11); Paulo passou três anos na Arábia (Gl 1.17).

A Arábia de Paulo

Em Gálatas 1.17 Paulo afirma: "... nem subi a Jerusalém para os que eram apóstolos antes de mim, mas parti para as regiões da Arábia, e voltei outra vez a Damasco". As diversas traduções da Bíblia assim verteram Gálatas 1.17.

GEOGRAFIA DA TERRA SANTA E DAS TERRAS BÍBLICAS

1. "... parti para as regiões da Arábia" (*Almeida Revista e Atualizada*, 2.ª ed., 1993).
2. "... parti para a Arábia" (*Versão Revisada, Melhores Textos, Nova Versão Internacional, Matos Soares*).
3. "... parti incontinenti para a Arábia" (W. C. Taylor).[5]
4. "... mas fui à Arábia" (Trinitarian Bible Society, Londres, 1948).
5. "Mesopotâmia neandai in Arabia" (Giovanni Diodati, Roma, 1946).
6. "... sino que fui a Arábia" (Cipriano de Valera, 1960).
7. "... fui para a Arábia" (*Cartas para Hoje*, J. B. Phillips, Vida Nova, 1994).
8. "... fui para a região da Arábia" (*Nova Tradução na Linguagem de Hoje*, 2000).
9. "... dirigi-me aos desertos da Arábia" (*Cartas Vivas*, Kenneth N. Taylor, São Paulo: Editora Vida Evangélica, 1967).

Resta-nos agora saber qual foi a Arábia em que Paulo passou três anos, segundo Gálatas 1.17.

Para Huberto Rohden os fatos se passaram mais ou menos assim:

O termo "Arábia" comportava, nesse tempo, um sentido muito amplo. Abrangia toda a península arábica e se estendia até Damasco, e além, até as águas do Eufrates. A alma desse país era formada pelo Reino dos Nabateus, chamada "Arábia Pétrea". Aretas, o rei dos árabes nabateus vivai, então, em pé de guerra com Herodes Antipas, tetrarca da Galileia, o qual repudiara a sua legítima esposa, filha de Aretas, por amor de Herodíades.

Calculou Paulo que nesse recanto se acharia seguro contra os esbirros do Sinédrio, que, súditos de Herodes, dificilmente penetrariam nos domínios de Aretas.

Internou-se, pois, o discípulo de Gamaliel num dos ermos que ocupam vasta zona da península arábica. Vestido de beduíno, com larga túnica branca, cinto de couro com o *keffige* (turbante) de variadas cores, foi habitar numa caverna, ou pediu agasalho em moderníssima tenda a um dos nômades que viviam na imensa mo-

---

[5] TAYLOR, W. C. *Epístola aos Gálatas: tradução e comentário*. Rio de Janeiro: Casa Publicadora Batista, 1938, p. 46.

notonia dessas estepes agrestes, onde, mais tarde, se espiritualizam tantos eremitas cristãos.[6]

Em *O novo dicionário da Bíblia*, W. W. Wessel, Ph.D. e professor de literatura bíblica, informa o seguinte sobre a Arábia de Paulo:

A Arábia é mencionada apenas duas vezes no Novo Testamento. Paulo relata como, após a sua conversão, ele foi para a Arábia (Gl 1.17). Nenhum outro relato sobre esse incidente ocorre no Novo Testamento. O local exato para onde Paulo foi é muito incerto. Visto que Arábia, para a mente greco-romana, significava o reino dos Nabateus, é possível que ele tenha ido para lá, talvez para Petra, a capital. Por que ele foi para lá, não é revelado. Quiçá, seu propósito tenha sido estar sozinho para comungar com Deus. K. Lake sugere que Paulo levou a efeito uma missão de pregação ali, visto que na epístola aos Gálatas, onde ele menciona esse incidente, a antítese não é entre conferências com cristãos de Jerusalém e conferências com Deus no deserto, mas antes, obedecer imediatamente à sua comissão de pregar aos gentios e ir à Jerusalém para obter autoridade de fazer tal (*The Earlier Epistles of St. Paul*, 1914, págs. 320 e seg.).[7]

O doutor W. C. Taylor declara:

Fui-me embora para dentro da Arábia é o que Paulo realmente escreveu. Parece uma viagem considerável. Não sou dogmático em pensar que ele foi ao Sinai... A península sinaítica estava longe de Damasco; a jornada era sempre perigosa para viajantes sem escolta, e no ano 37 (a data mais provável para a conversão de Paulo) era quase impossível por causa da guerra entre o rei Aretas e os romanos.[8]

Taylor prossegue:

Arábia – Ele agora é impelido pelo Espírito, como Cristo fora impelido, para o deserto; e o rabi que se sentara aos pés de Gamaliel,

---

[6] ROHDEN, H. *Paulo de Tarso.* Rio de Janeiro: Cruzada da Boa Imprensa, 1939, p. 50.
[7] WESSEL, W. W. "Arábia". Em: DOUGLAS, J. D. (Ed.). *O novo dicionário da Bíblia*, p.108.
[8] TAYLOR, W. C. *Epístola aos Gálatas*, p. 88-89.

sentado agora aos pés de Cristo, se torna o grande mestre da Igreja, interpretando o cristianismo no sentido de ser uma religião universal.[9]

Continuando, Taylor segue mostrando o valor da Arábia para Paulo:

Esta é a cadeia de provas de sua independência dos doze. Cristo foi o Mestre de Paulo, não Pedro, Tiago e João. Damasco foi o berço espiritual de Paulo, não Jerusalém. Paulo estudou teologia na Arábia, não em Jerusalém. Paulo visitou os doze como colega, não como discípulo. Paulo discutiu o evangelho com os demais líderes, como sócio na evangelização mundial, e não como enviado deles. Paulo corrigiu as imperfeições deles na aplicação dos princípios evangélicos. Paulo demonstrou em Jerusalém a autenticidade do seu evangelho e pelo notório caso de Tito venceu toda a oposição.[10]

Ele afirma mais ainda:

... naturalmente, não insistimos que Paulo esteve no Sinai, apenas por motivos sentimentais. Existem razões sólidas: 1) Arábia é por ele mesmo identificada como Sinai, na alegoria de Gálatas 4.21-25; 2) A pronúncia de Sinai pelos árabes como Agar (Gl 4.25) Paulo chegaria a saber lá na vizinhança e não em outra parte; 3) Fosse ao pé do Sinai ou mais longe, Paulo sem dúvida contemplara o Sinai na sua meditação, viu que o Calvário sobrepuja e eclipsa o Sinai e faz este desaparecer com seus relâmpagos e ameaças (Hb 12.18-22). Seriam mais vivas estas meditações na vizinhança (Crisóstomo e outros alegavam que Paulo evangelizava no deserto; isto não é, porém declarado nem é provável)...

Lightfoot, pois, num estudo especial sobre o assunto, parece ter razão em dizer: "Assim no deserto do Sinai, como no monte da Transfiguração, se encontram três dispensações como se fossem uma só. Aqui Moisés recebera as tábuas da Lei, no meio do fogo, temporal e espesso negrume. Aqui, de novo, Elias, profeta típico, escutara a voz de Deus e partiu, refrigerado para a sua missão de justiça. E, finalmente, aqui, na plenitude dos tempos, São Paulo, o maior pregador d'Aquele de quem a Lei e os Profetas falaram, ficou fortificado e san-

[9] TAYLOR, W. C. *Epístola aos Gálatas*, p. 87.
[10] TAYLOR, W. C. *Epístola aos Gálatas*, p. 88-89.

tificado para sua grande obra, foi instruído tanto na largura como no comprimento da sabedoria de Deus, e foi transformado de campeão de uma tradição intolerante e estreita para ser o apóstolo de grande coração, aos gentios" (Com. de Lightfoot sobre Gálatas, pg. 89).[11]

Então, a Arábia de Paulo deve ter sido numa cidade do reino dos nabateus, ou nalgum lugar da imensa península do Sinai, entre Cades Barneia e o monte de Moisés. Foi um lugar calmo, solitário e convidativo à comunhão com Deus. Talvez ele tenha morado em tenda com algum conhecido e fabricado tendas para garantir sua manutenção. É possível que tenha pregado a Palavra e ganhado algumas almas para Cristo. Seu objetivo principal, entretanto, foi sentar-se aos pés de Cristo e harmonizar *lei* e *graça*, preparando-se, assim, para ser mestre dos gentios na fé e na verdade (1Tm 2.7).

Damasco

Nome
Em hebraico *Dameq*, provavelmente "lugar bem irrigado" ou "cidade das caravanas"; egípcio: *t-msq*; aramaico: *Dimasaq*; grego: *Damaskós*; latim: *Damascus*.

Localização
Limita-se a leste com os montes Antilíbanos; a sudeste sombreada com o monte Hermom (Ct 7.4). Fica no noroeste da planície de Rhuta ou el-Gutah, a 33º latitude N e 36º 18' longitude E. A 690 m sobre o nível do mar; limita a ocidente com o deserto siro-arábico. Banhada pelo famoso rio Barada (o Abana de 2Rs 5.12) e pelo Farfar. Fica 224 km ao norte de Jerusalém. A planície onde Damasco está plantada tem uma circunferência de 112 km. Dela partem rotas para o Mediterrâneo, distante 105 km rumo ao oeste, passando pela antiga Tiro (Ez 27.18); pela costa chega ao Egito; pelo oriente chegava, no passado, à Assíria e Babilônia; e pelo sul alcança a Arábia através de Israel ou Jordânia; pelo norte comunicava-se com Alepo.

[11] Taylor, W. C. *Epístola aos Gálatas*, p. 88-89.

Damasco

Nas Escrituras Sagradas, a cidade é chamada de "Síria de Damasco" (2Sm 8.5). Estrabão cognominou-a *Coeli-Síria*. A Damasco moderna ocupa uma área de 3 x 1,5 km² ao longo do rio Barada. Uma rua muito longa é conservada e se chama Dar al-Mustaqim, isto é, Rua Direita. Provavelmente em algum ponto dessa cidade estava a casa de Judas (At 9.11), para onde Paulo foi conduzido e permaneceu cego, em jejum e oração, e onde o pastor Ananias o encontrou e o batizou, e, pela imposição das mãos, Paulo foi cheio do Espírito Santo (At 9.17).

Antiguidade

Admite-se que Damasco seja uma das mais antigas cidades do mundo. Dois milênios antes de Cristo já apareceu no Antigo Testamento em Gênesis 14.15. É provável que tenha sido fundada pelos sumerianos primitivos, que a estabeleceram para dominar as regiões da Anatólia. É mencionada cerca de 40 vezes no Antigo Testamento. No Novo é assinalada 15 vezes, sempre associada à vida de Paulo.

História

Conhecida desde tempos imemoriais, alinha-se entre os lugares conhecidos como pré-históricos:

1. Isaías 7.8 diz que Damasco é o cabeça de Arã.
2. Abraão derrotou a coligação de reis orientais, perto de Damasco (Gn 14.15).
3. Abraão tinha um servo fiel chamado Eliezer, que era de Damasco (Gn 15.2).
4. Davi tomou Damasco e nela estabeleceu guarnições (2Sm 8.5, 6; 1Cr 18.5,6).
5. Hezion, Tabrimom e Ben-Hadade, reis da Síria no tempo de Asa, rei de Judá, residiam em Damasco (1Rs 15.18).
6. Acabe, rei de Israel, obteve permissão de Ben-Hadade para abrir bazares em Damasco (1Rs 20.34).
7. Na caverna do Horebe, Deus ordenou a Elias que fosse ungir Hazael, rei da Síria (1Rs 19.15).
8. Ben-Hadade, enfermo, recebeu a visita de Eliseu (2Rs 8.7).
9. Salmanasar, rei da Assíria, derrotou Hazael no monte Hermom, e o reduziu a seu tributário (842 a.C.); Acaz, rei de Judá, pediu auxílio a Tiglatepileser III, rei da Assíria, tomou Damasco e deportou seus habitantes para Quir (2Rs 16.5-9).
10. Damasco teve transações comerciais com Tiro (Ez 27.18).

No período selêucida, Damasco deixou de ser capital; consequentemente, perdeu grande parte do seu riquíssimo comércio. Antioquia suplantou-a. Pouco tempo depois, Damasco ficou sendo a capital da Coeli-Síria, no reinado de Antíoco IX, em 111 a.C. Aretas, o nabateu, conquistou Damasco em 85 a.C., entregando-a a seguir a Triganes, da Armênia. Em 64 a.C., Damasco tornou-se uma cidade romana.

No tempo de Paulo, Damasco era governada por Aretas IV (9 a.C.-40 d.C.), que derrotou seu genro Herodes Antipas (2Co 11.32,33). Em Damasco havia inúmeras sinagogas (At 9.2). Nessa cidade Paulo pregou sua primeira mensagem cristã. Perseguido por Aretas, os discípulos o desceram pela muralha por um grande cesto (At 9.20-25). Depois de breve estada em Jerusalém (At 9.26-30), Paulo se retira para a Arábia. Três anos mais tarde, retorna a Damasco (Gl 1.17).

Porta de Damasco

Paulo, portanto, se converteu às portas de Damasco (At 9.1-9); foi batizado em água em Damasco (At 9.18); batizado no Espírito Santo em Damasco (At 9.17); pregou suas primeiras mensagens nas sinagogas de Damasco (At 9.20); foi perseguido pela primeira vez em Damasco (At 9.23); depois de preparado por Jesus durante três anos na Arábia, retorna a Damasco (Gl 1.17); de Damasco foi a Tarso (At 9.30) e dali para Antioquia da Síria (At 11.25,26).

Antioquia

Nome

Antioquia procede de Antíoco. Fundada por Seleuco Nicator (*1Macabeus* 3.37) em 300 a.C., após sua vitória sobre Antíoco, em Issus, e assim denominada em homenagem a seu pai Antíoco. John D. Davis lembra que "Antíoco" significa "sofredor" ou "resistente".[12]

---

[12] DAVIS, J. D. *Novo dicionário da Bíblia*, p. 88.

Essa era a mais famosa e mais importante das dezesseis Antioquias existentes, quase todas no Oriente Médio.

Localização

Estabelecida na parte sul do rio Orontes, distante 40 km de sua embocadura. A maior parte desse rio era navegável. A cidade dormia ao pé do monte Silfo e voltava-se para Selêucia Pieria, famosa pelo seu grande porto sobre o Orontes. A distância de Antioquia à Selêucia era pouco mais de 2 km. Selêucia era o porto de Antioquia sobre o Mediterrâneo, conhecida mais tarde como Ptolemaida. Pelo Mediterrâneo, comunicava-se com a Grécia e todo o Ocidente. Pelas rotas caravaneiras, chegava à Mesopotâmia, Ásia Menor, Palestina e Egito.

O povo

Gente heterogênea formava a massa populacional de Antioquia. Flávio Josefo diz que os selêucidas estimularam os judeus a se radicarem em Antioquia.[13] Durante as guerras macabeias, grande contingente de judeus se transferiu para Antioquia e logo após a perseguição movida pelos judeus de Jerusalém contra a igreja nos dias dos apóstolos.

Antioquia era uma cidade muito grande e com uma densidade demográfica colossal.

História

Antioquia nasceu grande. Ao norte de Damasco estava Palmira, e ao norte de Palmira, Apanea, e ao norte de Apanea, Antioquia. A distância entre Damasco e Antioquia era de mais ou menos 220 km. Estava a 50 km de Tarso da Cilícia. Os selêucidas e romanos estiveram em guerra muitos anos. Pompeu (64 a.C.) capturou a cidade, declarando-a livre. Foi transformada em capital da Província Romana da Síria. Romanos e sírios começaram a remodelar a cidade com grandes edifícios e templos colossais, com pontes maravilhosas sobre o rio Orontes, com ruas e avenidas magníficas.

---

[13] JOSEFO, Flávio. *Guerras*, 8.3,3.

Tornou-se esplendorosa, gloriosa e rica, a terceira cidade do mundo, ultrapassada apenas por Roma e Alexandria. À luz do sol, os monumentos e os edifícios feitos ou revestidos de mármore branco, trazido da Anatólia, brilhavam, deslumbrando os visitantes. Era realmente um esplendor de beleza. Muitas ruas em Antioquia eram pavimentadas com mármore branco.

Perto de Antioquia estavam os bosques de Dafne, bem como um santuário dedicado a Apolo. Em Dafne, atividades indecorosas e orgias eram praticadas em nome dos deuses. Era uma cidade muito cruel. Muito sangue inocente foi nela derramado. Nos dias do apóstolo Paulo e de seu companheiro Barnabé, Dafne estava mergulhada nas trevas de um paganismo brutal e de uma idolatria vil, era o grito de um povo aflito e sem norte, clamando por luz do céu e salvação em Jesus Cristo.

A perseguição que sobreveio à igreja em Jerusalém, começando com o martírio de Estêvão (At 8.1-4), espalhou os cristãos por diversas partes do mundo.[14] Um grupo de cristãos judeus "superortodoxos" só pregava o evangelho a outro judeu (At 11.19); outro grupo, porém, de espírito aberto ou tolerante, anunciara a Palavra também aos gentios (At 11.20). A mão do Senhor era com este grupo. Os gentios se converteram em grande número (At 11.21). Grande parte desses cristãos de espírito aberto residia em Antioquia, distante de Jerusalém cerca de 480 km.

O Espírito Santo organizou a igreja de Antioquia. A igreja de Jerusalém enviou Barnabé para inspecionar o nascente trabalho e para ajudar a igreja. Ele era homem de espírito aberto e cheio do Espírito Santo, de fé e amor (At 11.22-24). A igreja cresceu tanto que Barnabé não conseguia dar conta do trabalho. Foi então a Tarso e trouxe Saulo (At 11.25). Barnabé e Saulo doutrinaram os convertidos, levando-os ao crescimento. O número de salvos em Antioquia chegou a ser uma numerosa multidão (At 11.26). Nessa comunidade falava-se de

---

[14] A igreja em Jerusalém cresceu maravilhosamente: começou com 120 membros (At 1.15), depois cresceu mais de três mil (At 2.41). O número aumentava dia a dia (At 2.47), chegnado a cinco mil *homens* (At 4.4). Além de contínuo, o crescimento era constante (At 5.14), pois se diz que a igreja cresceu até chegar no que lemos em Atos 21.20: havia *dezenas* de milhares de convertidos judeus.

Cristo, tanto que se falou que os do "caminho" pela primeira vez foram chamados "cristãos".[15]

Antioquia da Síria foi um ponto estratégico para o estabelecimento da igreja gentílica; dessa cidade, o evangelho foi levado a povos, línguas e nações. O trabalho de evangelização na região continuou crescendo. Escavações arqueológicas feitas no local onde outrora floresceu Antioquia da Síria (hoje Antaquya) revelaram nada menos de vinte templos cristãos do século IV d.C.

Antioquia foi destruída em 538 d.C., tomada por Cosroes, rei persa. O imperador Justiniano a reconstruiu. Os serracenos tomaram-na em 635 d.C. Em 1084 passou para o domínio turco. Em 1068, os Cruzados dominaram-na até 1269. Daqui em diante, esteve sempre sob poder muçulmano.

Alguns terremotos prejudicaram grandemente a cidade, de modo especial o de 1822.

Ásia e Ásias

A palavra "Ásia" comporta diversas acepções:

1. O imenso continente.
2. Uma das divisões do Oriente, como: Extremo Oriente, Oriente Médio e Oriente Próximo.
3. A região da Anatólia, hoje ocupada pela Turquia asiática.
4. A região das sete igrejas do livro de Apocalipse, acrescida de outras pequenas cidades.

A pregação de Paulo em Éfeso possibilitou a que "toda a Ásia ouvisse a Palavra, tanto judeus como gregos" (At 19.10). É praticamente certo que o apóstolo não está se referindo ao continente asiático com o uso do termo "Ásia", nem a uma de suas imensas regiões, nem mesmo à Anatólia, mas à Ásia Proconsular, a região das "sete igrejas".

---

[15] Antioquia da Síria tornou-se o *centro* de influência gentílica, assim como Jerusalém o foi para o judaico. As igrejas judaicas cresceram até a queda de Jerusalém em 70 d.C. (At 9.21). De Antioquia, a luz do evangelho de Cristo brilhou em todas as nações da terra e continua a brilhar.

Estudaremos em primeiro lugar a região da Anatólia; depois acompanharemos os passos do apóstolo Paulo não só na Anatólia, mas na Grécia e em Roma.

Anatólia

Nome

Essa região recebeu diversos nomes:

1. *Ásia*. Foi o nome que a Roma clássica deu à imensa península que ocupa a metade da atual Turquia; fica a 36° N, termo médio 450 km, 26°40' L, 1.000 km. O historiador grego Heródoto chamou também de "Ásia" em sentido restrito essa região, e o mesmo se vê em *1Macabeus* 8.6 e 11.13.
2. *Ásia Menor*. Osório foi o primeiro a empregar essa terminologia por volta de 400 d.C. Essa designação se tornou popular rapidamente. Entretanto, a tendência dos historiadores atuais é chamá-la de "Anatólia".
3. *Anatólia*. Do grego "Terra do Sol Nascente" ou simplesmente "Levante". A *Enciclopédia Mirador Internacional* informa: "A palavra Ásia origina-se de denominações dadas, em meados do segundo milênio antes de Cristo, por textos hititas e egípcios, respectivamente às costas ocidentais, Assuwa, e regiões meridionais, Iasia da Ásia Menor. Homero, na Ilíada, chamou Asios uma planície no 'Vale Caistro', entre Éfeso e Sardes".[16]

Extensão

A península da Ásia Menor deve ter 520.000 km², mas a Anatólia dos romanos parece-nos não ocupar todo o território da Ásia Menor e devia medir aproximadamente 450.000 km². Do Helesponto ao mar Euxino são mais ou menos 424 km.

Fronteiras

A Anatólia a norte confina com o mar Euxino, hoje chamado "Negro"; ao sul, com o Mediterrâneo; a ocidente, com o mar Egeu; e a

---

[16] *Enciclopédia Mirador Internacional*, vol. 3, p. 882.

leste, com a cordilheira do Taurus. Esse território todo, mais Istambul e a Trácia, constituem a moderna Turquia, cuja capital é Ancara. Essa cidade dista de Boghaskoy, capital do primitivo Império Hiteu, apenas 128 km.

As fronteiras internacionais da Turquia hoje são: a leste com a União Soviética e Irã; a oeste com Bulgária e Síria; ao sul com Síria e Iraque; ao norte com o mar Negro.

População

James Adams calculou a população da Anatólia no tempo do Império Romano: 10 milhões de habitantes.[17] Isso não passa, entretanto, de conjectura. A Turquia atual tem entre 38 e 40 milhões de habitantes.

Montes

A península da Anatólia é constituída por duas grandes mesetas: ao ocidente, a da Anatólia, com altitude média de 1.000 m; e a da Armênia, ao oriente, com altitude entre 1.500 e 1.800 m. Da elevação da Armênia partem os montes Pônticos e Taurus. Na continuação desses montes, na parte sul, forma-se uma comarca típica: o Curdestão, que adentra no Iraque e no Irã.

Na Turquia europeia, os montes principais são: Istranca e Tekirdag, que formam a península de Chatalga, onde fica Istambul e a de Gallipoli, paredão norte dos Dardanelos. O ponto culminante de todo o país é o Ararate, com 5.165 m, nos maciços da Armênia, junto à fronteira com a União Soviética e o Irã. O monte Argeu eleva-se a 3.970 m.

Planícies

A região da Ásia Menor é essencialmente montanhosa, mas entre os montes abrem-se vãos, que são colossais planícies que se multiplicam pelo país, principalmente as de Cariã, Lídia, Mísia, Tiaria, Pérgamo e Trôade. Ao longo do Helesponto, mar de Mármara e Bósforo há consideráveis áreas cultiváveis. No Mediterrâneo há duas enormes planícies ao redor de Perge, e todas elas muito férteis: Panfília e Tarso.

---

[17] ADAMS, James McKee. *A Bíblia e as civilizações antigas*, p. 373.

Hidrografia

Mares

Ao norte está o famoso mar Negro; a leste, o mar Egeu, que forma dois estreitos estratégicos: em Istambul, o Bósforo, em Trôade, o Helesponto, hoje Dardanelos; e ao sul está o Mediterrâneo.

Rios

Não há na Anatólia rios importantes, seja pelo volume d'água, seja pela extensão. Quase todos os montes que circundam o país vertem águas diretamente para os mares. Os principais rios são:

1. *Licus* e *Halis*, formados pelos montes da Armênia. Banham as cidades de Sansum e Sinope. O Halis tem 832 km de curso. Deságua no mar Negro. É o maior do país.
2. *Sangário*, que passa por Górdium, hoje Angará, a leste do Bósforo, e corre também para o mar Negro.
3. *Macestos*, *Ridaco* e *Granico* correm para o mar de Mármara. O mais importante é o Granico. Foi num ponto do curso do Granico que Alexandre, o Grande, teve as "Portas da Ásia" abertas para o seu exército em 334 a.C.
4. *Hermo* passava por Esmirna.
5. *Caister* passava por Éfeso.
6. *Indus* corria pela província de Cária e alcançava o Egeu.
7. *Questro*. Nas proximidades de Perge e Atalia, corre diretamente para o Mediterrâneo.
8. *Calicadno*. Na sua boca ficava a grande cidade e o porto marítimo da Selêucia. Partindo das planícies da Selêucia, através do vale do Calicadno, atravessa-se pelo Taurus até atingir o interior nas proximidades de Derbe e Listra.
9. *Cidno* nasce nos montes Taurus e corre para Tarso.
10. *Saro*, com 448 km, junta-se com o Adna a sudoeste de Tarso.
11. *Piramo* corre pelas planícies de Isso, depois pela encosta dos montes Amano, terminando no mar.
12. *Tigre* e *Eufrates*, que formam o vale da Mesopotâmia nascem nas alturas armênias, nas cordilheiras do Taurus; o curso do Eufrates é de 2.848 km e o do Tigre é de 2.560 km. Esses dois

rios confluem ao sul da Mesopotâmia formando um só rio, o Árabe, que desemboca no golfo Pérsico, a 200 km onde floresceu Ur dos Caldeus.

Lagos

Aproximadamente 40 lagos se espalham pelo território da Anatólia, alguns grandes, outros pequenos. Um dos mais famosos é o Lago Salgado, ao norte de Icônio. A região de Tus, onde está o Lago Salgado, fica a 1.000 m acima do nível do mar e é alagadiça em grande parte. O lago de Tus tem 96 km de comprimento; o Quirinal, 48 km; o Eierdir, 48 km; e o Vã, 128 km.

Os cursos d'água na Ásia Menor não são de muita importância do ponto de vista do tamanho ou mesmo da função.[18] Não há um só rio navegável no interior. A maior quantidade de água que chega ao mar provém das vertentes das geleiras dos grandes montes que correm ao longo da costa marítima.

Desertos

De quase todo o território da Anatólia, como já indicamos, 60% são constituídos de montes, serras e cordilheiras; 20% de água, principalmente dos grandes lagos, e o restante são planícies. As terras são de exuberante fertilidade. Não encontramos na Ásia Menor regiões desertas como em Israel, na Jordânia e no Egito, para não mencionarmos a Arábia Saudita, cujas terras são de quase 90% de grandes e terríveis desertos.

Clima

Em geral, mais ou menos o clima mediterrâneo, no litoral Egeu e do mar Mediterrâneo. Invernos amenos e verões com elevadas temperaturas, chegando, não raro, a 40°C. Períodos de longa estiagem com chuvas fracas. Nos planaltos da Anatólia e da Armênia, o inverno é rigoroso, as chuvas mais abundantes e o calor mais brando. No litoral do mar Negro, o clima é temperado; há chuvas frequentes com média de 1.000 mm por ano.

---

[18] ADAMS, James McKee. *A Bíblia e as civilizações antigas*, p. 376.

Estradas

Desde as mais remotas eras, Assíria e Caldeia, no oriente, e Egito, no ocidente, tiveram sempre ambições conquistadoras. As estradas eram essenciais para suas grandes conquistas, o que levou esses impérios a construir grandes estradas. O mesmo fizeram os hiteus. Mais tarde vieram os medo-persas, e novas estradas foram construídas. Os gregos com Alexandre, o Grande, também fundaram novas estradas. Mas estava reservado aos romanos o maior império da antiguidade, a maior expansão, o imenso poderio bélico, as maiores riquezas. Por causa disso, eles construíram as maiores e melhores estradas do passado. Abriram caminho para todas as direções da terra, até onde chegavam suas armas vitoriosas e suas geniais conquistas. A inigualável engenharia dos romanos resultou na construção de colossais estradas, tanto no oriente como no ocidente, muitas das quais ainda hoje existem para atestar sua alta qualidade.

Os romanos construíram essas estradas para manter seus domínios. Seu principal objetivo, sem dúvida, era ambição de conquistas, expansão, poder e riqueza. De algum modo, Deus usou os romanos e as potências anteriores para a construção de grandes e maravilhosas estradas.

Além destas, as comunicações marítimas foram essenciais. Grandes navios e em grande número circulavam com frequência, ora transportando soldados e armas, ora transportando escravos, mas, quase sempre, transportando gêneros alimentícios e passageiros que rumavam em direção às cidades dos poderosos centros políticos, econômicos e religiosos.

Tudo isso seria usado mais tarde por Deus para expandir o cristianismo. O apóstolo Paulo palmilhou esses caminhos em dois continentes; em navios, ele sulcou as águas do Mediterrâneo levando a mensagem do Cristo vivo a dezenas de países, nas grandes cidades, nos poderosos centros da Ásia e da Europa. Isso foi preparado por Deus, no tempo próprio, para alcançar com a luz de Cristo os povos mergulhados nas densas trevas do paganismo, da idolatria e da imoralidade.

As estradas e as comunicações marítimas foram um fator importante para os conquistadores, mas para os propagadores do evangelho da paz representou algo muito mais grandioso.

As vias fluviais da Anatólia eram poucas por causa da natureza do seu relevo montanhoso. Em compensação, os caminhos e as estradas eram numerosíssimos:

1. Uma estrada partia do norte de Carseise e Alepo, atravessava os montes Amano e Taurus e chegava a Boghazkoy. Passava por Marassa, Cesareia e terminava no mar Euxino ou Negro. Era movimentadíssima.
2. Outra estrada saía de Nínive, nas imediações do Tigre, passava por Malácia e se unia à primeira nas proximidades de Cesareia.
3. *Passo das Portas da Cilícia*, também conhecida como *Gulek Bogazi*, era famosa. Mais ou menos 50 km ao norte de Tarso, o Taurus é cortado abruptamente, formando uma garganta. Por esse desfiladeiro, que avança dezenas de quilômetros, corre uma estrada que se chamou "Portas da Cilícia", por meio da qual se alcançava o interior do país, vindo de Tarso e Adana. Milhares e milhares, através dos séculos, palmilharam esse caminho, a negócios ou a serviço bélico. Os árabicos, vindo da Capadócia, passaram por ele; também os assírios e caldeus perseguindo novas conquistas; de igual modo os persas chegaram à Anatólia por esse caminho; Alexandre, o Grande, cortou o famoso "Nó Górdio" e defrontou-se a Dario, o persa, na batalha de Isso, passando por essa estrada; e, por fim, pelas "Portas da Cilícia", chegaram os romanos, que pavimentaram a estrada e por ela passaram suas legiões sem conta, transportando riquezas e firmando suas conquistas. Mais tarde, árabes e cruzados palmilharam esse caminho em direção à Terra Santa. A engenharia moderna usou o leito dessa velha estrada para construir a estrada de ferro que, saindo de Berlim, chega a Constantinopla, Angará, Adana e termina na Mesopotâmia. Por esse mesmo caminho passou, um dia, um homem chamado Paulo, com a "espada do Espírito" na mão e fogo do céu no coração para incendiar Ásia e Europa com o evangelho de poder.
4. *Caminho Velho*. Saía de Babilônia, no coração do Oriente Médio, tocava em Alepo, Antioquia da Síria, Adana, Tarso, Portas da Cilícia, Derbe, Listra, Icônio, Antioquia da Pisídia, Hierápolis,

Colossos, Laodiceia, Esmirna e terminava em Trôade sobre o mar. Um ramal desse caminho dirigia-se para o noroeste de Antioquia da Pisídia e alcançava Trôade, depois de passar por Filadélfia, Sardes, Tiatira e Pérgamo.

5. *Via Ignatia*. Seguia a costa do mar Egeu, passava por Samotrácia e prosseguia para o leste, estendendo-se de Neápolis ao Adriático.

6. Pouco atrás dos montes que separam o litoral e o interior do país, corria uma estrada que, começando em Filipos, passava por Anfípolis, Apolônia, Tessalônica, Pela e as províncias do Ilírico e Derraqui, no Adriático.

7. A sudeste da costa italiana, a secção final da *Via Ápia* tomava o rumo de Brisídio e terminava em Roma.

Paulo, em suas jornadas missionárias, por terra e por mar, usou esses caminhos e seguiu essas rotas. Era o guerreiro de Cristo, combatendo as trevas e iluminando os corações com a verdade do evangelho do Senhor Jesus. (Veja o "Apêndice 2: As viagens de Paulo").

As estradas nos dias de Paulo eram numerosas, dando acesso a qualquer região do grande Império Romano. Os navios em suas múltiplas rotas sulcavam as águas de mares e rios levando comerciantes, militares e missionários aos grandes centros do mundo antigo.[19]

Há um sem-número de livros que tratam dos caminhos e das estradas do mundo antigo. Recomendamos a obra especializada *La Via Appia da Roma a Bovillae*, de Lorenzo Quilice.[20]

As regiões da Anatólia

A Anatólia era constituída de um grande número de regiões, que hoje formam a Grande República Turca. Nos dias do apóstolo Paulo, cada uma dessas regiões era um reino soberano, porém todas elas sujeitas a Roma. As principais províncias da Anatólia são:

---

[19] Recomendamos a excelente obra especializada METZGER, Henri. *Le Routs de Saint Paul Dans L'Orient Grec*. Neuchatel, Paris: Delachaux e Nestlé, 1954. Metzger foi membro da Escola Francesa de Atenas e do Instituto Francês de Istambul e mestre de conferências da Faculdade de Letras de Lyon.

[20] QUILICE, Lorenzo. *La Via Appia da Roma a Bovillae*. Roma: Bulzoni, 1977.

1. *Ásia*. Principais cidades: Éfeso, Pérgamo, Tiatira, Sardes, Filadélfia, Esmirna, Laodiceia, Colossos, Mileto, Cario, Cnido, Samos, Quios e Trôade.
2. *Bitínia*. Cidades principais: Nicomédia, Niceia.
3. *Ponto*. Cidades principais: Sinope, Amiso.
4. *Galácia*: Germanicópolis, Ancira, Pessinute, Amásia, Zelá, Távia.
5. *Reino de Polemom* — não foi citado no Novo Testamento.
6. *Capadócia*: Sebastia, Cesareia Mazaca, Tiana.
7. *Lícia*: Pátara, Xantô, Mirra.
8. *Panfília*: Perge, Atália.
9. *Cilícia*: Portas da Cilícia, Tarso.
10. *Pisídia*: Antioquia, Listra, Derbe.
11. *Licaônia*: Icônio.

Veja a distribuição dessas províncias no mapa "Viagens missionárias de Paulo" (além das da Anatólia, também as da Grécia oriental e da Itália, e de algumas ilhas importantes). Localizar essas regiões é importante para situar o itinerário de Paulo em suas três campanhas missionárias por dois continentes, e sua última viagem registrada em Atos à grande Roma, capital do maior império da época.

Grécia

Nome

Sobre esse nome, declara a *Enciclopédia Mirador Internacional*:

> O geônimo latino *gralcus* se funda sobre o etnônimo, com sufixo (-ia) latim típico de nome de país ou região (Italia, Gallia, Hispania, Sardinia, Dacia etc.). O etnônimo latino é empréstimo ao grego *graikós, - e - on O grego*, etnônimo inicialmente circunscrito, que sob a forma plural, *graikoi* = gregos principiou a ser episodicamente empregado em lugar do grego *hellenes*, "helenos" somente depois de Aristóteles (384-322 a.C...). O todo em latim foi de início designado como *hellas, - adis*, "Hélade" ou "Hélada", já por exemplo em Plínio o Velho (23-79 d.C.).[21]

---

[21] *Enciclopédia Mirador*, p. 5.436.

Localização

Modernamente o "Vasileion tis Ellados" é um país situado no sul europeu, limitado ao oriente pelo mar Egeu e a ocidente pelo mar Jônico, com uma área total de 131.944 km², sendo 106.778 km² parte continental, a ilha de Creta com 8.331 km² e outras ilhas menores com uma área de 16.835 km². Em 2008, a população total do país foi estimada em 10.722,816 habitantes.[22]

O país situa-se entre 34°50' e 41°50' latitude norte e os 19°20' e 28° longitude. A península balcânica encontra-se entre o Mediterrâneo e o mar Egeu, e o território grego que dela faz parte limita-se ao norte com Albânia, Iugoslávia e Bulgária, e a leste com a Turquia. As numerosas ilhas, das quais a maior é Creta, estendem-se a sul e a oeste. O litoral grego espraia-se em mais de 4.000 km numa sucessão de baías, golfos e penínsulas.

A Grécia está dividida em nove regiões (*diamerismata*): ilhas Jônicas, com Epiro, Creta, Macedônia; ilhas do Egeu, com Nisoi Igníoi, Peloponeso; Grécia Central (Eubeia) ou Stereá Ellas, com Tessália e Trácia. As regiões são divididas em prefeituras (*nomoi*). A península do Monte Santo (*Haguion Oros*) em Calcis forma uma comunidade monástica independente.

A capital da Grécia é Atenas, cuja população em 1970, incluindo o porto de Pireu, era de 2.425.000 habitantes. A Grécia Antiga, ou *hé Héllas* não coincide com a Grécia atual, senão a parte peninsular dos Bálcãs, compreendendo os territórios da Beócia, Ática e Peloponeso, que, em 27 a.C., os romanos uniram às ilhas adjacentes formando a Acaia, exatamente como lemos em Atos 18.12,27 e 20.2.[23]

A *Enciclopedia de la Biblia* diz que no Antigo Testamento hebraico os gregos são designados como *Javã* (Gn 10.2); em Isaías 66.19 e Ezequiel 27.12,19 os gregos constituem povos distantes, além-mar. Em *1Macabeus* 1.1,11; 6.1; 8.18 e 12.1 a presença dos gregos com Alexandre Magno era real no Oriente Médio, bem como noutras partes do mundo.

---

[22] Disponível em: https://www.cia.gov/library/publications/the-world-factbook/geos/gr.html. Acesso em 17 de novembro de 2008.

[23] *Enciclopedia de la Biblia*, vol. 3, p. 963.

Alberto Malet e Carlos Maquet dizem: "Realmente pelo mar, Grécia confinava com Ásia, onde se instruíram e por esse mesmo mar levaram à Europa as mais apuradas civilizações asiáticas e o produto de suas invenções geniais. Os gregos habitaram ao longo de suas ensolaradas praias das ilhas do Egeu ou mar do Arquipélago, verdadeiro lago grego".[24]

No período clássico, temos duas Grécias: a Continental e a Marítima. A primeira, também chamada Hélade, com capital em Atenas, é a Grécia dos sábios, dos filósofos, dos cientistas, dos literatos, dos artistas e dos famosos administradores e guerreiros. A parte marítima, também chamada Peloponeso, hoje Moreia, com capital em Esparta, era banhada a leste pelo Egeu, que a liga com a Ásia e a oeste pelo Jônico, que a separa da Sicília no sul da Itália.

Afirma Estrabão, geógrafo grego:

> O limite antigo da Grécia marcava-se com uma linha que, partindo do ocidente do golfo de Arta, antigamente golfo de Ambrácia, chega a leste no golfo de Salônica, na região montanhosa do Olimpo, na desembocadura do Salambria, no Peneo.

O maior comprimento da Grécia, de norte para sudeste, mede 410 km, e a maior largura, 210 km.

A Grécia Continental é separada da Marítima pelo istmo de Corinto. No século XIX, construíram uma vala profunda e uniram os mares Egeu e Jônico pelo conhecido canal de Corinto. Uma obra genial!

As três regiões da Grécia

Na Bíblia encontramos três regiões que aparecem com os nomes: Grécia, Acaia e Macedônia. Vejamos cada uma delas:

1. *Grécia* (Dn 8.21; 10.20; 11.2; Zc 9.13; At 20.2). Daniel e Zacarias são livros proféticos e se referem à Grécia. Atos 20.1 afirma que Paulo deixou Éfeso e se dirigiu para Macedônia, e daqui foi à Grécia (20.2). Essa "Grécia" é sinônimo de Acaia.

---

[24] MALET, Alberto & MAQUET, Carlos. *Grécia*. Buenos Aires: Libreria Hachtte, 1939.

2. *Acaia* (At 18.12,27; 19.21; Rm 15.26; 1Co 16.15; 2Co 1.1; 9.2; 11.10; 1Ts 1.7,8). Com o nome Acaia designava-se, nos tempos primitivos, uma região ao norte do Peloponeso. Em 146 a.C. foi transformada em província romana, que incluía a Grécia (Hélade), o Peloponeso e as ilhas vizinhas. Corinto era a capital da Acaia. Gálio, irmão de Sêneca, governava essa província. Os judeus acusaram Paulo diante desse tribunal. Entre suas cidades mencionam-se Atenas e Cencreia, porto corinto sobre o mar Egeu. Dos anos 15-44 d.C. foi agregada à província da Macedônia. Em 67 d.C., Nero deu-lhe inteira autonomia. Paulo e Apolo trabalharam nessa região; também Priscila e Áquila. A casa de Estéfana ficava nessa mesma província.

3. *Macedônia* (At 16.9,12; 18.5; 19.21,22; 20.1,3; Rm 15.26; 1Co 16.5; 2Co1.15; 2.13; 7.8; 8.1; 11.9; Fl 4.15; 1Ts 1.7,8; 4.10; 1Tm 1.3). Antes de Filipe II, pai de Alexandre, Macedônia era considerada pelos gregos uma região bárbara. Filipe II subjugou os gregos, e estes helenizaram a Macedônia. Grande foi o poder da Macedônia. Filipe V, descendente da linhagem real alexandrina, foi derrotado pelo cônsul romano Tito Quíncio Flamínio em 197 a.C. na batalha de Cinocéfalos. Suas principais cidades foram: Tessalônica, Apolônia, Anfípolis, Filipos, a capital (At 16.12), Bereia, e outras. Os romanos dominaram completamente a região. A "Via Ignatia" cortava Macedônia de ponta a ponta. Unia Ásia e Europa pelos estreitos de Bósforo. O evangelho foi pregado na Macedônia pela primeira vez mediante uma revelação de Jesus a Paulo e a seus companheiros (At 16.9). Trabalhos de grande poder foram organizados em Filipos, Tessalônica e Bereia. Paulo chegou a Atenas e Corinto através da Macedônia. Principalmente aqui foi estabelecido um centro de influência cristã que se espalhou por toda a região.

Deuses da Grécia

Não é possível alistar aqui os milhares de deuses que povoaram os templos e os montes da Grécia. Apenas alinharemos os principais de acordo com Alberto Malet e Carlos Maquet.[25]

---

[25] MALET, Alberto & MAQUET, Carlos. *Grécia*, p. 60.

Nome grego	Nome latino	Divindade do/de/da	Símbolos
Zeus	Júpiter	Ar/Onipotência	Águia, cetro, raio
Hera	Juno	Céu/Casamento	Dignidade real
Artema	Minerva	Relâmpago/Inteligência	Oliveira
Artêmis	Diana	Lua/Castidade	Servo-crescente
Afrodite	Vênus	Amor/Beleza	Pomba
Demeter	Ceres	Terra/Fecundidade	Gazela
Apolo	Febo	Sol/Arte e letras	Lira
Hermes	Mercúrio	Chuva/Eloquência	Asas
Ares	Marte	Tempestade/Guerra	Casco, lança
Efaistos	Vulcano	Fogo subterrâneo/Indústria	Martelo
Poseidom	Netuno	Mar/Ira	Tridente, cavalo
Héstia	Vesta	Lar/Virtudes domésticas	Fogo sagrado

Cidades do tempo de Paulo

As Escrituras nos informam que os assírios conquistaram grandes cidades tanto na Ásia como na África; talvez tenham dominado algumas na Europa. Os caldeus, que sucederam aos assírios, consolidaram as conquistas anteriores. Os persas tiveram um império universal. Dominaram da Índia até a Etiópia, sobre 127 províncias (Et 1.1). Além de sua organização política e militar, tinham pouco para legar aos seus povos vassalos. Na linha de sucessão, vieram os gregos, a começar com Alexandre, o Grande, e depois seus continuadores: os antíocos e os selêucidas. Com Alexandre, o mundo foi helenizado. A cultura grega, incluindo a religião, dominou o mundo. Quando, depois, vieram os romanos, não só aceitaram o helenismo como o implantaram com o poder das armas. Foi num mundo assim que nasceu o cristianismo.

O apóstolo Paulo foi o homem preparado por Deus para levar o evangelho de Cristo através de três continentes. Ora, Paulo era judeu, mas não nasceu na Palestina (Gl 1.15; Rm 1.16).[26] A Palestina resistiu à influência helênica.

A Decápolis do Além-Jordão surgiu como uma área de tolerância helênica com o propósito de abrigar os partidários dos imperadores romanos que eram pelo helenismo, incluindo templos e deuses gregos com nomes latinos. Como Herodes, o Grande, e seus sucessores não conseguiram helenizar a Judeia e a Galileia, regiões nitidamente judaicas, eles então o fizeram em Decápolis.

Paulo nasceu e foi formado numa cidade helênica. Dominava o hebraico, nasceu com o grego e o latim. Dessas três culturas se tornou mestre. Assim o Todo-poderoso o preparou para a missão de levar o evangelho de Jesus Cristo a todo o mundo conhecido daquela época.

Daremos a seguir rápidas informações sobre algumas das muitas cidades espalhadas pelo Império Romano, que eram centros poderosos de influência helênica.

Tarso

Nome

Alguns autores veem em "Tarso" nome que poderia proceder de "Társis", mencionada em Gênesis 10.4. Essa foi a conclusão de William Mitchell Ramsay (1851-1939), famoso arqueólogo da Oxford University.[27] Seria um pouco difícil pela razão seguinte: a antiguidade de Gênesis 10.4 comparada com Tarso, que é muito mais recente. Talvez derive do nome de algum homem notável cuja identidade se tenha perdido no curso dos anos. Pode significar "cesto de vime" ou "superfície plana". Os assírios pronunciavam-na *trz* em caracteres aramaicos. Na atualidade os turcos chamam-na "Tersous".

---

[26] No Israel atual chama-se "judeu" ou "israelense" ao descendente de Jacó que nasceu em qualquer país do mundo, exceto ao que nasce na Palestina, que se chama "sabra". Ora, sabra é o que chamamos "figo-da-índia", cheio de espinhos por fora, mas doce por dentro; assim é o judeu que nasce na Palestina.

[27] RAMSAY, W. M. *The cities of St. Paul, their influence on his life and thought: The cities of eastern Asia Minor.* London: Hodder and Stoughton, 1907, p. 116.

Localização

Pertence à grande região da Cilícia, e era um grande e poderoso país nos dias do Novo Testamento; hoje pertencente à Turquia.

Limitava ao norte com a Capadócia; a leste com a Síria; ao oeste com Licaônia e Panfília; ao sul com o mar Mediterrâneo.

Tarso está plantada 38 km ao norte de Adana, no fertilíssimo planalto da Cilícia, sobre um *tell* (colina artificial) de mais ou menos 27 m de altitude, a poucos quilômetros do mar. Houve em tempos remotos um lago próximo de Tarso. Foi aberto um canal que ligou Tarso ao mar. Era navegável. Esse lago era alimentado pelo rio Cydinus, hoje Tarsus Cayi. Nesse rio, Alexandre, o Grande, se banhou. Ao sair das águas estava gravemente enfermo.

Mais dois rios passam perto de Tarso: Soro e Piramo. Aproveitando o rio Cydinus e o lago, um porto de proporções razoáveis servia à cidade de Tarso. Para o norte saía uma estrada que ligava Tarso às famosas "Portas da Cilícia", o conhecido desfiladeiro que atravessava os montes Taurus, distante de Tarso talvez 50 km.

O planalto onde floresceu a cidade de Tarso era de incomparável fertilidade. Além do trigo, as terras produziram frutos em quantidade e outros cereais em abundância. Ovelhas e bois se multiplicavam nos pastos verdejantes, e não poucos animais de montaria e de carga.

Calcula-se em 500 mil habitantes a população de Tarso nos dias de Paulo.

A cidade

Tarso, uma das mais antigas cidades do Oriente Médio, nasceu na confluência de tantos pontos estratégicos. Tornou-se baluarte militar e uma fortaleza econômica.

Foi vítima, no curso de sua longa trajetória histórica, de ataques de hiteus, assírios e caldeus, de persas e macedônios e, por último, dos romanos.

Plutarco descreve a viagem de Cleópatra, rainha do Egito, do Mediterrâneo a Tarso, para encontrar-se com Marco Antonio.[28]

---

[28] Citado por Antony, XXVI.

De documentos antigos nos vêm informações de que Tarso esteve sob o poderio dos assírios.[29] Xenofonte visitou Tarso em 401 a.C., sendo governada na época por um rei vassalo chamado Sienesis.[30]

Tarso esplendeu tanto, explodiu em tal progresso que projetou sombras em Alexandria, Atenas e Antioquia da Síria. O poeta romano Juvenal atribui o esplendor de Tarso ao fato de uma asa de Pégaso ter caído nela.[31] Realmente é mitologia, mas diz alguma coisa.

Quando Paulo, em Jerusalém, foi arrebatado por Lísias, o comandante romano, das massas judaicas enfurecidas, pediu permissão para falar ao povo. Ele sabia grego (At 21.37). Lísias identificou Paulo a um egípcio que sublevou e arrastou para o deserto 4 mil sicários. A resposta de Paulo a Lísias exalta a grandeza e a fama de seu berço natal (At 21.39): "Eu sou judeu, natural de Tarso, cidade não *insignificante* da Cilícia".

James Adams diz taxativamente: "Tarso era sede de uma grande universidade".[32] Nessa universidade, segundo Estrabão, filósofo, historiador grego e contemporâneo de Paulo, "havia tal apego às disciplinas filosóficas e as chamadas *encyclias* entre os tarsenses, que chegaram a superar Atenas, Alexandria e qualquer outra escola filosófica de qualquer parte do mundo". Estrabão enumera nomes de ilustres tarsenses que ensinaram nessa escola.[33]

Só os nativos de Tarso podiam ensinar e frequentar essa universidade. Nenhum estrangeiro se firmava ali. Mesmo os tarsenses, uma vez formados pela academia famosa, procuravam refúgio em outras partes, como foi o caso de Paulo: terminado seus estudos literários, linguísticos, oratórios e filosóficos, deixou Tarso e rumou a Jerusalém, para estudar teologia com Gamaliel (At 22.3).

A filosofia predominante na Universidade de Tarso, nos dias do apóstolo Paulo, era o *estoicismo*, escola filosófica fundada por Zenão de Cício (335-264 a.C.). Nas palavras de Norman de Mattos Ben-

---

[29] Citado no "Obelisco Negro" de Salmanasar, nos meados do século IX a.C.

[30] Veja BLAIKLOCK, E. M. "Tarso". Em: DOUGLAS, J. D. (Ed.). *O novo dicionário da Bíblia*, p. 1.564.

[31] JUVENAL. *As Sátiras*, 3.118.

[32] ADAMS, James McKee. *A Bíblia e as civilizações antigas*, p. 407.

[33] ESTRABÃO. *Geographia*, 14, 5-15.

Tarso

twich (1883-1971), essa universidade era "a mais característica, como também a mais poderosa e intelectual expressão da cultura helenística".[34] Paulo, portanto, nasceu em Tarso, região asiática, mas profundamente influenciada pela vida e cultura gregas. Quando o apóstolo, agora já convertido a Cristo, voltou à região para pregar o evangelho, estava em sua própria casa, no ambiente em que cresceu e se tornou doutor.

A religião dominante em Tarso foi a grega, mistura de ídolos e mitologia. Tudo nos dá a entender que em Tarso havia um grande grupo de judeus que desfrutavam de boa influência e elevada reputação, a ponto de o pai de Paulo ganhar a cidadania *romana* por merecimento e poder transmitir ao ilustre filho (At 22.25-28).

A grandeza e o esplendor de Tarso foram sepultados nas cinzas do passado. No local, entretanto, continua uma pequenina cidade turca, chamada *Tersous*, com pouco mais de 30 mil habitantes.

---

[34] BENTWICH, Norman de M. *Hellenism*. Philadelphia: Jewish Publication Society of America, 1919, p. 71.

Alguns marcos atestam a grandiosidade da antiga Tarso. Quem sai dessa cidade para Mersin, encontra as ruínas de uma grande porta chamada *Kamiuk Kapu* (Porta da Sedução); foi onde Marco Antonio se encontrou com Cleópatra.

Outro vestígio do passado glorioso de Tarso é a chamada *Doniktas* (Pedra Retirada); um colossal bloco de pedra encontrado à margem direita do rio Tarsus Cayi. Seja talvez uma parte de um grande teatro. Chama-se também "Tumba de Sardanápalos". A 1.500 m a oriente de Tarso existem as ruínas da ponte das Arcadas construídas pelos romanos.

Além de seu vasto saber, Tarso, também tem em seu currículo uma sublevação, juntamente com o povo de Malos, contra Antíoco Epífanes (*2Macabeus* 4). Tarso pode ter muito do que se orgulhar: valentes guerreiros, filósofos e cientistas, renomadas escolas e universidades, mas nada se compara ao fato de ter dado ao mundo o maior e mais renomado cristão de todos os tempos: Saulo de Tarso.

Alexandria

"Alexandria" e "alexandrino" são termos que constam no Novo Testamento (At 6.9; 18.24; 27.6; 28.11), mas não há menção de nenhum esforço evangelístico em Alexandria nos tempos apostólicos.

Alexandre, o Grande, fundou setenta cidades em pontos estratégicos do mundo com o propósito de difundir a cultura grega. Uma delas foi Alexandria, que veio a ser a principal, sobrepujando em muito a Atenas. Foi fundada na África, ao norte do Egito, em 331 a.C. No lugar onde foi fundada, havia um vilarejo conhecido como Racotis, nome encontrado na escrita cóptica, junto ao Lago Mareotis. Alexandria foi erguida no "ramo canópico" do Nilo, no extremo noroeste do Delta, e parece que foi destinada a tornar-se a "Porta da Ásia" e a "Porta da África".

Alexandre apenas fundou a cidade. Como sua existência foi curta, não chegou a ver o progresso dela. Alexandria chegou ser o maior, o mais destacado centro helenístico do mundo, superado depois por Roma ao alcançar o apogeu.

Ptolomeu Sóter, o mais sábio e o mais hábil vínculo da dinastia Lágida, elevou Alexandria à mais bela e mais importante cidade do mundo. Traçou um plano geral para a cidade. Dividiu-a em ruas e avenidas paralelas. As ruas eram adornadas com ricas colunatas. Ele construiu um parque na cidade com 6 km de extensão. A área da cidade foi protegida com muralhas de 22 km de circunferência. Organizou-se também o museu da cidade, admirável centro cultural de ensino, que se tornou conhecido no mundo todo. Além disso, uma universidade foi criada, onde eruditos ministravam aulas superiores e procurada por muitos.

É bem provável que tenha havido em Alexandria uma famosa escola de oratória (cf. At 6.9). Ptolomeu Sóter também construiu o templo de Serápis, com mil colunas e uma biblioteca com 100 mil manuscritos, ampliada depois para 650 mil, abrangendo todos os ramos do conhecimento humano. Em 46 a.C., César visitou Alexandria, que, pouco depois, foi destruída pelo fogo; depois foi reconstruída e embelezada, e suas bibliotecas enriquecidas. Ptolomeu Filadelfo construiu o famoso Farol de Faros, uma das sete maravilhas do mundo antigo, numa ilha homônima. O farol foi colocado numa torre de 13 m de altura.

A colônia judaica cresceu grandemente em Alexandria. Com o passar dos anos, os judeus foram se esquecendo do seu querido hebraico. Não puderam mais ler o Antigo Testamento, pois a língua grega era empregada na cultura e no comércio. Mas almejavam ler, principalmente, a Torá. Então, no reinado de Filadelfo entre 285 a 247 a.C., o Antigo Testamento foi traduzido do hebraico para o grego. É a chamada *Versão dos Setenta* ou *Septuaginta*. Para James Adams, a *Septuaginta* "foi o acontecimento mais notável na história de Alexandria".[35] A Bíblia se tornou não somente dos judeus alexandrinos, mas de todo o mundo oriental e ocidental. Foi ela a única Bíblia dos tempos cristãos, como se pode ver pelas extensas citações de textos feitas por Paulo e outros escritores do Novo Testamento. Pena que essa versão fosse depois abandonada pelos judeus sob a alegação de que os cristãos a usavam para provar o advento de Cristo, como o Messias dos judeus; a grande versão realizou a sua obra como a maior força capaz de introduzir o cristianismo no mundo greco-romano.[36]

---

[35] ADAMS, J. M. *A Bíblia e as civilizações antigas*, p. 405.
[36] Para outras informações sobre a *Septuaginta*, remetemos o leitor a TOGNINI, Enéas. *O período interbíblico*. São Paulo: Hagnos, 2009, p. 82.

O Novo Testamento não relata nenhuma poderosa igreja plantada em Alexandria; entretanto, a história nos informa de grandes igrejas na cidade, poderosos trabalhos e cristãos notáveis como Clemente de Alexandria, Orígenes e outros.

Atos 27.6 menciona um navio de Alexandria. Na realidade, Alexandria se tornou o porto mais movimentado do Oriente Médio. Egito era o "celeiro do Império Romano". As colossais produções agrícolas do Egito eram escoadas pelo porto de Alexandria.

Alexandria se tornou a capital do mundo intelectual do passado, além de um baluarte político, principalmente dos romanos, e um poderio militar e econômico.

Petra

Remetemos o prezado leitor para o estudo intitulado "Arábia", no princípio deste capítulo, cuja designação geral é "Anatólia".[37]

Antioquia da Síria

Consulte no início deste capítulo o subtítulo "Antioquia da Síria". As informações que James Adams[38] e a *Enciclopedia de la Biblia*[39] nos fornecem também são oportunas e de grande valor.

Filipos

Trata-se de importante cidade. Segundo Atos 16.12, Filipos é "primeira do distrito" e da "colônia". Por "primeira do distrito" deve entender-se mais pela posição geográfica, isto é, ficava antes de outras cidades, do que pela sua importância real e riqueza. O texto poderia ser lido assim: "Filipos, primeira cidade do distrito".[40] Ainda segundo Atos 16.12, Filipos fica na Macedônia.

---

[37] Examine também ADAMS, J. M. *A Bíblia e as civilizações antigas*, p. 408-410. Há informações preciosas sobre Petra.

[38] ADAMS, James McKee. *A Bíblia e as civilizações antigas*, p. 410-415.

[39] *Enciclopedia de la Biblia*, vol. 1, p. 637-655.

[40] Interpretação sugerida por Field e aceita por Blass. Lívio (XLV, 17,18.29) faz referência à divisão da Macedônia em quatro distritos. William Ramsay, em *St. Paul The Traveller and Roman Citizen*, p. 206, reconhece a grande importância que Lucas deu à cidade achando que poderia ser o berço natal do inspirado autor de Atos dos Apóstolos.

Macedônia era uma província e estava dividida em quatro distritos governamentais, com Anfípolis e Tessalônica, cidades principais, tidas como as capitais desses distritos, assim enumerados: *primeiro* e *segundo*. Filipos pertencia ao primeiro.

De acordo com o estatuto romano, Filipos era "Colônia". Isto vale dizer que em Filipos residia permanentemente um representante de Roma, que era o intérprete não somente da vida como do pensamento da metrópole. Essa modalidade conferiu a Filipos o direito da cidadania romana em pé de igualdade com Roma, bem como os privilégios da metrópole.

Filipos ficava na Europa, defronte a Trôade, situada na Ásia. De Trôade Paulo e seus companheiros, depois de ouvirem o "Passa a Macedônia e ajuda-nos", atravessaram o Helesponto, passaram pela ilha de Samotrácia, desembarcaram em Neápolis e seguiram por terra para Filipos.

O nome "Filipos" foi dado à cidade em homenagem a Filipe II, pai de Alexandre, o Grande, que a tomou dos tásios em 300 a.C.

A cidade limitava-se ao norte com a Trácia; a leste com o mar Egeu; ao sul com Anfípolis; ao ocidente com outras cidades da Macedônia. Distava do mar apenas 13 km. A estrada militar Ignatia ligava o oriente europeu a Roma. Uma conexão saindo da Ignatia levava a Filipos. O rio Gangites banhava a cidade; foi nesse rio que Paulo encontrou Lídia.[41]

O ouro abundava em Filipos. Filipe II mandou cunhar grande quantidade de moedas com sua efígie que circularam na Grécia.

Os romanos tomaram Filipos em 108 a.C. na batalha de Pidna. Em 42 a.C. travou-se a famosa "Batalha de Filipos" entre Antonio e Otávio contra Bruto e Cesário. Em 31 a.C. travou-se a batalha de Actium em que Otávio (mais tarde Augusto) derrotou as forças de Marco Antonio e Cleópatra. Daí Augusto ter conferido à cidade o título,[42] o honroso título, *Colomnia Iulia Augusta Philippensis*.

Por chamado direto de Deus, Paulo e seus companheiros visitaram a cidade de Filipos, seu primeiro contacto com a Europa. Deus

---

[41] KELLER, Werner. *E a Bíblia tinha razão*, p. 394.
[42] Veja MARTIN, R. P. "Filipos". Em: DOUGLAS, J. D. (Ed.). *O novo dicionário da Bíblia*, p. 515.

operou milagres e maravilhas nessa cidade: a conversão de Lídia e sua casa (At 16.11-15); a libertação da jovem possuída por demônio de adivinhação (At 16.16-18); Paulo e Silas, depois de açoitados e presos, tiveram suas cadeias quebradas (At 16.19-26); a conversão do carcereiro (At 16.27-34); a libertação de Paulo e Silas (At 16.35-40). Por último, nasceu uma forte e poderosa igreja em Filipos, muito amada de Paulo. A essa igreja, o apóstolo dirigiu uma carta repassada do mais profundo amor cristão. Essa igreja socorreu Paulo nos penosos tempos de sua prisão em Roma. *O novo dicionário da Bíblia* lembra que, na carta aos Filipenses, Paulo alude duas vezes à "cidadania" (1.27; 3.20), coisa tão importante em Filipos pela posição a que foi elevada pelo Império Romano.[43]

Sendo Filipos uma cidade de importância militar, ponto estratégico para batalhas, o comércio ocupava lugar inferior. Por esse motivo, nela havia reduzido número de judeus, o que não comportava a existência de uma sinagoga. Paulo sabia disso, pelo que no sábado foi junto ao rio. Se houvesse judeu na cidade, nesse dia estaria nesse local. Foi e encontrou um grupo de mulheres judias, mas não judeus.

Hoje, só restam escombros de Filipos: restos das antigas muralhas, de uma antiga fortaleza romana, de umas colunas que resistiram à ação do tempo (e que indicam o poderoso Fórum Romano). O teatro permanece em bom estado de conservação, mas a acrópole está em ruína absoluta. Nos arredores do que foi a cidade de Filipos há vestígios de uma civilização adiantada do tempo dos romanos e outras que remontam a Filipe II; outras ainda que atestam a influência dos tásios, os primitivos habitantes da cidade.

Tessalônica

O nome foi dado por Cassandro em homenagem à sua esposa Thessalonike, irmã de Alexandre, o Grande. Cassandro ampliou uma vila já existente no local chamada Thermal.

Situada na Europa, foi plantada no golfo de Termas, no coração da Macedônia. Ao norte limita com Apolônia; a leste, oeste e sul, com o golfo de Termas. Dista de Filipos cerca de 140 km. Situada na

---

[43] MARTIN, R. P. "Filipos". Em: DOUGLAS, J. D. (Ed.). *O novo dicionário da Bíblia*, p. 516.

Tessalônica

junção da principal rota terrestre da Itália para o Oriente Médio com a mais importante rota do mar Egeu para o rio Danúbio. No ponto inicial da Via Ápia estava um porto italiano que olhava para outro porto na Grécia, no outro lado do mar. O porto de Tessalônica era dos mais movimentados, e ainda hoje é um dos principais da Europa.

Tessalônica era ponto estratégico. Grandes contingentes militares estavam sempre aquartelados na cidade.

O número de judeus em Tessalônica, nos dias de Paulo, deveria ser enorme. Tinham a sua própria sinagoga. Nos séculos XV e XVI d.C. judeus da Espanha se transferiram para lá e ainda hoje falam um dialeto que resultou da mistura do grego e espanhol.

Ao deixarem Filipos, Paulo e seus companheiros dirigiram-se para Tessalônica. Coisas notáveis aconteceram: o povo aceitou bem o evangelho. Isso despertou o ciúme dos judeus que alvoroçaram o povo da cidade contra Paulo. Esses judeus arrastaram Paulo perante as autoridades e difamaram os servos de Jesus (At 17.5,6). Mas alguns judeus se converteram a Jesus e muitos gentios piedosos (At 17.4). Além disso, as autoridades de Tessalônica foram complacentes com os missionários do Senhor (At 17.9).

Os convertidos pela pregação de Paulo eram destemidos e valorosos na fé. Em 1Tessalonicenses 1.3-10, Paulo alinha e destaca as qualidades da fé e a operosidade desses crentes nestes termos: "operosidade da vossa fé", "abnegação do vosso amor", "firmeza da vossa esperança", "imitadores de Paulo e seus companheiros", "receberam a Palavra com muita tribulação", "tornaram-se o modelo para todos os crentes da Macedônia e Acaia", "em toda a Macedônia e Acaia houve repercussão da fé dos tessalonicenses", "abandonaram os ídolos" e "se converteram ao Deus vivo e verdadeiro".

Pela perseguição dos judeus, Paulo não teve tempo de completar o ensino sobre a volta de Jesus. Os tessalonicenses, animados com a volta iminente do Senhor Jesus, venderam propriedades, abandonaram emprego etc. Jesus não voltou conforme o que eles anunciaram. Começaram a ter falta de dinheiro. Foram morar e comer com amigos. Houve confusão e prejuízo. Paulo, para corrigir tais distorções, escreveu as duas cartas aos tessalonicenses, que constituem vivo manual de escatologia cristã.

Atenas

Era a capital da Ática. Distante 8 km do mar Egeu, que é o Pireu, porto de Atenas. Ficava ao sul de Tessalônica separada por 320 km. Entre Atenas e Tessalônica estava Bereia, também visitada pelo apóstolo Paulo. O istmo de Corinto, hoje o canal, ficava mais ou menos 120 km a sudoeste de Atenas. Logo abaixo de Corinto estava Cencreia, também mencionada no Novo Testamento. Quando Abraão (1800 a.C.) deixou Ur dos Caldeus com destino à Canaã, Atenas já existia, na acrópole, como uma vila destinada a um grande crescimento devido à sua invejável posição geográfica. Codro, último rei de Atenas, terminou seu reinado vencido pelos dóricos quando Samuel, o juiz e profeta do Senhor, ungia Saul o primeiro rei de Israel.

A monarquia ática foi substituída pelo regime dos arcônitas, que consistia num colegiado de nove membros, eleitos pelo povo. Entre os séculos VIII e VII a.C., Atenas recebeu seu primeiro código, redigido por Bracón. Sólon inaugurou o regime censitário que consistia na igualdade política para todos os cidadãos, cujo critério era a quantidade de dinheiro e não a liberdade de Atenas. A seguir, a cidade experimentou colossal surto de progresso e venceu muitas guerras.

Com isto, inaugura-se o conhecido século de Péricles, em que Atenas alcançou sua plena hegemonia. Com Péricles começa a grandeza de Atenas, a ponto de Aristófanes chegar a dizer: "A nossa Atenas é a mais atraente, brilhante e invejável cidade".[44]

Grandes obras foram erguidas:

1. A primeira delas foi a Acrópole, o Partenon, o templo de Apolo, executado por Fídias, o Michelangelo da antiguidade, com as Cariátides e todo um elenco de obras maravilhosas que deslumbravam os atenienses e os visitantes. O Partenon resistiu séculos. Afinal, em 1687 d.C. os turcos instalaram no famoso templo, um arsenal de pólvora. Um canhonaço dos venezianos explodiu a pólvora e destruiu uma boa parte da maravilhosa obra de Fídias.
2. Grandes edifícios públicos foram levantados em Atenas, todos eles relacionados com o deus Helas.
3. A Propileia, portal magnificente de mármore, era lugar de adoração dos deuses e de sacrifícios.
4. Atrás da Propileia estava a estátua de Atena, com nada menos de 20 m de altura, feita por Fídias com o bronze recolhido dos despojos da batalha de Maratona.
5. Pouco além da estátua de Atena, ficava o Erechteum, antigo templo dedicado a Atena e Poseidom, deus do mar.
6. Ainda no Partenon estava a estátua da Atena Vitoriosa, que dominava a entrada da Acrópole.
7. O teatro de Dionísio, comportando 16 mil expectadores e onde se exibiam as tragédias de Aristófanes, de Eurípedes e Sófocles.
8. O templo de Esculápio.
9. O Odeon de Herodes Ático, com capacidade para 5 mil pessoas.
10. A nordeste, no meio da planura, ficava o templo de Zeus (Júpiter), classificado como a "oitava maravilha do mundo".
11. Próximo desse templo ficava o "Estádio", hoje reconstruído para inaugurar os jogos olímpicos (1906 d.C.) comportando 60 mil pessoas.

---

[44] Citado por ADAMS, James McKee. *A Bíblia e as civilizações antigas*, p. 422-423.

12. Ao norte da Acrópole fica a "Torre dos Ventos", ainda em perfeito estado de conservação, com sua beleza e esplendor.
13. Entre a Torre dos Ventos e o Tseu, ficava o mercado e o Forum do período romano.
14. Ao norte do Fórum ficava a Agorá, onde Paulo esteve observando a idolatria dos atenienses e discutindo com filósofos e oradores.
15. A noroeste da Acrópole estava o Areópago, uma tribuna popular, onde cada um tinha o direito de expor suas ideias, independentemente de quais fossem. Uma espécie de Hyde Park de Londres. Paulo foi conduzido por filósofos epicureus e estoicos a essa tribuna para expor a estranha doutrina que pregava: da redenção de Cristo e ressurreição final. O apóstolo dos gentios não perdeu a oportunidade. Cheio do Espírito Santo pregou o que vai registrado em Atos 17.16-34, pondo em cheque o rude politeísmo grego, com o Deus vivo que era a bandeira que Paulo desfraldava. Em suma, eis o que a experiência de Paulo no Areópago:

a) O espírito de Paulo se revoltava com a brutal idolatria de Atenas. James Adams admite a existência de 30 mil deuses em Atenas.[45]

b) Paulo exaltou a religiosidade dos atenienses. Eles tinham muita religiosidade, mas eram vazios de espiritualidade. Apolônio, filósofo contemporâneo de Paulo, repreendeu os atenienses por causa de suas bacanais nos festivais de Dionísio. Além disso, tiravam a vida do semelhante sem nenhuma razão.

c) O apóstolo destacou, entre os milhares de altares que se espalhavam pela cidade, o dedicado ao "Deus Desconhecido". Esse "Deus" que eles veneravam, mas não o conheciam, era o que Paulo pregava. Foi o "introito" de seu poderoso sermão, no qual ele descreveu os atributos desse Deus maravilhoso:

---

[45] Adams, J. M. *A Bíblia e as civilizações antigas*, p. 427-428.

Atenas

- Deus é criador de tudo o que existe.
- É o Senhor do céu e da terra.
- Não habita em santuários feitos por mãos humanas.
- Não é servido por mãos humanas.
- De nada precisa (ou necessita).
- Pelo contrário, esse Deus dá vida, respiração e tudo mais.
- De um só fez toda a raça humana para habitar sobre a face da terra.
- Fixou os tempos previamente estabelecidos e os limites da sua habitação para buscarem a Deus, se porventura tateando o possam achar, pois não está longe de cada um de nós.
- Pois nele vivemos, e nos movemos e existimos (argumenta citando um poeta grego).
- A verdadeira divindade não é semelhante ao ouro, à prata, à pedra, trabalhados pela arte e imaginação do homem.
- Deus perdoou em Cristo os tempos da ignorância humana.
- Jesus Cristo é o juiz estabelecido por Deus para julgar vivos e mortos.

- Deus não tem prazer na morte do ímpio, pelo contrário, quer que todo homem se arrependa e receba Cristo para perdão dos pecados e desfrute da vida eterna. Deus deu certeza do poder de Cristo, ressuscitando-o dentre os mortos.

Atenas foi derrotada pelos espartanos; mais tarde subjugada pelos macedônicos e, por último, pelos romanos. Hoje Atenas é a capital da Grécia, cidade grande e bonita, com mais de 3 milhões de habitantes. Mas sua primitiva glória morreu. Suas ruínas, entretanto, quer na Grécia, quer no Louvre, que no Museu Britânico, atestam seu esplendor do passado imortal.

A obra cristã em Atenas parece que continuou com Dionísio, o areopagita, mas o trabalho evangélico, propriamente dito, hoje é fraco na Grécia.

Corinto

A primeira Corinto, da época pré-helênica, chama-se Epira. Foi fundada no século IX a.C., talvez pelos fenícios.

Plantada no istmo de Corinto, a cidade é banhada por dois mares: ao oriente, pelo Egeu, no porto de Lichaeum, e a ocidente pelo Jônico ou Adriático. No primeiro tinha o porto de Cencreia; no segundo, o de Corinto.

O período áureo de Corinto foi nos séculos VI a V a.C. A cidade relacionada com o Novo Testamento não foi a dos tempos clássicos, pois esta fora destruída em 146 a.C. por Lúcio Mummio. Reconstruída por Júlio César em 44 a.C., que lhe chamou Laus Julia Corinthus. Augusto, 27 a.C., a eleva à categoria de capital da Acaia. Tornou-se, daí para frente, um polo comercial, político e religioso dos maiores. Cícero chamou-lhe *Tótius Graeciae Lumen*. A *Enciclopedia de la Biblia* diz que, no esplendor de Corinto, sua população era de 200 mil habitantes e 400 mil escravos.[46] Tornou-se a primeira cidade da Grécia e uma das mais importantes do Mediterrâneo.

O circuito da cidade era de 9 km e o perímetro de suas muralhas de 15 km. Corinto e Acrocorinto estavam ligados. Ao todo a área da cidade deveria ir por 600 hectares.

[46] *Enciclopedia de la Biblia*, vol. 2, p. 542.

Ruínas de Corinto

Ruínas de Corinto

Balneário das ruínas de Corinto

Era uma cidade cosmopolita. Ocupando o istmo recebia forte influência do oriente e do ocidente. Gente de todas as partes do mundo afluía a Corinto para comprar e vender, para tratamento médico, para divertimentos e orgia nas suas famosas bacanais. A população de Corinto se compunha de colonos, libertos, veteranos e cidadãos romanos. A colônia judaica era grande, pois a arqueologia descobriu as ruínas de uma grande sinagoga. Esses judeus em grande parte vieram de Roma, expulsos pelo imperador Cláudio, como foi o caso de Priscila e Áquila (At 18.2).[47]

De Atenas a Corinto havia nada menos de 80 a 100 km. Paulo pôde ir de Atenas a Corinto por mar, desembarcando em Cencreia, distante 11,2 km, ou por terra, pelo caminho de Eleusis.

Opulenta, porém, depravada, predominava a luxúria no famoso templo dedicado a Afrodite na Acrocorinto. Aristófanes lembra que diante da corrupção da cidade, criou-se o verbo *korintiázestai*, que significa "viver à maneira coríntia".[48] Estrabão,[49] Pausanias,[50] bem como Horácio[51] referem-se à imoralidade de Corinto.

Paulo, vindo de Atenas, chegou a Corinto, talvez no final do ano 40 d.C., na sua segunda viagem missionária (At 18.1).[52] Eis os destaques dessa visita:

1. Encontrou-se com Priscila e Áquila, judeus expulsos de Roma pelo imperador Cláudio (At 18.2). Como Paulo, eles eram fabricantes de tendas (At 18.2).
2. Paulo pregava na sinagoga todos os sábados (At 18.4).
3. Quando Silas, Timóteo e Lucas chegaram a Corinto, Paulo deixou as "tendas" e dedicou-se inteiramente à Palavra de Deus (At 18.5).
4. Os judeus blasfemaram de Cristo e se opuseram à mensagem de Paulo (At 18.6).

---

[47] FILON. *Log ad Caicom.*
[48] ARISTÓFANES. Fragmento 133. As expressões "corintear" e "banquete coríntio" para designar a depravação de Corinto são usadas por alguns pregadores do evangelho, mas não constam dos melhores dicionários do nosso vernáculo.
[49] ESTRABÃO. *Geographia*, 8, 6.
[50] PAUSANIAS. *Periegesis*, 2,1.
[51] HORÁCIO. *Epístola*, 1.17, 36.
[52] Veja o "Apêndice 2".

5. Paulo retirou-se da sinagoga e foi para a casa de Tício Justo, homem crente no Senhor Jesus (At 18.7).

6. Crispo, um dos principais da sinagoga, com toda a sua casa, e muitos coríntios creram no Senhor e foram batizados.

7. Diante dos pecados do povo de Corinto, Paulo ficou desanimado e resolveu deixar a cidade. Jesus, porém, lhe apareceu em visão e lhe disse: "Paulo, tenho muito povo nesta cidade; fala e não te cales; porquanto eu estou contigo e ninguém ousará fazer-te mal" (At 18.9,10).

8. Paulo, obediente à Palavra do Senhor Jesus, permaneceu 18 meses em Corinto (At 18.11).

9. Em 1Coríntios 2.2 Paulo recorda aos coríntios que esteve entre eles com temor e em fraqueza.

10. De Corinto, a Palavra de Cristo alcançou Cencreia (Rm 16.1) e toda a Acaia (2Co 1.1).

11. Paulo elogia a prontidão dos crentes acaianos em socorrer os crentes pobres da Judeia (2Co 9.2).

12. Parece que a igreja de Corinto era constituída de um misto de gente de condição humilde (1Co 1.26-29) e também de elevada posição (1Co 1.16; 11.17-34).

13. Paulo foi conduzido pelos judeus diante do procônsul Gálio, da Acaia, acusado de crimes contra o Imperador e a Lei. Gálio não deu atenção aos judeus e libertou Paulo.

14. Na igreja de Corinto havia partidos, brigas e exageros, o que deu muito trabalho a Paulo (1Co 1.12; 3.5).

15. Terminado o seu tempo em Corinto, Paulo resolveu ir para a Macedônia (At 20.1). Atravessou aquelas regiões e foi para a Grécia (At 20.2) exortando as igrejas, e nisto gastou três meses. Houve uma conspiração dos judeus contra Paulo, quando estava para embarcar para a Síria. Em razão disso, ele voltou à Macedônia (At 20.3).

O imperador Nero ordenou que se abrisse um canal no istmo de Corinto, com o propósito de ligar os dois mares. Nem sequer foi começado o plano de Nero. Em 1893 d.C. foi concluída a maravilhosa obra de engenharia com a abertura do canal. Mede na largura 6,4 km. Sua profundidade excede os 100 m, e a profundidade das águas

GEOGRAFIA DA TERRA SANTA E DAS TERRAS BÍBLICAS

vai a 10 m, permitindo a passagem de pequenos navios. Na abertura superior do canal há duas pontes: uma para trem e outra para automóveis, caminhões, ônibus e pedestres.[53]

Roma

A lendária, a vitoriosa, a capital dos Césares. Maior que Atenas, Alexandria e Antioquia. Foi a maior do mundo nos dias áureos de seu grandioso império. Estendeu suas armas vitoriosas sobre o Oriente Médio, Ilhas Britânicas, França, Bélgica, Espanha, Portugal e África do Norte. Maior que o império de Alexandre.

A lenda diz que Rômulo e Remo foram seus fundadores. Nascidos e abandonados, eles foram alimentados misteriosamente por uma loba. Seja como for, Roma apareceu no ano 763 a.C., quando o profeta Isaías realizava seu poderoso ministério. Comparada com Jerusalém, ou Tebas, Mênfis ou Babilônia e Damasco, Roma é recente. Comparada com Ur dos Caldeus, Roma é muito nova. Quando Roma foi fundada, Ur já existia havia 3 mil anos. Parece mencionada em Daniel 11.30 com o nome de "Quitim".

Roma foi iniciada numa planície, com sete elevações conhecidas como as "sete colinas romanas", a saber: Quirinal, Esquilino, Viminal, Palatino, Capitolino, Célio e Aventino. Os mais importantes eram Capitolino e Aventino. O Fórum ficava entre ambos.

O rio Tibre banha uma boa parte da cidade. Roma está separada do mar por pouco mais de 19 km. Era murada, medindo sua circunferência 19,2 km. Fora dos muros floresceram bairros com boa densidade demográfica. Roma era uma cidade praticamente sem muralhas de 146 a.C. até Marco Aurélio, em 270 d.C.

Os romanos atacaram, por mar, a Antíoco Epífanes, que fora refém em Roma. Judas Macabeu (160 a.C.) estreitou os laços de amizade com Roma. Foi neste tempo que Roma conseguiu dominar todo o Mediterrâneo. Venceu Cartago pela segunda vez (189-188 a.C.); derrotou Antíoco, o Grande, em Magnésia. Por causa dessa conquista se instalaram na Ásia. Em *1Macabeus* 8.1-16 há referência elogiosa aos romanos. Os macabeus enviaram embaixadas a Roma. Pompeu

---

[53] Recomendo a leitura de PAPAHATZIS, Nicos. *Corinthe Antique*. Athéne: Ekototike Athenon, 1978. 112 p. O autor é arqueólogo.

464

(63 a.C.) tomou Jerusalém e levou da cidade muitos escravos, que, em Roma, foram libertados. Nos primórdios da época imperial, havia em Roma uma grande colônia judaica que se tornou riquíssima. Cícero era amigo dos judeus na defesa de Valério Flaco.[54] Júlio César os protegeu. Segundo Sultânio,[55] os judeus lamentaram a morte de Júlio César e lhe visitaram o sepulcro.

No tempo de Augusto havia milhares de judeus em Roma. Josefo lembra que nada mais e nada menos de 8 mil judeus compareceram diante do Imperador para se queixarem de Arquelau.[56] A colônia judaica nessa época desborda para a periferia de Roma, na direção do bairro transtibérico. Em 19 d.C. o Senado deportou para a Sardenha nada menos de 4 mil judeus. Em 49 d.C., sob Cláudio, todos os judeus foram expulsos da cidade de Roma (At 18.2) pelos conflitos havidos entre judeus e cristãos.

Roma era a cidade magnífica com o Panteón, a Basílica Júlia, o templo de Apolo, o Fórum, que foi ligado ao Arco Triunfal de Tibério, as riquíssimas construções de Nero (a casa de ouro e os jardins), o circo máximo, o Coliseu, as casas de banho, os grandes edifícios públicos. Essas coisas fizeram de Roma a cidade bela, rica e magnificente.

No ano 64 d.C., Nero mandou incendiar a cidade de Roma e atribuiu a responsabilidade do fogo aos cristãos. Milhares e milhares de cristãos foram martirizados em Roma e em todo o império. Foi nesse tempo que Paulo foi decapitado em Roma.

Roma foi reconstruída, e muito maior. Sua população chegou a 1,5 milhão de habitantes, sendo 700 mil livres e 800 mil escravos.

Em Romanos 1.7, Paulo se dirige a cristãos em Roma. Eram, sem dúvida, filhos espirituais de Paulo. Em Romanos 15.20 Paulo se diz o fundador da igreja em Roma. Pela carta aos Romanos, a igreja de Roma era constituída de judeus e gentios. Paulo, por muito tempo, almejou visitar Roma (Rm 15.22-29), mas sua ida foi sempre barrada. Acabou indo, mas como prisioneiro de Cristo (At 27). Em Roma permaneceu dois anos numa casa alugada, algemado a um soldado, mas tinha liberdade de pregar a Palavra. Pregou e muitos se

---

[54] Cícero. *Pró-Flaco*, 28.
[55] Sultânio. *Div. Iv1*, 84.
[56] Josefo, Flávio. *Antiguidades judaicas*, 17; *Bellum*, 2:6.

GEOGRAFIA DA TERRA SANTA E DAS TERRAS BÍBLICAS

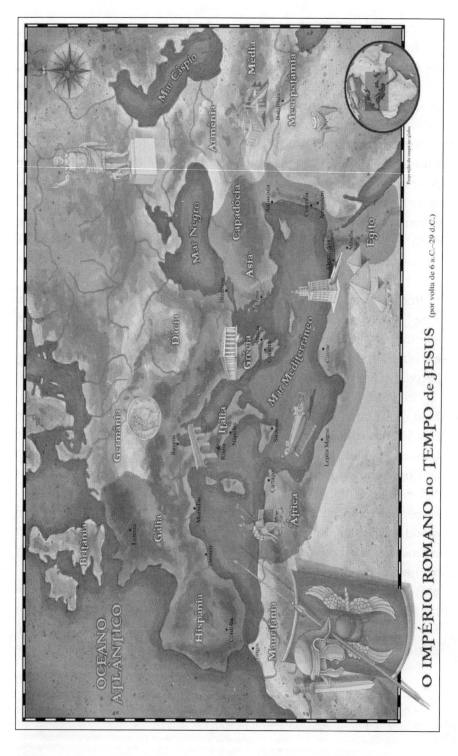

converteram (At 28). Parece que alguns do palácio de César se converteram ao Senhor Jesus (Fp 4.22). Na primeira prisão, Paulo escreveu as cartas de Filemom, Filipenses, Colossenses e Efésios.

O livro de Atos termina com Paulo preso em Roma. Mas foi libertado preventivamente (Fm 1.22,23). Deve ter desfrutado dois anos de liberdade. Nesse período, Roma foi incendiada. Quando Paulo retornou a Roma, as coisas estavam sombrias, pois Nero estava furioso com os cristãos e Paulo era tido como chefe deles. O apóstolo escreveu sua última carta: 2Timóteo. Por fim, foi condenado e morto, mais ou menos em 67 d.C.

James Adams descreve de modo singular o que foi a contribuição dos romanos para a difusão do cristianismo nascente:

> Jerusalém assistiu ao nascimento do cristianismo, enquanto Roma, como que antecipadamente preparada para o cumprimento dos tempos, preparou o caminho para a sua propagação mundial. Se o advento de Jesus, numa província do Oriente Próximo, e num mundo que a paz romana dominava, marcou um advento sensacional, a manutenção da ordem e da lei, na administração deste mesmo mundo, tornaram possíveis os movimentos dos apóstolos, por todas as províncias através do Império. Roma forneceu os elementos materiais externos, a armadura, diríamos, dentro da qual a nova religião operou com relativa segurança e grande eficiência. E não se diga que não foi devido, em grande parte, a esta ordem aristocrática, que se deveu o fenomenal progresso do cristianismo. Se outras fossem as condições políticas e sociais, outras teriam sido as resultantes da nova campanha missionária. Os tribunais romanos, oferecendo justiça imparcial, eram encarnações da ordem romana mesma; as grandes estradas, como a Via Ápia, a Flamínia e a Óstia, ligando as mais remotas regiões do mundo com o centro do Império, encontravam um ponto comum nas Portas de Bronze do Fórum. As legiões romanas preservavam a ordem em todas as extremidades do Império, e os oficiais romanos governavam com exemplar eficiência. Mas, em adição a todas estas extremas características do mundo romano, com o seu eficiente governo, devemos adicionar a contribuição que Roma fez conservando e até melhorando todas as conquistas culturais, produzidas pelo gênio dos gregos. É inegável que o ambiente cristão, do ponto de vista gentílico, era greco-romano; mas a contribuição de Roma a este aspecto cultural foi a quase duplicação do pensamento

histórico dos gregos. Vale dizer: o muito de bom que já existia, foi ainda aumentado. Por outro lado, mesmo que não se possa dizer que Roma foi primariamente a criadora deste panorama, também seria impossível negar, se ela poderia assumir papel mais benéfico para o mundo, do que conservar e mesmo melhorar a cultura e o progresso social já existente.

Aqui, então, encontra a grande arena do Mediterrâneo, onde o cristianismo ganhou as suas primeiras vitórias triunfais e suas conquistas futuras incluíam todo o Império Romano. Mesmo que Roma não seja muitas vezes mencionada nas páginas do Novo Testamento, a sua impressionante sombra pode ser vista através de cada página, desde o decreto de César Augusto que levou José e Maria à Belém, ao edito de Cláudio, que baniu Áquila e Priscila de Roma. João, mesmo na sua grande desdita em Patmos, é uma figura do desfavor romano, como tantos outros foram figuras favorecidas. Sem qualquer sombra de dúvida, o poder de Roma, pode ver-se na encruzilhada de todos os planos e propósitos cristãos. Particularmente importante foi este fato, quanto às lutas decisivas entre a deificação de César e a divindade de Cristo Jesus, entre o culto do Imperador e o culto a Cristo. Policarpo, atirado às feras no Hipódromo de Esmirna, corajosamente sustentou o senhorio divino de Cristo; mas estamos certos que, antes dele e depois dele, milhares morreram pelo mesmo testemunho, durante as perseguições de Nero e Domiciano. A tradição aponta Pedro como crucificado em Roma, de cabeça para baixo, mesmo que não seja possível provar que Pedro jamais estivesse em Roma; mas Paulo foi lá martirizado, como um bom soldado de Jesus Cristo, que guardou a fé até o fim (2Tm 4.6). A destruição de Roma pelo fogo em 64 d.C. estava possivelmente associada com o movimento cristão; o Coliseu estremeceu como frenesi de 60.000 expectadores que exultavam com o martírio dos cristãos; as vias públicas testemunharam o hediondo espetáculo das piras dos crucificados. Atirados às valas comuns, como réprobos, os cristãos deixaram 600 mil catacumbas como testemunhas mudas de sua imutável fidelidade ao Senhor. Como numa passagem se diz: "Foram torturados, não aceitando a sua libertação, para que pudessem obter uma melhor ressurreição; outros por sua vez, passaram pela prova de escárnio e açoite, sim, até de algemas e prisões. Foram apedrejados, provados, cerrados pelo meio, mortos ao fio da espada; andaram peregrinos, vestidos de peles de ovelhas e de cabras, necessitados, aflitos e maltratados (homens dos quais o mundo não era digno), errantes pelos desertos, pelos montes, pelas covas, pelos antros da terra" (Hb 11.35-38). Mas acima deste sórdido tratamento, e não merecido castigo, eles eram radiantes em seus sofrimentos, levando consigo o emblema da cruz, em que foi oferecida a vida no meio da morte. Os séculos sucessivos contariam uma história diferente, em relação ao triunfo dos santos e, mesmo na cidade dos Césares, os mais heroicos sofrimentos e lutas destes primitivos cristãos, continuariam sincronicamente em todas as partes do Império Romano. O triunfo não custaria pouco, enquanto os cristãos tivessem de lutar com principados, potestados e poderes, mas estava reservado para os anos vindouros, na consumação da paz permanente.[57]

As sete igrejas da Ásia

Existem quatro acepções geográficas para "Ásia", como já tivemos oportunidade de observar no princípio de nosso estudo sobre a "Anatólia": (1) o continente, (2) toda a região ocupada atualmente pela Turquia oriental, (3) a região do Oriente Médio e (4) a região onde estavam plantadas as "sete igrejas" conhecidas como da "Ásia", ou do "Apocalipse". Essa última é a que nos interessa no momento.

É lógico supor que houve outras igrejas, sem dúvida, nessa região. O Senhor Jesus, entretanto, através de seu servo, o velho apóstolo João, dirigiu cartas às sete mencionadas em Apocalipse 1, 2 e 3. Essas sete igrejas e outras da mesma região nasceram como resultado do trabalho diuturno e sacrificial do apóstolo Paulo. O apóstolo não esteve pessoalmente em alguns lugares, como é o caso de Colossos (2.1). Após a saída de Paulo da "Ásia", o apóstolo João se instalou na região. A tradição romanista afirma que João levou em sua companhia, isto é, para a sua casa, Maria, a mãe de Jesus. Em Éfeso, ela teria passado a última noite de sua vida e ascendeu aos céus. Pensa-se que em Panaya Kapulu esteja a casa da última noite de Maria na terra. Essa tradição, entretanto, não é aceita por toda a romanidade.[58]

Estudaremos cada uma das cidades das "sete igrejas", incluindo a ilha Patmos, onde foi escrito o último livro do Novo Testamento.

---

[57] ADAMS, J. M. *A Bíblia e as civilizações antigas*, p. 431-433.
[58] Consulte *Enciclopedia de La Biblia*, vol. 2, p. 1091. Veja também o verbete "Dormición".

Éfeso

Grande cidade. Linda. A mais importante da "Ásia", hoje ocupada pela Turquia asiática.

Situada na desembocadura do rio Caister, entre as serras montanhosas do Caressos e o mar. Distante do Egeu cerca de 5 km. Ocupava uma linda e grande planície. Ficava entre Esmirna ao norte, e Mileto, ao sul. Defronte a ilha de Samos. Pertencia à Lídia. Na atualidade se chama Selçuk. Disputou com Alexandria e Antioquia a supremacia sobre o Mediterrâneo oriental. Através de Laodiceia, pelo vale do Caister, comunicava-se com a Síria facilmente. Suplantou Mileto e "se tornou o maior empório da Ásia, ao ocidente do Taurus".[59]

Antes da chegada dos jônicos, Éfeso era habitada pelos asiáticos, isto é, o povo nativo. Os jônicos chegaram em 1044 a.C. e dominaram tudo completamente, ainda que os sacerdotes nativos continuassem orientando o culto. Os asiáticos e os jônicos por fim se amalgamaram em tudo, inclusive nas religiões. Em 560 a.C. os lídios se apoderaram de Éfeso. Em 494 foi a vez dos persas; em 334, Alexandre, o Grande; em 133, os romanos. Transformada por estes em centro administrativo e religioso da província romana da Ásia. Em 41 d.C., Cláudio converteu-a no grande centro político, o primeiro da Ásia Menor.

Algumas coisas tornaram Éfeso uma grande cidade:

1. Capital da província romana da Ásia. O "escrivão" da cidade (At 19.35) não era apenas um escrivão, mas a "autoridade máxima", como lembra com bastante propriedade William Ramsay. Isto atraía "toda a Ásia" (At 19.10) a Éfeso; desse modo, ouviam a Palavra de Deus por meio de Paulo.
2. Havia um grande mercado, comprando e vendendo produtos da região e de outras partes. Podemos imaginar o grande número de camelos que chegavam e saíam carregados com gêneros de todas as partes da terra. O número de pessoas que afluíam ao mercado era enorme. Era em lugar assim tumultuado que Paulo gostava de expor a Palavra.

---

[59] ESTRABÃO. *Geographia*, 642.

3. Podia-se chegar ou sair de Éfeso por mar, pois o porto distava apenas 5 km; no tempo de Paulo era mais perto ainda. Hoje, das ruínas da primitiva Éfeso ao Egeu, são 11 km. Material de aluvião empurrou as águas do mar. O porto de Éfeso deveria estar em reformas quando Paulo parou em Mileto e mandou chamar os pastores de Éfeso (At 20.17). Mas o momento mais comum para alcançar Éfeso, ou deixá-la, era por terra. Estradas boas e bem guardadas, vindas de todos os pontos do oriente, passavam pela cidade, atraindo grande número de pessoas. Uma vez em Éfeso, ouviam a "mensagem da cruz".

4. Havia também um famoso centro de medicina, principalmente para curar doenças dos olhos. Isto trazia para a cidade milhares de enfermos, que tinham também o ensejo de entrar em contato com Jesus, o Médico dos médicos.

5. A cidade abrigava o templo de Diana ou Artêmis, a deusa símbolo da fertilidade. Nesse templo, grande e majestoso, guardava-se a imagem da deusa famosa. Talvez essa imagem fosse esculpida num grande meteorito, daí a razão de dizerem "que caiu do céu" (At 19.35). James Adams diz que na noite em que Alexandre, o Grande, nasceu, o templo de Diana foi destruído pelo fogo.[60] Chegaram donativos de todas as partes e o templo foi reconstruído com mais pompa e maior glória.

Esse templo, que chegou a ser "uma das sete maravilhas do mundo", media 74,5 x 49,95 m. Com cem colunas de 1,8 m de diâmetro cada uma. O altar descansava sobre uma base de pedras com 6 m^2. Em determinado mês conhecido como Artemísio (março-abril), gente de toda parte rumava para Éfeso com ricas ofertas para Diana. Eram milhares e milhares. Foi nesse período que o sindicato do ourives Demétrio criou problema com Paulo (At 19.23-40). Isso aconteceu no teatro com capacidade para 25 mil pessoas. Depois de dois anos de pregação do evangelho, muitos efésios já se haviam convertido a Cristo e não mais compravam as miniaturas dos nichos de Diana.

---

[60] ADAMS, J. M. *A Bíblia e as civilizações antigas*, p. 417.

O templo de Diana ficava numa linda planície distante do centro cerca de 2,5 km e ligado à cidade por uma estrada de mármore com 22 m de largura, ladeada de colunas riquíssimas. Essa suntuosa estrada dava saída para a "Porta Magnesiana".

6. O Grande Fórum Romano ergueu-se majestoso na praça principal da cidade.

7. O Estádio também era de gigantescas dimensões (assim o provam as ruínas). A oeste do Estádio ficava o templo de Serápis, deusa importada do Egito.

8. Uma muralha de 11,2 km circundava a cidade, dando-lhe segurança e paz.

O número de judeus em Éfeso deveria ser considerável. Não eram, porém, bem quistos como podemos deduzir de Atos 19.34. O cônsul Dolabella lhes concedeu, em 44 d.C., privilégios especiais[61] para observarem o sábado, confirmados mais tarde pela cidade e o próprio Augusto.[62]

Éfeso era um centro estratégico; por isso Paulo estabeleceu ali um poderoso trabalho, onde permaneceu dois anos (At 19.10). Coisas importantes aconteceram pela pregação de Paulo e de seus companheiros:

1. Começou com homens convertidos e cheios do Espírito Santo e com dons espirituais (At 19.1-7).

2. Paulo evitou brigas e polêmicas entre judeus e cristãos (19.9).

3. Paulo pregou somente a Palavra de Deus.

4. A mensagem de Paulo não era apenas na sabedoria humana, mas na demonstração do poder de Deus com milagres e maravilhas (At 19.11,12).

[61] JOSEFO, Flávio. *História dos judeus*, 14.10,11-13.
[62] JOSEFO, Flávio. *História dos judeus*, 10.25; 16.6,7.

Diana de Éfeso

Éfeso

5. Paulo expulsou demônios (19.13-16).
6. O nome do Senhor Jesus era engrandecido pela pregação das boas novas.
7. Obras de feitiçaria eram queimadas em praça pública pelos novos convertidos (19.18,19).
8. A poderosa Palavra do Senhor Jesus crescia e prevalecia com poder (19.20).
9. Mais tarde, o apóstolo Paulo escreveu a essa igreja uma confortadora e maravilhosa carta, conhecida como "Epístola aos Efésios".
10. O Senhor Jesus dirigiu a essa igreja uma carta de exortação e amor (Ap 2.1-7).

Muitos templos cristãos foram construídos no período do Imperador Constantino. Do período bizantino para frente, Éfeso foi decaindo até chegar a um montão de ruínas. Arqueólogos como John Turtle Wood e David George Hogard, entre outros, escavaram as ruínas de Éfeso e revelaram a gloriosa cidade que era sede de idolatria, mas que foi abalada pelo poder do evangelho de Jesus Cristo, o Filho do Deus Vivo.

Esmirna

Esmirna

Significa "mirra", talvez por suas terras produzirem essa planta em abundância. Cidade marítima, muito antiga e rica. Pertencia à Lídia. Limitava-se ao sul com Éfeso, distante 50 km; ao norte com Pérgamo; a oriente com Tiatira e Sardes, e a ocidente com o mar Egeu. Plantada ao pé do monte Pagos, sua topografia encantadora conferiu-lhe o título de "O adorno da Ásia". Uma parte da cidade estava no vale do rio Hermos. Seu porto maravilhoso atraía grande número de navios que conferiam vida e dinheiro à cidade.

Seus primitivos habitantes eram eólios, depois jônicos. Chegou a ser destruída em 580 a.C. por Alyattes, rei da Lídia, mas foi restaurada pelos sucessores de Alexandre Magno.

Cibeles era a deusa principal. Em 195 a.C., Esmirna dedicou um templo à deusa Roma e em 26 d.C. obteve permissão para dedicar um templo a Tibério, à Lívia e ao Senado. Um terremoto a destruiu em 178 d.C. Hoje seu nome é Izmir, pertencente à Turquia. Antes da Primeira Guerra Mundial os gregos tinham grandes indústrias em Esmirna. Após a guerra, o governo turco expulsou os gregos. A indústria foi golpeada. Hoje é uma cidade com mais de 2 milhões de habitantes. A indústria e os produtos manufaturados, sendo o figo seco o principal, são sua principal atividade econômica.

O CRISTIANISMO NO OCIDENTE

A cidade era terrivelmente pagã. O evangelho, entretanto, progrediu. A igreja parece-nos não ser tão grande, mas viva e poderosa. Jesus dirigiu uma carta a essa igreja (Ap 2.8-11). Na época da carta, a igreja enfrentava grande tribulação. Materialmente pobre, mas rica dos céus. Judeus blasfemaram o Bom Nome. Jesus chamou a sinagoga desses judeus de "sinagoga de Satanás". O Senhor advertiu ainda que a igreja passaria por grande tribulação. Seria uma prova que duraria "dez dias". A igreja deveria ser fiel ainda que lhe fosse necessário morrer. Segundo a tradição, Policarpo, o pastor da igreja, foi martirizado em Esmirna, em 169 d.C.[63]

Pérgamo

Importante cidade da Ásia Menor. A ocidente estava a alguns quilômetros do Egeu; ao norte limitava com Assôs e Adramitia; ao sul com Tiatira, e a leste com uma região sem cidades.

Em grego temos *Pérgamos* ou *Pérgamon*; no latim é *Pergamum*. Pertencia à Mísia. Hoje à Turquia asiática. Construída sobre uma montanha de mais ou menos 300 m sobre o mar. Sobre o planalto corriam dois profundos ribeiros. A cidade era rodeada de grossas muralhas, um ponto estratégico privilegiado. Grandes estadas passavam por Pérgamo; por isso era rica e importante. Cresceu à sombra do helenismo. Sob a dinastia dos atálidas (283-133 a.C.), a cidade foi centro comercial e militar importante, além de religioso. Eumenes II (197-159 a.C.) deu à cidade coisas importantes, como um grandioso conjunto de ginásios, uma biblioteca quase igual à de Alexandria, um museu com maravilhosas esculturas gregas, grandiosos jardins, suntuosos palácios e templos decorados pelos mais notáveis escultores da época.

Ao morrer, Átala III (133 a.C.) legou seu reino aos romanos, que a transformaram em "Província da Ásia". Com importantes estradas que ligaram Éfeso a quase toda a região da Anatólia, Pérgamo assumiu uma condição inferior, mas continuou sendo a capital da Província.

[63] Consulte BETTENSON, H. *Documentos da igreja cristã*. São Paulo: Aste, 1967, p. 36-40.

475

Pérgamo

A vida religiosa de Pérgamo foi muito intensa no alvorecer da era cristã. Não longe da cidade estava o grande e famoso santuário dedicado a Esculápio, o deus da medicina. Esse lugar de adoração surgiu no século II a.C. e atraía a cada ano milhares de peregrinos, sendo transformado também em sanatório e escola de medicina. Pérgamo promoveu o culto ao imperador e dedicou templo a Roma e a Augusto. Sendo a capital da Província Asiática, cabia-lhe a responsabilidade de organizar em toda a região o culto do imperador.

O Senhor Jesus enviou à igreja de Pérgamo uma mensagem, registrada em Apocalipse 2.12-17. Jesus diz: "Conheço o lugar em que habitas, onde está o trono de Satanás". O que seria esse "trono de Satanás"? Alguns intérpretes veem nisso alusão ao conjunto de templos pagãos que dominavam a cidade e espalhavam as obras do Diabo. Outros acham que se refere expressamente ao templo de Zeus. Há os que creem que seja uma alusão à famosa biblioteca da cidade. Por último, alguns pensam que se trata do templo de Esculápio, realmente um trono satânico.

Em Pérgamo organizava-se o culto do imperador para toda a Província da Ásia. Daqui partiam as ordens expressas. Quem não

O CRISTIANISMO NO OCIDENTE

cumprisse seria morto, como foi "Antipas" (Ap 2.13), seguido de outros cristãos. Essa perseguição era ordenada pela organização que promovia o culto do imperador; era, pois, o "trono de Satã".

As solenidades idolátricas celebradas em Pérgamo atraíam gente de toda a Ásia. Os participantes desse culto tinham ideias heterogêneas sobre moral, política e religião. Realmente, o ambiente resultante era promíscuo. Isto preparou campo para a proliferação de doutrinas do tipo "nicolaítas" que se infiltraram na igreja do Senhor e foram condenadas. Com base em Apocalipse 2.14, os ensinos de Balaão sobre prostituição eram comuns e generalizados em Pérgamo.

Segundo a tradição romanista, Gaio,[64] a quem o apóstolo João dirigiu sua terceira carta, foi pastor em Pérgamo.

Tiatira

Situada na Ásia Proconsular entre Pérgamo ao norte, e Sardes ao sul. Distava alguns quilômetros do mar. Pertencia à Lídia e estava na fronteira da Mísia. A estrada de Pérgamos a Sardes passava por Tiatira. Seus nomes anteriores eram "Euhippia" e "Pelopia"; hoje é Akhinsor.

Fundada por Seleuco I, da Síria, no século IV a.C. Em 133 a.C., juntamente com Pérgamo, passou para a tutela romana. Seleuco fundou a cidade num vale profundo do Hermo e do Caíco.

Pela estrada, chegava e saía gente de toda parte do mundo. Tornou-se um grande centro comercial e também industrial. De um caramujo tiravam uma coloração avermelhada, conhecida como púrpura. Com essa tinta tingiam lãs, algodão e linho. Esses produtos fabricados em Tiatira eram famosos na Ásia e na África. Lídia (At 16), a primeira pessoa convertida na Europa pelo trabalho de Paulo, procedia dessa cidade. Em Filipos, ela vendia "púrpura" de Tiatira. A cidade também era fabricante de cerâmica para adorno e uso doméstico. Além disso, fundiam um bronze especial com o qual fabricavam utensílios diversos, famosos como a púrpura.

A quarta carta do Apocalipse é dirigida ao "anjo" desta igreja (2.18-29). Apocalipse 2.18 parece lembrar o bronze fabricado na cidade. Jesus destaca as obras boas da igreja, seu amor, sua fé, seu

[64] Apoiadas pelas "Constituições Apostólicas" 7,46.

477

Ruínas de Tiatira

serviço e sua perseverança. Mas ela foi reprovada por tolerar a "mulher" Jezabel. Deveria ser um membro da igreja local que foi aceito entre o povo de Deus assim como Jezabel foi aceita na comunhão de Israel através de Acabe. Outras semelhanças: como Jezabel trouxe ídolos para Israel, essa pessoa causou perturbação na igreja; como Jezabel perseguiu o bem, esse membro da igreja combateu a sã doutrina; como Jezabel foi condenada e morta, esse membro deveria ser afastado do corpo de Cristo. Provavelmente o ensino da "Jezabel" da igreja de Tiatira deveria ser algo ligado a práticas imorais e idolátricas de algumas das muitas instituições espalhadas pela cidade pagã.

Sardes

Erguida quase no centro da Ásia Procunsular, hoje território pertencente à Turquia. Tiatira lhe fazia divisa ao norte, a mais ou menos 50 ou 60 km, e Filadélfia a sudeste, também a 50 km, enquanto Éfeso lhe ficava a sudoeste a 112 km. No tempo do famoso rei Creso, Sardes foi capital da Lídia.

Uma estrada real, saindo de Sardes, atravessava a Anatólia central e ia até Ecbatana e Susa na Pérsia. H. C. Butter (1910-1914) e

Ruínas de Sardes (Templo de Ártemis)

depois G. M. A. Haufmann (1958) provaram pelas cerâmicas encontradas nas ruínas de Sardes que a cidade pertence ao Período de Bronze, isto é, à época micênica. Nos séculos VII e VI a.C. progrediu grandemente. Foi atacada pelos cimérios (668-652 a.C.), que lhe mataram o rei Giges. Com Creso (561-546 a.C.), entretanto, alcançou seu esplendor máximo. Um pequeno ribeiro conhecido como Pactolos derramava com as enchentes grande quantidade de ouro de aluvião na cidade, que se tornou riquíssima e famosa. Ciro, o Persa (546 a.C.), apagou a grandeza de Sardes. Em 498 a.C., os jônios se revoltaram contra o governo e prejudicaram a cidade.

Sardes era uma cidade-fortaleza quase inexpugnável. O "forte" erguia-se sobre o formoso vale do Hermo. Sua beleza era deslumbrante. Ciro tomou a cidade escalando os penhascos, onde a fortificação era frágil, e aproveitou as sombras da noite.

O mercado de Sardes era grande e movimentado. Em seus bazares se expunham produtos do mundo todo. Sardes se ufanava de ser a cidade mais rica da Ásia.

Jesus dirigiu sua quinta carta (Ap 3.1-6) à igreja dessa cidade. O conteúdo é mais ou menos o seguinte: Jesus conhecia suas obras; que a igreja tinha aparência de viva, mas estava morta; ordenou que

GEOGRAFIA DA TERRA SANTA E DAS TERRAS BÍBLICAS

vigiasse sobre sua precária situação espiritual; que consolidasse o restinho que ainda vivia, para não morrer de vez; e que suas obras não eram íntegras na presença de Deus. Apocalipse 3.3 parece exigir da igreja que vigiasse, usando exemplo da cidade que duas vezes sucumbiu por não estar alerta. Já em Apocalipse 3.4 parece haver alusão às roupas de lã e de linho que se vendiam na cidade.

Hoje, onde outrora era a gloriosa Sardes dos tempos cresianos, há um vilarejo chamado Sarte.

Filadélfia

Em grego se lê tanto *Filadélfia* como *Filadelfa*. Situada na Lídia e fundada no primeiro milênio antes de Cristo. Situada no sopé de um contraforte do monte Tmolo, hoje chamado "Boz Dgi", mais ou menos 45 km ao sudeste de Sardes. Ciro, o Grande, conquistou Filadélfia. Nos dias de Átalo II, Filadelfo, rei de Pérgamo (159-138 a.C.), a antiga Kallatebos veio a chamar-se Filadélfia em honra de Átalo II. Reduto importante do helenismo ou Ásia, a cidade experimentou grande surto de progresso e se tornou célebre em toda a província romana da Ásia. As rotas de Esmirna a Pérgamo obrigatoriamente passavam por Filadélfia. Suas terras eram férteis, seu comércio intenso e a cidade muito rica. No ano 17 da nossa era foi destruída por violento terremoto. Três anos mais tarde, Estrabão a visitou e ficou penalizado ao pisar as ruínas da gloriosa cidade. O imperador Tibério a reconstruiu, dando-lhe o nome de "Neokaisareia". Vespasiano chamou-lhe "Flávia".

O movimento religioso da cidade era grande. Muitos templos suntuosos espalhavam-se por suas ruas e bairros. O local está hoje ocupado por uma aldeia chamada Alaseir, pertencente à Turquia asiática.

A palavra "Filadélfia" vem naturalmente de "Filadelfo", e é constituída de dois vocábulos gregos (*filo* = "amor" + *delfos* = "irmão"; portanto, "amor fraternal").

O Senhor Jesus dirigiu a essa igreja sua sexta carta (Ap 3.7-13). Destacaremos algumas coisas importantes dessa preciosa carta de Jesus ao anjo dessa igreja.

1. Assim como Filadelfo se tornou famoso pela lealdade a seu irmão, semelhantemente a igreja, a verdadeira Filadélfia, herda e

Filadélfia

cumpre o caráter daquele mediante sua constante lealdade a Cristo (3.8-10).
2. Filadélfia ficava na região onde havia uma "porta aberta", de onde vinha a riqueza e prosperidade para a cidade. Do mesmo modo, o Senhor Jesus coloca diante da comunidade cristã de Filadélfia "uma porta aberta" de oportunidade e bênção (Ap 3.8; 2Co 2.12).
3. Os símbolos "coroa" e "templo" salientam um contraste com as festividades religiosas e os ritos da cidade (3.11,12).
4. A igreja estava numa região sujeita a terremotos, portanto um lugar inseguro; Jesus promete aos fiéis a estabilidade dos céus e participante do templo de Deus.
5. No decurso dos séculos, a cidade recebeu muitos nomes. Os vencedores em Cristo receberão novos nomes e a certeza da participação gloriosa com Cristo (3.12).
6. Os judeus perseguiram a pequenina igreja e são chamados por Jesus de "sinagoga de Satanás" (3.9).

De caminho de Antioquia da Síria para Roma, onde seria martirizado, Inácio visitou a cidade e, posteriormente, enviou uma carta à comunidade cristã de Filadélfia.

481

Laodiceia

Foi fundada em 261-246 a.C. por Antíoco II, que lhe deu o nome de Laodiceia em honra à sua esposa Laodike.

Pertencia à Frígia e ficava às margens do rio Lico, afluente do Meandro. Laodiceia distava 160 km de Éfeso. Estradas ligavam-na a todos os pontos da Ásia. A sudeste ficava o passo montanhoso que levava a Perge; plantada no sopé do Taurus; a leste, a grande estrada que penetrava na Liaconia e nas Portas da Cilícia, atingindo a Mesopotâmia passando por Tarso, Antioquia, Alepo; a ocidente ficava Éfeso, nas proximidades do Egeu; ao norte ficavam os grandes centros de Filadélfia e Sardes. Esse conjunto de fatores preponderante faziam de Laodiceia um centro cultural, político, comercial e religioso dos mais consideráveis da Ásia.

Nas vizinhanças de Laodiceia estavam as cidades de Hierápolis e Colossos (Cl 4.13). Laodiceia, Colossos e Hierápolis formavam o famoso triângulo do poder e da riqueza, todos situados no vale do Lico. Hierápolis ficava 8 km ao norte de Laodiceia, na estrada de Filadélfia. Em Hierápolis nasceu o estoico Epíteto. Papias também era natural dessa cidade. Colossos ficava um pouco a sudeste mais ou menos a 9,6 km de Laodiceia. Colossos se tornou cidade amada de Paulo por causa de Onésimo (Cl 4.9), Filemom (Fm 1.2), Epafras (Cl 4.12) e Arquipo (Fm 2).

Laodiceia era uma cidade importante por muitos fatores. Destacamos estes:

1. A medicina era valorizada, principalmente a oftalmologia. Seus colírios eram famosos (veja Ap 3.18).
2. Com a morte de Átalo III, ocorrida em 133 a.C., o governo passou aos romanos que estabeleceram uma poderosa guarnição na cidade.
3. Cícero diz que em Laodiceia houve bancos que movimentavam grandes somas de dinheiro.
4. Seu comércio era dos mais ricos, segundo Cícero. O que a igreja dizia ter em Apocalipse 3.17 não passava de um reflexo da grandeza da cidade.
5. A fabricação de tecidos era uma atividade importante, sobretudo os de cor preta lustrosos, caríssimos e muito procurados.

O CRISTIANISMO NO OCIDENTE

6. Apesar de toda a riqueza da cidade, havia escassez de água. As águas vinham das fontes termais de Hierápolis, através de tubos. Chegava "morna". Essa era a temperatura espiritual da igreja repelida pelo Filho de Deus (Ap 3.15,16).
7. No primeiro século havia uma numerosa comunidade judaica em Laodiceia; por isso o cristianismo adentrou com certa facilidade na região.

Paulo não conheceu pessoalmente os laodiceanos, nem os colossenses (Cl 2.1). Parece que Epafras, um colaborador de Paulo, fundou a igreja em Laodiceia e em Colossos (Cl 1.7 e 4.12). Paulo saudou essa igreja (Cl 4.15).

Das sete cartas que Jesus enviou às igrejas da Ásia, a de Laodiceia foi a que recebeu mais reprimendas por julgar-se grande, importante, rica e plenamente suficiente. Apesar de tudo isso, era uma igreja de Jesus e amada por ele.

Patmos

No grego aparece escrito de três modos: *Patmos, Patnos* e *Pátimo*; no latim, *Patmus*.

Trata-se de uma pequena ilha do mar Egeu. Na antiguidade era designada "Esporadas", e hoje "Dedocaneso".

Mede 16 km de comprimento por 6 km de largura, com uma área total de 96 km^2. Afastada da costa da Ásia Menor cerca de 53 km, sua posição fica a 37°20'N, 26°34' L. Dista a 80 km a ocidente de Mileto e a 112 km a sudoeste de Éfeso.

Sua formação é granítica de rochas vulcânicas, montanhosa e estéril. Seus habitantes viviam da agricultura. O comércio era muito fraco. Foi refúgio de piratas do mar nos dias apostólicos. O ambiente em Patmos, para o apóstolo João, era de insegurança, de dor e separação de suas amadas igrejas. O porto de Patmos era dos melhores da Ásia Menor, porém ficava fora das grandes rotas de navegação.

Pouco ou quase nada sabemos da história da ilha de Patmos, a não ser nas poucas informações de Tucídides.[65] As buscas arqueológicas

---

[65] TUCÍDIDES. *História das guerras do Peloponeso*, 3,33.

encontraram restos de uma muralha, inscrições várias, moedas, fragmentos de estátuas e cerâmica em quantidade. Patmos alcançou seu esplendor nos séculos IV-III a.C. Afirma-se que continuou florescendo até o século III d.C. Irineu[66] afirma que o exílio do apóstolo foi no final do reinado de Domiciano, em 95 d.C.[67]

Os romanos tinham três condições de exílio:[68]

1. *Relegatio* ou *Deportatio in insulam*, reservada aos nobres ou cidadãos romanos. Não era o caso de João.
2. Condenação *ad metalla*. Ora, em Patmos não existiam minas de metais que estariam sendo exploradas.
3. *Ad Opus Publicum.*

João, na realidade, foi exilado em Patmos com a finalidade de permanecer separado das sete igrejas da Ásia. Eram tempos de bárbara perseguição, sofrimento e morte. Quando os soldados do imperador vendaram os olhos do velho apóstolo para as realidades materiais e contingentes, o Senhor Jesus descortinou diante de João as realidades espirituais do que acontecera, acontecia e aconteceria séculos em fora. Essas realidades espirituais foram escritas pelo apóstolo João sob a direção do Espírito Santo, no livro da Revelação, que é o nosso Apocalipse.

---

[66] PLÍNIO, Caio. *Histórias natural*, 14, 23; ESTRABÃO. *Geografia*, 10.5,13; EUSÉBIO, *Adv.* 5,30,3.

[67] Há autores que situam o exílio do apóstolo João no reinado de Nero.

[68] Veja *Enciclopedia de la Biblia*, vol. 5, p. 920-921.

Apêndice 1
O dilúvio e a arca de Noé à luz da Bíblia, da geologia e da arqueologia

Em sua monumental obra sobre o dilúvio, Alfred M. Rehwinkel afirma com muita razão:

> Até cerca de cem anos atrás, o fato histórico do dilúvio era quase universalmente aceito, não só pelos membros da Igreja Católica e Protestante, mas também pelos homens da ciência. Surgiu, então, a doutrina denominada uniformitarismo e, com ela, o darwinismo; a catástrofe do dilúvio não se encaixou no sistema. Foi rejeitado por motivos geológicos, biológicos e históricos. Os livros de texto dessas ciências continuam ignorando totalmente o dilúvio, e qualquer pessoa que ainda continue seriamente defendendo a crença no dilúvio universal encontra oposição, desprezo e o ridículo até mesmo em muitos setores da igreja.[1]

Em muitos seminários chamados "evangélicos", Gênesis 6—9 já foram postos de lado ou aceitos como fábula, em pé de igualdade com o poema de Gilgamés e outros semelhantes.

Como não há em nosso vernáculo um estudo completo sobre esse importante assunto, resolvemos diante de Deus apresentar esta modesta contribuição aos nossos seminaristas, obreiros e pastores.

Definição

O dicionarista Laudelino Freire define "dilúvio" desta forma: "S.M. Lat. *diluvium*. Inundação extraordinária. 2. Inundação universal, de

[1] *The Flood in the light of the Bible, Geology and Archaelogy*. Saint Louis, Missouri: Concordia, 1951, p. 127.

que fala a Bíblia. 3. Enorme porção de líquidos. 4. Grande chuva; forte temporal".[2] Já o *Dicionário brasileiro da língua portuguesa* traz a seguinte definição: "Inundação extraordinária. 2. Castigo imposto por Deus aos homens ao tempo de Noé e relatado no Antigo Testamento. 3. Grande quantidade de líquidos. 4. Chuva copiosa e torrencial".[3]

Na Bíblia, de acordo com Gênesis 6 a 9, o "dilúvio" é o derramar do juízo de Deus sobre a impiedade humana altamente degenerada, decaída e pervertida nos dias de Noé.

Autenticidade da Bíblia

Autores de profundo saber, homens de cultura invulgar, não há contestação, aceitaram a dúvida sobre a autenticidade de Gênesis. Alguém, lendo o primeiro livro de Moisés, "descobriu" que na narrativa do dilúvio há dois redatores: um denominado *jahwista* ("javista" ou "jeovista"), e outro *priesterkodex* ("sacerdotal"). O primeiro é designado por "J" e o segundo por "P". Homens do porte de Heinisch, Ceuppens, Chaine, Arnaldich, André Parrot e até R. de Vaux e outros aceitaram a dupla redação.

André Parrot[4] faz esforço descomunal para dividir a narrativa bíblica em duas redações. Naturalmente usou material de outros autores da mesma linha. Para o "J", Parrot reconhece o seguinte:

Gênesis 6.5-8

Viu o Senhor que a maldade do homem se havia multiplicado na terra e que era continuamente mau todo desígnio do seu coração; então, se arrependeu o Senhor de ter feito o homem na terra, e isso lhe pesou no coração. Disse o Senhor: Farei desaparecer da face da terra o homem que criei, o homem e o animal, os répteis e as aves dos céus; porque me arrependo de os haver feito. Porém Noé achou graça diante do Senhor.

---

[2] Freire, Laudelino. *Grande e novíssimo dicionário da língua portuguesa*. Rio de Janeiro: A Noite, vol. 2, p. 1950.

[3] *Enciclopédia Mirador Internacional*. 2ª ed. São Paulo: Enciclopaedia Brittanica do Brasil & Melhoramentos, 1976, vol. 1, p. 605.

[4] Parrot, André. *Déluge et L'Arche de Noé*. 2.ª Ed. Neuchatel, Paris: Delachaux & Niestlé, 1953, p. 10-14, editado na Suiça.

Gênesis 7.1-5

Disse o SENHOR a Noé: Entra na arca, tu e toda a tua casa, porque reconheço que tens sido justo diante de mim no meio desta geração. De todo animal limpo levarás contigo sete pares: o macho e sua fêmea; mas dos animais imundos, um par: o macho e sua fêmea. Também das aves dos céus, sete pares: macho e fêmea; para se conservar a semente sobre a face da terra. Porque, daqui a sete dias, farei chover sobre a terra durante quarenta dias e quarenta noites; e da superfície da terra exterminarei todos os seres que fiz. E tudo fez Noé, segundo o SENHOR lhe ordenara.

Gênesis 7.9-16

Entraram para Noé, na arca, de dois em dois, macho e fêmea, como Deus lhe ordenara. E aconteceu que, depois de sete dias, vieram sobre a terra as águas do dilúvio. No ano seiscentos da vida de Noé, aos dezessete dias do segundo mês, nesse dia romperam-se todas as fontes do grande abismo, e as comportas dos céus se abriram, e houve copiosa chuva sobre a terra durante quarenta dias e quarenta noites. Nesse mesmo dia entraram na arca Noé, seus filhos Sem, Cam e Jafé, sua mulher e as mulheres de seus filhos; eles, e todos os animais segundo as suas espécies, todo gado segundo as suas espécies, todos os répteis que rastejam sobre a terra segundo as suas espécies, todas as aves segundo as suas espécies, todos os pássaros e tudo o que tem asa. De toda carne, em que havia fôlego de vida, entraram de dois em dois para Noé na arca; eram macho e fêmea os que entraram de toda carne, como Deus lhe havia ordenado; e o SENHOR fechou a porta após ele.

Gênesis 7.21,23

Pereceu toda carne que se movia sobre a terra, tanto de ave como de animais domésticos e animais selváticos, e de todos os enxames de criaturas que povoam a terra, e todo homem. [...] Assim, foram exterminados todos os seres que havia sobre a face da terra; o homem e o animal, os répteis e as aves dos céus foram extintos da terra; ficou somente Noé e os que com ele estavam na arca.

Gênesis 8.2

Fecharam-se as fontes do abismo e também as comportas dos céus, e a copiosa chuva dos céus se deteve.

Gênesis 8.6-13

Ao cabo de quarenta dias, abriu Noé a janela que fizera na arca e soltou um corvo, o qual, tendo saído, ia e voltava, até que se secaram as águas de sobre a terra. Depois, soltou uma pomba para ver se as águas teriam já minguado da superfície da terra; mas a pomba, não achando onde pousar o pé, tornou a ele para a arca; porque as águas cobriam ainda a terra. Noé, estendendo a mão, tomou-a e a recolheu consigo na arca. Esperou ainda outros sete dias e de novo soltou a pomba fora da arca. À tarde, ela voltou a ele; trazia no bico uma folha nova de oliveira; assim entendeu Noé que as águas tinham minguado de sobre a terra. Então, esperou ainda mais sete dias e soltou a pomba; ela, porém, já não tornou a ele. Sucedeu que, no primeiro dia do primeiro mês, do ano seiscentos e um, as águas se secaram de sobre a terra. Então, Noé removeu a cobertura da arca e olhou, e eis que o solo estava enxuto.

Gênesis 8.20-22

Levantou Noé um altar ao Senhor e, tomando de animais limpos e de aves limpas, ofereceu holocaustos sobre o altar.

E o Senhor aspirou o suave cheiro e disse consigo mesmo: Não tornarei a amaldiçoar a terra por causa do homem, porque é mau o desígnio íntimo do homem desde a sua mocidade; nem tornarei a ferir todo vivente, como fiz.

Enquanto durar a terra, não deixará de haver sementeira e ceifa, frio e calor, verão e inverno, dia e noite.

Para o "P" (Sacerdotal), Parrot reconhece as seguintes partes:

Gênesis 6.9-22

Eis a história de Noé. Noé era homem justo e íntegro entre os seus contemporâneos; Noé andava com Deus. Gerou três filhos: Sem, Cam e Jafé. A terra estava corrompida à vista de Deus e cheia de violência. Viu Deus a terra, e eis que estava corrompida; porque todo ser vivente havia corrompido o seu caminho na terra. Então, disse Deus a Noé: Resolvi dar cabo de toda carne, porque a terra está cheia da violência dos homens; eis que os farei perecer juntamente com a terra. Faze uma arca de tábuas de cipreste; nela farás compartimentos e a calafetarás com betume por dentro e por fora. Deste modo a farás: de trezentos côvados será o comprimento; de cinquenta, a largura; e a altura, de trinta. Farás ao seu redor uma abertura de um côvado de altura; a porta da arca colocarás lateralmente; farás pavimentos na arca: um em baixo, um segundo e um terceiro. Porque estou para derramar águas em dilúvio sobre a terra para consumir toda carne em que há fôlego de vida debaixo dos céus; tudo o que há na terra perecerá. Contigo, porém, estabelecerei a minha aliança; entrarás na arca, tu e teus filhos, e tua mulher, e as mulheres de teus filhos. De tudo o que vive, de toda carne, dois de cada espécie, macho e fêmea, farás entrar na arca, para os conservares vivos contigo. Das aves segundo as suas espécies, do gado segundo as suas espécies, de todo réptil da terra segundo as suas espécies, dois de cada espécie virão a ti, para os conservares em vida. Leva contigo de tudo o que se come, ajunta-o contigo; ser-te-á para alimento, a ti e a eles. Assim fez Noé, consoante a tudo o que Deus lhe ordenara.

Gênesis 7.6

Tinha Noé seiscentos anos de idade, quando as águas do dilúvio inundaram a terra.

Gênesis 7.11

No ano seiscentos da vida de Noé, aos dezessete dias do segundo mês, nesse dia romperam-se todas as fontes do grande abismo, e as comportas dos céus se abriram,

Gênesis 7.13-17

Nesse mesmo dia entraram na arca Noé, seus filhos Sem, Cam e Jafé, sua mulher e as mulheres de seus filhos; eles, e todos os animais segundo as suas espécies, todo gado segundo as suas espécies, todos os répteis que rastejam sobre a terra segundo as suas espécies, todas as aves segundo as suas espécies, todos os pássaros e tudo o que tem asa. De toda carne, em que havia fôlego de vida, entraram de dois em dois para Noé na arca; eram macho e fêmea os que entraram de toda carne, como Deus lhe havia ordenado; e o Senhor fechou a porta após ele. Durou o dilúvio quarenta dias sobre a terra; cresceram as águas e levantaram a arca de sobre a terra.

Gênesis 7.20-21

Quinze côvados acima deles prevaleceram as águas; e os montes foram cobertos. Pereceu toda carne que se movia sobre a terra, tanto de ave como de animais domésticos e animais selváticos, e de todos os enxames de criaturas que povoam a terra, e todo homem.

Gênesis 7.24

E as águas durante cento e cinquenta dias predominaram sobre a terra.

Gênesis 8.1-5

Lembrou-se Deus de Noé e de todos os animais selváticos e de todos os animais domésticos que com ele estavam na arca; Deus fez soprar um vento sobre a terra, e baixaram as águas. Fecharam-se as fontes do abismo e também as comportas dos céus, e a copiosa chuva dos céus se deteve. As águas iam-se escoando continuamente de sobre a terra e minguaram ao cabo de cento e cinquenta dias. No dia dezessete do sétimo mês, a arca repousou sobre as montanhas de Ararate. E as águas foram minguando até ao décimo mês, em cujo primeiro dia apareceram os cimos dos montes.

Gênesis 8.13

Sucedeu que, no primeiro dia do primeiro mês, do ano seiscentos e um, as águas se secaram de sobre a terra. Então, Noé removeu a cobertura da arca e olhou, e eis que o solo estava enxuto.

Gênesis 8.15-16

Então, disse Deus a Noé: Sai da arca, e, contigo, tua mulher, e teus filhos, e as mulheres de teus filhos.

Gênesis 9.1

Abençoou Deus a Noé e a seus filhos e lhes disse: Sede fecundos, multiplicai-vos e enchei a terra.

Todo o arcabouço para a espalhafatosa teoria dos dois redatores, não somente para os capítulos referentes ao dilúvio, mas para o livro de Gênesis, é a dualidade de nomes dados a Deus: no "J" é usada a palavra hebraica "Jeová" ou "Javé", enquanto no "P" (sacerdotal) usa-se a outra palavra hebraica *Elohim*. Esta traduzida por "Deus"; aquela por "Senhor".

Sabemos que esses não são os únicos nomes de Deus encontrados na Bíblia. Temos outros como *El*, *El-Sadday*, *Eloah* etc.

Esses nomes no Antigo Testamento hebraico são usados indistintamente, cada um no seu devido lugar, para expressar a pessoa de

Deus, seu caráter e suas obras. Em um mesmo livro, como em Salmos, pode aparecer mais de um nome de Deus. Na própria narrativa do dilúvio "Jeová" e "Deus" se confundem. A narrativa não é uma duplicidade, mas uma unidade.

Transcrevemos os relatos bíblicos do dilúvio nas pretensas duas redações "J" e "P" tal como propostas no livro de André Parrot[5] para que o leitor observe o esforço que se fez para enquadrar o texto bíblico em cada um dos "redatores". Ora, isso nós podemos fazer com outros trechos da Bíblia e até com códigos de leis e algumas obras literárias. Grandes e renomados autores que comentaram o livro de Gênesis rejeitaram a fábula das duas redações. Negar a Palavra de Deus é próprio da operação da impiedade como nos diz 2Pedro 3.15,16. A Palavra é autêntica: é martelo que despedaça a rocha, fogo que consome (Jr 23.29), é espada que penetra (Hb 4.12). Declaramos aqui nossa confiança plena na autenticidade divina da Bíblia, no seu poder e na sua eternidade (1Pe 1.24,15).

Sobre esse fundamento da Palavra divina e inspirada, entraremos para considerarmos algumas lições importantes do dilúvio universal como apresentado em Gênesis de 6 a 9.[6]

A Bíblia confirma a própria Bíblia

As provas intrínsecas da Bíblia constituem argumento que ninguém consegue refutar, a não ser os que entram no santuário do Livro Santo com espírito preconcebido. Estes agem assim ou por solidariedade com alguém do passado que assim pensou, ou por achar ridícula a posição ortodoxa na Palavra de Deus tendo em vista a época ultracientífica como a nossa.

A Bíblia toda confirma o dilúvio, senão vejamos os seguintes textos: Mateus 24.38,39; Lucas 17.27 e 2Pedro 2.5. Na sua totalidade,

---

[5] PARROT, André. *Déluge et L'Arche de Noé*, p. 10-14.

[6] Sobre a hipótese dos "Dois redatores" de Gênesis e do Pentateuco, recomendo a leitura de um livro bem antigo, mas sempre atual: REIS, Álvaro. *Origens caldaicas da Bíblia*. Rio de Janeiro: Redação do "Puritano", 1918, p. 71-83. Vale a pena ler os seguintes trechos bíblicos: Josué 1.7; 1Reis 2.3; 2Crônicas 23.18; 30.16; 31.3; Esdras 3.2; Neemias 10.34; Daniel 9.13; Isaías 5.24; 63:7-19; Jeremias 6.6-19; 8.8 15.1; 18.18; Mateus 19.7; 22.24; Lucas 16.29; João 1.17; 3.14; Atos 3.22; 6.11-14; 2Coríntios 3.13; 2Timóteo 3.8; Hebreus 3.2; Judas 9; Apocalipse 15.3. Essas leituras evidenciam que a Bíblia confirma a si mesma.

ela aceita Noé como o patriarca do dilúvio, como constatamos das seguintes escrituras: 1Crônicas 14.4; Isaías 5.9; Ezequiel 14.14,20; Mateus 24.37; Lucas 3.36; 17.26,27; Hebreus 11.7; 1Pedro 3.30; 2Pedro 2.5.

Essa é a posição correta, coerente e que agrada a Deus. Naturalmente não agrada aquele que, no princípio, diante de Eva, falseou a Palavra do Criador Supremo. Os "eruditos" podem nos chamar de tolos, inocentes etc., mas essa é a nossa convicção na Palavra de Deus: cremos na Bíblia toda como a Palavra Santa de Deus; cremos até nas suas vírgulas. A "erudição" sem o Espírito Santo, que crê numa parte da Bíblia e noutra não, conduz para a descrença das demais partes da Bíblia, para o pecado, o caos e a perdição.

As causas do dilúvio

As causas do dilúvio estão alinhadas em Gênesis 6.1-7. Deus deu aos homens uma bênção, qual seja, o "multiplicar" de filhos e filhas (6.1). O que poderia ser uma bênção transformou-se num desastre, pois Gênesis 6.2 afirma que "os filhos de Deus" cobiçaram as formosas "filhas dos homens". Quem são os "filhos de Deus" e as "filhas dos homens"? Existem as mais absurdas interpretações, como era de esperar. Li de certo autor que esses "filhos de Deus" eram anjos que vieram coabitar com as filhas dos homens" (mulheres humanas). Eu não sei como seria possível um "ser espírito" coabitar com um "ser carne" e gerar um "ser carne".

Os estudiosos de Gênesis concordam que "filhos de Deus" são os descendentes de Sete, enquanto as "filhas dos homens" são a linhagem de Caim. Sete foi abençoado; Caim, amaldiçoado.[7] O nome "Sete" parece significar "designado", que por sua vez vem a ser "posto em seu lugar", isto é, "em lugar de Abel", assassinado por Caim. Quando Deus expulsou Caim de sua presença (Gn 4.14) é prova que sobre ele pesava a maldição do Senhor (Gn 4.13). Se ele fora amaldiçoado, sua descendência também fora amaldiçoada (Êx 20.5). As mulheres, suas descendentes, apesar de formosas, eram da linhagem de Caim. A ordem divina, terminante e clara era não misturar

---

[7] Uma nota de rodapé em Gênesis 6.2 na versão *Matos Soares* (São Paulo: Paulinas, 1978) concorda com essa interpretação.

bênção com maldição. Gênesis 6.2 mostra a deliberação dos filhos de Sete em cobiçar, escolher e possuir as filhas de Caim. Gênesis 6.3 retrata o profundo desagrado de Deus pela rebeldia dos filhos de Sete. Então, a causa determinante do dilúvio foi a mesma que levou Adão e Eva a pecar e, consequentemente, perder o paraíso, a saber: a *desobediência* à expressa ordem de Deus.

Essa desobediência a Deus levou a humanidade antediluviana a três resultados funestos:

1. *Excessiva luxúria* (Gn 6.2). Naturalmente os "filhos de Deus" dispunham em seus lugarejos de quem poderiam se casar, mas seus olhos cheios de cobiça descobriram mais formosura nas filhas de Caim. É o princípio pecaminoso da insatisfação: "o do outro é melhor". Entregaram-se ao prazer da carne, desobedeceram a Deus e geraram confusão e tristeza.

2. *Orgulho* (Gn 6.4). Pecaram contra Deus, casando-se com quem o Senhor proibira. O resultado foi maior pecado. Não há mais grave pecado do que o orgulho. O orgulho leva o homem à suficiência plena, leva-o a afastar-se de Deus, leva-o à perdição. Tudo isso aconteceu com o nascimento de filhos gigantes e valentes que as filhas de Caim deram aos filhos de Sete.

3. *Violência* (Gn 6.11,13). O fruto desse terrível pecado não podia ser outro, senão a violência. E não foi pouca. Gênesis 6.11,13 afirma que a terra estava *cheia* de violência. Por violência podemos admitir crimes, os mais hediondos, furtos, blasfêmias, desrespeitos, violentações, fraudes, ódio, requintes de barbarismos. A terra se encheu de abomináveis pecados. Em alemão, dilúvio é *sündflut* (*sund* é pecado), logo *sündflut* vem a ser "dilúvio de pecado". O dilúvio de pecado obrigou Deus a trazer o dilúvio de águas. O castigo de Deus sempre é consequência do pecado humano.

Eis as três características dessa terrível corrupção moral da humanidade antediluviana:

1. *Universalidade* (Gn 6.5,12). O pequeno estopim que o homem acendeu com o fogo da desobediência a Deus ateou, alastrou

493

GEOGRAFIA DA TERRA SANTA E DAS TERRAS BÍBLICAS

e incendiou a humanidade toda, exceto Noé e sua família, como verificamos de Gênesis 6.8,9. A tendência do pecado é crescer e multiplicar. O envolvimento com álcool, entorpecente, tabaco, crime, prostituição, espiritismo em todas as suas variações, idolatria etc. atestam essa tendência. O Senhor Jesus refere-se ao "multiplicar da iniquidade" (Mt 24.12). Como a maldade humana dos dias de Noé conduziu a humanidade ao dilúvio, a de nossos dias levará fatalmente ao fogo (2Pe 3.6,7).

2. *Totalidade* (Gn 6.5). Cada indivíduo pecava e não se arrependia da maldade que cometia; continuava a pecar e envolvia outros no seu pecado. Desse modo, todos pecaram, exceto Noé e sua família. Naturalmente, refiro-me ao pecado de obstinação contra Deus.

3. *Continuidade* (Gn 6.5). "Todo o desígnio do seu coração era continuamente mau!" Não era um simples pecar irrefletido, seguido de arrependimento; antes, era um pecar incessante, contínuo. Partia da fonte, o coração, e tornou-se um estado normal no homem. Só pensava pecado, só sentia pecado, só via pecado, só queria pecado, só imaginava pecado. Não aceitava outra coisa. Seu coração estava tão cauterizado que já não mais ouvia a voz dos céus, nem os apelos do Senhor. Deus plantou uma boa semente, que germinou, cresceu e frutificou; quando, porém, foi colher, nada houve que se aproveitasse. Ruína completa. O remédio para isso só podia ser destruição.

Deus então deu cabo de toda a humanidade que, de todo o coração, se entregou à perversidade. Com o verbo "arrepender-se" a Bíblia expressa a tristeza profunda do coração de Deus diante da maldade contínua do homem, a quem criou para sua glória.

O tempo da clemência de Deus

Em Gênesis 6.3 lemos que o Espírito de Deus não agiria para sempre no homem, pois o homem era carnal, e os seus dias seriam 120. Temos aqui, sem dúvida alguma, um lapso de tempo: 120 anos. A que se refere: ao tempo de vida do homem sobre a terra ou ao tempo em que Deus traria o dilúvio? Por certo, ao último. Deus não apanha ninguém de surpresa. "Deus não tem prazer na morte do ímpio" (Ez 33.11). Deus viu a maldade contínua do homem; fez-lhe apelos para que se arrependesse. O homem não o atendeu. O Senhor anunciou o dilúvio. Deu, porém, tempo para que o homem abandonasse os seus maus caminhos. O tempo foi dilatado: 120 anos. Nesse interregno, Deus dava tempo ao homem se voltar para o céu, e também para que Noé e sua família pudessem construir a arca e preparar tudo para Deus trazer o grande dilúvio.

Deus age sempre assim, porque "é amor". Em 2Pedro 3.9 lemos que Deus é clemente. Não retarda a sua promessa de castigo ao perverso, mas sendo *longânimo* dá tempo ao homem para se arrepender. Nos 120 anos entre o anúncio do dilúvio e o dilúvio, quanta oportunidade o transgressor teve para abandonar o seu caminho ímpio e se voltar para Deus! Cada martelada que Noé dava na feitura da arca era um apelo para a vida, a pureza e a santidade. O Senhor Jesus disse: "Como foi nos dias de Noé, assim será na vinda do Filho do homem" (Lc 17.26).

Preparativos para o dilúvio

"Então, disse Deus a Noé: Resolvi dar cabo de toda carne, porque a terra está cheia da violência dos homens; eis que os farei perecer juntamente com a terra. *Faze uma arca de tábuas de cipreste; nela farás compartimentos e a calafetarás com betume por dentro e por fora.* Deste modo a farás: de trezentos *côvados* será o comprimento; de cinqüenta, a largura; e a altura, de trinta. Farás ao seu redor uma abertura de um côvado de altura; a porta da arca colocarás lateralmente; farás *pavimentos* na arca: um em baixo, um segundo e um terceiro" (Gn 6.13-16).

O importante aqui é o comprimento do *côvado*, que media de 45 a 60 cm.[8] Tomando-se aqui o côvado por 0,60 cm, podemos calcular as dimensões da arca de Noé:

Comprimento: 300 côvados x 60 cm = 180 m
Largura: 50 côvados x 60 cm = 30 m
Altura: 30 côvados x 60 cm = 18 m

[8] Veja o capítulo 13, "Geografia econômica de Israel", p. 214.

A área de um pavimento: 180 m x 30 m = 5.400 m²
Tinha três pavimentos: 5.400 m x 3 = 16.200 m²

Cada pavimento da arca com 5.400 m² era enorme. Nos três pavimentos, Noé contava com uma área de 16.200 m². Em cada um deles podia colocar animais segundo as suas espécies.[9] Vemos, assim, que a arca era um navio colossal, e não um simples barquinho.

Quando ocorreu o dilúvio?

Determinar o tempo exato em que veio o dilúvio não é tarefa simples. Temos, na realidade, um sem-número de tradições sobre o dilúvio, mas nenhuma delas assinala o tempo da terrível ocorrência. Platão, no seu imortal *Timeu e Crítias* refere-se a um dilúvio ocorrido 9 mil anos antes de Sólon, ou seja, 11.500 anos até nossos dias. A *Enciclopedia de la Biblia* assevera:

> Pela prova do carbono 14 descobriu-se que há 11.500 anos, exatamente na época que Platão coloca o seu dilúvio, o nível do mar subiu repentinamente 12 metros. Se confirmada tal notícia, haveria uma razão fortíssima de coincidência com a tradição egípcia sobre o dilúvio. Encontrou-se um inexplicável hiato na marcha da cultura, que coincide também com o tempo do dilúvio egípcio. Esse hiato estaria entre os períodos magdaleniense e neolítico, e isto está além da nossa história. Todavia, isso é mera hipótese. Aguardemos os resultados da pré-história e da geologia.[10]

Pela lista de Gênesis 5, que começa com Adão e termina com Noé, que estava com 500 anos quando Deus anunciou o dilúvio, a humanidade deveria estar com 1.556 anos. Com mais de 100 anos, que foi o tempo da preparação da arca, a humanidade estava com 1.656 anos.

De uma coisa, entretanto, estamos seguros: a humanidade antediluviana alcançou um grau muito elevado de cultura e de estru-

---

[9] Não raro, vemos pinturas da arca, algumas até ridículas, parecendo mais um barquinho de criança. Aliás, André Parrot procura dar uma ideia semelhante do que foi realmente a arca de Noé. Veja PARROT, André. *Déluge et L'Arche de Noé*, p. 45-47.
[10] *Enciclopedia de la Biblia*, vol. 2, p. 936.

tura social. Isto gerou orgulho no homem, e o orgulho levou o homem ao pecado terrível e tenebroso descrito em Gênesis 6.5. O homem, por causa da sua tecnologia e da sua ciência, esqueceu-se de Deus, entregando-se à loucura do seu obstinado coração. O castigo de Deus não podia ser outro com esse resultado fatal como o do dilúvio.

Quanto tempo durou o dilúvio?

A Bíblia omite o tempo acerca da chegada do dilúvio, mas informa em minúcias a sua duração. Trata-se de algo claro e rico em detalhes.

Em *O novo dicionário da Bíblia*, T. C. Mitchell nos informa:

> Noé entrou na arca no décimo sétimo dia do segundo mês do ano 600 de sua vida (7.11), e a terra já estava seca no vigésimo sétimo dia do segundo mês de seu ano 601, pelo que, se contarmos 30 dias para cada mês, o dilúvio ter-se-ia prolongado por 371 dias. As chuvas caíram durante 40 dias (7.12), e as águas continuaram subindo durante mais 110 dias (7.24) = 150 dias; então as águas diminuíram durante 74 dias (8.5) = 224 dias; 40 dias depois foi solto o corvo (8.6,7) = 264 dias; 7 dias mais tarde Noé soltou a pomba (8.8), com a implicação de outros 7 dias em 8.10 = 271 dias; então soltou-a novamente 7 dias mais tarde (8.10) = 278 dias; e ainda pela terceira vez, 7 dias mais tarde (8.12) = 285 dias; Noé removeu a cobertura da arca 29 dias depois (8.13 com 7.11) = 314 dias; e a terra ficou finalmente seca 57 dias depois (8.14) = 371 dias no total.[11]

A *Enciclopedia de la Biblia*[12] apresenta uma sequência muito precisa de datas sobre a duração do dilúvio, além de um gráfico sobre o mesmo assunto muito bem feito.

Os ocupantes da arca

Foram oito pessoas: Noé, a esposa de Noé, Sem e esposa, Cam a esposa, Jafé e esposa. Noé não teve nenhum neto antes e durante o

---

[11] MITCHELL, T. C. "Dilúvio". Em: DOUGLAS, J. D. *O novo dicionário da Bíblia*, p. 346.
[12] *Enciclopedia de la Biblia*, vol. 2, p. 937-939.

dilúvio. O Novo Testamento confirma o número de seres humanos que entrou para a arca (2Pe 3.20). Todo o gênero humano foi destruído da face da terra, com exceção dessas oito pessoas.

Agora, vejamos como foi com os animais. Em Gênesis 6.7 temos a resolução de Deus: o Senhor resolveu dar cabo dos animais da *terra*, os *répteis* e as *aves dos céus*. Em 6.17, o Senhor Deus diz que consumirá *toda carne em que há fôlego de vida* debaixo dos céus: tudo o que há na terra perecerá. Em 7.2, Deus especifica o número de animais que entrariam na arca: (1) dos animais limpos, sete pares de cada um, macho e sua fêmea; (2) dos animais imundos, um par, o macho e sua fêmea; (3) das aves dos céus, sete pares: macho e fêmea. Em 7.9, lemos: "... *entraram* para Noé, na arca, de dois em dois, macho e fêmea, como Deus lhe ordenara". Chamamos a atenção do leitor para o verbo "entraram". Noé não precisou ir caçá-los. Em 6.20 temos o sentido amplo: "Das aves segundo as suas espécies, do gado segundo as suas espécies, de todo réptil da terra segundo as suas espécies, dois de cada espécie, *virão a ti*, para os conservares em vida".

"Virão a ti". Deus, que criou tudo, que tem todo poder, enviou a Noé, na arca, animais e aves, como confirma Gênesis 7.13-16.

> Nesse mesmo dia *entraram* na arca Noé, seus filhos Sem, Cam e Jafé, sua mulher e as mulheres de seus filhos; eles, e todos os animais segundo as suas espécies, todo gado segundo as suas espécies, todos os répteis que rastejam sobre a terra segundo as suas espécies, todas as aves segundo as suas espécies, todos os pássaros e tudo o que tem asa. De toda carne, em que havia fôlego de vida, *entraram* de dois em dois para Noé na arca; eram macho e fêmea os que entraram de toda carne, como Deus lhe havia ordenado.

Fica bem claro que animais, répteis e aves foram a Noé, na arca, no dia em que o Senhor todo-poderoso os enviou. Deus ordenou ainda a Noé: "Leva contigo de tudo o que se come, ajunta-o contigo; ser-te-á para alimento, *a ti e a eles*" (Gn 6.21). A área total da arca era de 16.200 m². Eram três os pavimentos, cada um com 5.400 m². Comportavam muito bem os animais. Ainda mais: nenhum texto bíblico menciona os enxames das águas. Sabemos que estas dominam a terra seca. Maior abundância há nas águas do que na terra. Os seres das águas já estavam nas águas, eram das águas e nelas continuaram.

Que os seres das águas foram preservados, fica claro de Gênesis 7.21: "Pereceu toda carne *que se movia sobre a terra*, tanto de ave como de animais domésticos e animais selváticos, e de todos os enxames de criaturas que povoam a terra, e todo homem". E Gênesis 7.22 confirma o anterior: "Tudo o que tinha fôlego de vida em suas narinas, tudo o que havia *em terra seca*, morreu". Mas o que aconteceu com os animais, os répteis e todas as aves que ficaram com Noé até baixarem as águas do Dilúvio? Quando a terra voltou a secar, "Saiu, pois, Noé, com seus filhos, sua mulher e as mulheres de seus filhos. E também saíram da arca todos os animais, todos os répteis, todas as aves e tudo o que se move sobre a terra, segundo as suas famílias." (Gn 8.18,19).

Para Deus não há impossíveis. A preservação de Noé e sua família foi um milagre, e milagre também a conservação de animais, répteis e aves. Para quem não crê em milagre, nada é possível. Vive nas trevas da incredulidade, da dúvida e do desespero. Hebreus 11.7 revela que tudo o que Noé fez, fê-lo pela fé, contemplando o invisível, seguro, porém, na mão de Deus.

Universalidade do dilúvio

Sobre a universalidade do dilúvio há duas correntes: uma que afirma e outra que nega. Muitos autores cristãos, católicos e protestantes, se inclinam por um dilúvio parcial, limitado ao vale da Mesopotâmia, principalmente na parte sul. Alguns dicionários bíblicos de boa reputação perfilam essa teoria e chegam até a evocar argumentos "extraídos" da Bíblia e outros baseados em autores renomados. Todos eles amontoam "provas" que desembocam num lago morto: os pretensos dois redatores de Gênesis 1 a 11. Infelizmente essa tese de um dilúvio regional está tão difundida que não perdemos tempo em demonstrá-la. Qualquer livro sobre o assunto a expõe. Os comentários da Bíblia, bem como dicionários da Bíblia (com honrosas exceções), gastam muito espaço em apresentá-la como teoria válida.

Vamos, portanto, diretamente ao Livro Santo:

Na Bíblia

A Palavra apresenta, sob diversos aspectos, um dilúvio universal:

1. Gênesis 6.2 usa a partícula "todo". Isto é, *todo* ser vivente corrompera o seu caminho. Retrata ao vivo a universalidade do pecado. Se o mal era geral, segue-se que o castigo seria igual.
2. Gênesis 6.13 traz a seguinte declação de Deus a Noé: "Resolvi dar cabo de *toda* carne...". Se a Bíblia emprega a partícula "toda" para expressar a destruição universal, ninguém tem o direito de torcê-la para limitar o juízo de Deus sobre a humanidade rebelde e perdida.
3. Em Gênesis 6.17 aparece duas vezes a partícula universal "toda" ou "tudo". O Senhor Deus disse a Noé: "Porque estou para derramar águas em dilúvio sobre a terra para consumir *toda* carne em que há fôlego de vida debaixo dos céus: *tudo* o que há *na terra perecerá*".
4. Gênesis 7.4 apresenta novamente o juízo de Deus: "... e da superfície da terra exterminarei *todos os seres que fiz*". Outra vez a partícula "todos" para demonstrar a universalidade do castigo divino.
5. Ainda em Gênesis 7.11,19 aparecem as palavras "todas" e "todos", mostrando que as águas do dilúvio cobriram os montes do mundo todo.
6. Em Gênesis 7.21 temos o juízo dos céus consumado: "Pereceu *toda* carne que se movia sobre a terra, tanto de ave como de animais domésticos e animais selváticos, e de *todos* os enxames de criaturas que povoam a terra, e *todo* homem".
7. A Bíblia prossegue em Gênesis 7.22-23: "*Tudo* o que tinha fôlego de vida em suas narinas, *tudo* o que havia em terra seca, morreu. Assim foram exterminados *todos* os seres que havia sobre a face da terra, o homem e o animal, os répteis, e as aves dos céus, foram extintos da terra; ficou somente Noé, e os que com ele estavam na arca".
8. Em Lucas 17.26,27 o Senhor Jesus diz: "Assim como foi nos dias de Noé, será também nos dias do Filho do homem: comiam, bebiam, casavam e davam-se em casamentos, até o dia em que Noé entrou na arca, e veio o dilúvio e destruiu a *todos*".

9. 1Pedro 3.20 diz que apenas *oito pessoas foram salvas*. Se somente oito foram salvas, segue-se que o restante pereceu.

Como apresentado na Palavra de Deus, fica claro que o dilúvio foi universal. Os versículos nos quais baseamos nosso argumento não comportam figura de linguagem. É real. A Bíblia nunca falhou, não falha nem falhará.

Ainda na Bíblia, vamos encontrar mais um prova de universalidade do dilúvio; a incredulidade costuma dizer 40 dias e 40 noites de chuva não seriam suficientes para cobrir os mais altos montes, quinze côvados. Acontece, porém, que tais "especialistas" não sabem ler o que está em Gênesis. Vão ao Livro Santo com ideia preconcebida e só veem a estreiteza de sua bitola. Ora, veja o que Gênesis 7.11,12 afirma com clareza: "No ano seiscentos da vida de Noé, aos dezessete dias do segundo mês, nesse dia *romperam-se todas as fontes do grande abismo, e as comportas dos céus se abriam*, e houve copiosa chuva sobre a terra durante quarenta dias e quarenta noites". Eis o que podemos extrair dessa passagem bíblica:

1. As águas do dilúvio vieram de duas fontes: "debaixo" = *fontes do grande abismo*, e "de cima" = *comportas dos céus*, ou seja, chuvas.
2. O que é *fontes do grande abismo*? Giovanni Schiaparelli diz que a palavra hebraica *tehom* (plural *tehomoth*) deriva, segundo Gesenius, da raiz *hum*, que significa "perturbação", "movimento violento", "estrépito" aplicado ao mar ou a qualquer grande massa de água.[13] Então, o *grande abismo* de Gênesis 7.11 vem a ser os oceanos. Gênesis diz mais: "*romperam-se todas as fontes*". Foi um "movimento violento", uma "perturbação", um "estrépito" de todas as colossais "massas líquidas" do globo que se levantaram movidas pelo braço de Deus, que deve ter usado alguma força especial, assim como usa a força da lua para formar a maré cheia. Como se sabe, as águas dominam dois terços da superfície total da terra. Não foi difícil que,

---

[13] SCHIAPARELLI, Giovanni. *Astronomía en el Antiguo Testamento*. Buenos Aires: Losada, 1945, p. 48.

uma vez as águas dos oceanos levantadas pelo poder de Deus, invadissem a terra seca, subissem e dominassem tudo pelo espaço de tempo determinado na Bíblia. Houve, na realidade, um cataclismo. Onde havia terra, as águas dominaram; e onde estavam águas, ficou terra seca.

3. Pela sequência de Gênesis 7.11,12, primeiro romperam-se as fontes do grande abismo, e depois, então, as chuvas vieram. A linguagem da Bíblia para referir-se à chuva é enfática e até contundente. A causa: *as comportas dos céus se abriram*; o resultado: *houve copiosa chuva*. A incredulidade costuma ver em Gênesis 7.12 uma chuvinha manhosa e prolongada; mas a Bíblia, quando lida corretamente, declara: *copiosa chuva*. Temos, então, primeiro as águas dos oceanos e depois as da chuva.

4. Em Gênesis 8.2 lemos: "Fecharam-se as *fontes do abismo* e também as *comportas dos céus*, e a copiosa chuva dos céus se deteve". Deus rompeu as fontes do grande abismo e abriu as comportas dos céus. As águas avassalaram tudo. Todo o ser que respirava sobre a terra, morreu. O juízo de Deus foi cumprido. Uma vez cumprido, o mesmo Deus fechou as fontes do grande abismo e cerrou as comportas dos céus.

5. Para a arca do Noé, o colossal volume d'água não prejudicou em nada. A arca era um navio de grandes proporções. Tinha peso suficiente. Flutuava. As águas subiam, a arca também. Quanto maior volume d'água, mais alto a arca ficava, portanto mais perto de Deus.

6. O fato de a arca ter pousado na cordilheira do Ararate, um monte muito alto, prova o volume d'água determinado pelo dilúvio. O pico dominante do Ararate mede 5.230 m[14] e é inacessível. A arca deve ter parado numa lombada mais baixa, de fácil acesso a homens e animais e, naturalmente, na face sul, que se dirigia para a Mesopotâmia, que foi o berço da segunda humanidade.

---

[14] Segundo o dr. A. N. Mesquita em "Estudos no livro de Gênesis", tipografia do C.A.B. Recife, 1929, p. 95. Para Werner Keller, o pico culminante do Ararate é de 5.165 metros. Veja KELLER, Werner. *E a Bíblia tinha razão*, p. 52.

Na tradição dos povos

O dilúvio, exatamente como afirma a Bíblia, foi uma catástrofe universal. Alfred Rehwinkel declara:

A primeira evidência a ser notada é a das tradições sobre o dilúvio. A narrativa do dilúvio no Gênesis não é a única do gênero. Tradições semelhantes encontram-se em quase todas as tribos da raça humana. É o que se deveria esperar. Se aquela terrível catástrofe mundial, conforme descrita pela Bíblia, realmente aconteceu, a existência das tradições sobre o dilúvio entre os povos primitivos extensamente afastados uns dos outros é exatamente o que se deveria esperar".[15]

Supõem-se que as tradições sobre o dilúvio foram transmitidas de pai para filho durante gerações. Essas narrativas, é possível, passaram a fazer parte de algumas regras religiosas. As cerimônias religiosas ligadas a tais tradições conforme se encontram no Egito, no México e algumas tribos americanas só podem ser aplicadas à luz de um dilúvio universal. Essa horrível catástrofe deixou uma indelével impressão na mente dos homens antes que se espalhassem pela terra. Tais tradições foram modificadas através dos séculos e receberam influência dos costumes diversos de povos onde viveram. Apesar das modificações, a verdade central permaneceu em quatro aspectos principais: (1) houve uma destruição universal da raça humana e de todos os outros seres viventes por meio de água; (2) uma arca ou navio foi o meio para preservar a raça humana; (3) uma minoria foi poupada com a finalidade de preservar a raça humana; (4) a maldade humana foi a causa determinante do dilúvio.

Nas coletâneas das tradições sobre o dilúvio, devemos notar que os homens que empreenderam essa elogiável tarefa não estavam interessados na verdade bíblica, mas em colecionar mitos. Assim, não raro, um Frazer, um Wundt, mestres famosos, juntaram a verdade fundamental do dilúvio aos mitos ridículos.[16]

---

[15] REHWINKEL, A. M. *The Flood: in the Light of the Bible, Geology, and Archaeology.* Missouri: Concórdia, 1951, p. 128.

[16] O Instituto de Arqueologia da América publicou uma coleção de mitos colhidos entre índios americanos.

O dr. Johannes Riem diz:

Entre todas as tradições não há nenhuma tão generalizada, tão difundida sobre a terra e tão capaz de provar o que pode resultar do mesmo material de acordo com as diversas características espirituais de um povo como a tradição do dilúvio. Longas e meticulosas discussões com o dr. Kunike convenceram-me da evidente correção de seu ponto de vista de que o fato do dilúvio é admissível porque, com base em todos os mitos, particularmente os mitos da natureza, há um fato real, mas que nos períodos subsequentes o material assumiu sua forma e caráter mítico atual.[17]

As tradições sobre o dilúvio, por ordem geográfica, são: da Ásia, 20; da Europa, 5; da África, 7; da Austrália, 10; das Américas, 46.

Daremos, a seguir, não a narrativa completa das 88 versões do dilúvio, mas algumas apenas, para nos inteirarmos da verdade do grande fato de repercussão universal.

Os índios papagos do Arizona, bem como os arapaos, os algonquins do extremo nordeste do continente americano conservam interessantes tradições sobre um dilúvio destruidor.

Índios americanos

Existem ainda outras partes da América nas quais a tradição do dilúvio é ainda mais diferente do que entre as florestas do Orinoco. Herrera, um dos historiadores espanhóis da América, conta que até mesmo entre os nativos brasileiros mais bárbaros há algum conhecimento do dilúvio que foi geral; que no Peru os velhos índios contavam que, muitos anos antes de existirem os incas, todas as pessoas se afogaram num grande dilúvio, salvando-se seis pessoas, os progenitores das raças existentes, que se salvaram numa jangada; que entre os mechoachens cria-se que uma única família foi preservada durante o derramamento das águas, numa arca, com um número

---

[17] RIEM, Johannes. *Die Sintflut in Sage und wissenschaft.* Citado por REHWINKEL, A. M. *The Flood: in the Light of the Bible, Geology, and Archaeology*, p. 129. O historiador americano Aaron Smith, de Greensboroughn, reuniu a história literária sobre a arca de Noé; ao todo, 80.000 obras escritas, em 72 línguas. Sobre o dilúvio universal, 70.000 obras.

suficiente de animais para repovoar o novo mundo; e, mais curioso ainda, que os antigos habitantes de Cuba costumavam contar que "um velho homem, sabendo que o dilúvio viria, construiu um grande navio e entrou nele com sua família e muitos animais; e que, enfastiado com a continuação do dilúvio, mandou que saísse primeiro um corvo, que não voltou, alimentando-se dos corpos mortos, mas que depois voltou trazendo um galho verde".

Persas

Os persas tinham uma tradição que dizia que o mundo fora corrompido por Ahrimã, o Príncipe das Trevas. Foi necessário cobri-lo com um dilúvio para lavar suas impurezas. A chuva caiu em gotas tão grandes quanto a cabeça de um boi, e o dilúvio elevou-se até a altura de um homem acima da terra, de modo que todas as criaturas de Ahrimã foram destruídas.

Caldeia

Berosus, um sacerdote caldeu, contemporâneo de Alexandre, o Grande, compilou uma história dos caldeus baseada em antigos registros e tradições dos caldeus, para Seleuco Nicator, seu rei. Nesse registro conta a seguinte lenda:

> No reinado de Xisuthros, o décimo rei da Babilônia, houve um grande dilúvio. Antes disto, o deus Kronos apareceu ao rei num sonho e o advertiu de que no décimo quinto dia do mês Daisios, todos os homens pereceriam através de uma enchente. Ele lhe disse que escrevesse uma história do mundo desde o começo e que a enterrasse na cidade do Sol em Sippara e então construísse um navio para ele, sua família e seus amigos mais queridos, que colocasse provisões de alimentos e bebidas no navio e que levasse animais selvagens e aves e quadrúpedes, preparando tudo para a viagem. E quanto Xisuthros perguntou em que direção deveria navegar, foi informado: — Na direção dos deuses — e ele foi incentivado a orar que o bem fosse concedido ao homem.
>
> Xisuthros obedeceu e construiu um navio de cinco estádios de comprimento por dois de largura, cerca de três mil pés de comprimento por mil e duzentos pés de largura. Reuniu tudo o que lhe fora ordenado e embarcou com sua esposa, seus filhos e amigos íntimos.

Tendo chegado o dilúvio e tendo diminuído, Xisuthros soltou algumas das aves. Estas, não encontrando alimento nem lugar para pousar, voltaram ao navio. Alguns dias depois, Xisuthros enviou-as novamente, mas retornaram novamente ao navio com os pés cheios de lama. Quando foram soltas na terceira vez, não retornaram mais. Foi assim que Xisuthros ficou sabendo que a terra se encontrava à vista novamente.

Abriu um buraco no teto do navio e viu que se encontrava sobre uma montanha. A seguir desembarcou com sua esposa, filhos e o piloto, levantou um altar e sacrificou aos deuses, e a o mesmo tempo desapareceu com aqueles que o acompanhavam. Enquanto isto, aqueles que permaneceram no navio, não vendo Xisuthros retornar, desembarcaram e começaram a procurá-lo, chamando por seu nome. Nunca mais viram Xisuthros, mas ouviram uma voz do céu advertindo-os que fossem piedosos para com os deuses, como ele fora de fato, recebendo a recompensa de sua piedade sendo levado vivo para a companhia dos deuses com sua esposa, filha e o piloto do navio. A voz também lhes disse que retornassem à Babilônia e que lá, seguindo os decretos do destino, desenterrassem os escritos de Sippara tornando-os conhecidos entre os homens. A voz acrescentou dizendo que a terra onde se encontravam era a Armênia.

Tendo ouvido a voz, sacrificaram aos deuses e retornaram a pé para a Babilônia. Do navio de Xisuthros, que repousou na Armênia, pedaços ainda se encontram nas montanhas da Armênia, e peregrinos trazem betume que raspam de suas ruínas, que usam como proteção contra magia. Os companheiros de Xisuthros foram para a Babilônia, desenterraram os escritos depositados em Sippara, estabeleceram numerosas cidades, construíram templos e restauraram a Babilônia.

Egito

Manetho, que viveu cerca de 250 a.C. e escreveu a antiga história dos egípcios conta que houve uma catástrofe mundial na qual alguém chamado Toth foi salvo. Antes do cataclismo, Toth escreveu sobre uma laje de pedra em língua sagrada os princípios de todo o conhecimento e depois da catástrofe traduziu a obra para a língua comum. Com a tradição do dilúvio os egípcios ligaram a homenagem prestada aos mortos, que era feita numa cerimônia, na qual o sacerdote colocava a imagem de Osíris numa arca sagrada e a lançava ao mar, a qual era observada até desaparecer de vista. Essa cerimônia foi realizada no dia décimo sétimo de Athyr, que corresponde à data apresentada na narrativa mosaica do dilúvio.

Frígia

Na antiga cidade de Apamea na Frígia havia uma coluna na qual se encontrava gravada a figura de uma arca que, de acordo com a tradição, repousara exatamente naquele lugar. Encontrou-se também uma moeda que tinha um dos lados a figura de uma arca com a porta aberta e uma figura patriarcal recebendo uma ave que voltava. No outro lado da moeda encontra-se um homem com sua esposa saindo da arca. Na arca encontra-se o nome "Noé".

Grécia

Os gregos tinham a seguinte tradição: Prometeu tinha um filho que reinava na Fitia e que era casado com Pirra, filha de Epimeteus e Pandora. Deucalião, avisado por Prometeu de que Zeus desejava destruir a humanidade, fez um cofre, ou caixa, na qual colocou todas as coisas necessárias à vida e na qual entrou com Pirra. Zeus fez cair uma grande chuva, que inundou a maior parte da Grécia. Deucalião, sendo jogado pelo mar durante nove dias e nove noites, finalmente foi parar na praia de Parnasso. Cessando a chuva, saiu do seu cofre e ofereceu um sacrifício a Zeus, que mandou Hermes lhe perguntar o que desejava. Respondeu que desejava povoar a terra. Por ordem de Zeus, ele e sua esposa jogaram, então, pedras para trás. As que foram jogadas por Deucalião tornaram-se homens, enquanto aquelas jogadas por Pirra tornaram-se mulheres.

Ovídio

Poeta romano, que viveu no tempo de César Augusto, preservou o dilúvio em sua famosa obra conhecida como *Metamorphoses*. Gostaríamos de reproduzir essa peça literária aqui; entretanto, desistimos por ser demasiado extensa.

Gilgamés

Layard era um diplomata inglês no Iraque, onde outrora existiram Assíria e Caldeia. Animado com as escavações do francês Botta em Corsabá, nas horas vagas do seu trabalho começou a escavar um *tell* conhecido como Kiuindjik. Resultado: descobriu Nínive, a capital do Império Assírio. Layard começou o seu trabalho arqueológico no outono de 1849. Descobriu, em primeiro lugar, o palácio de Assurbanipal. Esse famoso monarca, posto no trono por sua avó Nakiia, reinou de 668 a 628 a.C. Assurbanipal fundou uma famosa biblioteca. Já possuía um acervo considerável de tabuinhas de obras célebres e mandou copiar, em todo o seu vasto império, tudo o que fosse precioso. Mandou à Babilônia seu fiel servidor Schadunu com as seguintes ordens: "No dia em que receberes a minha carta, toma contigo Schuma, seu irmão Bel-etir, Apla e os artistas de Borsippa que conheceres e reune as tabuinhas, todas quantas existirem em suas casas e todas quantas houver no templo de Ezida... procura e traz-me as preciosas tabuinhas de que não haja transcrições na Assíria...".[18] Assurbanipal, que ganhou o título de "rei arqueólogo", formou uma biblioteca com milhares e milhares de tabuinhas com os relatos literários mui preciosos. Pois bem, Layard encontrou o ninho dessa vasta cultura. Tendo de retirar-se para a Inglaterra, o governo britânico nomeou o caldeu cristão Harmurd Rassampara a fim de substituí-lo.

Milhares dessas tabuinhas foram enviadas para a Inglaterra. George Smith, nascido em 1840 em Chelsea, perto de Londres, era gravador de cédulas de dinheiro. Tornou-se um arqueólogo amador e decifrou o poema de Gilgamés, que reproduzimos mais adiante. O poema fazia parte de uma coleção de 12 tabuinhas. Essa coleção foi copiada no século VI a.C. por ordem de Assurbanipal e havia sido escrita originalmente no tempo de Hamurabi (1900 a.C.). É um poema heroico escrito em acádico. Há indícios de que o poema de Gilgamés foi transcrito, pelo menos partes, para o hitita e o egípcio.

Werner Keller informa:

> Gilgamés, conta a inscrição cuneiforme da tabuinha XI da Biblioteca de Nínive, está decidido a assegurar sua imortalidade, e empreende uma longa e aventurosa viagem a fim de encontrar seu antepassado Utnapistim, do qual espera saber o mistério da imortalidade, que os deuses lhe conferiram. Chegando à ilha em que vive Itnapistim, Gilgamés interroga-o sobre o "mistério da vida". Utnapistim conta-

---

[18] Veja CERAM, C. W. *Deuses, túmulos e sábios*, p. 235.

lhe como antes que vivia em Shuruppak e era um fiel adorador do deus Ea. Quando os deuses tomaram a resolução de exterminar a humanidade por meio de uma inundação, Ea avisou seu adorador Utnapistim e deu-lhe a seguinte ordem:

"Homens de Shuruppak, filho de Ubaratutu / Destrói tua casa / Constrói um navio / Abandona as riquezas / Despreza os haveres / Salva a vida! / Introduze toda sorte de semente de vida no navio".[19]

Segue-se o poema:

1. Gilgamesh disse a Uthapishtim, o Distante:
2. "Olho para ti, Utnapishtim,
3. Tua aparência não é diferente; és parecido comigo.
4. Sim, não és diferente; és parecido comigo.
5. Meu coração imaginou-o perfeito para a batalha.
6. (Mas) tu jazes (ociosamente) sobre (teu) lado, (ou), de costas.
7. (Dize-me), como penetraste na companhia dos deuses e obtiveste a vida (eterna)?"
8. Utnapishtim lhe disse, a Gilgamesh:
9. "Gilgamesh, vou revelar-lhe um segredo
10. Isto é, um segredo dos deuses vou-lhe contar.
11. Shurippak – uma cidade que tu conheces,
12. (E a qual) está situada (às margens do) rio Eufrates –
13. Aquela cidade (já) estava velha, e os deuses se encontravam ali.
14. (Agora) seus corações incitaram os grandes deuses (a) provocar um dilúvio.
15. (Havia?) Anu, o pai deles;
16. Enlil, o guerreiro, seu conselheiro.
17. Ninurta, seu representante;
18. Ennugi, seu vizir;
19. Ninigiju (isto é) Ea, também se encontrava com eles.
20. Seu discurso repetiu para a cabana de bambus:
21. 'Cabana, cabana! Parede, parede!'
22. Cabana, preste atenção! Parede, considere!
23. Homem de Shurippak, filho de Ubara-Tutu!

---

[19] KELLER, Werner. *E a Bíblia tinha razão*, p. 47.

24. Derruba a (tua) casa, constrói um navio!
25. Abandona (tuas) propriedades, procura (salvar) a vida!
26. Ignora (teus) bens, e salva (tua) vida;
27. (Faze) entrar no navio a semente de todas as criaturas viventes.
28. O navio que vais construir,
29. Suas medidas serão (exatamente) tomadas;
30. Sua largura e seu comprimento serão iguais.
31. Cobre-o (co)mo águas subterrâneas!
32. Quando compreendi, disse a Ea, meu senhor:
33. '(Vê), meu senhor, o que assim ordenaste
34. (Eu) respeitarei (e) executarei.
35. (Mas o que) direi à cidade, ao povo, e aos anciãos?'
36. Ea abriu sua boca e disse,
37. Falando a mim, seu servo:
38. "Assim lhes dirás:
39. (Fiquei saben)do que Enlil me odeia,
40. Que eu (não mais) habitarei em voss(a) cidade,
41. Nem olharei mais para a terra de Enlil.
42. (Por isso desce)rei para o pasû [N.T. habitação de Ea] e a habitarei com Ea, meu (Senho)r.
43. (Sobre) vós ele (então) fará chover abundantemente;
44. (...das a)ves (?) ...dos peixes.
45. (...) colherás riquezas.
46. (À tarde o enviador) da tempestade (?).
47. (Fará cair uma chuva de trigo sobre vós.'
48. (Logo que (o primeiro vislumbre da ma)nhã surgir,
49. A terra foi reunida (à minha volta).
50. (Fragmentário demais para ser traduzido).
51. (Fragmentário demais para ser traduzido).
52. (Fragmentário demais para ser traduzido).
53. (Fragmentário demais para ser traduzido).
54. A criança (trou)xe breu,
55. (Enquanto) os fortes trouxeram (tudo mais) que foi preciso.
56. No dia quinto (eu) levantei sua estrutura.
57. Um ikû [N.T. Cerca de 3.600 m^2] foi o seu assoalho, cada uma de suas paredes tinha 120 côvados de altura.
58. Cada lado do seu convés media 120 côvados.

59. 'Dei forma' ao lado de fora (e) o ajustei
60. Construí dentro dele seis convés (inferiores).
61. dividindo-(o), (portanto), em sete (andares).
62. Seu andar térreo dividi em nove (seções)
63. Escavei nele calhas.
64. Providenciei mastros e armazenei mantimentos.
65. Seis shar (N.T. 3.600) de breu e derramei na fornalha,
66. (E) três shar de asfalto (derramei) dentro dele.
67. Três shar de óleo continham os recipientes:
68. Além de um shar de óleo que a saturação (? – das calhas) consu-
miram.
69. Dois shar de óleo (que) o barqueiro escondeu.
70. Novilhos matei para (o povo).
71. Ovelhas matei todos os dias.
72. Mosto, vinho tinto, óleo, e vinho branco,
73. (Dei) aos trabalhadores (para beber) como se fosse água de rio,
74. (Para que) fizessem uma festa no Dia do Ano Novo.
75. Eu (...) unguento passei em minhas mãos.
76. (...) o navio ficou pronto
77. Foi difícil (o ...).
78. ...em cima e em baixo.
79. (...) seus dois terços.
80. (Tudo o que eu tinha eu) carreguei dentro dele;
81. Tudo o que eu tinha em prata levei para dentro;
82. Tudo o que eu (tinha) em ouro levei para dentro;
83. Tudo o que eu tinha da semente de todas as criaturas vivas
(carreguei) para dentro.
84. Depois que fiz toda minha família e amigos subirem no navio,
85. Fiz todos os animais do campo, todas as feras do campo, (e)
todos os artífices entrarem (nele).
86. Shamash (N.T. o deus-sol) estipulou um período de tempo definido:
87. "Quando aquele que envia a tempes(tade?) fizer cair uma chuva destruidora ao entardecer,
88. Entra no navio, e fecha a tua porta."
89. Aquele momento definido chegou:
90. Ao entardecer aquele que envia a tempes(tade?) fez cair uma
chuva destruidora.

91. Observei o aspecto do tempo;

92. O tempo metia medo.

93. Entrei no navio e fechei a porta.

94. Para a navegação (?) do navio ao barqueiro Pazur-Amurri

95. Confiei a imensa estrutura com seus bens.

96. Logo que os primeiros raios matutinos se fizeram visíveis,

97. Uma nuvem negra apareceu no horizonte.

98. E trovejava dentro dela,

99. Enquanto Shullat e Hanish saíram,

100. Como arautos sobre montes e campinas;

101. Irragal puxa os mastros;

102. Ninurta chega (e) solta os diques;

103. Os Anunnaki erguem (suas) tochas,

104. Iluminando a terra com sua luminosidade;

105. A ira de Adad vai até o céu

106. (E) transforma em trevas tudo o que é luz.

107. (...) a terra quebrou-se (?) como um vas(o?)

108. (Durante) um dia a tempes(tade soprou).

109. Soprou forte e (...)

110. Como uma batalha (ela sobre)veio ao p(ovo).

111. Nenhum homem enxergava outro homem.

112. As pessoas não podiam ser reconhecidas dos céus.

113. (Até) os deuses foram tomados de pavor pelo dilúvio.

114. Fugiram (e) subiram para o céu de Anu;

115. Os deuses encolhiam-se como cachorros (e) se humilhavam desesperados (?)

116. Ishtar gritava como uma mulher em trabalho de parto;

117. A senhora dos d(euses) com sua voz linda lamentava:

118. 'Verdadeiramente, os velhos tempos se desmancharam na lama,

119. Porque eu ordenei o mal na assembleia dos deuses!

120. Como pude ordenar (tal) coisa na assembleia dos deuses!

121. (Como pude ordenar a guerra para destruir meu povo,

122. (Porque) fui eu que dei a vida (este) meu povo!

123. Com ovas de peixe eles (agora) enchem o mar.'

124. Os deuses-anunnaki choravam com ela;

125. Os deuses se assentaram inclinados (e) choravam.

126. Cobertos estavam seus lábios...

127. Seis dias e (seis) noites.
128. O vento soprou, a chuvarada, a tempestade, (e) o di(lúvio) tomaram conta da terra.
129. Quando chegou o sétimo dia, a tempestade, o dilúvio,
130. Que lutou como um exército, acalmou-se em (sua) violenta investida.
131. O mar se aquietou, a tempestade se acalmou, o dilúvio parou.
132. Olhei para o mar, (tudo) era silêncio.
133. E toda a humanidade se transformara em barro;
134. O [...] estava liso como um telhado (chato).
135. Abri uma janela, e a luz me bateu no rosto.
136. Inclinei-me, assentei-me, e chorei.
137. Minhas lágrimas corriam pelo rosto.
138. Olhei em (todas) as direções até os limites do mar.
139. À (distância de) doze (horas duplas) apareceu uma faixa de terra.
140. No monte Nisir o navio pousou sobre terra.
141. O monte Nisir segurou o navio firmemente e não deixou que (ele) se mexesse.
142. Um dia, um outro dia, o monte Nisir segurou o navio firmemente e não deixou que (ele) se mexesse.
143. Um terceiro dia, um quarto dia, o monte Nisir segurou o navio firmemente e não deixou que (ele) se mexesse.
144. Um quinto dia, um sexto dia, o monte Nisir segurou o navio firmemente e não deixou ele (ele) se mexesse.
145. Quando chegou o sétimo dia,
146. Soltei uma pomba e deixei-(a) sair;
147. A pomba se foi e voltou para mim;
148. Não havia lugar para pousar, por isso ela voltou.
149. (Então) enviei uma andorinha e deixei-(a) sair.
150. A andorinha foi e voltou para mim;
151. Não havia lugar para pousar, por isso ela voltou.
152. (Então) enviei um corvo e deixei-(o) sair.
153. O corvo se foi, e quando viu que as águas tinham baixado,
154. Comeu, voou por todos os lados, crocitou, (e) não retornou.
155. (Então) enviei (tudo) para os quatro ventos e ofereci um sacrifício.
156. Derramei uma libação no pico da montanha.
157. Sete e (mais) sete caldeirões preparei.

GEOGRAFIA DA TERRA SANTA E DAS TERRAS BÍBLICAS

158. Debaixo deles amontoei cana (doce), cedro e murta.
159. Os deuses sentiram o perfume.
160. Os deuses sentiram o doce perfume.
161. Os deuses se ajuntaram como moscas sobre o sacrificante.
162. Logo que a grande deusa chegou,
163. Levantou as grandes joias que Anu fizera de acordo com a vontade dela:
164. 'Ó vós, deuses, que estais presentes, assim como jamais me esquecerei do lápis-lazúli que tenho no pescoço.
165. Lembrar-me-ei destes dias e jamais me esquecerei (deles)!
166. Quando os deuses se aproximem para ver a oferta;
167. (Mas) Enlil não deve se aproximar.
168. Porque sem refletir provocou o dilúvio
169. E destinou meu povo à destruição!'
170. Logo que Enlil chegou
171. E viu o navio, Enlil ficou furioso;
172. Indignou-se contra os deuses, os Igigi:
173. 'Será que algum dos mortais escapou? Nenhum homem poderia escapar à destruição!'
174. Ninurta abriu a boca e disse, falando ao guerreiro Enl(il):
175. 'Quem pode fazer coisas sem Ea?
176. Pois só Ea compreende todas as coisas.'
177. Ea abriu a boca e disse, falando ao guerreiro Enlil:
178. 'Ó guerreiro, tu é o mais sábio entre os deuses!
179. Como, oh! como pudeste sem refletir provocar (este) dilúvio?
180. Sobre o pecador fique o seu pecado; sobre o transgressor fique a sua transgressão!
181. Largai, para que ele não seja destruído; segurem firme, para que ele não fiqu(e) (solto demais).
182. Em lugar de enviar um dilúvio, talvez um leão pudesse ter vindo para dim(inuir) a humanidade!
183. Em lugar de enviar um dilúvio, talvez um lobo pudesse ter vindo para dim(inuir) a humanidade!
184. (Ou) em lugar de enviar um dilúvio, talvez uma fome poderia ter (destruído) a terra!
185. (Ou) em lugar de enviar um dilúvio, talvez Irra poderia ter vindo para ferir a humanidade!

514

186. (Além do mais) não fui eu que revelei o segredo dos grandes deuses;

187. (Mas) mostrei um sonho para Atrahasis, e por isso ele ficou conhecendo o segredo dos deuses.

188. E agora aconselhai-vos em relação a ele.'

189. Então Enlil subiu ao navio.

190. Pegou-me pela mão e me levou a bordo.

191. Fez minha esposa subir ao navio (e) ajoelhar-se ao meu lado.

192. Colocando-se entre nós, tocou em nossas frontes e nos abençoou:

193. 'Até agora Utnapishtim não passava de um homem;

194. Mas agora Uthapishtim e sua esposa serão como nós, os deuses.

195. À distância, junto à nascente dos rios, Itnapishtim habitará!'

196. E assim eles me levaram e me fizeram habitar lá longe, junto à nascente dos rios.

A superioridade do relato de Gênesis sobre o de Gilgamés é tão grande que basta um confronto entre os dois textos para nos certificarmos da verdade:

Em Gilgamés	Na Bíblia
1. Lendário, mitológico	1. Realidade
2. Há muitos deuses	2. Há um só Deus
3. Tudo é morto	3. Tudo é vida
4. Tudo é mistério	4. Tudo é revelado
5. Personagens indefinidos	5. Personagens definidos
6. Motivos particulares e egoístas	6. Expressamente contra o pecado
7. Preparativos para a arca sem muita orientação	7. Tudo orientado, claro e certo
9. O número de pessoas a ocupar a arca é incerto	9. Definidamente oito
10. Do ponto de vista literário, o texto é seco e sem vida	10. O texto é inspirado, ungido e cheio de vida
11. O resultado moral é quase zero	11. Tem levado milhares a Cristo; portanto, aos céus

Na geologia

T. C. Mitchell, em *O novo dicionário da Bíblia*,[20] declara: "Não se conhece qualquer evidência geológica segura sobre dilúvio bíblico". Creio ser um pouco de exagero. Naturalmente não vamos encontrar nas rochas um livro completo com direitos autorais garantidos sobre o importante assunto. Provas há. Espalham-se por aqui e por ali. Reunidas, nos darão um conjunto apreciável em favor do relato bíblico sobre o dilúvio.

A exposição desse aspecto do dilúvio exigiria muito espaço, com gravuras dos animais pré-históricos, e isto interessaria a um pequenino grupo de leitores especialistas; remetemos o leitor que se dedica à geologia, ao livro especializado do dr. Alfred Rehwinkel, intitulado *The Flood: in the Light of the Bible, Geology, and Archaeology* (O dilúvio à luz da Bíblia, da geologia e da arqueologia), p. 177 (veja os dados completos na "Bibliografia). Não conheço nada melhor, mais completo e mais seguro.

A teoria conhecida como o *choque das conchas*, de Cesare Emiliani, baseia-se no material colhido no golfo do México. Misturado com esse material estavam carapaças de um minúsculo plâncton unicelular chamado *foraminícefero*. Esses protozoários registram o grau de salinidade e a temperatura da água. Por esse meio soube-se que as águas do golfo do México receberam, num certo período, uma enorme massa de água doce proveniente do degelo da calota polar. Isso determinou grandemente o nível dos mares.[21]

Na arqueologia

Leonard Woolley desenterrou Ur dos Caldeus, pertencente à adiantadíssima civilização sumeriana. Nas escavações, entre maravilhosos tesouros de cultura, descobriu o cemitério real de Ur. Em duas temporadas (1927-1928 e 1928-1929), uma vez concluídas as escavações do cemitério real, os trabalhadores limparam as ferramentas e disseram a Woolley: "Pronto, chegamos ao fim". E Woolley prossegue:

---

[20] MITCHELL, T. C. "Dilúvio". Em: DOUGLAS, J. D. *O novo dicionário da Bíblia*, p. 347.

[21] Veja a revista *Seleções* de janeiro de 1978, em que há uma explanação completa sobre o importante assunto.

... e logo ao examinar os bordes do poço, inclinei-me a dar-lhes razão; a seguir, dei-me conta de que nos encontrávamos alto demais. Não era concebível que a ilha em que edificaram a primeira cidade estivesse num nível tão elevado comparado com o que deve ter sido o nível do pântano; determinei medidas e ordenei que os operários aprofundassem o poço. A argila continuou limpa. Encontramos um osso, que deve ter sido arrastado com a argila do curso superior do rio. A espessura da argila atingiu a dois metros e meio. Repentinamente, tudo mudou. Terminou a argila limpa e outra vez nos encontramos com resíduos misturados com utensílios de pedra, fragmentos de pederneiras com que se lavrava ferramenta e objetos de cerâmica.

Exatamente aqui houve uma mudança notável. Em lugar dos jarros que encontramos na parte superior da argila e das sepulturas, apareceram fragmentos dos objetos feitos e pintados à mão, característicos da aldeia pré-sumeriana de Ubaid; e os objetos de pederneiras, evidentemente foram fabricados aqui, eram semelhantes aos de Ubaid. Isto contribuiu também para diferenciar este extrato de outros superiores, onde raramente se encontrou pederneira. Na grossa camada de argila marcava, se é que não foi sua causa, uma interrupção na continuidade da história.

Woolley encontrou no meio das pederneiras um tijolo de argila cozida, diferente no tamanho e na forma de todos os encontrados nas camadas superiores. Pertencia, sem dúvida alguma, a um período desconhecido. Era mais antigo dos que tínhamos encontrado até então. Ficou demonstrado, então, que na época de mistura cultural Ur não era, como Ubaid, uma aldeia de casinhas de barro e de palha, mas uma cidade de edifícios permanentes, solidamente construídos, berço de um povo civilizado.

Ele disse que entendeu logo que a grossa camada de argila fora depositada por uma inundação sem paralelo na história. Nenhum rio, por grande que fosse, nem inundação pequena, podia ter deixado aquele banco de argila. Isto marcou uma interrupção no curso da história local. Nessa argila se esconde uma civilização que existiu, mas desapareceu. Encontramos nessa camada de argila, sem dúvida alguma, as provas do dilúvio. Woolley mandou cavar a 275 m a noroeste de onde explorava, e lá estava o mesmo banco de argila.

Ele arrematou: "E debaixo da argila, estavam pederneiras e vasos pintados dos habitantes pré-sumerianos. A uns cinco metros abaixo de um pavimento de tijolos, que podíamos determinar com certeza, uma data correspondente a uma época não posterior à das sepulturas reais, deparamo-nos às ruínas da cidade de Ur, que existiu antes do dilúvio".[22]

Onde está a arca de Noé

No século passado, muito antes que Botta, Layard, Koldwey ou Woolley pisassem no solo da Mesopotâmia, algumas expedições foram organizadas com a finalidade expressa de escalar o Ararate para encontrar a arca.

Plantada no sopé do Ararate, há uma aldeia armênia chamada Bayzit, cujos habitantes frequentemente se referiam à história de certo pastor que dizia ter visto no Ararate os restos de um colossal navio. Em 1833 o governo turco organizou uma expedição que escalou partes do Ararate e trouxe relatório parecendo confirmar a história do pastor. Informou-se que no verão se podia ver a carcaça de um navio.

O dr. Mouri, dignatário eclesiástico de Jerusalém e Babilônia, em 1892, visitando as nascentes do Eufrates, diz ter visto os restos de um navio.

Em plena vigência da Primeira Guerra Mundial, um aviador russo, chamado Roskowitzki, diz ter visto restos de um navio. Nicolas II não perdeu tempo. Sem levar em conta a guerra, enviou para o Ararate uma expedição que viu a arca e a fotografou. Aconteceu, porém, que todos os documentos dessa expedição desapareceram durante a revolução de outubro. Com a ocupação russa da região, nenhuma tentativa se fez mais no sentido de averiguar os fatos propalados.

Fernando Navarra, um espanhol, na companhia de seu filho Rafael, fez três viagens ao Ararate: 1952, 1953 e 1954. Diz ter encontrado a arca e trazido pedaços de madeira tirados dela, os quais foram submetidos a exames de laboratório que constataram a veracidade da sua versão. O livro de Navarra se intitula *J'ai Trouvé L'arche de Noé.*[23]

---

[22] Veja o famoso livro WOOLLEY, C. L. *Ur, La Ciudad de los Caldeos.* México/Buenos Aires: Fondo de Cultura Económica, 1953.

[23] NAVARRA, Fernando. *J'ai Trouvé L'arche de Noé.* Paris: France-Empire, 1956.

O livro tem 240 páginas com muitas gravuras, relatórios de laboratórios e outras provas. Vale a pena lê-lo.

O fato real, entretanto, é que nunca foi encontrada a arca. Foi do agrado de Deus fazê-la desaparecer, como aconteceu com a Arca da Aliança. E não faz falta. Cumpriu sua finalidade e desapareceu.

As lições do dilúvio

Naturalmente, são infinitas as lições que o dilúvio nos ensina. Vamos pensar apenas em algumas:

1. O dilúvio trata da obstinação humana que amou mais o pecado do que a Deus.
2. O dilúvio aborda a desobediência e a rebelião do coração humano.
3. Todo pecado será castigado.
4. "De Deus não se zomba, pois aquilo que o homem semear, isto também ceifará" (Gn 6.7).
5. O dilúvio nos fala da disposição de Deus em não apanhar o pecador de surpresa.
6. A misericórdia de Deus encontra no coração resistente do homem um limite.
7. O dilúvio nos ensina que Deus recompensa o justo. Noé foi premiado.
8. Noé foi salvo pela fé (Hb 11.7).
9. Os anos que Noé gastou construindo a arca foram tempos de oportunidade para o homem se arrepender e deixar os seus pecados.
10. O tempo que precederá a volta de Jesus para arrebatar a igreja, julgar as nações e o instaurar o juízo final será semelhante aos dias que antecederam o dilúvio, como afirmou o Senhor Jesus em Lucas 17.26,27:
    a) Como lá não houve preparo, aqui também não haverá.
    b) Como lá desprezaram a Deus, aqui será o mesmo.
    c) Como lá não creram na Palavra de Deus, aqui também não crerão.
    d) Como lá se distraíram, aqui está acontecendo o mesmo.
    e) Como lá pereceram, aqui também perecerão.

11. Deus não mais destruirá este mundo com água; tudo está reservado para o fogo (2Pe 3).
12. Os sinais que precedem a volta de Jesus já se mostram cada vez. Urge nos prepararmos. "Vigiai e orai." Hoje! Amanhã pode ser tarde.

Apêndice 2
As viagens de Paulo

Paulo foi o viajante do Senhor Jesus. Através de dois continentes, viajou bastante, empunhando o facho glorioso do evangelho da graça. Fez três grandes viagens missionárias, além de uma a Roma como prisioneiro de Cristo. Acompanhemos seus passos gigantes, nas estradas romanas ou nos mares visitando cidades, pregando, ganhando almas, estabelecendo novos trabalhos para glorificar o Senhor.

Primeira viagem missionária

Seus companheiros foram Barnabé e João Marcos (At 13.2-5), enviados pelo Espírito Santo. Saíram de Antioquia da Síria. Percorreram 34 km por terra e alcançaram o porto de Selêucia, exatamente no lugar onde o rio Orontes entra no Mediterrâneo. Navegaram até a ilha de Chipre, numa distância de 112 km. Nessa ilha visitaram Pafos e Salamina. Deixaram Chipre e, pelo mar de Lícia, sempre por mar, chegaram à Atalia e Panfília, a 290 km de Chipre.

Agora, por terra, alcançaram Perge a 19 km da costa, a nordeste. Perge era praticamente a capital da Província, banhada pelo rio Questro. A arqueologia desenterrou em Perge um teatro romano com capacidade para 13 mil pessoas; também piscinas públicas, ruas com colunatas, estádio, templos e outras construções greco-romanas, provando que Perge era uma grande e importante cidade.

Dois caminhos levam de Perge ao interior do país: (1) *o do norte* — seguia o curso do vale do Questro e ia-se unir no leste à outra estrada nas proximidades de Laodiceia; continuava pelo caminho de Meander a Éfeso, alcançando outras cidades do Egeu; (2) *o do nordeste* — partia de Perge, atravessava o Taurus e chegava à Antioquia da Pisídia. Essas duas estradas formavam um leque de comunicações que cortava toda a Ásia Menor. Antioquia da Pisídia era uma cidade militarmente estratégica, que fora fundada pelos seleucos sobre as ruínas da antiga Frígia.

De Antioquia da Pisídia, Paulo e Barnabé não tinham outro caminho que os levasse a Icônio, Listra e Derbe a não ser a chamada "Via do Leste". Listra e Derbe pertenciam à jurisdição da Licaônia. Ambas ficavam na estrada imperial que Augusto mandou construir. Ia do leste e chegava às "Portas da Cilícia". A arqueologia apontou, em descobertas de 1820, a importância política, econômica, militar e cultural da região. Em Derbe, Paulo e Barnabé não foram perseguidos. A arqueologia não encontrou vestígios de nenhuma sinagoga no lugar, prova de que o número de judeus na cidade era reduzido ao tempo da visita de Paulo. De Derbe a Tarso havia uma distância aproximadamente de 200 km.

Segunda viagem missionária

Paulo iniciou essa viagem com Silas somente (At 15.40). Depois vieram Timóteo e Lucas (At 16.1-3,10).

Eles foram por terra da Síria à Cilícia (At 15.41), passando por Derbe, Listra e Icônio (At 16.1,2). Tomaram a estrada que, partindo de Antioquia da Síria, ia até Trôade. Esse caminho situava-se no ângulo noroeste da Anatólia. Passava por Tarso, Porta da Cilícia, Derbe, Listra, Icônio e Antioquia da Pisídia. Essa Antioquia ficava no ponto de convergência de todos os movimentos militares, políticos, comerciais e sociais mais importantes da Ásia Menor.

De Antioquia da Pisídia, pelo norte, saía uma estrada que ia para a região dos distritos da Galácia, acompanhando o curso dos rios Halis e Sangário, para alcançar, afinal, os distritos comerciais do Ponto e da Bitínia. James Adams[1] admite a possibilidade de essas regiões estarem onde hoje se conhece como o "Chifre de Ouro" na moderna Istambul. Paulo podia ter feito o trajeto de Antioquia da Pisídia pelo leste, que era estrada de grande movimento e com enorme número de comerciantes, ou pelo ocidente, mais curto, mas ambos levavam ao Helesponto, hoje Dardanelos. Contudo, Paulo foi impedido de pregar na Província da Ásia (At 16.6). Tomou então a direção noroeste que o levou à Mísia, intentando daí chegar até a

[1] Adams, J. M. *A Bíblia e as civilizações antigas*, p. 383.

AS VIAGENS DE PAULO

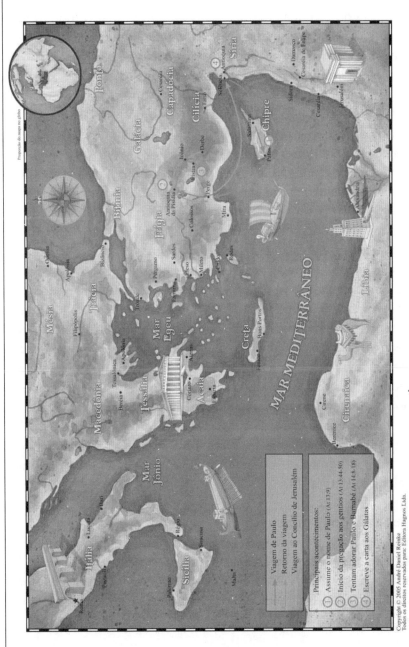

Bitínia (At 16.7). O Espírito de Deus novamente o impediu de pregar aqui. Contornou Mísia e foi direto à Trôade (At 16.8), já no mar Egeu. De acordo com James Adams, "... o grande território frígio-gálata deve ser entendido como apenas uma grande área que, em 25 a.C., incluía partes da Frígia, da Liacônia, da Isáuria e a parte ocidental da Pisídia, até a fronteira com a Panfília...".[2] Pela carta aos Gálatas, Paulo dá a entender que foi para a região da Galácia por circunstâncias de saúde (Gl 4.13,14) e não com o propósito deliberado de pregar o evangelho e organizar igrejas. Notemos que eram "igrejas da Galácia", plural, não singular (Gl 1.2).

A principal estrada que ligava Antioquia da Pisídia à Trôade tocava inevitavelmente na região frígio-gálata, Filadélfia, Sardes e Tiatira.

A famosa Troia situava-se num maravilhoso outeiro na junção do Egeu com o Helesponto, chamado "Ponte de Helas". Mais duas Troias vieram a existir, não muito distantes da primeira, todas elas descobertas no século passado por Heinrich Schliemann.[3] A mais ou menos 20 km ao sul, lado oposto da ilha de Tenedos, ficava essa terceira Troia ou Trôade, que é a do Novo Testamento, nos dias de Paulo, florescente cidade, grande centro agrícola, econômico e militar. Paulo pregou nessa cidade (2Co 2.12). Como cidade beira-mar, recebia inúmeros navios diariamente. Saindo de Trôade, ia-se a Neápolis e Macedônia (2Co 2.13), em cujo trajeto gastava-se dois dias com um pernoite na ilha de Samotrácia. Foi em Trôade, extremo ocidental da Ásia, olhando para a Europa, que Paulo ouviu o "clamor macedônico" (At 16.9). Paulo atendeu a esse "clamor" e assumiu a responsabilidade muito grande de evangelizar Filipos, Anfípolis, Apolônia, Tessalônica, Bereia, Atenas, Corinto e Cencreia.

Terceira viagem missionária

Não sabemos ao certo quais foram os companheiros de Paulo nessa viagem. Tudo indica que seu ponto de partida foi Antioquia da Síria. Ele foi por terra. De Antioquia da Síria foi a Cilícia, passando pelas famosas "Portas"; seguiu para Listra, Icônio, Antioquia da Pisídia e chegou a Éfeso.

---

[2] Adams, J. M. *A Bíblia e as civilizações antigas*, p. 384.
[3] Ceram, C. W. *Deuses, túmulos e sábios*, p. 49-65.

AS VIAGENS DE PAULO

525

Geografia da Terra Santa e das terras bíblicas

Para ir a Éfeso, Paulo possivelmente deve ter passado pela estrada que tocava em Filadelfo, vale do Caister e o mar Egeu. Em Éfeso, ele permaneceu dois anos (At 19.10). Depois visitou Macedônia, Esmirna, Pérgamo, Adramício, Trôade e Neápolis. Na volta da Grécia, visitou outra vez Ásia Menor, tocando em Trôade, Assôs, Mitilene, Quios, Samos, Mileto, Cós, Rodes, Pátara e, por último, Jerusalém.

Viagem de Paulo a Roma

De Cesareia do Mar foi a Sidom, costeou a Ásia Menor, tocando na Baía de Alexandria no mar da Cilícia, avançou até a Panfília (mar de Lícia). Chegou à Mirra, importante porto e parada obrigatória de todo navio que vinha do Egito para a Síria. Aqui mudou de navio. Saindo de Mizra, rumou para Cnidos. Foram para "Bons Portos" na ilha de Creta, pretendendo invernar na Baía de Fênix. Nesse trajeto, houve a tempestade, o grande perigo que durou 14 dias. O navio tocou na ilha de Malta, Siracusa na Sicília, Régio, Estreito de Messina, Puteoli e Nápoles. Agora, em Nápoles, começava a Via Ápia. Por ela Paulo chegou a Três Vendas e, por fim, a Roma.

GEOGRAFIA DA TERRA SANTA E DAS TERRAS BÍBLICAS

528

Apêndice 3
Regiões e lugares do mundo bíblico

Cidades, vilas, aldeias e alguns acidentes geográficos dentro de Israel e nos arredores.[1]

Costa Mediterrânea

Ptolemaida ou Acre
Tiro
Sarepta
Sidom
Beirute
Antioquia da Síria

De Beirute ao mar da Galileia

Montes Líbanos
Vale de Baca (lágrimas)
Baalath
Padã Harã e Arã
Damasco
Cesareia de Filipe
Monte Hermom
Dã
Lago de Hula (hoje vale)
Cades de Naftali

---

[1] Veja TIDWELL, J. B. *Geografia bíblica*. 2.ª ed. Buenos Aires: Casa Bautista de Publicaciones, 1975.

Ao redor do mar da Galileia

Galileia
Mar da Galileia
Betsaida
Cafarnaum
Magda (ou Dálmata ou Magadã)
Genesaré
Gadara (Mt 8.28; ou Gerasa – Mc 5.1)
Corazim
Tibérias

De Tiberias a Nazaré com seus arredores

Cornos de Hattim
Caná
Gat-Hepher
Naim
Suném
Endor
Monte Tabor
Esdraelom
Monte Carmelo
Haifa
Nazaré

De Nazaré a Siquém (Nablus)

Monte Gilboa
Jezreel
En-Gamim
Dotã
Samaria
Montes: Ebal e Gerizim
Siquém

De Siquém a Jerusalém

Poço de Jacó
Sicar
Siló
Betel
Ai
Ofra
Efraim
Rimom
Bete-Horã
Nobe
Ramá
Micmás
Gabaom
Gabaá
Mispa
Jerusalém

Siló (1Sm 1.3), onde estava o tabernáculo no tempo de Eli

Na cidade de Jerusalém

Área do Templo
Monte Sião
Getsêmani
Aposento Alto ou Cenáculo
Monte das Oliveiras
Vales: de Cedrom e de Hinom
Fonte de En-Rogel
Tanque de Siloé
Calvário
Aceldama

De Jerusalém a Jericó (vale do Jordão)

Betânia

Betfagé
Caverna do Bom Samaritano
Mar Morto
En-Gedi (Massada)
Rio Jordão
Sodoma e Gomorra
Zoar
Betábara
Querite
Salim Gilgal
Jericó
Monte da Tentação

De Jerusalém a Belém

Sepulcro de Raquel
Belém
Campo dos Pastores
Piscinas de Salomão
Tecoa
Fonte de Filipe

De Hebrom a Berseba

Hebrom
Carvalho de Manre ou Moré ou Mambre
Berseba

De Jerusalém a Jope (Jafa)

Emaús
Aijalom
Planície de Sarom
Lida
Jope
Tel-Aviv

Cesareia e a terra dos filisteus

Cesareia do Mar

Filístia

Ecrom
Asdode
Ascalom
Gaza
Gerar
Gate
Zara
Bete-Semes
Vale de Refaim

Leste do Jordão, mar Morto e o vale

Galaade
Golã
Ramote de Gileade
Beser
Jacó
Peniel
Amim
Moabe
Edom
Midiã

Deserto do Sinai – Egito – o Deserto

Território
Monte Sinai – (Horebe)
Cades

Outros lugares

Mar Vermelho e Canal de Suez

Bibliografia

ADAMS, J. McKee. *A Bíblia e as civilizações antigas*. Rio de Janeiro: Dois Irmãos, 1962.

AHARONI, Yohanon & AVI-YONAH, Michael. *Bible Atlas*. New York: Macmillan, 1977.

ALLEN, Edith. *Compêndio de arqueologia do Velho Testamento*. Rio de Janeiro: Casa Publicadora Batista, 1957.

ANDRADE, Claudionor Corrêa de. *Geografia bíblica*. 11.ª ed. Rio de Janeiro: CPAD, 2001.

AVEIRO, Frei Pantaleão. *Itinerário da terra santa*. Coimbra: Imprensa da Universidade, 1927.

BALY, Denis. *The Geography of the Bible*: A Study in Historical Geography. New York: Harper and Brothers Publishers, 1957.

BETTENSON, Henri. *Documentos da igreja*. São Paulo: Aste, 1967.

BIBLIOTECA DE CULTURA JUDAICA. Rio de Janeiro: Tradição, 1967. 10 vols.

BONHOME, M. Jiménes F. Pe. *Os misteriosos habitantes do deserto de Judá*: sua vida e seus escritos. São Paulo: Verbo Divino, s.d.

BUYERS, Paul Eugene. *Geografia histórica da Palestina*. São Paulo: Imprensa Metodista, 1951.

_____. *Nos tempos de Jesus*. Rio de Janeiro: Confederação Evangélica do Brasil, 1943.

CAMARGO, Sátilas Amaral. *A eternidade da Palestina*. São Paulo: Imprensa Metodista, s.d.

CASSON, Lionel. *O Egito antigo*. Rio de Janeiro: José Olímpio, 1969.

CERAM, C. W. *A Picture History Of Archaelogy*. London: Thomaz and Hudson, s.d.

_____. *Deuses, túmulos e sábios*. São Paulo: Melhoramentos, s.d.

_____. *El Livro Delle Ruppi*. 2.ª ed. Itália: Giulio Einaudi, 1956.

_____. *História ilustrada da arqueologia*. São Paulo: Melhoramentos, 1977.

_____. *O mundo da arqueologia*. São Paulo: Melhoramentos, s.d.

CÉSAR, Éber M. Lenz. *HGB: história e geografia bíblica*. São Paulo: Candeia, 2001.

Çıg, Kemal. *Net Turizm Ve Ticaret*. Stambul, 1978.

Conde, Emilio. *Caminhos do mundo antigo*. Rio de Janeiro: CPAD, s.d.

Crabtree, A. R. *Arqueologia bíblica*. 2.ª ed. Rio de Janeiro: Casa Publicadora Batista, 1958.

Dana, H. E. *O mundo do Novo Testamento*. Rio de Janeiro: Casa Publicadora Batista, 1955.

Davis, John D. *Novo dicionário da Bíblia*. Edição ampliada e atualizada. São Paulo: Hagnos, 2005.

Dehan, Emmanuel. *La Fuente de Jacob*. Tel-Aviv, 1977. (Edição do autor).

_____. *Megido Armagedon*. Tel-Aviv, 1977. (Edição do autor).

Douglas, J. D. (ed.). *O novo dicionário da Bíblia*. 3.ª rev. São Paulo: Vida Nova, 2006.

Elan, Shlomo. *The Sea of Galilee and its Holy Cities*: A Pictorial Guide [69 foto's]. Herzlia, Israel: Palphot, s.d.

Elford, F. George Allin. *Cappadocia*. Stambul: Ankara Caddesi Sirkeci, 1976.

Enciclopedia de la Biblia. Barcelona, Espanha: Garriga, 1963. 6 vols.

Enciclopédia Mirador Internacional. São Paulo/Rio de Janeiro: Encyclopaedia Brittanica do Brasil, 1977. 20 vols.

Encyclopaedia – The Standard Bible. Grand Rapids, Mich.: Wm B. Eerdmans, 1952. 5 vols.

Ferraz Jr., J. P. C. *A Paixão de Jesus Cristo*. 2. ed. Rio de Janeiro: Livraria Católica, 1924.

Figueiredo, Guilherme. *Deus sobre as pedras*. Rio de Janeiro: José Alvaro Editor, 1965.

Filosofía del Plan de la Salvación. Buenos Aires: Imprensa Metodista, 1919.

Franciscanos de Jerusalém. *Holy Land*. Jerusalém: Franciscan Printing, 1973.

Garschagen, Donaldson M. (ed.). *Nova enciclopédia Barsa*. Rio de Janeiro; São Paulo: Encyclopedia Britannica do Brasil Publicações, 1997.

Gill, Emma W. *Palestina e seu hóspede*. Rio de Janeiro: Casa Publicadora Batista, 1948.

Gokovalı, Sadan. *Efeso*. Stambul: Ticaret Matbaacilik A.S., 1978.

GRACIOTTI, Mário. *O mundo antes do dilúvio.* São Paulo: Clube do Livro, 1962.

GRANDE ENCICLOPÉDIA LAROUSSE CULTURAL. São Paulo: Nova Cultural, 1998. v.9.

GROLLENBERG, L. *Panorama del mundo bíblico.* Madrid: Guadarrama, 1966.

GUVUSSIS, N. *Grécia.* Athens: Thiramenus, 10, 1976.

HEATON, E. W. *O mundo do Antigo Testamento.* Rio de Janeiro: Zahar, 1965.

JOSEFO, Flávio. *História dos hebreus.* São Paulo: Editora das Américas, 1956. 9 vols.

KALLEK, Teddy. *This is Jerusalem.* 3. ed. Tel-Aviv: Herritage, 1973.

KASCHEL, Werner. *Viagem à Palestina.* Rio de Janeiro: Casa Publicadora Batista, 1959.

KELLER, Werner. *E a Bíblia tinha razão.* 20.ª ed. São Paulo: Melhoramentos, 1992.

KENT, Charles Foster. *Biblical Geography and History.* New York: Charles Scribners Sons, 1911.

KENYON, Kathleen M. *Arqueología en Tierra Santa.* Barcelona: Garriga, 1963.

_____. *Desenterrando a Jericó.* México: Fondo de Cultura Económica, 1966.

KESKIN, Naci. *Efeso.* Stambul: Keskin Color, 1978.

KEYER, Nelson Beecher. *História ilustrada do mundo bíblico.* Rio de Janeiro: Seleções do Reader's Digest., s.d.

_____. *História ilustrada do mundo antigo de Seleções do Reader's Digest.* Rio de Janeiro, s.d.

KRAMER, Samuel Noah. *A história começa na Suméria.* Lisboa: Europa-América, 2, s.d.

LEGENDRE, Adolphe Alphonse François. *Le Pays Biblique.* Paris: Bloud et Gay, 1928.

LIMA, Delcyr de Souza. *Geografia bíblica:* panorama histórico-geográfico das terras onde a revelação divina se deu. Rio de Janeiro: JUERP, 2002.

LLOYD SETON. *Early Anatolia.* Great Britain: Penguin, 1956.

LOFFREDA, Stanislao. *Cafarnao, La Cittá Di Gesu.* Jerusalem: Franciscan Printing, 1976.

MALET, Alberto; MAQUE, Carlos. *Grécia*. Buenos Aires: Hachette, 1939.

_____. *Roma*. Buenos Aires: Hachette, 1939.

MARSTON, Charles. *A Bíblia disse a verdade*. Belo Horizonte: Itatiaia, 1958.

MASO, Leonardo B. Dol. *Roma de los Cesares*. Itália: Bonechi, s.d. (IL Turismo).

MAZAR, Amihai. *Arqueologia na terra bíblica: 10.000-586 a.C.* São Paulo: Paulinas, 2003. (Coleção Bíblia e Arqueologia).

MEINARDUS, Otto F. A. *Saint Paul In Greece*. Grécia: Licabettus, 1977.

MESQUITA, Antonio Neves de. *Estudos no livro de Gênesis*. Recife: Tipografia do C.A.B., 1929.

_____. *Panorama do mundo bíblico*. Rio de Janeiro: Edição do Autor, 1945.

_____. *Povos e nações do mundo antigo*. 2ª ed. Rio de Janeiro: Casa Publicadora Batista, 1973.

_____. *Panorama do mundo bíblico*. Rio de Janeiro: Casa Publicadora Batista, 1973.

METZGER, Henri. *Les Routes de Saint Paul Dans L'óriente Grec*. Neuchatel, Suíça: Delachaux & Niestlé, 1954.

MILLARD, Alan. *Descobertas dos tempos bíblicos: tesouros arqueológicos irradiam luz sobre a Bíblia*. São Paulo: Vida, 1999.

MONEY, Netta Kemp de. *Geografia histórica do mundo bíblico*. 15ª impressão. São Paulo: Editora Vida, 2006.

_____. *La Geografía Histórica del Mundo Bíblico*. Lima, Peru: Libreria El Inca, s.d.

MOTTA, Otoniel. *Israel, sua terra e seu livro*. São Paulo: Heros, 1928.

NAVARRA, Fernando. *J'ai Trouvé L'arche De Noé*. France: Empire, 1956.

NEUHOFF, Sonia. *Corinto Antiga*. Espanha: Apollo, s.d.

NICOLL, W. Robertson (Ed.). *The Expositor's Greek Testament*. New York: George H. Doran. 5 vols.

NOVO DICIONÁRIO DA BÍBLIA. São Paulo: Junta Editorial Cristã, 1966. 3 vols.

OLSON, Lawrence N. *Viagens à Terra Santa*. Rio de Janeiro, 1974. (Edição do autor).

ONCKEN, Guilherme. *História universal*. Lisboa: Antiga Casa Bertrand, José Bastos, s.d.

ORR, James (Ed.). *The International Standard Bible Encyclopaedia*. Grand Rapids, Mich.: Eerdmans, 1952. 5 vols.

PAPAHATZIZ, Nicos. *Corinthe Antique*. Athénes: Ekdotike Athenons, 1978.

PARROT, André. *Archeologie Mesopotamienne: Tecnique et Problémes*. Paris: Albin Michel, 1953.

_____. *Déluge Et L'arche De Noé*. Neuchatel, Suíça: Delachaux et Niestlé, 1953.

_____. *Golgotha Et Saint Sépulcre*. Neuchatel, Suíça: Delachaus et Niestlé, 1955.

_____. *Mari*. Neuchatel/Paris: Ide et Calendes, 1963.

PETROZZI, M. T. *Il Monte Tabor e Dintorni*. Gerusalmme: Franciscan Printing, 1976.

PISTONESI, José A. *Geografía bíblica de Palestina*. Buenos Aires: Junta de Publicaciones de la Convención Bautista, 1947.

PRITCHARD, James B. (ed.) *The Times atlas of the Bible*. Londres: Times Books Limited.

QUILICI, Lorenzo. *La Via Appia da Roma a Bovillae*. Roma: Bulzoni, 1977.

RAMSAY, William. *The Letters to The Seven Churches Of Asia*, s.l., 1904.

RAND W. W. *El diccionario de la Santa Biblia*. San José, Costa Rica: Caribe, 1971.

REHWINKEL, Alfred M. *The Flood*. Missouri: Concórdia, 1951.

REIS, Álvaro. *Origens caldaicas da Bíblia*. 2.ª ed. Rio de Janeiro: Redação de O Puritano, 1918.

ROBERTSON, A. T. *Luke: The Historian in the Light of Research*. New York: Charles Scribner's Sons, 1934.

_____. *Word Pictures in the New Testament*. Nashville, Ten.: Broadman, s.d. 6 vols.

ROHDEN, Huberto. *Paulo de Tarso*. Rio de Janeiro: Cruzada da Boa Imprensa, 1939.

RONIS, Oswaldo. *Geografia bíblica*. Rio de Janeiro: Casa Publicadora Batista, 1969.

SAMUEL, Rinara. *Israel, Tierra de Fé*. Tel-Aviv: Steimatzky, 1973.

SCHIAPARELLI, Giovanni. *La Astronomía en el Antiguo Testamento*. Buenos Aires: Losada, 1945.

SIMONIS, Damien; FINLAY, Hugh. *Jordan and Syria: a Lonely Planet Travel Survival kit*. 3.ª ed. Hawthorn; Berkeley; Londres: Lonely Planet Publications, 1997.

Smith, Georg Adam. *Geografía Histórica de la Tierra Santa*. Mexico: El Faro, s.d.

Smither, Ethel L. *A Palestina ilustrada*. Rio de Janeiro: Confederação Evangélica do Brasil, 1964.

Sociedade Bíblica do Brasil. *Concordância bíblica*. São Paulo, s.d.

Sotelo, Daniel. *Arqueologia bíblica*: uma introdução aos conceitos e técnicas. São Paulo: Novo Século, 2003.

Steimatzky's Agency & Nateev Publishing. *In The Footsteps of Saint Paul*. Jerusalém/Tel-Aviv/Haifa: Steimatzky's Agency & Nateev Publishing, 1977.

Stirling, John. *An Atlas of The New Testament*. 4.ª ed. London: George Philip and Son Limited, 1966.

Taylor, W. C. *A epístola aos Gálatas*. Rio de Janeiro: Casa Publicadora Batista, 1938.

Terrien, Samuel. *Lands of The Bible*. New York: Simon and Schuster, 1957.

Tidwell, Josiah Blake. *Geografía bíblica*. El Paso, Texas: Casa Bautista de Publicaciones, 1969.

Thompson, John A. *A Bíblia e a arqueologia*. São Paulo: Vida Cristã, 2004.

Tognini, Enéas. *A Babilônia e o Velho Testamento*. São Paulo: Fundo de Cultura Teológica, 1958.

_____. *O período interbíblico*. São Paulo: Hagnos, 2009.

Toksoz, Cemil. *Les Anciens Sites De L'anatolie Occidentale*. Turquey: Zafer Ofset Reproduksiyon Stambul, 1974.

Trever, John C. *The Holy Land*. 2. ed. San Angelo, Texas: United States Junior Chamber of Commerce, 1954.

Turismo – Ministério de Relações Exteriores. *Aspectos de Israel*. Jerusalém, 1974.

Vardaman, Jerry. *La Arqueología y la Palavra Viva*. 2.ª ed. Buenos Aires: Casa Bautista de Publicaciones, 1977.

Vilnay, Zev. *Guia de Israel*. Jerusalém: La Semana, 1977.

Werblowsky, R.J. Zwi. *Sionismo, Israel y Los Palestinos*. (Versão Espanhola de uma conferência pronunciada em Amsterdã em 1974).

Westminster: Atlas Histórico de la Bíblia. El Paso, Texas: Casa Bautista de Publicaciones, 1971.

Whitehouse, Owen C. *Antiguidades bíblicas*. São Paulo: União Cultural, 1950.

WILLIAMS, Darek. *New concise Bible dictionary*. Leicester: Inter-varsity Press; Oxford: Lion Publishing; Wheaton: Tyndale House, s/d.

WISEMAN, P. J. *New Discoveries In Babylonian About Genesis*. 6.ª ed. London: Marshall, Morgan and Scott, 1953.

WOOLLEY, Leonard C. *Ur, la Ciudad de los Caldeos*. México: Fondo de Cultura Económica, s.d.

WRIGHT, G. E. *Arqueología bíblica*. Madrid: Cristiandad, 1975.

YADIN, Yigael. *Massada*. Espanha: Destino, 1969.

YOHANON, Aharoni & AVI-YONAN, Michael. *The Macmillan Bible Atlas*. New York: Collier Macmillan Publishers, 1977.

Endereços eletrônicos

http://www.digilander.libero.it/ramses007/SiriaLibano/Siria/Archeo/Ebla.em.htm. Acesso em 24.10.2004.

ICR – Institute for Creation Research: a Christ – Focused Creation Ministry. Disponível em: http://www.icr.org/pubs/imp/imp-o46.htm. Acesso em 24.10.2004.

Wikimedia Foundation Inc., Florida – Department of State. Disponível em: http://en.wikipedia.org. Acesso em 24.10.2004.

http://www.ancientneareast.tripod.com/Ebla_Mardikh.html. Acesso em 24.10.2004.

Sua opinião é importante para nós. Por gentileza envie seus comentários pelo e-mail editorial@hagnos.com.br

Visite nosso site: www.hagnos.com.br

Esta obra foi impressa na Imprensa da Fé.
São Paulo, Brasil.
Inverno de 2020.